Crisis y Leviatán

Crisis y Leviatán

Los episodios clave en la expansión del Estado en Estados Unidos

ROBERT HIGGS

Traducción de Magda Pallejà

EDICIONES DEUSTO

Título original: *Crisis and Leviathan*

Value School agradece especialmente la contribución de las siguientes personas a la edición de esta obra: Luis Javier Placer, Carlos Galán, Mario Esteban Martínez, Federico Castro-Rial Schuler, Joaquín Aranzábal y Mercedes Catalá, Miguel Ángel Martín, Nicolás Albert, Antonio Ortega, Joaquín Grech, Pablo Martínez Bernal, José Luis Gómez Corchero, Buy & Hold Capital y Cluster Family Office.

Deusto es un sello editorial de Centro de Libros PAPF, SLU.
Av. Diagonal, 662-664
08034 Barcelona

www.planetadelibros.com

IISBN: 978-84-234-3285-1
Depósito legal: B. 13.032-2021
Primera edición: octubre de 2021
Preimpresión: pleka, scp
Impreso por Huertas Industrias Gráficas, S. A.

Impreso en España - *Printed in Spain*

El papel utilizado para la impresión de este libro está calificado como **papel ecológico** y procede de bosques gestionados de manera **sostenible**.

Elogios recibidos por *Crisis y Leviatán*

«*Crisis y Leviatán* es un libro de importancia superior, fruto de una investigación a fondo, argumentado minuciosamente, y meticulosamente documentado. Todo estudioso serio del sistema político estadounidense debe incluirlo en su lista de lecturas.»

Political Science Quarterly

«*Crisis y Leviatán* es un libro importante, poderoso y profundamente inquietante.»

James M. Buchanan,
premio Nobel de Economía,
Journal of Economic History

«Centrándose en ciertos episodios críticos de la historia estadounidense, Robert Higgs ha documentado el notable y alarmante crecimiento del Estado. Su ambiciosa obra abarca el tema con gran detalle y de forma que resultará atractiva tanto para los estudiosos como para un público más general... La conclusión del análisis de Higgs es una visión reflexiva pero turbadora de las perspectivas de futuro estadounidenses. Nadie sabe si las restricciones constitucionales tradicionales o el funcionamiento singular de una economía mixta pueden evitar lo que él y otros temen que termine siendo una marcha hacia el socialismo o el fascismo. Con vistas al futuro, a falta de optimismo, Higgs arroja luz.»

ARTHUR A. EKIRCH JR.,
catedrático de Historia, State University
of New York, Albany

«*Crisis y Leviatán* es un exitazo, uno de los libros más importantes de la última década. Contiene esa rara y maravillosa combinación: prosa académica y contundente, lúcida y libertaria. Para el profesor Higgs, ser minucioso y mostrar erudición no significa matizar tímidamente cada afirmación, ni abrirse paso torpe y "sensatamente" por los campos minados de la ideología. La profundidad y amplitud del aprendizaje de Higgs no ha hecho sino intensificar su compromiso con la verdad, la libertad y la identificación de sus enemigos. Robert Higgs, un destacado historiador económico, se propuso responder a una pregunta vital y de larga data: ¿por qué el poder del Estado ha crecido tan ominosamente en Estados Unidos durante el siglo xx?... En *Crisis y Leviatán*, Higgs identifica la guerra como la clave del crecimiento del estatismo, lo que hace que su logro sea aún más notable... No es el menor de los placeres que proporciona *Crisis y Leviatán* el amor a la libertad y el odio a sus enemigos, que brilla a través del aparato académico del libro... Vivimos en una época de grotesca exageración, en la que los editores y libreros promocionan cualquier novedad como "el mejor libro de todos los tiempos". ¿Qué hacer cuando aparece un libro de genuina grandeza? Digo esto sobre muy pocos libros: hagan de éste su máxima prioridad este año; salgan corriendo a leer este libro. Y luego recomiéndenlo por todo el país.»

MURRAY N. ROTHBARD,
catedrático S. J. Hall de Economía,
Universidad de Nevada, Las Vegas

«Crisis y Leviatán es una obra meditada y exigente.»

Harper's Magazine

«Perspicaz, convincente y claro, Higgs rotura nuevas sendas para explicar la tendencia sociopolítica más importante de nuestro tiempo: la expansión del Estado en Estados Unidos.»

The Freeman

«Cómo el Estado se hace grande: ocupa nuevo territorio en tiempos de crisis, y luego se aferra a ese terreno después de la crisis.»

Fortune

«Que el Estado crece a partir de las crisis no es una idea nueva, pero cómo ocurrió en Estados Unidos es una historia asombrosa y el magnífico relato que hace Higgs de ese proceso puede resultar chocante para los lectores.»

JONATHAN R. T. HUGHES,
catedrático de Economía
de la Northwestern University

«No se me ocurre otra lectura más importante que *Crisis y Leviatán*, fuera de la propia Constitución.»

The American Spectator

«Robert Higgs es un economista e historiador de la economía de primer rango que expone una tesis provocadora, a saber, que los Estados explotan las crisis (reales y fabricadas) como excusa para crecer y despojar a la gente de su riqueza y libertades. En *Crisis y Leviatán*, Higgs somete a examen histórico esta tesis de forma hábil y cuidadosa. La tesis se confirma. Cierto: los Estados hacen de las crisis oportunidades para confiscar poderes cada vez mayores. Después de cada crisis, el poder que se ha sumado recientemente al acervo del Estado puede encogerse un poco, pero muy rara vez vuelve a los niveles previos. Éste es uno de los libros más importantes y convincentes publicados durante la década de 1980.»

DONALD J. BOUDREAUX,
catedrático de Economía,
George Mason University

«Acabo de leer *Crisis y Leviatán*. ¡Maravilloso trabajo! ¡Bajo su inspiración, intentaré frenar la marea de los poderes extraordinarios en el Capitolio!»

MICHAEL SPENCE,
congresista de Estados Unidos

«Lo más excitante e intrigante de *Crisis y Leviatán* es que Higgs trabaja dentro de la tradición de la historia económica de Schumpeter y Polanyi. Como ellos, y a diferencia de los nuevos historiadores económicos, Higgs se niega a tratar los aspectos políticos, culturales o ideológicos de la realidad histórica como irrelevantes para el estudio del desarrollo económico.»

Reviews in American History

«La investigación más magistral y persuasiva del papel de la guerra en el crecimiento del Estado y la pérdida de la libertad es el libro de Robert Higgs, *Crisis y Leviatán: Los episodios clave en la expansión del Estado en Estados Unidos*. Las épocas de crisis, incluidas las depresiones económicas, pero sobre todo las guerras, dan a los Estados licencia para invocar numerosos poderes extraordinarios. Una vez superada la crisis o la guerra, el poder del Estado retrocede un poco, pero nunca vuelve hasta su más limitado o constreñido tamaño previo.»

Orange County Register

Para KSCH

Si los dioses me conceden irme,
regresaré como una
gaviota sobre Grayland,
Para sobrevolar aquella orilla soleada
donde caminamos en el viento
y mi alma exploradora
Encontró un puerto no marcado en el mapa.

Sumario

Parte II
La historia

Prefacio

La literatura relacionada con el surgimiento y expansión del Estado intervencionista[1] en Estados Unidos es amplia. Muchos historiadores y científicos sociales han explorado e interpretado el declive de los valores tradicionales estadounidenses y sus instituciones, pero pocos investigadores han intentado estudiar en profundidad y de forma empírica el crecimiento del Estado estadounidense para tratar de entender cómo ha sucedido y proporcionar los datos que

1. En la obra el autor se refiere a este Estado que expande su poder, en un proceso que no conoce retrocesos, como Big Government, literalmente «Gran Gobierno». Es el término habitual en la literatura y el debate público en Estados Unidos, que sin embargo se corresponde en Europa con el más amplio concepto de Estado intervencionista. Por este motivo en la traducción se ha optado preferentemente por *Estado intervencionista* o *intervencionismo*, sin perjuicio de que a veces el contexto específico aconseje mantener el término más restrictivo de *gobierno*. (*N. de la t.*)

subrayan el cambio. Centrándose en ciertos episodios críticos de la historia de Estados Unidos, Robert Higgs ha documentado el notable y alarmante crecimiento de su sector público. Su ambiciosa obra aborda el tema con gran detalle y de una forma que resultará atractiva tanto para los estudiosos como para un público más general.

Al analizar las hipótesis más populares para explicar el crecimiento estatal, Higgs reconoce que el intervencionismo tiene varias fuentes. Pero argumenta de forma excelente su tesis de que principalmente se ha nutrido de una sucesión de crisis durante el siglo xx: depresiones y guerras que han ocasionado tanto un gasto público masivo como un mayor régimen de la vida y el pensamiento estadounidenses. Aunque las crisis terminan por remitir, un excedente de funciones y poder gubernamental permanece; el Estado crece a través del efecto trinquete de poderes suplementarios ampliados después de cada crisis. Y lo que es aún más alarmante, las crisis fomentan un clima en el que el Estado logra una especie de autonomía. Los políticos y los burócratas pueden hacer prácticamente lo que les plazca, sujetos únicamente a las pasiones políticas del momento. El tradicional gobierno representativo limitado se echa por la borda. Los pasajeros —como dijo célebremente Lord Acton— existen en interés del barco.

Para muchas personas, por desgracia, el Estado intervencionista ejerce una gran fascinación. Entre ellas se cuentan, por supuesto, los numerosos beneficiarios que de un modo u otro están en su nómina. Higgs proporciona un útil estudio estadístico de la proliferación de agencias, programas y actividades federales. Pero resulta todavía más significativo el modo en que la ideología del intervencionismo ha capturado la imaginación popular y oscurecido la realidad. El estatismo ha sucedido a los antiguos absolutismos de la monarquía y la Iglesia. El Estado de Guerra se acepta bajo la apariencia de estado del bienestar. El Estado intervencionista se ha convertido en una especie de lotería nacional en la que todo el mundo piensa que tiene la oportunidad de ganar y en la que nadie contempla la posibilidad de perder. La pompa del Estado se desarrolla en Washington, diligentemente animada por el culto heroico con el que rodeamos una presidencia de trazas imperiales. Los ciudadanos de a pie rara vez se paran a pensar que todo esto cuesta dinero, su dinero. Se quejan de los impuestos, pero no asocian esos impuestos con la parafernalia y la ideología del intervencionismo.

La conclusión del análisis de Higgs es una visión meditada y turbadora de las perspectivas de futuro estadounidenses. Nadie sabe si las restricciones constitucionales tradicionales o el funcionamiento singular de una economía mixta pueden evitar lo que él y otros temen que termine siendo una marcha hacia el socialismo o el fascismo. Con vistas al futuro, a falta de optimismo, Higgs arroja luz.

Arthur A. Ekirch Jr.
Universidad del Estado de Nueva York,
Albany

Prefacio a la 25.ª edición conmemorativa

Oxford University Press publicó *Crisis y Leviatán* en 1987 y lo mantuvo en circulación durante más de veinte años. Cuando se agotó, mis colegas del Independent Institute, entre otros, me urgieron a mantener el libro en imprenta. Esta edición del vigésimo quinto aniversario es el resultado de haber seguido su consejo. No he hecho ningún cambio en el texto original. Sin embargo, en este nuevo prefacio deseo señalar algunas zonas en las que creo que se podría haber acometido alguna revisión al contenido, si el tiempo y la energía disponibles me lo hubieran permitido.

Crisis y Leviatán está dividido en dos partes: la primera consta de cuatro capítulos que son principalmente conceptuales, aunque salpimentados de observaciones empíricas; la segunda parte consta de seis capítulos (y una breve conclusión) que presentan una narración analítica del crecimiento del Estado en Estados Unidos desde la década de 1880 hasta la de 1980, con énfasis en varios episodios de emergencia nacional. Si tuviera que reescribir el libro hoy, me gustaría añadir enjundia a los capítulos históricos; en los años transcurridos desde que compuse el libro, en los primeros años ochenta del siglo pasado, he aprendido mucho sobre la historia de Estados Unidos. No creo que el libro cometa errores históricos, pero se podría haber dicho mucho más, y quizá mi relato de ciertos acontecimientos se hubiera visto reforzado.

Las páginas que más invitan a una revisión se encuentran en la Parte primera, el marco de análisis, especialmente los capítulos 1, 2 y 4. Si tuviera que reescribir estos capítulos hoy, haría cambios bastante sustanciales. A principios de la década de 1980, tomaba más en cuenta la orientación de mis colegas académicos que trabajaban en la misma área de investigación y a los economistas *mainstream* en general. Quería persuadirlos de que modificaran su forma de hacer ciencia y de que cambiaran sus puntos de vista sobre diversos aspectos específicos de su análisis. Hoy tengo menos paciencia y me preocupa menos el modo en que los economistas de la escuela dominante realizan su trabajo; gran parte de lo que escriben es poco más que palabrería escolástica que se anda por las ramas, adornada en muchos casos con superfluos modelos matemáticos y estimaciones econométricas destinadas más a quedar bien con la moda académica del momento que a llegar al verdadero fondo del asunto en cuestión. Sin embargo, de nuevo, los problemas que veo en la primera parte no son tanto errores como deferencias innecesarias a la economía neoclásica y a sus típicas deformidades profesionales.

Habiendo llegado a comprender a la Escuela Austriaca mucho mejor de lo que la comprendía en los años ochenta, me gustaría reformular el argumento del capítulo 4 sobre la «ocultación de costes». Coste no es la palabra correcta. También pondría más énfasis en el oportunismo de los actores privados durante las grandes crisis. Acerté al situar al sector público como la principal parte interesada, pero probablemente no advertí suficientemente el oportunismo de numerosos y poderosos individuos y grupos de interés del sector privado que con gusto y rapidez explotan las situaciones de emergencia nacionales en su propio beneficio, sin que les importe el interés general más que a los propios gobernantes.

En el capítulo 3, que aborda la ideología como concepto analítico, me gustaría complicar las cosas algo más de lo que hice a principios de los años ochenta. No renuncio a nada de lo que escribí entonces, pero la dinámica de la interacción entre las élites y las masas y entre las ideas y los acontecimientos exige una mayor elucidación de la que ofrecí. De nuevo, mis recelos tienen menos que ver con haber cometido claros errores, y mucho más con no haber llevado mi pensamiento lo suficientemente lejos en su momento. En las últimas décadas he avanzado un poco en esta línea, y aunque hoy no pueda resolver del todo ninguna de las grandes cuestiones de este ámbito, sería deseable exponer los retos a los que debe enfrentarse cualquier comprensión sustantiva del vínculo entre ideología y crecimiento del Estado. Mi artículo de 2008 en el *American Journal of Economics and Sociology* sugiere cómo modificaría el análisis si tuviera que reescribir el capítulo 3 hoy.

Por supuesto, durante los últimos veinticinco años han ocurrido muchos acontecimientos de gran importancia, y una revisión a fondo requeriría ensanchar la narración histórica para abarcar este período. Habría que añadir al menos uno o dos capítulos nuevos. Sin embargo, tales actualizaciones en su mayor parte sólo subrayarían la validez de la principal tesis del libro: una vez que una ideología colectivista arraiga, cualquier emergencia nacional provoca una explosión predecible en el tamaño, el alcance y el poder del Estado central. Así que, por mucho que merezca la pena analizar las consecuencias del 11-S, la guerra contra el terrorismo, las guerras de Afganistán, Irak y Pakistán y la debacle económica que alcanzó su máxima expresión en 2008 —acontecimientos sobre los que he escrito no poco en la última década—, las conclusiones más importantes de ese análisis serían análogas a las que alcancé anteriormente en mi análisis de las guerras mundiales, la Gran Depresión y el tumultuoso período comprendido entre mediados de los años sesenta y mediados de los setenta. La lógica del efecto trinquete sigue siendo tan aplicable hoy como en cualquier momento del siglo pasado.

Mi libro *Depression, War, and Cold War* (Guerra, Depresión y Guerra Fría) publicado por primera vez por Oxford University Press en 2006, es la continuación más académica de *Crisis y Leviatán.* Las recopilaciones de mis artículos más recientes publicadas en 2004, 2007 y 2012 también muestran cómo se ha ampliado, aplicado y, en algunos casos, alterado mi forma de pensar durante los últimos veinticinco años.

Por último, debo decir algo sobre el tono ideológico de *Crisis y Leviatán*. La primerísima frase del libro dice: «Debemos tener un Estado». A continuación, explico por qué debemos tenerlo y cito al gran liberal clásico Ludwig von Mises en apoyo de mi afirmación. Cuando escribí estas palabras, yo, al igual que Mises, era un liberal clásico, ciertamente muy libertario, pero liberal clásico al fin y al cabo. Los liberales clásicos no son anarquistas. Creen en la necesidad y la conveniencia del Estado en el sentido ordinario de la palabra; es decir, creen en el Estado como organización que gobierna un territorio determinado, obligando a sus habitantes a pagar impuestos y a obedecer sus dictados, incluso si algunas de esas personas se oponen a su gobierno e incluso si ninguna de ellas ha firmado nunca un contrato individual explícito y voluntario que estipule cómo el individuo cumplirá con las normas y qué servicios concretos proporcionará el Estado a cambio. En resumen, los liberales clásicos apoyan la existencia del Estado tal y como lo conocemos: el Estado por dominación y sumisión, en contraposición al Estado por libre convenio individual. Yo ya no estoy dispuesto a dar ese apoyo. Los lectores que quieran ponderar algunas de las razones que sostienen mi cambio de opinión en este aspecto crítico pueden consultar mi libro más reciente *Delusions of Power* (Delirios de Poder).

Referencias

HIGGS, ROBERT, *Against Leviathan: government power and a free society*, The Independent Institute, Oakland (California), 2004.

—, *Depression, war, and Cold War: studies in political economy*, The Independent Institute, Oakland (California), Oxford University Press, Nueva York, 2006.

—, *Neither liberty nor safety: fear, ideology, and the growth of government*, The Independent Institute, Oakland (California), 2007.

—, «The complex course of ideological change», *American Journal of Economics and Sociology*, 67 (oct. 2008), pp. 547-565.

—, *Delusions of power: new explorations of the state, war, and economy*, The Independent Institute, Oakland (California), 2012.

Prefacio a la primera edición

Hubo una época, hace mucho tiempo, en la que el estadounidense medio podía dedicarse a sus asuntos cotidianos sin apenas darse cuenta de la existencia del Estado, especialmente del Gobierno federal. Como agricultor, comerciante o fabricante, podía decidir qué, cómo, cuándo y dónde producir y vender sus bienes, constreñido por poco más que las fuerzas del mercado. Tan sólo cabe pensar: ni subvenciones agrícolas ni precios regulados ni control del suelo ni Comisión Federal de Comercio ni Comisión de Comercio Interestatal ni leyes antimonopolio. Como empresario, empleado, consumidor, inversor, prestamista, prestatario, estudiante o profesor, podría proceder en gran medida a su buen entender. Pensemos de nuevo: ni Junta Nacional de Relaciones Laborales ni leyes federales de «protección» del consumidor ni Comisión del Mercado de Valores ni Comisión de Igualdad de Oportunidades en el

Empleo ni Departamento de Salud y Servicios Humanos. A falta de un banco central para emitir papel moneda, la gente común solía utilizar monedas de oro para hacer sus compras. No había impuestos generales sobre las ventas ni sobre la renta ni cotizaciones a la Seguridad Social. Aunque los funcionarios públicos eran tan corruptos entonces como ahora —quizá más—, tenían muchísimo menos con que corromperse. Los ciudadanos privados gastaban unas quince veces más que todos los Gobiernos del país juntos.

De aquellos días, en fin, hace ya mucho. Hoy nuestras vidas giran dentro de rígidos límites circunscritos por el Estado en prácticamente cualquier dimensión; nos constriñe continuamente y por todas partes. Los reglamentos atiborran el paisaje. El gasto público equivale a casi cuatro décimas partes del producto nacional bruto.

Este libro intenta explicar el surgimiento de ese impresionante conjunto de fuerzas, programas y actividades que conocemos como Estado intervencionista. Para entender por qué Estados Unidos ha desarrollado un intervencionismo tan desmedido en el último siglo hay que saber cómo se ha expandido su Estado. Para entender el proceso que ha generado esta expansión, no basta con conocer los datos crecientes del gasto gubernamental, impuestos y empleo público. Además de saber cuánto han aumentado los valores que comúnmente cifran el tamaño del Estado, hay que saber cuándo; es decir, hay que prestar mucha atención al perfil de crecimiento, ya que el crecimiento real fue más episódico que suave y constante. Un análisis que ignore la cronología, barriendo todo en una explicación acumulativa, deja fuera aspectos esenciales del tema que nos ocupa.

Además, para saber cómo ha crecido el sector público hay que examinar qué hace exactamente: el crecimiento del Estado no se ha debido tanto a que haya hecho más para cumplir con sus funciones tradicionales, sino a que en gran medida el Estado ha asumido nuevas funciones, actividades y programas —algunos de ellos completamente nuevos, y otros que antes eran responsabilidad de los ciudadanos privados—. Las pruebas de este ensanchamiento de la administración no pueden extraerse de los datos agregados sobre el gasto, los impuestos o el empleo público. De hecho, muchas formas de control público sobre la economía y la sociedad no dejan rastro alguno en las cifras presupuestarias, y sin embargo contribuyen tanto como las actividades monitorizadas a determinar la asignación y el disfrute de los recursos de la economía. Para comprender la estructura sustantiva de las actividades del Estado y su variación a lo largo del tiempo, hay que extraer la información de las leyes, las directivas reguladoras, las órdenes ejecutivas, las decisiones judiciales y otros documentos similares. En mi análisis, he intentado considerar una variedad de recursos y evidencias, de acuerdo con la convicción de que no podremos entender por qué crece el Estado si no comprendemos antes cómo lo hace. Por lo tanto, en contraste con otros análisis del mismo tema realizados por colegas economistas, el mío es menos cuantitativo, más cualitativo y, algunos podrían decir, menos riguroso y elegante. Espero, sin embargo, que se acerque más al meollo de la cuestión.

Mi relato, a diferencia de los que son típicos en la literatura, pone mucho énfasis —de hecho, el énfasis central— en cómo los funcionarios y los ciudadanos reaccionan a las situaciones de emergencia nacional. Para algunos analistas este enfoque parece atribuir el resultado a «accidentes de la historia». En cierto modo es así, pero no por ello es menos esencial. Los relatos sobre el crecimiento del Estado en Estados Unidos como el despliegue inexorable de un sistema dinámico y cerrado (por ejemplo, los que sostienen que cualquier economía en proceso de urbanización e industrialización genera inevitablemente un sector público más grande) carecen de poder explicativo sobre el momento efectivo en que se expande el Estado; tampoco pueden explicar la estructura sustantiva de esa expansión. Por ejemplo, no fue una mera anomalía estadística que el gasto federal aumentara drásticamente entre 1929 y 1934, y que la mayor parte del aumento de ese gasto se destinara a aliviar a los agricultores y a los trabajadores urbanos desempleados. Ninguna teoría basada exclusivamente en las tendencias a largo plazo puede explicar el momento y el contenido de ese cambio. Tampoco puede ayudarnos a entender los legados perdurables de los programas creados originariamente para hacer frente a crisis temporales.

El principal legado de los programas públicos extraordinarios ha sido el cambio ideológico, en particular una profunda transformación de las creencias del ciudadano estadounidense de a pie sobre la conveniencia del papel del Gobierno federal en los asuntos económicos. En los últimos años, los economistas y otros científicos sociales advierten cada vez más la importancia fundamental de la ideología en el funcionamiento de cualquier política económica, pero apenas se encuentran modelos útiles de cambio ideológico. Una de las novedades de mi libro es la seriedad con la que se trata el cambio ideológico: un capítulo entero se dedica a examinar la naturaleza de la ideología en relación con la política económica; otro capítulo se dedica en gran medida al desarrollo de una hipótesis de trabajo sobre cómo las crisis —y las reacciones del Estado frente a ellas— han generado patrones específicos de cambio ideológico en Estados Unidos en el siglo XX. Este modelo de transición ideológica sirve para informar y guiar gran parte de la investigación histórica expuesta en los capítulos 5 a 10. No conozco ningún otro estudio detallado sobre el crecimiento del Estado que haga del cambio ideológico algo tan central en su marco explicativo. Las relaciones entre los cambios político-económicos e ideológicos son extraordinariamente difíciles de identificar y someter a examen. Probablemente ningún otro tema de las ciencias sociales sea tan complejo y esquivo como la sociología del conocimiento, pero ninguno es tampoco tan fundamental. Si mi libro ayuda, por poco que sea, a mejorar nuestra comprensión de la interacción entre los cambios político-económicos y los ideológicos, sentiré que mis esfuerzos han valido la pena.

R. H.
Easton, Pensilvania
Enero de 1987

Toda sociedad que requiera fortalecer el aparato estatal mediante la cesión de control sin límites sobre la economía, y que vuelva a unir la política y la economía, es una regresión histórica. En ella no hay más futuro para la gente, o para las libertades que apoyaba, del que había bajo el feudalismo.

Alvin W. Gouldner

Parte I

El marco

Capítulo 1

Los orígenes del Estado intervencionista: exploración crítica de una hipótesis

> Uno de los fenómenos más sorprendentes de los tiempos modernos ha sido el crecimiento sostenido del sector público. A pesar de los acalorados debates que han suscitado los avances sucesivos de esta expansión, resulta asombroso el escaso conocimiento científico sobre las fuerzas que lo provocan.
>
> J. HIRSHLEIFER

Debemos tener un Estado. Sólo el Estado puede desarrollar ciertas tareas de forma exitosa. Sin Estado que nos defienda frente a agresiones externas, que preserve el orden interno, que defina y proteja los derechos de propiedad privada, poca gente lograría hacer nada. Lamentablemente, un Estado lo bastante fuerte para protegernos también puede ser lo bastante fuerte para destruirnos. El potencial destructivo y opresor del Estado es tal, que hay quien lo considera un mal necesario. Ludwig von Mises, que era libertario pero no anarquista, no lo veía así. Von Mises declaró: «El Estado como tal no sólo no es un mal, sino la institución más necesaria y beneficiosa, puesto que sin ella no se puede desarrollar ni mantener ningún tipo de civilización ni cooperación social duradera». Como buen discípulo de Locke, Mises creía que un Estado fuerte pero limitado no aplastaría a sus ciudadanos, sino que les permitiría ser libres y productivos.[2]

Tras la formación de Estados Unidos y durante más de un siglo, su Estado se aproximó más que ningún otro al ideal de Mises: fuerte pero limitado. A pesar de serios defectos, en particular la opresión de las poblaciones negra e indígena, el Estado creó un marco político y legal que facilitó un rápido desarrollo económico, provocando lo que Willard Hurst, eminente historiador del Derecho, ha llamado una «descarga eléctrica».[3] La inventiva, la formación de capital y la innovación organizativa florecieron como nunca antes. La especialización y el comercio aumentaron prodigiosamente. Durante el siglo XIX la nación se convirtió en la sociedad más rica y libre del mundo.

Sin embargo, en su segundo siglo de vida, la nación estadounidense faltó a la promesa originaria de un Estado limitado con amplios derechos de propiedad privada. En 1900 el Estado todavía se aproximaba a un Estado minimalista. Los estadounidenses no practicaban estrictamente el *laissez faire* —en realidad ninguna sociedad lo

2. Ludwig von Mises, *The ultimate foundation of economic science: an essay on method*, Sheed Andrews & McMeel, Kansas City (Kansas), 1978, p. 98. También Frank H. Knight, *Freedom and reform: essays in economics and social philosophy*, Liberty Press, Indianápolis, 1982, p. 232.

3. James Willard Hurst, *Law and the conditions of freedom in the nineteenth-century United States*, University of Wisconsin Press, Madison, 1956, pp. 3-32 y *passim*. También James Willard Hurst, *Law and markets in United States history: different modes of bargaining among interests*, University of Wisconsin Press, Madison, 1982, pp. 96, 124-125; Lawrence M. Friedman, *A history of American law*, Simon & Schuster, Nueva York, 1973.

hizo nunca— pero todavía sometían al Estado a limitaciones y no toleraban que su poder se inmiscuyera en los negocios y las finanzas de los particulares. Esa contención se ha disuelto en los últimos setenta años del siglo. El Estado acabó impregnando todos los aspectos de la vida económica y social; como dijo Warren Nutter en 1983, ahora podía «dar y tomar lo que quiera, cuando y donde le plazca». Sólo enumerar su catálogo de poderes requeriría un sinfín de volúmenes: granjas, fábricas y tiendas; hogares, escuelas y hospitales; ciencia y tecnología; incluso el ocio y todo tipo de entretenimientos, en todo se deja sentir su impacto. Prácticamente nada queda fuera del alcance de la influencia del gasto público, la imposición y la regulación, por no hablar de la participación directa del Estado en la actividad económica.[4] El esquema resu-

4. G. Warren Nutter, *Political economy and freedom: a collection of essays*, Liberty Press, Indianapolis, 1983, pp. 51-52. Entre los estudios generales de mayor utilidad sobre el crecimiento del sector público en Estados Unidos durante el siglo xx se cuentan: Solomon Fabricant, *The trend of government activity in the United States since 1900*, National Bureau of Economic Research, Nueva York, 1952; y Jonathan R. T. Hughes, *The governmental habit: economic controls from colonial times to the present*, Basic Books, Nueva York, 1977, pp. 126-242. Las descripciones más reveladoras del alcance de la actividad moderna del Gobierno han sido escritas no por académicos sino, de manera inconsciente, por los autores de «guías útiles» para ciudadanos que buscan tramitar ayudas públicas, por ejemplo: William Ruder y Raymond Nathan, *The businessman's guide to Washington*, Collier Books, Nueva York, 1975; y Roy A. Grisham Jr. y Paul D. McConaughy (eds.), *The encyclopedia of U.S. Government benefits*, Avon Books, Nueva York, 1975. Para una descripción directa y sencilla, agencia por agencia, del Gobierno federal contemporáneo, véase Office of the Federal Register, *The United States Government manual, 1983/84*, U.S. Government Printing Office, Washington D. C., 1983.

mido del Gobierno federal (Gráfico 1.1) da idea del alcance pantagruélico del Estado moderno, incluso mostrando tan sólo las actividades realizadas por un único nivel de Gobierno.

¿Cómo se produjo esta trascendental transformación de la política, la legislación y las instituciones económicas americanas? ¿Qué motivos y convicciones la inspiraron? ¿Cuáles fueron las tendencias socioeconómicas que impulsaron o se opusieron a tal transformación? ¿Quién esperaba ganar o perder a resultas de ella? ¿Quiénes —personas, élites y grupos de interés— desempeñaron un papel decisivo? ¿Qué circunstancias les permitieron tomar el timón de la historia? ¿El crecimiento del Estado se produjo de forma gradual o por episodios? ¿Qué fuerzas modelaron este cambio? Me propongo responder a estas preguntas.

Mis respuestas no podrán abarcar toda la historia. Hay demasiados acontecimientos que han influido en este desarrollo, y sólo una historia de Estados Unidos en el siglo pasado que tuviera un enfoque global —social, político, jurídico, y económico— podría intentar responder a todas las cuestiones pertinentes. Mis objetivos son más modestos, en parte porque mucho se ha dicho ya.

Varias son las explicaciones que se han ofrecido sobre el crecimiento del Estado. Sin embargo, con demasiada frecuencia el autor de una hipótesis particular la presenta como si fuera la única acertada. Por el contrario, creo que muchas de las explicaciones aportan contribuciones válidas y no necesariamente se excluyen unas a las otras. Poco se gana y mucho se pierde pretendiendo identificar un solo

Gráfico 1.1. Organización del Gobierno de Estados Unidos

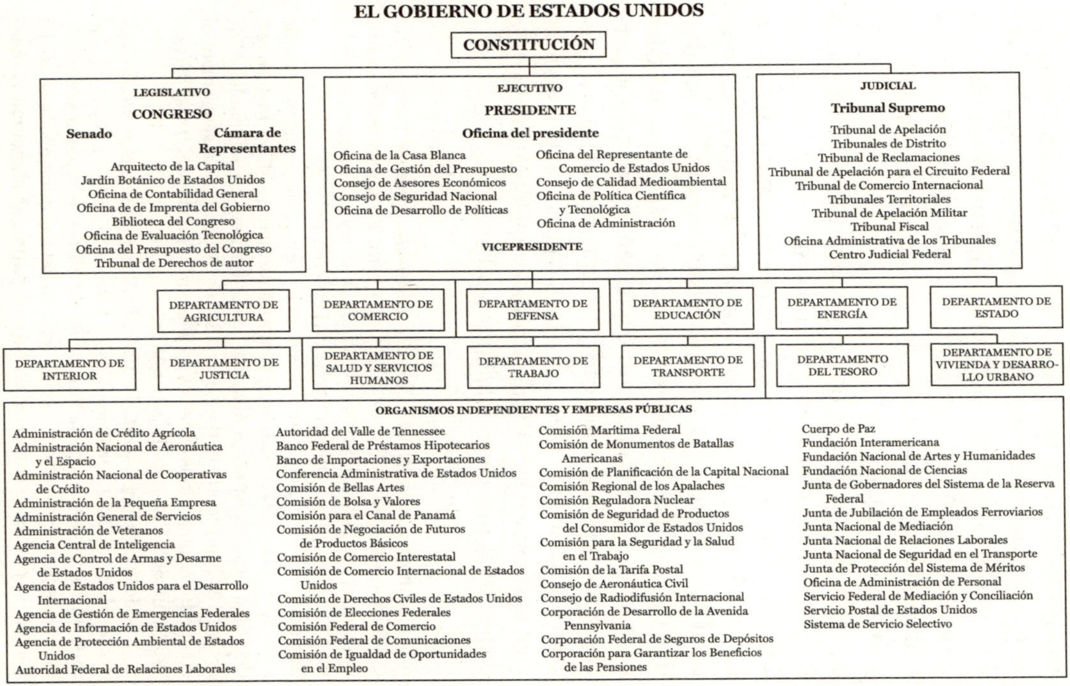

Fuente: Oficina de Registro Federal, T*he United States Goverment Manual*, 1983/84, Oficina de publicaciones del Gobierno de EE. UU., Washington D. C., 1983, p. 810.

motivo del fortalecimiento del Estado.[5] Por esta razón rehúyo la tendencia a buscar una sola causa y me esforzaré en comprender lo que las diversas hipótesis alcanzan y no alcanzan a explicar, recurriendo a ellas selectivamente y utilizándolas como puntos de partida en el desarrollo de mis propias ideas.

Lamentablemente hay explicaciones tan abstractas que resultan confusas en cuanto a la naturaleza misma del Estado. Algunos autores hablan del Estado como si fuera un gran ente no humano, una gigantesca máquina devoradora de hombres. Por ejemplo, José Ortega y Gasset dijo que el Estado se había convertido en «una máquina cuya existencia y mantenimiento dependen de la vitalidad circundante que la mantenga [...] después de chupar el tuétano a la sociedad». Pero para bien o para mal el Estado es algo humano en sí mismo: se trata simplemente del grupo de personas que ejercen la autoridad legal.[6]

5. James E. Alt y K. Alec Chrystal, *Political economics*, University of California Press, Berkeley, 1983, pp. 190, 243. En un reciente estudio econométrico, David Lowery y William D. Berry sometieron a prueba nueve explicaciones diferentes del crecimiento del gasto público en el Estados Unidos de posguerra y descubrieron que, consideradas de modo separado, sólo una «recibió un grado mínimo de respaldo» e incluso ésa, debido a problemas econométricos en el test, era cuestionable. «The growth of Government in the United States: An empirical assessment of competing explanations», *American Journal of Political Science*, 27 (nov. 1983), pp. 665-694 (cita de la p. 686).

6. José Ortega y Gasset, *La rebelión de las masas, Revista de Occidente*, Madrid, 1929. Ortega y Gasset admite (p. 204) que «al fin y al cabo, el Estado se compone aún de los hombres de aquella sociedad» para unas líneas más abajo escribir «a esto lleva el intervencionismo del Estado: el pueblo se convierte en carne y pasta que alimentan el mero

Considerar al Estado como un Gran Artefacto No Humano, distinto y diferenciado de la gente, refuerza caracterizaciones erróneas de lo que hace o deja de hacer el sector público. Los aparatos del Estado no pueden sobrevivir sin el sustento y el apoyo, o al menos sin la tolerancia, de la gente que no forma parte de la administración. Hay, además, circulación, de manera que hay gente que gobierna o es gobernada en distintos momentos. El Gobierno americano incluye varios niveles —federal, estatal, local, y mixto—. El número de entidades públicas desmiente que el Estado sea una institución coherente. Hay más de ochenta mil organismos distintos en Estados Unidos hoy en día, y de éstos, más de sesenta mil tienen poder tributario.[7] Huelga decir que quienes están al frente de todos estos entes públicos no comparten un único propósito. Los conflictos dentro del entramado público pueden ser tan comunes y significativos como los conflictos entre los gobernantes y los gobernados.[8] En el

---

artefacto y máquina que es el Estado». (El autor cita de la edición en inglés: *The revolt of the masses*, Norton, Nueva York, 1957, pp. 119-121, *N. de la t.*). Estoy de acuerdo con John R. Commons cuando dice que «el funcionario-en-acción [...] supone el Estado-en-acción [...] mientras que las relaciones legales [...] son declaraciones formales de ideales, deseos y esperanzas que pueden o no materializarse cuando el funcionario actúa». *Legal foundations of capitalism*, University of Wisconsin Press, Madison, 1959, p. 123.

7. Thomas R. Dye y L. Harmon Zeigler, *The irony of democracy: an uncommon introduction to American politics*, Duxbury Press, 5.ª ed., Monterey (California), 1981, pp. 327, 431; Graham K. Wilson, *Interest groups in the United States*, Clarendon Press, Oxford, 1981, pp. 132-133.

8. Dos estudios pormenorizados (y muy partidistas) de luchas intestinas en el seno del Gobierno son: Paul Craig Roberts, *The supply-side*

enorme y fragmentado dominio de la autoridad pública, nadie puede imponer su voluntad por las bravas: las políticas públicas son el resultado de negociaciones, renuncias, tratos y tiras y aflojas. Debemos recordar que el Estado en Estados Unidos no es ni nunca ha sido un Gran Artefacto No Humano, sino muchas instituciones humanas coexistentes, de función, alcance y autoridad variadas.[9] Mi motivación para escribir este libro es principalmente la preocupación por la expansión del poder que ejercen en el ámbito legislativo, ejecutivo, administrativo y judicial aquellas personas que forman el Gobierno federal. Pero se debe recordar que el crecimiento del Estado federal es sólo una parte de la historia del crecimiento del Estado.

Explicaciones del crecimiento del Estado

Modernización

Leyendo entre líneas en muchas obras clásicas encontramos la Hipótesis de la Modernización. Sostiene que una economía moderna, industrial y urbana requiere un Esta-

---

revolution: an insider's account of policymaking in Washington, Harvard University Press, Cambridge (Massachusetts), 1984; y David A. Stockman, *The triumph of politics: how the Reagan revolution failed*, Harper & Row, Nueva York, 1986.

9. Eric A. Nordlinger, *On the autonomy of the democratic State*, Harvard University Press, Cambridge (Massachusetts), 1981, p. 15; Lance T. LeLoup, *Budgetary politics*, King's Court Communications, Brunswick (Ohio), 1980, p. 21.

do activo y extenso; el *laissez faire* es inconcebible a finales del siglo xx. El atractivo retórico de esta teoría reside en señalar lo absurdo de seguir yendo en coche de caballos en plena era espacial. Sin embargo, esta retórica sigue sin constituir una explicación de la necesidad de un Estado grande.

Los adeptos de la Hipótesis de la Modernización en ocasiones argumentan que la economía moderna es tan compleja que, por fuerza, debe contar con una actividad gubernamental considerable. «Que la vida moderna, con su complejidad e interconexión, necesita esta extensión del poder del Estado», insiste Calvin Hoover, «no es algo menos cierto por el hecho de ser un cliché harto conocido».[10] Nadie niega que la economía se ha vuelto más complicada. Han proliferado nuevos productos, tecnologías e industrias. La población ha crecido y se ha concentrado en las zonas urbanas. Los movimientos internacionales e interregionales de bienes, dinero e instrumentos financieros se han multiplicado. El aumento de la especialización hace

10. Calvin B. Hoover, *The economy, liberty, and the State,* Twentieth Century Fund, New York, 1959, p. 373. Haciéndose eco de esta fórmula, Morton Keller ha declarado: «una economía compleja y en constante cambio requiere un sistema regulador denso y dinámico». Véase «The pluralist State: American economic regulation in comparative perspective, 1900-1930» en Thomas K. McCraw (ed.), *Regulation in perspective: historical essays,* Harvard University Press, Cambridge (Massachusetts), 1981, p. 94. Entre los economistas, la hipótesis de la modernización suele aparecer bajo la forma de la Ley de Wagner. Para una crítica sensata de esta vaga noción, véase Alan T. Peacock y Jack Wiseman, *The growth of public expenditure in the United Kingdom,* Princeton University Press, Princeton (Nueva Jersey), 1961, pp. 16-20, 24-28.

que los individuos sean menos autosuficientes, más dependiente de una vasta red de intercambios.

Sin embargo, del hecho de que los asuntos económicos sean más complejos no se desprende necesariamente que para coordinarlos de forma efectiva sea necesario un mayor papel director de los Estados. Muchos economistas, desde Adam Smith en el siglo XVIII a Friedrich Hayek en el XX, han argumentado que un mercado abierto es el sistema más eficaz de coordinación socioeconómica, el único que recibe y responde sistemáticamente a las señales siempre cambiantes que transmiten millones de consumidores y productores.[11] Este argumento desafía la Hipótesis de la Modernización: mientras que el Estado podría ser capaz de coordinar las actividades económicas en una economía simple, nunca podría hacerlo con éxito en una economía compleja. La escasez artificial y las líneas de gasolina de Estados Unidos en los años setenta, sin mencionar la frustración crónica de los consumidores en los países socialistas, dan fuerza al argumento de los críticos.

11. Adam Smith, *An inquiry into the Nature and causes of the wealth of nations*, Modern Library, Nueva York, 1937; F. A. Hayek, *Law, legislation and liberty: a new statement of the liberal principles of justice and political economy, Vol. I. Rules and Order*, University of Chicago Press, Chicago, 1973, pp. 35-54, esp. pp. 50-51. También Thomas Sowell, *Knowledge and decisions*, Basic Books, Nueva York, 1980, esp. pp. 214-223; Israel M. Kirzner, «Economic planning and the knowledge problem», *Cato Journal*, 4 (otoño de 1984), pp. 407-418. A modo de comparación, véase Leonid Hurwicz, «Economic planning and the knowledge problem: a comment», *Cato Journal*, 4 (otoño de 1984), pp. 419-425.

El modo de operar de una economía de mercado evidentemente depende del carácter y la profundidad de la competencia que la espolea. Algunos observadores creen que la emergencia de la gran empresa a finales del siglo XIX alteró profundamente la competencia económica y marcó el inicio de una nueva era. «Este paso de la competencia al monopolio», escribió Lenin en 1916, «es uno de los fenómenos más importantes —si no el que más— de la economía capitalista moderna». Aceptando esta afirmación, podría interpretarse que el crecimiento del Estado a finales del siglo XIX y a principios del XX fue una reacción de la población, mediante el desarrollo de un «poder compensatorio», para frenar las subidas de precios, caídas de la producción y distorsiones en la distribución que las grandes empresas habrían promovido al no verse sujetas a regulaciones. Como ejemplo podemos citar la aprobación de leyes antimonopolio y la creación de la Comisión Federal de Comercio y las diversas comisiones reguladoras específicas para determinados sectores, como la Comisión de Comercio Interestatal y la Comisión Federal de Comunicaciones. En resumen, según esta interpretación, la modernización económica fortaleció el poder de los monopolios privados y, para mantener a raya los efectos perniciosos de este poder, el Estado aumentó a su vez el suyo.[12]

12. Esta tesis es desarrollada por John Kenneth Galbraith, *American capitalism: the concept of countervailing power*, Houghton Mifflin, 2.ª ed.., Boston, 1956, esp. pp. 135-153. La frase de Lenin proviene de *Imperialism: the highest stage of capitalism*, International Publishers, Nueva York, 1939, p. 17.

Esta explicación presenta fallos tanto en la teoría como en la práctica. A finales del siglo XIX y principios del XX, se crearon muchas grandes empresas y hubo fusiones que resultaron en gigantes industriales como la United States Steel, American Tobacco y la International Harvester. Pero nadie ha demostrado que la economía en su conjunto fuera sustancialmente menos competitiva. Ni siquiera en sectores económicos específicos, ni la creación de grandes empresas ni los altos índices de concentración industrial conllevan necesariamente ausencia de competencia efectiva. Es seguro que los fundadores de grandes empresas aspiraban al monopolio del poder y ganancias, pero raramente lo consiguieron a largo plazo. Las características definitorias de la competencia son dinámicas —principalmente innovación tecnológica y organizativa—, y bajo condiciones de competencia dinámica ni el tamaño de una empresa ni la alta concentración de una industria representan una amenaza grave para el bienestar de la población.[13] Es más, a pesar de que los analistas del poder monopolístico centran su atención casi en exclusiva en la industria, este sector no es ni el único ni el más «dominante» o «estratégico». En otros sectores —en la venta al por mayor y al por menor,

13. Joseph A. Schumpeter, *Capitalism, socialism, and democracy*, 3.ª ed., Harper & Row, Nueva York, 1950, pp. 81-106; Israel M. Kirzner, *Competition and entrepreneurship*, University of Chicago Press, Chicago, 1973, esp. pp. 125-131. También Thomas K. McCraw, "Rethinking the trust question," en Thomas K. McCraw (ed.), *Regulation in perspective*, pp. 1-24. J. R. T. Hughes me ha sugerido que incluso si la amenaza que suponen realmente las grandes empresas no fuera genuina, la gente podría temerla (erróneamente) y, por tanto, haber buscado protección gubernamental frente a ellas.

por ejemplo— la competencia aumentó de forma innegable en las décadas anterior y posterior al cambio de siglo. Pensemos en cuántos bastiones locales de poder monopólico fueron derribados cuando grandes distribuidores como Sears, Roebuck & Company y Montgomery Ward empezaron a vender por correo. En muchos sectores, la tendencia monopolística de las grandes empresas que se concentraban en grupos industriales la frenaron competidores internacionales, ya fueran reales o potenciales.

Además, la actuación del Estado ha tendido más a proteger a los competidores débiles que a garantizar una competencia sólida. Éste ha sido históricamente el cariz de las actuaciones de la FTC (Comisión Federal de Comercio) y de muchas otras comisiones reguladoras específicas para cada sector. En palabras de George Stigler, «la regulación y la competencia son amigas retóricas y enemigas mortales: en la puerta de todas las agencias reguladoras, salvo dos, debería haber un cartel que rezara: "No se admite competencia". En la puerta de la Comisión Federal de Comercio se debería anunciar "Competencia por la puerta trasera", y en la de la División Antimonopolio (*Antitrust Division*), "Monopolio sólo con cita previa"».[14] Los organismos regulado-

14. George J. Stigler, *The citizen and the State: essays on regulation*, University of Chicago Press, Chicago, 1975, p. 183. Para un examen de estudios variados sobre programas regulatorios, véase Thomas K. McCraw, «Regulation in America: a review article», *Business History Review*, 49 (verano de 1975), pp. 159-183; y Bernard H. Siegan, *Economic liberties and the Constitution*, University of Chicago Press, Chicago, 1980, pp. 283-303. En «Rethinking the trust question» McCraw concluye (p. 55) que «la regulación económica ha sido típicamente no aliada sino enemiga de la competición».

res del Estado han creado o apoyado monopolios privados en mayor número que los han limitado o debilitado. Éste es exactamente el resultado que muchos deseaban obtener de la regulación gubernamental, aunque habría sido políticamente incorrecto admitirlo en público. El único punto de acuerdo entre los historiadores de la regulación es que «las políticas reguladoras implicaban una compleja y enmarañada lucha entre grupos de interés diametralmente opuestos, en la que cada grupo utilizaba la maquinaria del Estado siempre que podía, para servir a objetivos particulares y mayormente desvinculados del "interés público", excepto en un sentido táctico».[15] Pero las actividades antimonopolio y la regulación de la entrada, precios y servicios dentro de cada sector, cualquiera que sea su motivación y sus resultados, constituyen tan sólo una pequeña parte de las múltiples actuaciones del Estado moderno.

Los argumentos a favor de la Hipótesis de la Modernización en ocasiones conceden gran importancia al aumento de la población. Una alta densidad de población inevitablemente crea costes indirectos que los economistas llaman «externalidades negativas»; los terceros no quieren compartir los costes de las acciones de otros. La contaminación del aire o del agua son ejemplos conocidos. Si el ordenamiento jurídico falla a la hora de delimitar y proteger el derecho de propiedad privada sobre todos los recursos valiosos, incluidos el aire y el agua, entonces las externalidades negativas pueden conllevar patrones de producción y uso de recursos ineficientes en el libre mercado. Por

15. McCraw, «Regulation in America», p. 171.

ejemplo, el humo de la chimenea de tu fábrica puede ensuciar la ropa que cuelga de mi tendedero, pero yo no tengo manera de hacerte pagar los daños ni tampoco puedo limitar o prevenir nuevas emisiones. Desde un punto de vista social, la actividad de tu fábrica es abusiva porque una parte de su verdadero coste de operación se traslada sin consentimiento o compensación a personas ajenas a su actividad como yo, que no tenemos voz ni voto en las decisiones sobre su funcionamiento.

Es posible que la regulación pública pueda mejorar estas condiciones. El que históricamente lo haya hecho o no ha dependido de cómo el Gobierno enfoca y ejecuta sus reglamentos, lo que determina en parte el coste y el beneficio de sus intervenciones. Los defensores de la Hipótesis de la Modernización dan por sentado que las externalidades negativas son habituales y relevantes, que gran parte de la actividad pública ha pretendido corregir tales externalidades y que estas intervenciones han sido habitualmente exitosas a la hora de establecer un patrón más eficiente de uso de los recursos. Cada una de estas suposiciones puede ser cuestionada. Algunos economistas dudan de que el Gobierno pueda o vaya a gestionar con éxito las externalidades. Como dijo Leland Yeager, el sector público en sí mismo es «el paradigma de sector en el que los decisores *no* tienen en cuenta todos los costes ni todos los beneficios de cada actividad».[16]

16. Leland B. Yeager, «Is there a bias toward over regulation?», en Tibor R. Machan y M. Bruce Johnson (eds.), *Rights and regulation: ethical, political, and economic issues*, Ballinger, Cambridge (Massachusetts), 1983, p. 125.

Sin duda, ha habido intervenciones estatales que buscaban rectificar los efectos de externalidades negativas importantes. Los reglamentos de salud pública son los ejemplos más convincentes. No hay duda de que las enfermedades contagiosas generan costes externos: históricamente han provocado daños tremendos, y los reglamentos en materia de salud pública del Gobierno tradicionalmente se han encaminado y puesto en práctica para obtener contextos más eficientes.[17] En las últimas décadas, las leyes anticontaminación y las oficinas que velan por la aplicación de estas leyes, como la Agencia de Protección Ambiental, dan una medida de la lucha del Estado contra las externalidades negativas, si bien el marco y la aplicación de los reglamentos medioambientales, cuando se toman en cuenta todos sus costes y beneficios, plantean dudas sobre su intención y su éxito.[18]

Resumiendo, la Hipótesis de la Modernización tiene méritos, pero no demasiados, a la hora de explicar el surgimiento del Estado intervencionista. La regulación de la competencia industrial, la salud pública y las externalidades ambientales son sólo una pequeña parte de todo lo que

17. Edward Meeker, «The social rate of return on investment in public health, 1880-1910», *Journal of Economic History*, 34 (jun. de 1974), p. 392-431; Robert Higgs, *The transformation of the American economy, 1865-1914: an essay in interpretation*, Wiley, Nueva York, pp. 67-72; *idem*, «Cycles and Trends of Mortality in 18 Large American Cities, 1871-1900», *Explorations in Economic History*, 16 (oct. 1979), pp. 396-398.

18. Murray L. Weidenbaum, *Business, government, and the public*, Prentice-Hall, 2.ª ed., Englewood Cliffs (Nueva Jersey), 1981, pp. 92-113; Douglas F. Greer, *Business, government, and society*, Macmillan, Nueva York, 1983, pp. 463-489.

hacen los Estados modernos. La mayoría de las actividades públicas no están directamente relacionadas con la creciente complejidad de la economía, con garantizar la competencia o con los costes indirectos de que la población tienda a concentrarse.[19] La Hipótesis de la Modernización es poco esclarecedora en el ámbito federal, que es justamente donde la expansión del sector público ha sido más llamativa en el siglo XX.

Bienes públicos

La noción de bienes públicos también implica no exclusividad o efectos indirectos. En la teoría económica, un «bien público» no es necesariamente un bien suministrado por el Estado. Lo que lo define es más bien la peculiaridad de no ser rival ni excluyente en su consumo: su disfrute por parte de un consumidor no reduce su disponibilidad para el disfrute de otros. Una vez que el bien público se ha producido, su uso no trae ningún coste marginal, porque su disfrute por parte de usuarios adicionales no requiere sacrificar otras alternativas. El ejemplo que nos es más fami-

19. Thomas E. Borcherding, «The sources of growth of public expenditures in the United States, 1902-1970», en Thomas E. Borcherding (ed.), *Budgets and bureaucrats: the sources of government growth*, Duke University Press, Durham (Carolina del Norte), 1977, p. 53; Willliam A. Niskanen, «The growth of government», *Cato Policy Report*, 7 (jul.-ago. de 1985), pp. 8-10; Edgar K. Browning y Jacquelene M. Browning, *Public finance and the price system*, Macmillan, 2.ª ed., Nueva York, 1983, pp. 93, 98. También las fuentes citadas en la nota 3, especialmente las «guías útiles».

liar es la defensa nacional. Todos los ciudadanos de un territorio comparten por igual el beneficio de una mayor protección por parte del Estado, frente a una agresión externa. Mi mejor protección no conlleva una disminución de la protección de ningún otro ciudadano.[20]

El problema que presentan los bienes públicos es que, dado que todos los consumidores comparten sus beneficios, cada uno de ellos tiene incentivos para no pagar por ellos. Es decir, cada consumidor se ve tentado a ser un gorrón o *free rider*.[21] En lo que respecta a los bienes privados, los consumidores que no pagan no pueden disfrutarlos, porque quienes sí los pagan pueden excluir a otros de participar en sus beneficios. Sin embargo, en el caso de algunos bienes públicos, la exclusión de los beneficiarios que

20. Debido a que la defensa nacional ejemplifica a menudo el concepto de bien público, está bien hacer notar que «el gasto en defensa también confiere beneficios privados en un monto significativo, y que esas consideraciones a menudo opacan el debate relativo a la defensa como bien público [...]. La cantidad de gasto en defensa no se traduce en un cierto nivel de capacidad. Pero mientras arroje beneficios privados sustanciales, habrá una fuerte presión para incrementar las partidas» (LeLoup, *Budgetary politics*, pp. 253, 255). Milton y Rose Friedman han observado que «el triángulo de acero —en este caso compuesto por el Pentágono, los contratistas de defensa y los pertinentes congresistas— es tan poderoso en el ámbito militar como lo es en el civil» (Milton Friedman y Rose Friedman, *Tyranny of the Status Quo*, Harcourt Brace Jovanovich, Nueva York, 1984, p. 78).

21. El término *free rider* se refiere a un tipo de persona que no paga impuestos pero se aprovecha de los beneficios generados por el suministro del bien o servicio público financiado con partidas de gasto público, una categoría muy extendida en la literatura económica de Estados Unidos. En español se suele hablar del «problema del parásito o del gorrón» o en ocasiones también del «usuario gratuito». *(N. de la t.)*

no pagan resulta imposible o prohibitivamente costosa. Cuando se disuade a los enemigos extranjeros de agredir a Estados Unidos, todas las personas del país reciben la protección por igual, no es posible que algunas personas queden excluidas. Nadie contribuiría, o no lo haría significativamente, para garantizar la provisión de un bien público no excluyente en el mercado. Y si todo el mundo, con la esperanza de beneficiarse sin coste, se abstiene de pagar, el bien no se puede proveer.

El Estado puede eludir este problema, típicamente llamado «dilema del gorrón». La solución consiste en gravar con impuestos a todos —o a un número suficiente de— los beneficiarios del bien público, para obtener los fondos con los que pagarlo. Pero incluso después de que el Estado intervenga, la cuestión sigue siendo espinosa, porque el procedimiento para determinar la cantidad y el reparto de la carga fiscal no es claro ni sencillo. En la práctica, el proceso político determina cuánto se proporciona y cómo se reparten los costes entre los ciudadanos.[22]

La Hipótesis de los Bienes Públicos sostiene que durante el siglo XX los costes de producción de los bienes públicos no rivales ni excluyentes —sobre todo la defensa nacional y la tecnología de la guerra— aumentaron y, dado que el Es-

22. Browning and Browning, *Public finance*, pp. 29-34, 42-44, 49-50; Joseph P. Kalt, «Public goods and the theory of government», *Cato Journal*, 1 (otoño de 1981), pp. 565-584; Russell D. Roberts, «A taxonomy of public provision», *Public Choice*, 47 (1985), pp. 267-303. A modo de comparación, E. C. Pasour Jr., «The free rider as a basis for government intervention», *Journal of Libertarian Studies*, 5 (otoño de 1981), pp. 453-464.

tado es el único que puede garantizar la producción de estos bienes, el Estado, a su vez, hubo de crecer. Este argumento tiene un mérito considerable, sobre todo en lo que refiere al Gobierno federal, en el que se centraliza la provisión de la defensa nacional. Ciertamente el siglo XX fue testigo de una gran inestabilidad y hostilidad internacional. Dos guerras mundiales, una gran cantidad de conflictos internacionales y la Guerra Fría elevaron la demanda de servicios a los estamentos militares, mucho más que en el siglo XIX. En paralelo, el desarrollo de tecnología militar moderna encareció la producción de la seguridad nacional. A partir de la Segunda Guerra Mundial, la carrera armamentística supuso que la seguridad nacional no pudiera garantizarse de forma estable, puesto que cada ronda de acción-reacción alteraba los requisitos para una disuasión eficaz.

A pesar de su pertinencia, la Hipótesis de los Bienes Públicos ofrece tan sólo una explicación parcial del crecimiento del Estado. Incluso en el ámbito federal, la mayoría de los gastos públicos no guardan relación directa con la defensa nacional. No tienen relación con la defensa nacional u otros bienes públicos no excluyentes el gasto masivo en pensiones de jubilación, las prestaciones por desempleo, la vivienda pública, la formación laboral, la atención médica, los subsidios agrícolas o los comedores escolares, entre otras muchas cuestiones, por no mencionar las endiabladas normativas sobre cualquier cosa, desde los tejidos para los pijamas para niños hasta los contratos de futuros de materias primas.

El estado del bienestar

Estados Unidos no sólo ha ampliado el alcance del Estado, también ha desarrollado un estado del bienestar. Se podría recurrir a una variante de la Hipótesis de la Modernización para explicar este aspecto de la ampliación del Estado. El crecimiento económico y la consiguiente transformación socioeconómica han conducido, por vías distintas y a menudo indirectas, a reducir el papel que desempeñaban en el terreno de los servicios sociales instituciones privadas como la familia, las religiones y las organizaciones de voluntariado. Victor Fuchs argumenta que «los frutos del sistema de mercado —ciencia, tecnología, urbanización, prosperidad»— han socavado las instituciones sobre las que anteriormente reposaba el orden social. «Con el declive de la familia y la religión se evidencia la incapacidad del sistema de mercado para cubrir esas necesidades, y el Estado corre a rellenar el vacío.» Un Estado más grande acaba siendo un «sustituto de la familia o la religión y la principal institución asistencial para quienes afrontan dificultades económicas o sociales».[23] Sin duda, los servicios sociales públicos han sustituido ampliamente a los servicios sociales privados. Pero las observaciones de Fuchs se quedan cortas al no explorar exactamente cómo se ha efectuado esta sustitución de largo alcance. Es preciso saber quién se beneficia y quién paga, cuánto y de qué manera.

23. Victor R. Fuchs, «The economics of health in a post-industrial society», *Public Interest* (verano de 1979), pp. 13, 19. Para variaciones provocadoras sobre el mismo tema, véase Robert Nisbet, *Twilight of authority*, Oxford University Press, Nueva York, 1975, esp. pp. 230-287.

Wilhem Ropke, Fuchs y otros entendieron el moderno estado del bienestar como «una respuesta innegable a la desintegración de comunidades genuinas, durante los últimos cien años». Pero también señala que «el estado del bienestar actual no es sólo una versión mejorada de las viejas instituciones de seguro y asistencia social». Más bien se ha convertido en «un instrumento de revolución social» en la que «tomar es, cuanto menos, tan importante como dar», y «degenera en un absurdo bombeo bidireccional de dinero cuando el Estado roba a casi todo el mundo y paga a casi todo el mundo, de modo que uno al final no sabe si ha ganado o si ha perdido en el juego».[24] El estado del bienestar ha acabado siendo un Estado redistributivo, si es que no lo era ya desde el principio. Las políticas gubernamentales que tenían el propósito limitado de salvar de la indigencia a los ciudadanos más desfavorecidos se han fusionado con las políticas gubernamentales cuyo propósito sin límites es redistribuir los ingresos y la riqueza entre prácticamente todos los grupos, tanto ricos como pobres.

Política redistributiva

La Hipótesis de la Política Redistributiva ofrece una posible explicación de por qué «el Estado corre a llenar el

24. Wilhem Ropke, *A humane economy: the social framework of the free market*, Henry Regnery, Chicago, 1971, pp. 156, 164-165. También Mancur Olson, *The rise and decline of nations: economic growth, stagflation, and social rigidities*, Yale University Press, New Haven (Connecticut), 1982, p. 174.

vacío», transformando el estado del bienestar en algo mucho más amplio y profundo. Esta explicación hace del Gobierno un instrumento para la redistribución coercitiva de la riqueza. Considera que los votantes están muy informados y tienen intereses muy definidos, y que los candidatos vencedores son sensibles y receptivos a los mensajes de sus votantes. Esta hipótesis ha adoptado distintas variantes.

En la versión de Allan Meltzer y Scott Richard, el fortalecimiento del Estado «resulta de la diferencia entre la distribución de votos y la distribución de ingresos. El Estado crece cuando los derechos políticos se extienden e incluyen a más votantes por debajo del ingreso medio, o cuando el aumento del producto proporciona ingresos para una mayor redistribución».[25] La argumentación no encaja bien con los hechos históricos. La extensión de los derechos políticos no ha incidido en sí misma en el crecimiento del Estado, y las ampliaciones más llamativas de lo público se han producido en períodos de estancamiento o de caída de la renta real de los ciudadanos, durante

25. Allan H. Meltzer y Scott F. Richard, «Why government grows (and grows) in a democracy», *Public Interest* (verano de 1978), p. 116. También, de los mismos autores, «A rational theory of the size of government», *Journal of Political Economy*, 89 (oct. de 1981), pp. 914-927. Este último artículo mide el tamaño del Estado a través del porcentaje de renta redistribuido. Dadas las múltiples vías, directas e indirectas, de hacerlo, no se trata de una medida operativa y, por lo mismo, la hipótesis no se puede testar empíricamente. Un trabajo subsiguiente de Meltzer y Richard no advierte el problema, de modo que la prueba a la que someten la conjetura es poco persuasiva: «Tests of a rational theory of the size of government», *Public Choice*, 41 (1983), pp. 403-418.

las guerras mundiales y la Gran Depresión. Además, asumir que el Estado siempre transfiere recursos a destinatarios con bajo nivel de renta contradice con frecuencia a los hechos. Como ya observó Mancur Olson, la redistribución que realiza el Estado suele «tener un impacto más arbitrario que igualador en la distribución de la renta —no pocas decisiones del Gobierno redistribuyen de la población con renta baja a la población con renta más alta—». Muchas actividades de los Gobiernos «no son de especial ayuda para los pobres» y muchas otras «de hecho les perjudican».[26]

La versión de Sam Peltzman de la Hipótesis de la Política Redistributiva sostiene que «los Estados crecen donde existen grupos que comparten el interés en ese crecimiento y pueden articular el interés que comparten para hacerlo crecer». Aquí se considera que la expansión del Estado es impulsada en exclusiva por las demandas de los ciudadanos; la respuesta del Estado se da por sentada. Peltzman sostiene que «la nivelación de las diferencias de ingresos de una gran parte de la población [...] ha sido, de hecho, una razón importante del crecimiento del Estado en el mundo desarrollado en los últimos cincuenta años», porque la nivelación creó «una ampliación de la base política que se beneficiaría de la redistribución en general y, por lo tanto, abona el terreno para el apoyo político a la expansión de programas específicos. Paralelamente, estos grupos fueron capaces de percibir y articular ese interés [...] [y] este crecimiento simultáneo de la "habilidad" sirvió

26. Olson, *Rise and decline*, p. 174.

para catalizar políticamente el creciente interés económico en la redistribución».[27]

La supuesta sofisticación del modelo que Peltzman desarrolló matemáticamente, y probó econométricamente, se desvanece cuando lo estudiamos en detalle. Su enfoque es «considerar el gasto y la imposición pública como transferencias puras» y «asumir que la cantidad de gasto viene determinada totalmente por las preferencias de la mayoría de los votantes [...] que las preferencias políticas están motivadas sólo por el interés particular [...] [y que] cada votante supone que cada política que se propone viene sin coste y no se pregunta por las implicaciones para su bienestar». En otra versión supuestamente más realista del modelo, Peltzman suaviza ligeramente las condiciones más estrictas y asume que sólo un grupo de votantes está plenamente informado, mientras que los otros son ignorantes y votan al azar o se abstienen. Estas suposiciones no pueden sustentar una explicación convincente de la expansión del Estado. Peltzman recurre a ellas, junto con datos dudosos, para realizar pruebas econométricas que, sin embargo, no convencen al lector interesado en las especificaciones de su modelo.[28]

27. Sam Peltzman, «The growth of government», *Journal of Law and Economics*, 23 (oct. de 1980), p. 285, énfasis en el original.

28. Ibídem, pp. 221-223, 233-234. El politólogo Morris P. Fiorina observa oportunamente que «la mayoría de los economistas reciben una formación aceptable en el método estadístico, por lo que son capaces de producir análisis que tienen la apariencia de rigor y sofisticación, pero [...] su falta de conocimiento del contexto les lleva a asumir especificaciones ingenuas en sus modelos. De manera demasiado frecuente, los teóricos de la elección pública utilizan indicadores estrafalarios, que resultan ser la variante crucial de sus estudios» [Morris P. Fiorina, «Com-

A diferencia de las Hipótesis de la Modernización, la de los Bienes Públicos y la del estado del bienestar, que implícitamente asumen que el Estado crece al ponerse al servicio de un amplio pero variable «interés público», la Hipótesis de la Política Redistributiva considera explícitamente que el crecimiento del Estado es el resultado de la acción política. (Acción política = buscar o ejercer los poderes coercitivos del Estado para determinar quién obtiene qué, cuándo y cómo.) Para cualquier explicación realista del crecimiento del Estado, esta perspectiva es indispensable. Pero en muchas de sus formulaciones, como acabamos de ver, la línea argumentativa caracteriza la política de manera altamente estilizada y grotescamente irreal. Asume, por lo general, que el tamaño del Estado viene determinado exclusivamente por los cargos electos que buscan ser reelegidos. ¿Dónde quedan el Tribunal Supremo, las limitaciones constitucionales y la opinión pública conservadora? ¿Qué papel se supone que desempeñan los funcionarios de carrera y las agencias independientes?[29]

---

ments», en Clifford S. Russell (ed.), *Collective Decision Making: Applications from Public Choice Theory*, Johns Hopkins University Press, Baltimore, 1979, p. 48]. Impenitente, Peltzman ofrece otro ejemplo de lo que Fiorina critica: «An economic interpretation of the history of congressional voting in the twentieth century», *American Economic Review*, 75 (sep. de 1985), pp. 656-675.

29. Sobre el Tribunal Supremo, véanse Siegan, *Economic liberties*, y Paul L. Murphy, *The Constitution in crisis times, 1918-1969*, Harper Torchbooks, Nueva York, 1972. Sobre la opinión pública conservadora (y de otra clase), véanse los capítulos 3 y 4 de este libro y las fuentes allí citadas. En materia de burocracia, véanse Browning and Browning, *Public finance*, pp. 72-75; Dye y Zeigler, *Irony of democracy*, pp. 323-324, 335; Samuel P. Hays, «Political choice in regulatory administration», en Mc-

Ciertamente, la presunción de que los votantes están plenamente informados es insostenible y engañosa. Se acercaría más a la realidad asumir que el votante tipo es completamente ignorante. Una autoridad en materia de opinión pública dijo que los americanos responden con más facilidad cuál es su signo del zodíaco que cómo se llama su representante en el Congreso. Y suponer que los actores políticos conocen con exactitud cuál será el resultado electoral de tomar una determinada decisión política —o de redistribuir la riqueza de una determinada manera— es llevar la omnisciencia a un absurdo extremo ficticio. Como señaló James Buchanan, «el proceso electoral ofrece, en el mejor de los casos, un castigo disciplinario a quienes se apartan demasiado de las preferencias de los electores». Las elecciones no tienen lugar con demasiada frecuencia. Pocos son los ciudadanos que poseen información precisa sobre cuestiones políticas o sobre las actuaciones de los políticos; tampoco son muchos los que cuentan con incentivos para mantenerse mejor informados. Los teóricos de la elección pública, académicos que estudian políticas con métodos de la economía, llaman a esta falta de información «ignorancia racional». Racional o no, sus efectos son los mismos: «casi cualquier político puede, con unas limi-

Craw (ed.), *Regulation in perspective*, pp. 124-154; Francis E. Rourke, *Bureaucracy, politics, and public policy*, Little Brown, 2.ª ed., Boston, 1976, pp. 179-184 y *passim*. Para un análisis perspicaz pero menos convincente que sugiere que la burocracia es menos servil para con el Parlamento de lo que aparenta, véase Barry R. Weingast, «The congressional-bureaucratic system: a principal agent perspective (with applications to the SEC)», *Public Choice*, 44 (1984), pp. 147-191.

taciones bastante amplias, ir en contra de los intereses de sus votantes sin sufrir daños predecibles».[30]

Lo más probable es que el político se comporte en contra de los intereses de sus electores, incluso cuando quiere servirles fielmente. Dejando de lado que los votantes presentan una gran heterogeneidad de intereses —y en consecuencia es imposible servir a todos, ni siquiera a una minoría considerable— el problema de la información es sencillamente abrumador. Los politólogos están más predispuestos que los economistas a reconocer la existencia de este problema y ponen el énfasis en «las dificultades prácticas que afrontan los legisladores para descubrir cuáles son los intereses reales de sus votantes».[31]

30. W. Lance Bennett, *Public opinion in American politics*, Harcourt Brace Jovanovich, Nueva York, 1980, pp. 43-45, 122-123, 350, 384-390 (la cita en p. 44); James M. Buchanan, «Why does government grow?» en Borcherding (ed.), *Budgets and bureaucrats*, p. 13. También James M. Buchanan, *The limits of liberty: between anarchy and Leviathan*, University of Chicago Press, Chicago, 1975, pp. 156-161; Browning and Browning, *Public finance*, pp. 54-72; Alt y Chrystal, *Political economics*, pp. 154, 155, 161; Siegan, *Economic liberties and the Constitution*, pp. 91, 265-282; Olson, *Rise and decline*, p. 52; Nordlinger, *Autonomy*, pp. 87, 96, 209; Graham K. Wilson, *Interest groups*, pp. 110, 117, 125; Dye y Zeigler, *Irony of democracy*, pp. 193, 196, 362, 364, 367; Brian Barry, *Sociologists, economists and democracy*, University of Chicago Press, Chicago, 1978, pp. 127, 135; Joseph D. Reid Jr., «Understanding political events in the new economic history», *Journal of Economic History*, 37 (jun. de 1977), pp. 308, 313-314; Leland B. Yeager, «Rights, contract, and utility in policy espousal», *Cato Journal*, 5 (primavera-verano de 1985), pp. 284-285.

31. Wilson, *Interest groups*, p. 117 (también pp. 110, 125). La asunción típica de los economistas es formulada abruptamente por Gary Becker: «se asume que políticos y burócratas son contratados para promover los intereses colectivos de los grupos de presión, que los repudian o despiden mediante elecciones o censura cuando se desvían excesiva-

El desajuste entre los intereses de los votantes y las acciones de sus representantes se demuestran con ejemplos a menudo divertidos. El primer director del Presupuesto en la Administración Reagan, el excongresista David Stockman, en sus sonadas memorias escribió: «fui por ahí y corté todas las cintas [en actos de inauguración] [...] y nunca nadie supo que voté en contra de esos malditos programas». El congresista Pete McCloskey apuntó algo parecido al recordar su primera victoria en las elecciones al Congreso. Una encuesta poselectoral pretendía clarificar el mandato de sus electores y el resultado fue, como el mismo McCloskey concluyó, «que el 5 por ciento de los electores me votó porque estaban de acuerdo con mis ideas, un 11 por ciento me votó a pesar de estar en desacuerdo, y el 84 por ciento no tenía ni idea de lo que pienso».[32]

En resumen, hay muchas buenas razones para estar de acuerdo con la sentencia de Joseph Schumpeter: «El ciudadano racional que vota libremente, consciente de sus intereses (a largo plazo), y el representante que le obedece, ¿no son acaso el ejemplo perfecto de cuento infantil?».[33]

---

mente de esos intereses» [«A theory of competition among pressure groups for political influence», *Quarterly Journal of Economics*, 98 (ago. de 1983), p. 396]. ¿Incluye ese severo control el cesar a un burócrata de carrera o recusar a un juez del Tribunal Supremo? En tal caso, problemas intratables se silencian; si no es así, actores importantes quedan fuera del modelo.

32. William Greider, «The education of David Stockman», *Atlantic Monthly*, 248 (dic. de 1981), p. 30; «Pete McCloskey: trying to run on the issues», *Wall Street Journal*, 3 de junio de 1982, p. 22.

33. Joseph A. Schumpeter, *History of economic analysis*, Oxford University Press, Nueva York, 1954, p. 429.

Las decisiones políticas suelen tomarse en un contexto de ignorancia, desinformación, insinceridad y emotividad; largos períodos de languidez y tejemanejes se alternan con breves episodios de acción frenética. En la formulación de las políticas públicas concretas, los votantes apenas cuentan. Son más decisivos los líderes en posiciones estratégicas de poder y las élites con un interés directo y al corriente del potencial político de cada fase del proceso. Es más, las acciones ideológicamente motivadas pueden tener un peso mayor en los acontecimientos políticos de lo que reconocen los defensores de la Hipótesis de la Política de Redistribución.

Ideología

Muchos académicos se decantan por alguna variante de la Hipótesis de la Ideología para explicar la expansión del Estado. La idea es que los convencidos, aquellos comprometidos con una visión de lo que es la «buena sociedad», han buscado y logrado ampliar el poder del Estado para modelar la realidad social de acuerdo con sus ideales. Quienes apoyan esta hipótesis son aliados insospechados. Entre ellos se cuenta John Maynard Keynes, el santo patrón del liberalismo moderno,[34] quien declaró que «las ideas de los economistas y los filósofos políticos [...] son

34. A diferencia de lo que sucede en Europa, en Estados Unidos se suele identificar con el término «liberalismo moderno» a las corrientes políticas socialdemócratas en lo económico y liberales en lo social. *(N. del e.)*

más influyentes de lo que se piensa. De hecho, el mundo está gobernado por poco más [...]. [T]arde o temprano, son las ideas, y no los intereses creados, las que son peligrosas, para bien o para mal».[35] Otro firme defensor de la fuerza de las ideas es Friedrich A. Hayek, que quizá sea el intelectual más celebrado de la derecha. Él identificó la causa última del abandono del sistema de mercado, señalando «ciertos nuevos objetivos de la política», en particular la convicción de que el Estado debería «determinar la posición material de determinadas personas o hacer cumplir la justicia distributiva o "social"», mediante «una asignación de todos los recursos por parte de una autoridad central».[36] De manera que Keynes, que abogó por una «socialización exhaustiva de la inversión», y Hayek, que dedicó su larga vida profesional a combatir cualquier tipo de socialismo, estuvieron de acuerdo con que el crecimiento del Estado depende en última instancia de las ideas o, más exactamente, de las ideologías.[37]

La ideología, a la que algunos se refieren más vagamente como «opinión pública», debe de haber desempeñado un papel importante, cuanto menos un papel decididamente permisivo. Como dijo Ortega y Gasset, y muchos

35. John Maynard Keynes, *The general theory of employment, interest and money*, Harcourt, Brace & World, Nueva York, 1936, pp. 383-384.

36. Friedrich A. Hayek, *The constitution of liberty*, University of Chicago Press, Chicago, 1960, pp. 231-232.

37. A mitad de camino entre Keynes y Hayek en el espectro político, los Friedman también abrazan una explicación por el cambio ideológico en el crecimiento del sector público: *Tyranny of the Status Quo*, pp. 37-38. Para el papel de la ideología en las funciones cambiantes del Gobierno, véanse los capítulos 3 y 4 de este libro y las fuentes allí citadas.

otros han admitido, «no se puede gobernar en contra de la opinión pública».[38] Si la mayoría de la gente se hubiera opuesto por principio a un Estado fuerte, difícilmente se hubieran podido abandonar el libre mercado como se ha hecho en los últimos tiempos. Es fácil documentar el giro de la opinión pública hacia la izquierda durante el siglo xx. Tras examinar los resultados de numerosas encuestas por muestreo, Herbert McClosky y John Zaller confirmaron «un cambio radical en las actitudes de los americanos respecto al *laissez faire* en un período de entre cincuenta y setenta y cinco años».[39]

Las ideologías son intangibles y difíciles de evaluar, así que se debe andar con cuidado a la hora de discutir sobre sus efectos. Sin embargo, se puede afirmar que los líderes de opinión tienen la capacidad de guiar las creencias de las masas. La opinión pública, observó un politólogo, a menudo es «imprecisa, pasajera e inconsistente [...]. En la medida en que el pueblo toma conciencia de temas que han sido promovidos o popularizados por los políticos y los medios de comunicación». El punto de vista de un Walter Lippmann o un Walter Cronkite, por no mencionar a Franklin D. Roosevelt, puede ser más determinante para el clima de opinión que los pareceres de millones de personas menos respetadas o peor situadas estratégicamente —pensemos que a pesar de su titubeante discurso y su lógica a menudo

38. Ortega y Gasset, *La rebelión de las masas*, p. 128 (también p. 126). También Knight, *Freedom and reform*, pp. 235, 414.

39. Herbert McClosky y John Zaller, *The American* ethos*: public attitudes toward capitalism and democracy*, Harvard University Press, Cambridge (Massachusetts), 1984, p. 159.

defectuosa, Ronald Reagan se ganó la reputación de «gran comunicador»—. «En una democracia de masas», escribió Ropke, «la política tiene que soportar la presión de [...] las opiniones de la masa, las emociones de la masa, y las pasiones de la masa», pero éstas son «guiadas, inflamadas y explotadas por grupos de presión, la demagogia y la maquinaria de los partidos a partes iguales».[40] Concentrarse en las ideas que difunden las élites estratégicamente situadas y la gente influyente permite generalizar sobre las ideologías imperantes (las causas de los giros ideológicos de los mismos líderes de opinión es otro tema).

Sin embargo, incluso si es posible identificar las ideologías dominantes, debemos admitir que una legislatura «no es una fábrica que convierta mecánicamente la opinión en leyes».[41] Así como los intereses económicos de los

40. Wilson, *Interest groups*, p. 11; Ropke, *A humane economy*, p. 142. Ortega y Gasset está de acuerdo con que «la mayor parte de los hombres no tiene opinión, y es preciso que ésta le venga de fuera a presión». También, «en el sufragio universal no deciden las masas, sino que su papel consiste en adherirse a la decisión de una u otra minoría» (*La rebelión de las masas*, pp. 48, 128-129). También Schumpeter, *Capitalism, socialism, and democracy*, p. 263; Becker, «Competition among pressure groups», p. 392; Bennett, *Public opinion*, pp. 230-232, 240-241, 306, 311; McClosky y Zaller, *American* ethos, pp. 11-12, 152, 234.

41. William Letwin, *Law and economic policy in America: the evolution of the Sherman Antitrust Act*, University of Chicago Press, Chicago, 1965, p. 54. Thomas Dye cita un estudio de Warren E. Miller y Donald Stokes que «encuentra muy bajas correlaciones entre el historial de votación de los congresistas y las actitudes de sus votantes en materia de Estado de bienestar, y aún más bajas en materia de política exterior. Sólo en el área de los derechos civiles se diría que los congresistas votan según las preferencias de una mayoría de sus votantes» [*Understanding Public Policy*, Prentice-Hall, 2.ª ed., Englewood Cliffs (Nueva Jersey), 1975, p. 309]. Para

electores y las acciones de sus representantes políticos pueden discrepar, existen desajustes entre las opiniones o ideologías de los votantes y las acciones de sus representantes políticos. Entender esta contradicción sería tanto como entender la realidad del funcionamiento de la moderna democracia representativa. Es posible que esto sea así en parte porque algunos funcionarios de carrera tratan de promover el «interés público», que se ha descrito como «concepciones amplias e inclusivas de lo que constituye el interés de los grupos sociales que los apoyan o de la sociedad en su conjunto [...] algo que no sea el sumatorio, el tratamiento o la mediación de los intereses de la sociedad».[42] Otro factor que contribuye al desfase puede ser la mera venalidad: funcionarios que sirven al mejor postor. Sólo cabe especular si los descarados casos de corrupción que en ocasiones salen a la luz son sólo la punta del iceberg. Algunos estudiosos consideran la prevaricación un «mecanismo significativo» en la determinación de las acciones

---

conclusiones opuestas en cuanto a la relación entre ideología y voto, véanse Sam Peltzman, «Constituent interest and congressional voting», *Journal of Law and Economics*, 27 (abr. de 1984), pp. 181-210; y Keith T. Poole y R. Steven Daniels, «Ideology, party, and voting in the U.S. Congress, 1959-1980», *American Political Science Review*, 79 (jun. de 1985), pp. 373-399. Desajustes entre las acciones de los legisladores y las preferencias de sus votantes pueden reflejar lo que algunos teóricos del comportamiento electoral llaman «el fenómeno de la mayoría cíclica»: «No importa lo que se escoja, otra cosa es preferida por la mayoría». Para una explicación detallada de este fenómeno, véase Browning and Browning, *Public finance*, pp. 62-65 (cita de la p. 62).

42. Nordlinger, *Autonomy*, p. 35. También Joseph P. Kalt y M. A. Zupan, «Capture and ideology in the economic theory of politics», *American Economic Review*, 74 (jun. de 1984), pp. 279-300.

de los agentes del Estado. Otros dudan de la importancia del cohecho directo, principalmente en razón a la «mayor facilidad y legalidad de sobornar indirectamente a los responsables políticos».[43]

En cualquier caso, la ideología no es una simple variable independiente en el proceso sociopolítico. Schumpeter percibió esta complicación cuando observó que «ya sean favorables o desfavorables, los juicios de valor sobre el desempeño capitalista son de poco interés. Porque la humanidad no es libre de elegir [...]. Lo económico y social se mueve por su propia inercia y las situaciones resultantes obligan a los individuos y a los grupos a comportarse de ciertas maneras, quieran o no —no destruyendo su libertad de elección, sino modelando su mentalidad y reduciendo el elenco de posibilidades entre las que cabe elegir—».[44] Alguien podrá objetar que esta afirmación va demasiado lejos, que su determinismo es injustificado, y no deja opción a que la ideología sea una variable independiente.[45] Incluso así, en su provocativa formulación de la sociología

43. Alvin W. Gouldner, *The dialectic of ideology and technology: the origins, grammar, and future of ideology*, Oxford University Press, Nueva York, 1976, pp. 234-235; Peter Navarro, *The policy game: how special interests and ideologues are stealing America*, Wiley, Nueva York, 1984, p. 100. Compárese con John Kenneth Galbraith, *The anatomy of power*, Houghton Mifflin, Boston, 1983, pp. 48-49, 84-85.

44. Schumpeter, *Capitalism, socialism, and democracy*, pp. 129-130.

45. Hendrik Wilm Lambers, «The Vision», en Arnold Heertje (ed.), *Schumpeter's vision: capitalism, socialism and democracy after 40 years*, Praeger, Nueva York, 1981, p. 120; Herbert K. Zassenhaus, «Capitalism, socialism and democracy: the "vision" and the "theories"», ibídem, pp. 189-191; K. R. Popper, *The open society and its enemies*, Harper Torchbooks, Nueva York, 1963, II, pp. 212-223.

del conocimiento en relación con el crecimiento del Estado, Schumpeter identificó una cuestión crítica y estableció un desafío analítico que cualquier explicación satisfactoria debe poder afrontar.

Crisis

La última explicación del crecimiento del Estado que aquí consideramos es la Hipótesis de la Crisis. Ésta sostiene que, en determinadas circunstancias, las emergencias nacionales requieren que el Estado controle en mayor medida, o directamente reemplace, la economía de mercado. Los partidarios de esta hipótesis asumen que las emergencias nacionales aumentan notablemente tanto la demanda como el suministro de controles gubernamentales. «Es en momentos de crisis económica», observó Calvin Hoover, «cuando es probable que se extienda significativamente el poder del Estado [...], hay poco margen para que se dé una votación efectiva sobre si, por principio, los poderes del Estado deben ser ampliados o no. En cambio, es probable que se demanden insistentemente medidas urgentes de algún tipo, sin atender a sus efectos permanentes».[46]

46. Hoover, *The economy, liberty, and the State*, pp. 326-327. También Peacock y Wiseman, *Growth of public expenditures*, pp. 27-28, 66-67, y *passim*; Knight, *Freedom and reform*, p. 404; Friedman y Friedman, *Tyranny of the Status Quo*, p. 8; Robert Higgs, «The effect of national emergency», *Pathfinder*, 4 (abr. de 1982), pp. 1-2; Peter Temin, «Government actions in times of crisis: lessons from the history of drug regulation», *Journal of Social History*, 18 (primavera de 1985), pp. 433-438; Stephen Skowronek, *Building a new American State: the expansion of*

En la historia americana, las crisis más significativas han tomado dos formas: la guerra y la depresión económica. Al estallar la guerra se produce un aumento repentino de la demanda de actividades militares, que suministra el Estado; de forma inmediata esto desplaza la asignación de recursos por parte del mercado, por el aumento de los impuestos, del gasto público y de la regulación del resto de la economía. Cuanto más se prolonga la guerra y crece su dimensión, mayor es la supresión de la economía de mercado. La moderna «guerra total», que pone en peligro la supervivencia misma de la nación, también fomenta la rebaja de las barreras más duras —las limitaciones constitucionales y la opinión pública adversa—, que normalmente obstruyen el crecimiento del Poder Ejecutivo. En las graves depresiones económicas, mucha gente llega a creer que la economía de mercado ya no puede funcionar con eficacia y que una economía planificada o más controlada por el Estado funcionaría mejor. De ahí que den un mayor apoyo a las propuestas políticas para ampliar la autoridad y la actividad pública. Aunque en menor grado que

---

national administrative capacities, 1877-1920, Cambridge University Press, Nueva York, 1982, p. 10. Para un desarrollo excelente de la Hipótesis de la Crisis por un politólogo, dando protagonismo a las consecuencias en el Gobierno sin descuidar el aspecto económico, véase Clinton L. Rossiter, *Constitutional dictatorship: crisis government in the modern democracies*, Princeton University Press, Princeton (Nueva Jersey), 1948. Un impresionante respaldo econométrico a la Hipótesis de la Crisis es el proporcionado por Karen A. Rasler y William R. Thompson, «War making and State making: governmental expenditures, tax revenues, and global wars», *American Political Science Review*, 79 (jun. de 1985), pp. 491-507.

en tiempos de guerra, los cambios en la opinión pública durante las depresiones también pueden estimular nuevas intervenciones del Estado, exigiendo, aprobando o, como poco, tolerando reinterpretaciones de la Constitución que las faciliten. (Obsérvese que, una vez que se han debilitado las barreras constitucionales durante una crisis, queda establecido un precedente legal que otorga al Estado un potencial de expansión mayor para períodos subsiguientes de *no*-crisis, y en particular para los que puedan ser verosímilmente descritos como crisis.)

Algunos académicos rechazan de plano la Hipótesis de la Crisis porque no explica por sí misma todo el crecimiento del Estado; rechazan la hipótesis porque los datos muestran que las crisis son una condición suficiente pero no necesaria para la expansión del sector público. Sin embargo, si se juzga por este estándar, cada una de las hipótesis posibles sería incorrecta. A veces se rechaza la Hipótesis de la Crisis porque el crecimiento del Estado, medido por un índice cuantitativo como el gasto o el empleo público, parece menor de lo que sugeriría una correlación perfecta con la secuencia de episodios críticos. La simplicidad de este argumento para rechazar la hipótesis no contempla que la crisis puede promover la expansión del Estado de modos muy variados, e ignora la posibilidad de que haya lapsos temporales entre el arranque de la crisis y la aparición de algunos de sus efectos. También hay estudiosos que han rechazado esta hipótesis porque no puede explicar el crecimiento del Estado en cualquier país, como si no tener validez universal invalidara completamente la pertinencia de la explicación.

De hecho, la expansión del sector público históricamente se ha concentrado en unos pocos episodios dramáticos, sobre todo las guerras mundiales y la Gran Depresión. Una de las principales virtudes de la Hipótesis de la Crisis es la de ceñirse bastante bien a los contornos más prominentes del hecho histórico. Sin embargo, para recurrir a esta conjetura también hay que mirar más allá de las crisis en sí mismas. Se debe descubrir por qué las expansiones del poder público durante una crisis no desaparecen por completo cuando vuelven las condiciones socioeconómicas normales. Y se debe explicar por qué las crisis condujeron a un aumento de las facultades estatales en el siglo XX pero no en el siglo XIX, que tuvo sus propias emergencias. Para justificar esta diferencia debemos recurrir a alguna de las otras hipótesis como complemento de la Hipótesis de la Crisis.

Conclusiones

El Estado intervencionista en Estados Unidos tiene varios orígenes. No todos tienen la misma importancia, pero están tan imbricados y son tan interdependientes que seguramente quede fuera de nuestro alcance analizar y determinar, conceptual y empíricamente, la importancia relativa de cada uno. El Estado moderno se ocupa de neutralizar externalidades negativas, proveer bienes públicos no excluyentes, garantizar el sustento de los ciudadanos más desafortunados, redistribuir los ingresos y la riqueza, perseguir los objetivos esquivos de las ideologías dominantes y reaccionar a las crisis. Desarrolla todas estas actividades según los estímulos y obstrucciones particulares que vaya encontrando. Sólo a través de un estudio histórico detallado podemos llegar a comprender las complejidades de la expansión del Estado en Estados Unidos.

Capítulo 2

¿Cuánto ha crecido el Estado? Medidas convencionales y un punto de vista alternativo

> Cuando no lo puedes expresar en números, tu conocimiento es pobre e insatisfactorio.
>
> LORD KELVIN

> Sí, y cuando puedes expresarlo en números, tu conocimiento también es exiguo e insatisfactorio.
>
> JACOB VINER

Es sabido que el Estado ha crecido enormemente en Estados Unidos en el último siglo, pero es difícil determinar exactamente cuánto. El Estado se compone de muchas facetas, y es prácticamente imposible dimensionar algunas de ellas.[47] Aquello que resulta más fácil de cuantificar lamentablemente no es siempre lo más importante. Y limi-

47. George F. Break, «Issues in measuring the level of government activity», *American Economic Review*, 72 (may. de 1982), pp. 288-295; *idem*, «The role of government: taxes, transfers, and spending», en Martin Feldstein (ed.), *The American economy in transition*, University of Chicago Press, Chicago, 1980, pp. 617-656; Michael J. Boskin, «Federal Government deficits: some myths and realities», *American Economic Review*, 72 (may. de 1982), pp. 296-303; James E. Alt y K. Alec Chrystal, *Political economics*, University of California Press, Berkeley, 1983, pp. 185-187.

tarnos a examinar las medidas cuantitativas disponibles, como suelen hacer los economistas, podría conducirnos a conclusiones erróneas.

En cualquier caso, debemos prestar cierta atención a estas medidas, porque utilizadas con cautela pueden proporcionar información valiosa. Mi objetivo al examinarlas no es tan sólo determinar si el Estado es ahora *x* veces más grande que antes. Lo que me propongo descubrir es cuándo creció más rápidamente y cuándo no creció en absoluto, o incluso redujo su tamaño. En resumen, mi objetivo es describir la trayectoria histórica del crecimiento del Estado.

Medidas convencionales del crecimiento del Estado

El gráfico 2.1 y la columna 1 de la tabla 2.1, presentan un indicador de uso frecuente: gasto público (federal, estatal y local) en bienes y servicios finales, como porcentaje del producto nacional bruto (PNB). Éste es el indicador «probablemente más válido del tamaño relativo del sector privado frente al sector público».[48] En los comienzos del siglo xx se mantuvo en torno al 6 o el 7 por ciento, fluctuando muy poco de año en año. Durante la Primera Guerra Mundial, la contratación y la movilización por parte del Gobierno federal elevaron la participación pública hasta el 21 por ciento del PNB. Al acabar la guerra, el porcentaje descen-

48. Lance T. LeLoup, *Budgetary politics*, King's Court Communications, Brunswick (Ohio), 1980, p. 41.

dió tan rápidamente como había crecido, y durante los años veinte del siglo pasado se estabilizó en niveles apenas superiores a los de antes de la contienda.

Gráfico 2.1. Gasto público (federal, estatal y local sobre el presupuesto) en productos finales y servicios, porcentaje sobre el producto nacional bruto, 1900-1984

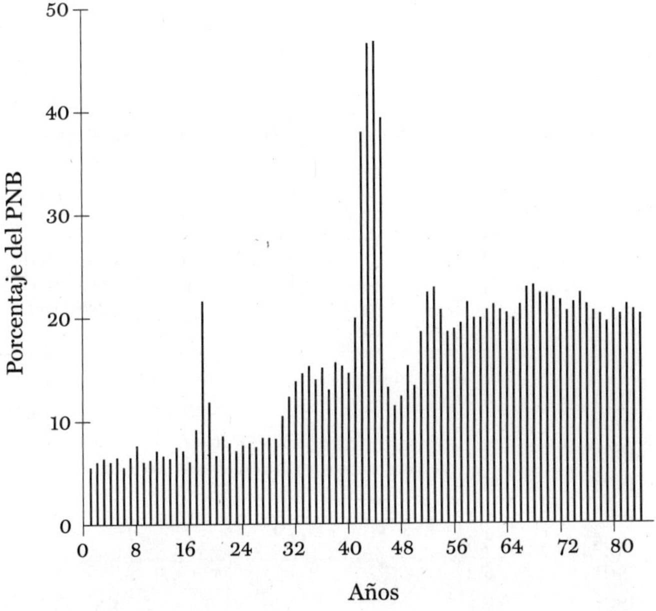

Con la Gran Depresión la participación del Estado pasó de un 8 por ciento a finales de los años veinte a un 14-15 por ciento en la era del New Deal. El aumento inicial, entre 1930 y 1932, ocurrió porque el PNB cayó abruptamente mientras que el gasto público en bienes y servicios se mantenía aproximadamente en el mismo nivel que antes. A partir de 1933 el gasto público aumentó, pero el PNB creció casi al mismo nivel porcentual; por este motivo la participación del Gobierno se estabilizó nuevamente. Entre 1932 y 1940 fue aproximadamente el doble que antes de la Gran Depresión. Este dato da muestra de la vitalidad de los programas de gasto del New Deal, como también de la escasa recuperación económica antes de la consolidación de la industria militar.

Tabla 2.1. Índices del tamaño del Gobierno, 1900-1984

Año	Compras de bienes y servicios del Gobierno, como % de PNB (1)	Gasto presupuestario del Gobierno, como % del PNB (2)	Empleados públicos no militares, como % de la fuerza de trabajo civil (entre paréntesis datos que incluyen personal de «emergencias») (3)
1900	6,0		3,9
1901	5,6		
1902	5,7	7,3	
1903	6,2		
1904	6,0		
1905	6,1		
1906	5,6		
1907	6,2		
1908	7,6		4,3
1909	6,0		4,4
1910	6,1		4,4
1911	7,2		4,5
1912	6,8		4,5
1913	6,4	5,7	4,5

(Continúa en p. siguiente)

(Viene de p. siguiente)

Año	Compras de bienes y servicios del Gobierno, como % de PNB (1)	Gasto presupuestario del Gobierno, como % del PNB (2)	Empleados públicos no militares, como % de la fuerza de trabajo civil (entre paréntesis datos que incluyen personal de «emergencias») (3)
1914	7,4		4,6
1915	7,2		4,7
1916	5,9		4,8
1917	8,9		5,0
1918	21,3		6,3
1919	12,0		6,2
1920	6,6		5,7
1921	8,5		5,7
1922	8,0	12,1	5,8
1923	7,2		5,8
1924	7,7		6,0
1925	7,9		6,1
1926	7,5		6,3
1927	8,2	10,6	6,4
1928	8,3		6,5
1929	8,1		6,4
1930	10,2		6,5
1931	12,1		6,6 (7,2)
1932	14,0	21,4	6,4 (7,6)
1933	14,4		6,2 (10,5)
1934	15,1	21,2	6,4 (12,1)
1935	13,9		6,7 (12,6)
1936	14,5	19,5	6,9 (14,0)
1937	13,2		7,0 (12,1)
1938	15,3	18,3	7,1 (13,7)
1939	14,9		7,2 (13,1)
1940	14,2	18,7	7,6 (12,6)
1941	19,9		8,3 (12,3)
1942	37,7	28,1	9,7 (11,3)

(Continúa en p. siguiente)

(Viene de p. siguiente)

Año	Compras de bienes y servicios del Gobierno, como % de PNB (1)	Gasto presupuestario del Gobierno, como % del PNB (2)	Empleados públicos no militares, como % de la fuerza de trabajo civil (entre paréntesis datos que incluyen personal de «emergencias») (3)
1943	46,3		10,9 (11,1)
1944	46,1	47,7	11,1
1945	39,0		11,0
1946	13,1	31,8	9,7
1947	10,9		9,1
1948	12,3	18,4	9,3
1949	14,9		9,6
1950	13,4	23,0	9,7
1951	18,2		10,3
1952	21,7	27,1	10,6
1953	22,5	28,5	10,5
1954	20,7	27,9	10,6
1955	18,8	25,7	10,6
1956	18,8	25,6	10,9
1957	19,6	26,5	11,4
1958	21,1	28,5	11,6
1959	20,0	29,6	11,0
1960	19,8	28,6	12,0
1961	20,6	29,6	12,2
1962	20,9	29,8	12,6
1963	20,7	29,8	12,8
1964	20,4	29,7	13,1
1965	20,0	28,2	13,5
1966	21,0	29,0	14,2
1967	22,5	31,6	14,7
1968	22,8	32,5	15,0
1969	22,1	32,3	15,1
1970	22,2	33,5	15,1
1971	21,8	33,5	15,3

(Continúa en p. siguiente)

(Viene de p. siguiente)

Año	Compras de bienes y servicios del Gobierno, como % de PNB (1)	Gasto presupuestario del Gobierno, como % del PNB (2)	Empleados públicos no militares, como % de la fuerza de trabajo civil (entre paréntesis datos que incluyen personal de «emergencias») (3)
1972	21,3	33,5	15,3
1973	20,4	32,2	15,4
1974	21,2	32,6	15,4
1975	21,9	35,8	15,7
1976	21,1	36,2	15,5
1977	20,6	35,2	15,3
1978	20,1	34,6	15,3
1979	19,6	33,9	15,2
1980	20,4	36,0	15,2
1981	20,2	36,0	14,8
1982	21,2	38,0	14,3
1983	20,7	38,2	14,2
1984	20,4	n.a	14,1

Fuentes: Los datos de la columna 1 se han extraído de John W. Kendrick, *Productivity trends in the United States*, Princeton University Press, Princeton (Nueva Jersey), 1961, pp. 296-297; U.S. Council of Economic Advisers, *Annual Report, 1972*, U.S. Government Printing Office, Washington D. C., 1972, p. 195; ídem, *Annual report, 1982*, U.S. Government Printing Office, Washington D. C., 1982, p. 233; *idem*, *Annual report, 1985*, U.S. Government Printing Office, Washington D. C., 1985, pp. 232-233. Los datos de la columna 2 se han extraído de U.S. Bureau of the Census, *Historical statistics of the United States, colonial times to 1970*, U.S. Government Printing Office, Washington D. C., 1975, series Y336, Y671, F1; U.S. Council of Economic Advisers, *Annual report, 1982*, pp. 233, 318, 323; *idem*, *Annual report*, 1985, pp. 232, 318, 324. Los datos de la columna 3 se han extraído de U.S. Bureau of the Census, *Historical statistics*, series D139, Y308, D140, D141, D4; U.S. Council of Economic Advisers, *Annual report, 1982*, pp. 275, 266; *idem*, *Annual report, 1985*, pp. 266, 275; y Michael R. Darby, «Three-and-a-half million U.S. employees have been mislaid: or, an explanation of unemployment, 1934-1941», *Journal of Political Economy*, 84 (feb. de 1976), p. 7.

La movilización masiva a inicios de los años cuarenta conllevó que el Estado alcanzara la mayor participación —con diferencia— en el PNB de su historia. En el pico de 1943-1944, la participación pública en el gasto en bienes y servicios representaba más del 46 por ciento del PNB. De este porcentaje, las compras relacionadas con la guerra representaban unas nueve décimas. La desmovilización redujo, en el período 1946-1950, la participación pública a una horquilla que iba del 11 al 15 por ciento, ligeramente por debajo del nivel de preguerra.

El estallido de la guerra de Corea trajo un nuevo y pronunciado aumento de la participación del Estado en el gasto, que se elevó del 13,4 por ciento en 1950 al 22,5 por ciento en 1953. Al final de la guerra este porcentaje se recortó durante un tiempo, pero ya a finales de los años cincuenta la participación pública no se mantuvo a un nivel alto, por encima de una quinta parte del PNB. En su meseta de posguerra fue aproximadamente tres veces más grande que antes de la Primera Guerra Mundial.

Atendiendo a estos datos, la expansión pública más significativa se produjo en dos ocasiones durante el siglo xx: durante la primera parte de la década de los años treinta, y los primeros años de la década de los cincuenta. El primer episodio hizo que la participación del Estado pasara de un 6-8 por ciento a aproximadamente un 13-15 por ciento; el segundo lo elevó a cerca del 19-22 por ciento. Aceptando esta medida del crecimiento del Estado, los momentos claves son los primeros años de la Gran Depresión y el New Deal, de 1929 a 1933, y en segundo lugar, el momento en que coinciden la guerra de Corea y la Guerra Fría. Tomando estos datos en consideración, las dos guerras mundiales sólo tuvieron efectos transitorios en el tamaño relativo del Estado.

Gráfico 2.2. Gasto público total (federal, estatal y local, en el presupuesto) en porcentaje del producto nacional bruto, 1902-1983

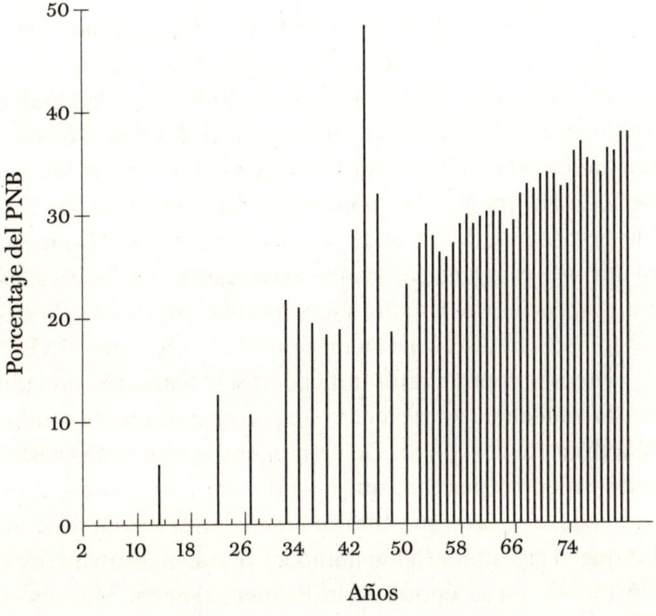

Considerando la totalidad del gasto público, no sólo la producción de bienes y servicios finales, se observa un patrón diferente (tabla 2.1, columna 2, y gráfico 2.2). Esta medición es más completa puesto que incluye las transferencias del Gobierno y evidencia que gastó relativamente más después de la Primera Guerra Mundial: si antes de la guerra gastaba en torno al 6-7 por ciento, en los años veinte subió a un 10-12 por ciento del PNB. También se observa un salto considerable a principios de los años treinta —ya durante el mandato del presidente Hoover, no el de Roosevelt— y una etapa al final de la década en la que el gasto se situó en el 18-21 por ciento; así como otro aumento importante durante la Segunda Guerra Mundial seguido de una inversión completa para 1948; un aumento pronunciado entre 1950 y 1953; y, a diferencia del índice previamente discutido, una tendencia al alza desde mediados de los años cincuenta hasta mediados de los 80, un período en que los desembolsos presupuestarios del Gobierno pasaron del 26 al 38 por ciento del PNB. El aumento durante esas tres décadas se debió casi en exclusiva a las transferencias del Estado, sobre todo los pagos de la Seguridad Social, que crecieron más rápidamente que el PNB.[49]

Ateniéndonos a estos indicadores, el Estado ha crecido en términos relativos cinco o seis veces más que la economía durante el siglo xx. Su crecimiento parece más sostenido y menos episódico que cuando considerábamos otros indicadores —aunque también señalaran momentos en los que el crecimiento fue notable y que se mantuvo posteriormente, en la época de la Primera Guerra Mundial y

49. John L. Palmer e Isabel V. Sawhill (eds.), *The Reagan record: an assessment of America's changing domestic priorities*, Ballinger, Cambridge (Massachusetts), 1984, pp. 76, 182; Edgar K. Browning y Jacquelene M. Browning, *Public Finance and the Price System*, Macmillan, Nueva York, 1983, pp. 189-190, 232-233.

durante los primeros años treinta—. (La falta de datos anuales completos no permite una descripción más precisa por años.) Al incluir las transferencias públicas, así como las compras de bienes y servicios finales, obtenemos una medida que da una imagen más exacta del crecimiento del Estado de bienestar moderno. No resulta sorprendente que este crecimiento fuera bastante sostenido en las últimas décadas, sobre todo a partir de 1956.

Otro índice comúnmente utilizado del tamaño del Estado es el porcentaje de empleo público (tabla 2.1, columna 3, y gráfico 2.3). El patrón histórico de esta medida difiere del de cualquier otro índice examinado con anterioridad. El empleo público aumentó relativamente a mayor ritmo que la población activa, incluso antes de la Primera Guerra Mundial, alcanzando una cuota de casi el 5 por ciento en vísperas de la guerra. La proporción sobrepasó el 6 por ciento durante la guerra, retrocedió ligeramente en 1920-1921 y luego siguió creciendo en los años veinte, hasta alcanzar el 6,5 por ciento en 1930.

Analizar el empleo público en la década de los treinta presenta complicaciones imprevistas. Para empezar, cabe decidir qué consideración dar a los «trabajadores de servicios de emergencias». Estas personas trabajaban en programas administrados por agencias que gestionaban emergencias, como el Cuerpo Civil de Conservación, la Administración Nacional de la Juventud, la Administración Federal de Socorro de Emergencia (bajo la cual funcionaba un organismo estatal de socorro en cada uno de los estados), la Administración de Obras Civiles y la Administración de Obras Públicas. En tiempos no eran con-

Gráfico 2.3. Empleados públicos, porcentaje sobre la población activa, 1900-1984

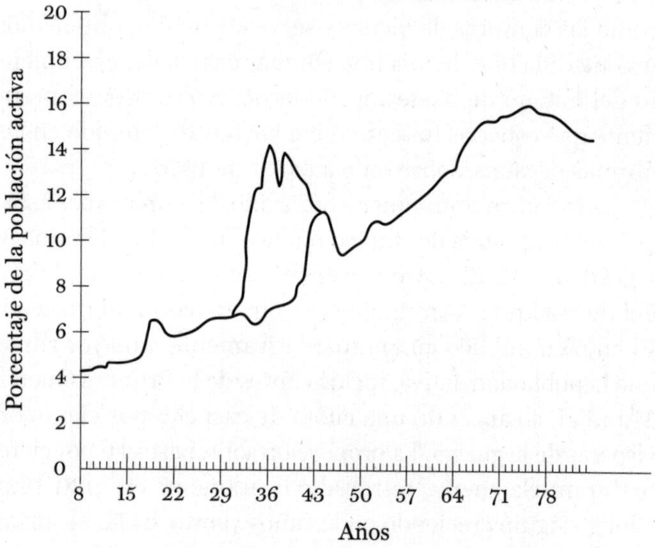

siderados empleados públicos ordinarios. Posteriormente fueron incluidos en las estadísticas económicas como desempleados, lo que agravó la confusión y la controversia entre los economistas que estudiaban el funcionamiento del mercado laboral durante la Gran Depresión.[50]

50. Michael R. Darby, «Three-and-a-half million U.S. employees have been mislaid: or, an explanation of unemployment, 1934-1941», *Journal of Political Economy*, 84 (feb. de 1976), pp. 1-16; J. R. Kesselman y N. E. Savin, «Three-and-a-half million workers never were lost», *Economic Inquiry*, 16 (abr. de 1978), pp. 205-225; John Joseph Wallis y Daniel K. Benjamin, «Public relief and private employment in the Great

Si adoptamos la práctica convencionalmente establecida en aquellos años y contabilizamos como desempleados a los trabajadores de emergencias, la ocupación pública entre la población activa parece permanecer estable durante los años treinta, e incluso disminuye ligeramente entre 1931 y 1933 para empezar a crecer lentamente hasta llegar al 7,2 por ciento en 1939. La proporción aumentó bruscamente entre 1939 y 1944, al alcanzar un 11,1 por ciento sin precedentes. De manera que la Segunda Guerra Mundial pareció estimular un crecimiento considerable de la participación directa del Estado en el mercado laboral.

Pero si contabilizamos los trabajadores de emergencias como empleados públicos —e indudablemente es más acertado y clarificador considerarlos trabajadores públicos que desempleados—, el relato cambia completamente (datos entre paréntesis en la tabla 2.1, columna 3, y línea superior del gráfico 2.3). El salto en el empleo público se da entre 1930 y 1936, con aumentos particularmente llamativos en 1933 y 1934. En el pico de 1936 los trabajadores públicos de todo tipo constituían el 14 por ciento de la población activa, más del doble que en 1930. A partir de 1938, a medida que los contingentes de trabajadores de emergencias fueron disminuyendo, el peso del empleo público se redujo. En 1943, cuando sólo quedaba un puñado de trabajadores de emergencias, el Estado empleaba alrededor del 11 por ciento de todos los trabajadores civiles,

Depression», *Journal of Economic History*, 41 (mar. de 1981), pp. 97-102; Gene Smiley, «Recent unemployment rate estimates for the 1920's and 1930's», *Journal of Economic History*, 43 (jun. de 1983), pp. 487-493.

tres puntos porcentuales menos que en el pico anterior. Este índice, más razonable, muestra que la participación pública en el mercado laboral creció en la Gran Depresión. La cuota de empleo público no superó la alcanzada en 1936 hasta 1966, tras las dos décadas de crecimiento sostenido de la posguerra.

Al terminar la Segunda Guerra Mundial la cuota de empleo público cayó de forma casi inmediata al 9 por ciento y luego comenzó una larga fase de crecimiento. A finales de los años sesenta este crecimiento llegó a ser muy lento. En 1975 se alcanzó un pico del 15,7 por ciento desde el que se fue bajando poco a poco, y a mediados de los ochenta se plantó en un 14 por ciento, que había sido la mayor cuota alcanzada durante la Gran Depresión. En el período de posguerra la mayor parte del aumento del empleo público tuvo lugar a nivel estatal y local. Entre 1947 y 1981 el empleo público federal creció en menos de un millón de trabajadores, mientras que los gobiernos estatales y locales sumaron casi diez millones de trabajadores nuevos. Observando un plazo más largo, se ve que el peso relativo del Estado en la población activa se ha multiplicó casi por cuatro desde el inicio del siglo xx.

Sin embargo, los datos sobre el empleo pueden resultar engañosos, especialmente acerca del lento crecimiento del empleo federal desde la Segunda Guerra Mundial. James Bennett y Manuel Johnson documentaron que entre finales de los años cincuenta y finales de los setenta la composición del empleo federal cambió: «específicamente, se produjo un salto considerable de los trabajadores de cuello azul a los de cuello blanco y, dentro de la fuerza de trabajo de cuello blanco, los empleados de nivel inferior han sido desplazados por los trabajadores que se ocupan de la elaboración de políticas públicas». También señalaron que «gran parte de las aportaciones de la mano de obra federal son "invisibles" en tanto que millones de personas trabajan indirectamente como consultores y contratistas mediante subvenciones, contratos y programas».[51] Evidentemente, la tendencia fue que los técnicos superiores desplazaran a los administrativos, recepcionistas y conserjes federales. Esta tendencia merece nuestra atención porque el interés del peso del empleo público reside enteramente en lo que hacen los trabajadores públicos, específicamente en lo que hacen para o respecto a los ciudadanos particulares.

Podríamos seguir examinando los indicadores cuantitativos del crecimiento del Estado (por ejemplo, los ingresos fiscales, préstamos tomados, fondos prestados, préstamos garantizados),[52] pero aportarían poca información adicional. Cada uno de estos índices arroja algo de luz sobre la cuestión, pero ninguno de ellos explica lo que realmente queremos saber. El problema es que los indicadores

51. James T. Bennett y Manuel H. Johnson, *The political economy of federal government growth, 1959-1978*, Center for Education and Research in Free Enterprise, College Station (Texas), 1980, p. 54.

52. Una ingente cantidad de datos de esta naturaleza puede encontrarse en «Government employment and finances», en U.S. Bureau of the Census, *Historical statistics of the United States, colonial times to 1970*, U.S. Government Printing Office, Washington D. C., 1975, pp. 1086-1134. Esta información puede actualizarse consultando el informe estadístico anual de la misma Oficina del Censo de Estados Unidos (*U.S. Bureau of the Census*).

cuantitativos que existen sobre el tamaño del Estado intervencionista no se corresponden exactamente —y a veces no se corresponden en absoluto— con la esencia subyacente del Estado, que es el poder coercitivo.

La esencia del Estado intervencionista: una visión alternativa

El Estado puede aumentar sustancialmente su participación en el gasto o el empleo y no ser por ello todavía un Estado intervencionista. Lo que distingue al Leviatán con mayúsculas es el alcance de su autoridad efectiva sobre la toma de decisiones económicas. Es decir, la medida en que los funcionarios públicos, y no los ciudadanos particulares, son los que deciden en la práctica cómo se asignarán, utilizarán y aprovecharán los recursos. Como dijo Eric Nordlinger, «la fortaleza del estado del bienestar de la economía mixta se debe al alcance de sus actividades sociales y económicas, su enorme capacidad reguladora, distributiva y (en menor medida) redistributiva».[53]

Para comprender el alcance actual del Estado, en la tabla que aparece en el apéndice a este capítulo enumero algunas de las agencias, instrumentos y funciones del Gobierno federal. (Si añadiera las entradas correspondientes para los niveles estatal y local de Gobierno, la lista sería todavía más extensa.) Propongo a quien defienda una teo-

53. Eric A. Nordlinger, *On the autonomy of the democratic State*, Harvard University Press, Cambridge (Massachusetts), 1981, p. 21.

ría monocausal del crecimiento del Estado que considere cada una de las agencias de la lista y se pregunte: ¿Mi teoría explica la existencia de esta actividad u organismo público y el momento de su inicio? Sostengo que ninguna teoría monocausal pasaría esta prueba.

El impacto de las actividades gubernamentales tiene una importancia primordial, en parte porque su expansión puede verse —y a menudo es— sustituida por la intensificación de la actividad en un ámbito específico. Que el Estado determine la asignación de recursos por medios fiscales ordinarios —recaudando, gastando y contratando por su propia cuenta—, o por otros medios —exigiendo que los ciudadanos cumplan las directrices públicas para desarrollar actividades cuyos costes se imputan a las cuentas privadas—, económicamente tiene una importancia secundaria. (Políticamente, sin embargo, la elección de los instrumentos por parte del sector público para alcanzar sus objetivos económicos reviste una gran importancia, como veremos.)

En determinadas circunstancias, el Estado puede ser grande pero limitado. Por ejemplo, si se ve obligado a aumentar la presión fiscal, gastar y contratar a gran velocidad sólo para proteger a los ciudadanos de enemigos extranjeros o entre sí. Aunque no hiciera nada más, sus acciones consumirían una gran parte de los recursos de la economía. Dentro de los límites de sus ingresos después de impuestos, los ciudadanos decidirían libremente la asignación de los recursos. La pesada carga fiscal evidenciaría sólo el alto coste de preservar una sociedad ordenada y libre. La situación durante la guerra civil norteamericana se aproximó a estas condiciones hipotéticas, siendo el reclutamiento militar en la última parte de la guerra la desviación más notable.

La fiscalidad moderna es mucho más que una simple decisión gubernamental. Puede conllevar —y con frecuencia lo hace— la regulación de comportamientos y la captura de recursos. Willard Hurst señaló que «[s]obre todo las leyes fiscales del siglo xx impregnaron la toma de decisiones empresariales y operaron como formas de regulación económica mediante la definición de la renta imponible, estableciendo los términos de las deducciones por depreciación, o mediante la concesión de créditos fiscales a la inversión». Un Estado que consuma permanentemente parte de la renta nacional mediante impuestos, puede ampliar con facilidad su intromisión en la economía privada, alterando tan sólo el régimen fiscal. También podría alentar directamente ciertas actividades y desalentar otras mediante exenciones y sanciones fiscales. Dada la complejidad de aspectos de la fiscalidad tales como la responsabilidad, la incidencia y la carga efectiva (por no mencionar llanamente la tentación de la evasión), es de esperar que la fiscalidad moderna comporte consecuencias no deseadas como la desviación de recursos hacia la contratación de contables, abogados y asesores financieros. Estas desviaciones socavan el potencial de la economía para producir bienes cuyo valor nominal se ajuste al valor real a ojos de los consumidores.[54] El Gobier-

54. James Willard Hurst, *Law and markets in United States history: different modes of bargaining among interests*, University of Wis-

no de Estados Unidos, sobre todo durante los cuarenta años posteriores a la Segunda Guerra Mundial, creó leyes fiscales cada vez más complicadas que motivaron varias peticiones de simplificación.

Los indicadores cuantitativos del tamaño del Estado, además de su incapacidad para reflejar la verdadera importancia de los impuestos, gastos y contratación públicas, comparten otro defecto: indican cambios que tanto pueden referirse a la autoridad efectiva del Estado, como a cambios en un nivel de Gobierno que opera en un determinado marco de competencias. Por una parte, el Estado puede aumentar el gasto y el empleo públicos, y ampliar así su poder sobre aspectos todavía no regulados del proceso de toma de decisiones económicas privadas. Por otra parte, puede aumentar el gasto y el empleo públicos para ampliar o mejorar el sistema judicial, y así garantizar una aplicación más rápida y precisa del derecho de propiedad privada. Los dos casos tienen implicaciones muy distintas para la concepción y el funcionamiento de la política económica, pero los índices cuantitativos tradicionales no pueden distinguirlos.

Los índices cuantitativos pueden registrar pocos o ningún cambio, incluso cuando la sustancia del poder público cambia enormemente. Se necesita recaudar la misma can-

---

consin Press, Madison, 1982, pp. 122-123. También Joseph D. Reid Jr., «Tax revolts in historical perspective», *National Tax Journal*, 32 (jun. de 1979), p. 69; John F. Witte, *The politics and development of the federal income tax*, University of Wisconsin Press, Madison, 1985, *passim*. Sobre la incidencia fiscal y los diversos costes asociados a los impuestos, véase Browning y Browning, *Public finance*, pp. 291-451.

tidad de impuestos para mantener al Tribunal Supremo tanto si sus decisiones protegen mucho o poco a los propietarios de un bien privado frente a la depredación del Estado o de otros ciudadanos.[55] Muchos organismos reguladores operan con presupuestos minúsculos, pero sus actuaciones tienen efectos de gran alcance en la asignación de recursos.[56] En el siglo xx Estados Unidos ha sido reacio a nacionalizar la industria por completo; el Estado ha preferido la regulación de la propiedad privada de la industria como medio de control sobre el uso de los recursos.[57] El apoyo constante a la propiedad privada nominal parece tener pocos efectos económicos sustanciales, pero el balance muestra lo contrario. Cuando los grandes propietarios industriales gastan miles de millones de dólares a petición de la Agencia de Protección Ambiental o de la Administración de Seguridad y Salud Ocupacional, esos gastos se contabilizan como privados. En estas circunstancias no parece justificada la interpretación habitual de que el gasto privado es voluntario.[58] Los índices más frecuentes

55. James M. Buchanan, *The limits of liberty: between anarchy and Leviathan*, University of Chicago Press, Chicago, 1975, pp. 163-164.

56. Murray L. Weidenbaum, *Business, government, and the public*, Prentice-Hall, 2.ª ed., Englewood Cliffs (Nueva Jersey), 1981, pp. 25-26.

57. Edward S. Herman, *Corporate control, corporate power*, Cambridge University Press, Nueva York, 1981, pp. 166-168; Douglas F. Greer, *Business, government, and society*, Macmillan, Nueva York, 1983, pp. 531-534.

58. Richard B. McKenzie, *Bound to be free*, Hoover Institution Press, Stanford (California), 1982, p. 18: «Mediante la regulación, el Estado [...] induce a ciudadanos y empresas privadas a gastar sus dólares en cumplir los objetivos del Estado». También Lawrence Brown, *New policies, new politics: government's response to government's growth*, Brookings Institution, Washington D. C., 1983, p. 40; Warren Nutter,

para cuantificar el tamaño del Estado no llegan a capturar estas características esenciales del control económico bajo el Estado moderno.[59]

El gasto y el empleo público derivan del poder del Estado, pero no lo instituyen. Antes de que el Estado pueda gastar o contratar, debe disponer de la autoridad para promover un determinado objetivo público. Si no obtiene la autoridad necesaria (que es una cuestión legislativa) y está suficientemente fundamentada (cuestión judicial), la resolución del asunto es que sin autoridad no hay programa. Richard Rose señaló acertadamente que la ley de autorización es la «condición *sine qua non* del Estado moderno», cuya ausencia «mantendrá al Estado en reposo».[60]

Political economy and freedom: a collection of essays, Liberty Press, Indianápolis, 1983, p. 104.

59. Lawrence Brown distingue igualmente entre el peso del Estado en el PNB o en el empleo y lo que él llama su «alcance» («el número de actividades diferentes que el Estado desarrolla»), y su «escala» («el número de ciudadanos y grupos afectados por estas actividades»). Brown constata que este alcance y esta escala son conceptos que no guardan relación con las mediciones estándares del tamaño del Estado (*New policies, new politics*, pp. 5-6, 40). Para un intento heroico pero fallido de medir la influencia total del Estado sobre la distribución de recursos, véase Bernard P. Herber y Paul U. Pawlik, «Measuring government's role in the mixed economy: a new approach», *National Tax Journal*, 36 (mar. de 1983), pp. 45-56. Los índices utilizados por Herber y Pawlik son del todo subjetivos, rígidos y arbitrarios.

60. Richard Rose, «Are laws a cause, a constraint, or irrelevant to the growth of government?», *Studies in public policy number 124*, Center for the Study of Public Policy, University of Strathclyde, Glasgow, 1984, pp. 5, 23. También W. Mark Crain, Robert D. Tollison, Brian L. Goff y Dick Carlson, «Legislator specialization and the size of government», *Public Choice*, 46 (1985), p. 314: «Antes de que el Estado pueda gastar, cobrar impuestos o crecer, tiene que aprobarse una ley».

Justamente porque la autoridad inicial es fundamental, obtener estatus oficial es un imperativo básico en la política económica de una economía mixta. Como ha dicho Lance LeLoup, las agencias «dan sus primeros pasos modestamente y luego alegan que el programa ya está en marcha y no debería interrumpirse [...]. Es más fácil defender un programa que ya forma parte de las operaciones en marcha de la agencia que justificar un programa de nueva creación».[61]

El Estado, con su autoridad ampliada, puede ejercer el poder recientemente adquirido a varios niveles; pero usar más recursos para ejercer su autoridad de forma permanente no amplía por sí mismo el alcance de la actividad pública. Durante la segunda mitad del siglo xx, por ejemplo, los pagos de la Seguridad Social para las pensiones de vejez aumentaron en miles de millones de dólares.[62] Sin embargo, la tendencia al alza del gasto no equivale automáticamente al crecimiento exponencial de poder que desemboca en el Estado intervencionista. El Gobierno fe-

61. LeLoup, *Budgetary politics*, p. 91. También Rose, «Are laws a cause», p. 27: «La coalición de intereses que promueve un aumento del gasto es aún más imponente en defensa de compromisos legales ya existentes».

62. Tan tarde como en 1955, el gasto de la Seguridad Social en el programa dedicado a seguros de vejez, viudedad y discapacidad era tan sólo de 4.300 millones de dólares. En 1984 este gasto ascendió a 178.200 millones. James R. Storey, «Income security», en John L. Palmer y Isabel V. Sawhill (eds.), *The Reagan experiment*, The Urban Institute, Washington D. C., 1982, pp. 364-365; U.S. Office of Management and Budget, *The United States budget in brief, fiscal year 1986*, U.S. Government Printing Office, Washington D. C., 1985, p. 71. Para datos detallados anteriores a 1971, véase U.S. Bureau of the Census, *Historical statistics*, pp. 340-351.

deral tuvo la autoridad para realizar estos pagos cuando la Ley de Seguridad Social se aprobó en el Congreso, el presidente la firmó y el Tribunal Supremo la confirmó en los años treinta. Los acontecimientos de esa década desencadenaron el potencial de este tipo de actividad federal; los acontecimientos posteriores sólo determinaron el grado en que ese potencial se desarrollaría. Igual que un Gobierno limitado, el Estado intervencionista puede operar una amplia gama de absorción de recursos.

Trinquetes: Medidas convencionales frente a fundamentos

Muchos investigadores han señalado que en el siglo XX los índices habituales del crecimiento del tamaño del Estado siguieron la trayectoria de una espiral sin retorno, lo que los economistas llaman «efecto trinquete»: después de cada gran crisis el tamaño del Estado era más reducido que durante la propia crisis, pero mayor de lo que habría sido si durante ese intervalo se hubiera mantenido la tasa de crecimiento anterior a la crisis. Los datos que aparecen en la tabla 2.1 y los gráficos 2.1, 2.2 y 2.3, parecen coherentes con esta caracterización en términos generales, pero no de forma consistente. Según el índice y la crisis que se consideren, se puede observar o no este efecto trinquete. En cualquier caso, hay siempre algún índice que permite identificar este patrón en cada una de las crisis.

Pero una comparación superficial no permite emitir un juicio concluyente. Que una medida alcance o no una dimensión mayor de la que tendría en ausencia de la crisis depende de cómo se calculen los puntos de referencia. Las tendencias pueden determinarse por varios métodos, y el método seleccionado puede concluir si se da o no esta trayectoria de espiral ascendente o «trinquete». Este tipo de indeterminación puede llevarnos a un atolladero de disputas entre los estadísticos y los arquitectos de un mundo que nunca fue.[63]

Algunas veces lo que inicialmente parecería un trinquete puede que desaparezca al ajustar los datos de forma acertada. Por ejemplo, si se excluye de los gastos del período posterior a la crisis las pensiones de los veteranos de guerra y los intereses de la deuda pública en la que se incurrió durante la guerra, con el argumento de que estos pagos son sólo la sombra alargada de una crisis (transitoria), la espiral de consolidación y aumento de gasto (efecto trinquete) disminuye o desaparece por completo después de ambas guerras mundiales.[64] ¿Pero está justificado excluir estos gastos? La respuesta depende en gran medida de la

63. Para un estudio coetáneo motivado en buena medida por estas preocupaciones econométricas, véase Karen A. Rasler y William R. Thompson, «War making and State making: governmental expenditures, tax revenues, and global wars», *American Political Science Review*, 79 (jun. de 1985), esp. 496-499.

64. Jacob Metzer, «How new was the new era? The public sector in the 1920's», *Journal of Economic History*, 45 (mar. de 1985), pp. 119-126. También la similar pero más extensa investigación de John Maurice Clark, *The costs of the World War to the American people*, Yale University Press, New Haven (Connecticut), 1931. Para una consideración sensata de esta cuestión, con referencia a datos británicos, véase Alan T. Peacock y Jack Wiseman, *The growth of public expenditure in the United Kingdom*, Princeton University Press, Princeton (Nueva Jersey), 1961, pp. 52-61.

hipótesis que se analice, si se estudia el aumento del alcance de las actividades públicas o la mayor incidencia del Estado en los ingresos individuales.

Otra práctica habitual es separar el gasto o el empleo público de los niveles inferiores de Gobierno y, combinando la noción de trinquete con la idea de que la crisis provoca la centralización del Gobierno, centrarse exclusivamente en los datos de la actividad federal.[65] Pero el trinquete y la centralización no tienen por qué estar vinculados, cualquiera de los dos fenómenos puede ocurrir sin que se dé el otro. Además, quizá no importa si el Estado se expande en el ámbito federal o hacia otro nivel inferior. Durante en el siglo XX la distinción entre los niveles de Gobierno se volvió cada vez más difícil de identificar. Los subsidios federales a los niveles estatales y locales de Gobierno les han permitido y animado a gastar y contratar más de lo que habrían hecho sin las subvenciones.[66] Además, muchos programas y actividades iniciadas por los gobiernos de nivel inferior (por ejemplo, el seguro estatal por desempleo) representan el cumplimiento involuntario de requisitos federales, o la participación en programas «voluntarios» que acarrean un

65. Bennett y Johnson, *Federal government growth*, pp. 70-76. El origen de la combinación de las hipótesis del trinquete y de la centralización se atribuye a menudo al estudio sobre el gasto del Estado en el Reino Unido llevado a cabo por Peacock y Wiseman (*Growth of public expenditure*, esp. pp. 30, 118-120), un estudio prudente y altamente cualificado.

66. Browning y Browning, *Public finance*, pp. 475-483; Wallace E. Oates, «Searching for Leviathan: an empirical study», *American Economic Review*, 75 (sep. de 1985), p. 752. Oates también concluye (p. 756) que «no existe una relación fuerte y sistemática entre el tamaño del Estado y el grado de centralización del sector público».

gran coste para los no participantes. Cuando los varios niveles de Gobierno están tan entrelazados en sus actividades y su financiación, las distinciones contables tradicionales pueden llegar a ser artificiales y arbitrarias. La confusión jurisdiccional hace que la hipótesis de la centralización sea difícil de probar y complica poder llegar a considerar un nivel particular de Gobierno como si fuera independiente de los otros niveles. Los programas creados por el Congreso a menudo los administran empleados del Gobierno local. Por este motivo no resulta sorprendente ni especialmente significativo que desde la Segunda Guerra Mundial el crecimiento del empleo público haya sido más rápido en los niveles más bajos de Gobierno que en el ámbito federal.[67]

A pesar de los muchos defectos de los indicadores cuantitativos presentados en la tabla 2.1, los economistas y politólogos, con pocas excepciones, siguen manejando este tipo de datos en sus estudios sobre el crecimiento del Estado. Algunos admiten los problemas inherentes a depender de medidas tan ambiguas. Sam Peltzman, por ejemplo, inicia su estudio observando que «equiparar el papel del Estado en la vida económica con el tamaño de su presupuesto es obviamente equivocado, ya que muchas activi-

67. John Joseph Wallis sostiene que «[...] el cambio fundamental en la estructura del Estado durante la década de 1930 fue el desplazamiento del gasto desde los niveles local y estatal hacia el nivel federal [...] lo que puede explicarse por las disposiciones económicas de los programas del Gobierno federal». Véase «The birth of the old federalism: financing the New Deal, 1932-1940», *Journal of Economic History*, 44 (mar. de 1984), p. 139. También *idem*, «Why 1933? The origins and timing of national government growth», en Robert Higgs (ed.), *Emergence of the modern political economy*, JAI Press, Greenwich (Connecticut), 1985.

dades públicas (por ejemplo, los estatutos y normas administrativas) redirigen los recursos con la misma certeza que los impuestos y el gasto». Sin embargo, a pesar de reconocer el problema, Peltzman lo descarta inmediatamente al declarar que «los datos disponibles no dejan otra opción».[68] Recuerda a la imagen del borracho que pierde las llaves en la calle y las busca justo debajo de la farola de la esquina «porque aquí hay más luz». Los economistas están acostumbrados a las interminables disputas sobre el cambio de variables, errores de medición, controles de tendencia, etc., porque suelen participar en investigaciones empíricas en las que hay desacuerdos por la ausencia del indicador directo de una variable teóricamente específica. A veces no se pueden evitar las disputas econométricas porque no hay buenas alternativas.

Afortunadamente, el análisis empírico del crecimiento del Estado no necesita asentarse exclusivamente en los indicadores cuantitativos estándar —datos abiertamente ambiguos e incompletos en el mejor de los casos y totalmente engañosos en el peor—. Existen otros indicadores no sólo menos ambiguos empíricamente, sino más relevantes teóricamente. Como Rose ha observado, «los datos existen, si se realiza el esfuerzo que la materia requiere».[69] He argu-

68. Sam Peltzman, «The Growth of Government», *Journal of Law and Economics*, 23 (oct. de 1980), p. 209.

69. Rose, «Are laws a cause», p. 13. También B. Guy Peters y Martin O. Heisler, «Thinking about public sector growth: conceptual, theoretical, and policy considerations», en Charles Lewis Taylor (ed.), *Why governments grow: measuring public sector size*, Sage, Beverly Hills (California), 1983, pp. 178-181.

mentado que los altos niveles de impuestos, gastos y empleo público derivan del Estado intervencionista, pero no son su esencia; su esencia es un amplio abanico de autoridad efectiva sobre la toma de decisiones económicas. La autoridad es lo primero: sin autoridad no puede haber impuestos, gasto o empleo. La autoridad surge de las órdenes ejecutivas, las leyes, las decisiones judiciales y las directivas de los organismos reguladores. Todas ellas se pueden estudiar. Cierto que no se presentan alineadas para facilitar su cálculo y agregación, y la apreciación de su sustancia y significado requiere un esfuerzo mayor que el de leer una escala cardinal, pero estas dificultades no las hacen menos fundamentales. El economista que no esté dispuesto a analizar este tipo de pruebas tal vez deba abandonar sus pretensiones en este campo de estudio. Bajo el poste de la luz no encontrará las llaves perdidas en otro lugar, ni siquiera con la ayuda de los focos más poderosos. Quienes desean comprender la realidad más que impresionar a sus colegas con pirotecnia analítica, sólo pueden sentir disgusto ante el espectáculo de los economistas que usan sus increíbles técnicas matemáticas y estadísticas para analizar datos irrelevantes o engañosos.

Centrándonos en la forma y ocasiones en las que se expande la autoridad sobre la asignación de recursos podremos describir de forma más esclarecedora la expansión del Estado. Con este enfoque buscamos evidenciar el potencial gubernamental. Los economistas reconocen la diferencia entre el potencial de producción de una economía y la medida en que ese potencial se alcanza. La teoría del crecimiento económico es la rama dedicada a entender la primera, y la macroeconomía es la rama dedicada a la segunda. Sin embargo, los economistas y también muchos politólogos han pretendido poder comprender la cantidad de actividad pública sin prestar atención al potencial subyacente. Sin embargo, un Estado democrático no puede hacer lo que no tiene autoridad para hacer. La autoridad es fundamental; la actividad es secundaria y derivada. El crecimiento de la producción a largo plazo en una economía depende casi enteramente del crecimiento del potencial de producción, no del grado en que el potencial se realiza en un determinado momento. Asimismo, el crecimiento a largo plazo de la actividad pública en la economía de Estados Unidos ha dependido sobre todo del aumento de la autoridad gubernamental efectiva sobre la toma de decisiones económicas, no del grado en que el potencial existente se materializaba en cada momento.

Cuando examinamos los acontecimientos fundamentales en el crecimiento de la autoridad estatal sobre la toma de decisiones económicas en Estados Unidos en el siglo XX, ¿se evidencia un trinquete? Creo que sí. Y dudo que algún historiador discutiera mi conclusión. Pero una documentación convincente no puede presentarse tan sucintamente como sí se pueden presentar los datos cuantitativos sobre el crecimiento del Estado. Estamos rodeados de ejemplos ilustrativos: consideremos la participación de gran calado del Gobierno federal en la gestión de los recursos humanos, o la seguridad social, o los mercados agrícolas o financieros, o el vasto complejo militar industrial, todo ello derivado de órdenes ejecutivas, leyes, decisiones de los tribunales y otras medidas autorizadas durante crisis acaecidas. Pero los ejemplos sólo son ejemplos. En realidad, las pruebas que apoyan mi tesis sólo se pueden obtener mediante un análisis histórico ampliado. Por el momento invito al lector a aceptar mis objeciones como un punto de partida plausible. A su debido tiempo presentaré pruebas suficientes.

Conclusiones

En relación con la economía, el Estado ha crecido enormemente durante el siglo xx. Según las medidas cuantitativas convencionales, a finales del siglo pasado era de tres a seis veces mayor de lo que era antes de la Primera Guerra Mundial. Gran parte del crecimiento se produjo durante breves períodos de emergencia nacional, en particular durante las guerras y la Gran Depresión. Pero incluso el crecimiento que se dio en tiempos normales se puede vincular en sus orígenes con crisis precedentes. La mayor fuente de la expansión del Estado son las emergencias nacionales, en particular cuando consideramos la expansión de la autoridad efectiva sobre la toma de decisiones económicas. El trinquete explica muchos aspectos del crecimiento del Estado, como muestran los índices cuantitativos estándar, pero también explica el surgimiento del intervencionismo, el aumento de su poder coercitivo sobre la vida económica. Si pudiéramos medir cuánto poder de asignación efectiva de recursos se ha desplazado de los ciudadanos privados a los funcionarios públicos en los últimos setenta años del siglo xx, quizá descubriríamos que el crecimiento del Estado no se ha multiplicado por tres o por seis, sino por mucho más. Pero no disponemos de una medida cuantitativa de este tipo, ni es probable que se idee una. En cualquier caso, nuestro estudio no tiene por qué detenerse simplemente porque no dispongamos de un índice cuantitativo inequívoco de una sola variable dependiente simple. Nuestra tarea es alcanzar conclusiones sólidas, significativas y convincentes con los datos disponibles.

Capítulo 3

La ideología en el estudio de la economía política

> Las creencias llegan con el viento
> y se vuelven santo y seña
> y arraigan con fuerza
> en hombres dispuestos a morir
> por una palabra quemando en la lengua,
> por una luz viva en los huesos,
> por sueños palpitando en las muñecas.[70]
>
> CARL SANDBURG

Las ideas cuentan. Cuando se estudia el comportamiento humano, nada tiene tanto peso como la consideración de lo que los actores piensan. Para muchos analistas esta observación metodológica será una obviedad. Sin embargo, economistas y politólogos a menudo le prestan poca atención. En economía, para analizar los mercados, durante mucho tiempo se partió de la suposición de que los consumidores están perfectamente informados, son completamente racionales, y los productores pueden satisfacer sus intereses, que están perfectamente definidos. En ocasiones todavía se recurre a esta suposición. En el análisis político se suele suponer que los votantes conocen la información pertinente acerca de los políticos y acerca de las

70. Carl Sandburg, *The people, yes*, Harcourt Brace Jovanovich, Inc., Nueva York, 1936.

políticas públicas, y por otra parte, que los políticos conocen y tratan de obtener exactamente lo que sus electores quieren. Pero en realidad el conocimiento es siempre y en todas partes un recurso escaso y difícil de adquirir —y, por tanto, raramente abundante—. De manera inevitable, la gente se ocupa de sus asuntos en medio de una niebla más o menos densa de ignorancia e incertidumbre. Reconocerlo permite una aproximación más ajustada al comportamiento social e institucional.[71]

Cuando nos enfrentamos a entornos sociales inciertos, todos adoptamos varios tipos de creencias. Algunas son hechos concretos acerca del tiempo y lugares cotidianos (la tienda de comestibles de la calle Mayor abre a las 10.00 h) o científicamente probadas (el agua está formada por hidrógeno y oxígeno), mientras que otras son abstractas como perspectivas filosóficas (debemos buscar la virtud) o convicciones religiosas (los mansos heredarán la tierra). En medio de estos extremos encontramos creencias en las que hechos, valores y deseos se combinan en proporción variable. Las formas «más suaves» de conocimiento —entendiendo conocimiento como aquello que creemos, independientemente de que todo el mundo esté de acuerdo o no— guían el comportamiento de la gente tanto como las formas más «duras», quizá incluso más. Entre estas formas intermedias de creencia encontramos la ideología.

Convencidos de que la ideología es uno de los principales determinantes de las acciones humanas, especial-

71. Thomas Sowell, *Knowledge and decisions*, Basic Books, Nueva York, 1980.

mente en lo que se refiere a la acción política de las masas, algunos académicos —filósofos, historiadores, sociólogos y politólogos— llevan más de un siglo tratando de comprender su naturaleza y significado, y de identificar sus causas y consecuencias. Incluso los economistas neoclásicos, que durante mucho tiempo habían despreciado conceptos no cuantitativos y tan ambiguos como éste, acabaron reconociendo su relevancia.[72] Pero pese a los esfuerzos de los estudiosos, la relación de la ideología con la política económica sigue siendo un tema controvertido y poco desarrollado.

Y, sin embargo, comprender la ideología es esencial para entender la expansión del Estado. El axioma de que los individuos buscan y siempre han buscado su propio interés y que están dispuestos a utilizar al Estado como un medio para obtener sus fines personales no basta para dar sentido al pasado político. Permanecen abiertas preguntas esenciales: ¿*Qué* es lo que la gente considera «su propio interés», y ¿*cómo* están dispuestos a usar al Estado como un medio para conseguirlo? La ideología responde a estas

72. Douglass C. North, *Structure and change in economic history*, Norton, Nueva York, 1981, pp. 45-58; James B. Kau y Paul H. Rubin, *Congressmen, constituents, and contributors: determinants of roll call voting in the House of Representatives*, Nijhoff, Boston, 1982; Joseph P. Kalt y M. A. Zupan, «Capture and ideology in the economic theory of politics», *American Economic Review*, 74 (jun. de 1984), pp. 279-300; *idem*, «The ideological behavior of legislators: rational on-the-job consumption or just a residual?», *Harvard Institute for Economic Research Discussion Paper*, 1043 (mar. de 1984). Compárese con Sam Peltzman, «Constituent interest and congressional voting», *Journal of Law and Economics*, 27 (abr. de 1984), pp. 181-210.

preguntas, porque la ideología define, al menos en parte, la forma y la frecuencia en que determinadas acciones políticas contribuyen al crecimiento del Estado.

¿Qué es la ideología?

Los académicos no han logrado ponerse de acuerdo sobre cómo conceptualizar la ideología. Giovanni Sartori escribió que «la palabra ideología apunta a una caja negra [...]. La popularidad del término ha ido creciendo junto con su oscuridad».[73] Veamos algunos ejemplos de cómo los escritores han definido la ideología:

> [Una] estructura diferenciada y ampliamente coherente de valores, creencias y actitudes con implicaciones para la política social.[74]

> [Una] colección de ideas que explicita la naturaleza de la buena comunidad. [...]. [E]l marco según el cual una comunidad define y aplica valores.[75]

73. Giovanni Sartori, «Politics, ideology, and belief systems», *American Political Science Review*, 63 (jun. de 1969), p. 398. También Homa Katouzian, *Ideology and method in economics*, New York University Press, Nueva York, 1980, pp. 147-148; Herbert McClosky y John Zaller, *The American* ethos*: public attitudes toward capitalism and democracy*, Harvard University Press, Cambridge (Massachusetts), 1984, p. 189.

74. A. James Reichley, *Conservatives in an age of change: the Nixon and Ford administrations*, Brookings Institution, Washington D. C., 1981, p. 3.

75. George C. Lodge, *The new American ideology*, Knopf, Nueva York, 1976, p. 7.

> [Un] dispositivo economizador por el cual los individuos se adaptan a su entorno y cuentan con una «visión del mundo» para que el proceso de toma de decisiones se simplifique. [Está] [...] inextricablemente entrelazado con juicios éticos y morales sobre lo que el individuo percibe como un mundo justo.[76]

> [Un] conjunto de ideas y creencias a través del que percibimos el mundo y mediante el que actuamos según nuestra información [...]. [Un] medio para intentar aprender y comprender el mundo; pero que también genera emociones que unen a la gente.[77]

> [Un] dogma no reconocido que cumple funciones sociales [...]. [Un] tipo especial de cosmovisión (*Weltanschauung*), un componente esencial de la psicología social.[78]

> [E]l complejo conjunto de justificaciones y racionalizaciones a través de las cuales un grupo, clase, o nación interpreta el mundo y justifica sus acciones dentro de él.[79]

Martin Seliger, esmerado e incisivo estudioso de la ideología, presentó una «definición detallada» que ocupa más de una página en su tratado.[80]

76. Douglass C. North, *Structure and change*, p. 49.

77. Roy C. Macridis, *Contemporary political ideologies: movements and regimes*, Winthrop, Cambridge (Massachusetts), 1980, p. 4.

78. David Joravsky, *The Lysenko affair*, Harvard University Press, Cambridge (Massachusetts), 1970, p. 3.

79. G. William Domhoff, *Who rules America now?*, Prentice-Hall, Englewood Cliffs (Nueva Jersey), 1983, p. 99.

80. Martin Seliger, *Ideology and politics*, Free Press, Nueva York, 1976, pp. 119-120.

Karl Marx, cuyos escritos impulsaron en gran medida el estudio de la ideología, llamó ideología al pensamiento social de todos aquellos que no compartían plenamente sus opiniones. Esa concepción peyorativa («restrictiva») de la ideología, que no tiene por qué asumir necesariamente la forma marxista, sigue siendo de hecho recurrente en ciertos círculos académicos. También es el uso más común del término en el lenguaje cotidiano. Esta concepción equipara el pensamiento ideológico con el pensamiento «distorsionado». Sugiere fanatismo o motivaciones ocultas.[81] Plantea, implícita o explícitamente, la posibilidad de que el pensamiento no ideológico, incluso la «negación de la ideología», pueda existir para aquellos que «no tienen un hacha ideológica que blandir».[82] Pero que la concepción restrictiva de la ideología sea la más generalizada no quiere decir que sea la más productiva analíticamente. Como señala Seliger, esta concepción contiene contradicciones internas y argumentos indefendibles, por ejemplo, que alguien pueda conocer la Verdad con certeza.[83] Me in-

81. Edward Shils, «Ideology. I. The concept and function of ideology», *International Encyclopedia of the Social Sciences*, 7 (1968), pp. 66-76.

82. Aileen S. Kraditor, «Introduction» [introducción a un número especial sobre conservadurismo e historia], to a special issue on Conservatism and History], *Continuity*, 4-5 (1982), pp. 1-9; *idem*, *The radical persuasion, 1890-1917: aspects of the intellectual history and the historiography of three American radical organizations*, Louisiana State University Press, Baton Rouge, 1981, p. 102. También Robert Higgs, «When ideological worlds collide: reflections on Kraditor's "radical persuasion"», *Continuity*, (otoño de 1983), pp. 99-112; y Aileen Kraditor, «Robert Higgs on "The radical persuasion"», ibídem, pp. 113-123.

83. Seliger, *Ideology and politics*; *idem*, *The marxist conception of ideology: a critical essay*, Cambridge University Press, Cambridge (Reino

clino por rechazar la concepción restrictiva de ideología, y además abrazo una aproximación más general y no peyorativa («inclusiva») al concepto.

Por *ideología* entiendo un sistema de creencias un tanto coherente y bastante completo sobre las relaciones sociales. Decir que es coherente implica que sus componentes forman una unidad, aunque no lo hagan siempre siguiendo un criterio lógico. Decir que es bastante completo quiere decir que incorpora una amplia variedad de categorías e interrelaciones sociales. A pesar de su amplio alcance, tiende a gravitar en torno a unos pocos valores, por ejemplo, la libertad individual, la igualdad social o la gloria nacional.

La ideología presenta cuatro aspectos distintos: cognitivo, afectivo, programático y solidario. Estructura nuestras percepciones y predetermina nuestra comprensión de la esfera social, conocimiento que expresaremos con símbolos característicos; nos dice si lo que «vemos» es bueno o malo o moralmente neutro, y nos impulsa a actuar, de acuerdo con nuestros conocimientos y consideraciones, como miembros comprometidos con un grupo político, en la búsqueda de una solución a objetivos sociales claros. Las ideologías desempeñan un importante servicio psicológico porque sin ellas no podríamos conocer, evaluar y responder al grueso de las relaciones sociales. La ideología simplifica una realidad demasiado grande y complicada

---

Unido), 1977. También Alvin W. Gouldner, *The dialectic of ideology and technology: the origins, grammar, and future of ideology*, Oxford University Press, Nueva York, 1982, pp. 9, 13, 44, 211 y *passim*.

para ser comprendida, evaluada y tratada de cualquier otra forma objetiva, científica o desinteresada.

Todo adulto cuerdo, a menos que sea completamente apático políticamente, tiene una ideología. La noción de que la ideología es sólo el pensamiento distorsionado y fanático de nuestros rivales intelectuales o políticos no se sostiene. Por supuesto, cada ideología debe relacionarse con datos objetivos, evidencias científicas y todo tipo de conocimiento «duro». Cuando formule suposiciones o afirmaciones inconsistentes con tales informaciones (contrastadas y probadas), se la podrá acusar acertadamente de «distorsión». Algunas ideologías cometen este pecado más que otras; de hecho, algunas prosperan gracias a mentiras flagrantes. Pero todas ellas contienen elementos no verificados y —lo que es más significativo— no verificables, desde su compromiso fundamental con determinados valores. Pero alegar distorsión en relación con estos elementos, que no son ni verdaderos ni falsos, no significa nada o significa muy poco. Las ideologías brotan tanto de las entrañas como de la mente, y ni la lógica ni la observación empírica pueden resolver desacuerdos viscerales.

Hay términos que a veces se usan como sinónimos, pero cuyo significado difiere, sin embargo, del de ideología. Por ejemplo, la visión del mundo: a pesar de ser un concepto cercano, difiere de ideología por su mayor vaguedad y porque no incorpora aspectos programáticos ni la pertenencia a una comunidad de intereses. La filosofía social o política tiene una motivación distinta y más amplia que la de la ideología; además, como la visión del mundo, no empuja necesariamente a la acción política ni conlleva pertenencia a una comunidad. La ciencia social o la teoría social difieren de la ideología por su aspiración de neutralidad moral; se inclinan más hacia el pragmatismo, las pruebas empíricas y a evitar la política —las teorías sociales que defienden la unidad de la teoría y la práctica son en realidad ideologías—. La cultura, en cambio, señala un sistema mucho más amplio de símbolos, creencias y comportamientos, en el que las ideologías se encuadran como subsistemas.

La mayoría de las hipótesis sobre los orígenes del compromiso ideológico son teorías basadas en el interés o teorías basadas en el conflicto. En las teorías del interés se asume que la gente persigue riquezas o poder y las ideas son armas arrojadizas que legitiman esa búsqueda. En las teorías del conflicto se asume que la gente huye de la incertidumbre y las ideas ofrecen consuelo y compañía.[84] Entre las teorías del interés encontramos la formulación marxista clásica, que sostiene que la ideología (no marxista) es simultáneamente un reflejo de la situación de clase y una «falsa conciencia» de los verdaderos destinos de clase. (Como dice Seliger, «la afirmación [marxista] de que la burguesía no comprende, se reduce a su resistencia —o incapacidad— para aceptar el vaticinio de su condena».)[85]

84. Clifford Geertz, «Ideology as a cultural system», en David E. Apter (ed.), *Ideology and discontent*, Free Press, Nueva York, 1964, pp. 52-64. También W. Lance Bennett, *Public opinion in American politics*, Harcourt Brace Jovanovich, Nueva York, 1980, pp. 158-184, 216-218, 410-412.

85. Seliger, *Marxist conception*, p. 56. Alvin W. Gouldner replica que el propio marxismo es «la falsa conciencia de la burguesía cultural que se ha radicalizado» (*The future of intellectuals and the rise of the new class*, Seabury Press, Nueva York, 1979, p. 75).

Aileen Kraditor esgrime argumentos sobre la ideología que ejemplifican una teoría del conflicto. Kraditor estudió a los radicales de principios del siglo XX quienes, en palabras de Seliger, buscaban «salvar la brecha entre la conciencia imperfecta del proletariado acerca de su destino histórico (y, por tanto, su falta de voluntad para lograrlo) y la supuesta inevitabilidad de su victoria».[86] Pero anhelaban una solidaridad que sus futuros camaradas ya habían encontrado en otros lugares. Huyendo de las ansias que las masas en general no compartían, los socialistas americanos sólo pudieron reclutar un minúsculo grupo de seguidores.[87]

Ideología y acción política

Todas las explicaciones sobre el crecimiento del Estado se fundamentan, implícita o explícitamente, en el postulado de que los individuos o grupos son activos políticamente, y resultan por ello problemáticas. Cada argumento plantea un beneficio que la gente podría disfrutar si el Gobierno tomara las medidas adecuadas: suprimir las externalidades negativas, proveer bienes públicos no excluyentes, apoyar las pensiones de ancianos y necesitados, redistribuir la riqueza a determinados grupos de población, y así sucesivamente. Con el objetivo de que el Gobierno responda como desean, se movilizan. Sacrifican su valioso tiem-

86. Seliger, *Marxist conception*, p. 57.

87. Kraditor, *Radical persuasion*. También Robert E. Lane, «Personality, political: I. The study of political personality», *International Encyclopedia of the Social Sciences*, 12 (1968), p. 19.

po, esfuerzo, dinero y otros recursos para escribir y hacer llegar sus mensajes a los políticos, hacer campaña y votar a candidatos y propuestas legislativas, apoyar con recursos financieros a candidatos y grupos de presión, y llevar otras muchas actuaciones como miembros de grupos políticos. Aunque este tipo de acciones políticas eran ya bastante conocidas, el primer teórico que se preguntó seriamente si eran racionales o no concluyó que, excepto en condiciones especiales, no lo son.

En su obra pionera *La lógica de la acción colectiva*, Mancur Olson argumenta que todas las teorías sobre grupos de interés caen en la falacia de la composición. Los teóricos de los grupos «han asumido que, si un grupo tiene alguna razón o incentivo para organizarse y promover su interés, los individuos racionales que forman parte de ese grupo también tienen una razón o un incentivo para apoyar a la organización que trabaja por su mutuo interés». Pero Olson concluye que la suposición «es lógicamente falaz, al menos para los grandes grupos latentes con intereses económicos».[88]

Para descubrir la falacia sólo cabe preguntarse: ¿Cuáles son las expectativas en cuanto a los costes y beneficios de esa acción política para el actor político individual? Los costes suelen ser claros y manifiestos. Cada participante en un grupo de acción política sacrifica su tiempo, energía, dinero u otros recursos. ¿Pero qué hay de los beneficios

88. Mancur Olson, *The logic of collective action: public goods and the theory of groups*, Harvard University Press, Cambridge (Massachusetts), 1965, p. 127. También Russell Hardin, *Collective action*, Johns Hopkins University Press, Baltimore, 1982, p. 2 y *passim*.

esperados? Éste es el núcleo del problema inherente a los bienes públicos («colectivos») a disposición de grupos formados por un gran número de personas.

Lo esencial en grandes grupos es que alcanzar el beneficio potencial de un bien colectivo no dependa significativamente de lo que haga o deje de hacer un individuo en particular. El político de turno actuará de la misma manera tanto si un individuo le escribe como si no lo hace; una carta de más o de menos no cambia nada. Si un ciudadano en particular no vota, el resultado electoral será el mismo; contamos con un solo voto entre miles o incluso millones, y la probabilidad de que nuestro voto determine el resultado de las elecciones es prácticamente nula. Nada cambiará significativamente si no se contribuye con dinero a una candidatura o a un grupo de presión; un puñado de dólares no son más que una gota en el océano. Lo que haga o deje de hacer un miembro en particular de un grupo grande no supone ninguna diferencia significativa.

Sin embargo, si se logran beneficios colectivos todos nos beneficiaremos igual que quienes se sacrificaron y trabajaron para alcanzarlos. Tanto si somos activos políticamente como si no, nos beneficiamos igualmente de la disminución de la contaminación del aire en la ciudad, de la defensa frente a enemigos externos, de los subsidios contra la pobreza o de la redistribución de la riqueza en beneficio del grupo al que pertenezcamos. Es irracional asumir costes para conseguir que acontezca lo que sucederá igualmente sin importar lo que uno haga. En el contexto de los grandes grupos, la única acción racional es la no acción en absoluto. La gente racional siempre trata de ser *un gorrón*, disfrutando de los beneficios de los bienes colectivos sin compartir los costes de su obtención.

Por supuesto, cuando todo el mundo intenta parasitar nadie gana: no hay acción colectiva masiva, tampoco la acción colectiva que da lugar o apoya al intervencionismo. Olson argumenta que sólo hay dos excepciones a esta Ley de Hierro de la Inacción Colectiva. La primera, cuando existen incentivos selectivos (excluyentes) al bien colectivo, otorgándole en parte el carácter de bien privado. Por ejemplo, a cambio de pagar las cuotas a la Asociación Médica Americana (AMA), un médico recibe los boletines de la asociación; pero la AMA utiliza parte de las cuotas para apoyar sus actividades de *lobby* con el fin de crear o preservar bienes colectivos para la profesión médica. La segunda excepción se produce cuando la gente se ve coaccionada a participar en la provisión del bien colectivo. Por ejemplo, el Estado obliga a los ciudadanos a pagar los impuestos que financian la defensa nacional. Pero en ausencia de incentivos selectivos o de coacción, la regla se mantiene: una persona racional no participa en una acción colectiva a gran escala.[89]

89. Olson, *Logic of collective action*, pp. 2, 51, 60-65, 133-134; Bruno S. Frey, *Modern political economy*, Martin Robertson, Oxford, 1978, pp. 92-93, 97-98. Compárese con John Mark Hansen, «The political economy of group membership», *American Political Science Review*, 79 (mar. de 1985), esp. p. 93. Gary Becker señala que «el énfasis en el fenómeno del *gorrón* en muchas discusiones sobre la efectividad de los grupos de presión es un tanto excesivo, porque el éxito político viene determinado por el grado relativo, no absoluto, de control sobre este fenómeno». Véase «A theory of competition among pressure groups for political Influence», *Quarterly Journal of Economics*, 98 (ago. de 1983), p. 380. Pero la pre-

La debilidad de esta explicación es que no se ve confirmada por la realidad. Al parecer estamos atrapados entre la lógica y los hechos. En estos casos el problema suele ser la vaguedad de los conceptos y la falsedad de premisas implícitas. Cuando los teóricos de la elección pública declaran que la acción política individual en un contexto de grupo grande es «irracional», ¿qué es exactamente lo que quieren decir? ¿Están suponiendo implícitamente —y de forma cuestionable— los fines y medios reales o potenciales de una persona?

Para responder a estas preguntas, debemos considerar lo que los economistas llaman la *función de utilidad.* Se trata de la relación causal entre un índice de utilidad (U) que mide la satisfacción de la persona, y todas las variables (C_1, C_2..., C_n) que afectan al índice; formalmente,

$$U = f(C1, C2, ..., Cn).$$

¿Qué son las C? Los economistas normalmente las consideran bienes y servicios adquiridos en el mercado y consumidos por aquellos cuya función de utilidad están considerando.[90] Los no economistas señalan que esta su-

---

gunta se mantiene: ¿cómo un gran grupo de acción política puede controlar la existencia de gorrones? Todos los instrumentos que Becker menciona (p. 377) se encuadran en las dos categorías identificadas por Olson (incentivos materiales selectivos o coerción), y de ahí que se correspondan poco o nada con muchas formas de acción colectiva a gran escala.

90. Para un modelo elaborado de comportamiento político basado en la asunción de esta función de utilidad, véase Becker, «Competition among pressure groups», esp. pp. 372, 374. Para una excelente discusión de la función de utilidad neoclásica convencional y una argumentación

posición considera una visión muy limitada de lo que determina la satisfacción de una persona normal; la idea de un *homo economicus* —«algo más que Scrooge pero mucho menos que una persona normal»— resulta risible para los amantes del arte, la literatura y la historia, por no hablar de la psicología.[91] Los economistas, sin embargo, responden que la función de utilidad ayuda a analizar muchas cuestiones importantes; cambiarla no tendría sentido porque alteraría la elegancia natural de este admirable y minucioso dispositivo analítico. Tienen razón. Sin embargo, debemos preguntarnos: ¿La función de utilidad estándar resulta suficiente para el análisis de la acción política?

La respuesta —como los economistas empiezan a conceder— es no. En palabras de Amartya Sen, «el hombre *puramente* económico es prácticamente un idiota social». Sen insta a los teóricos utilitaristas a desarrollar «una estructura más elaborada». En la misma línea, Douglass North escribió: «Las funciones de utilidad individual son más complejas que las simples suposiciones de la teoría

---

sobre su invalidez para el análisis de la acción política, véase Howard Margolis, *Selfishness, altruism, and rationality: a theory of social choice*, University of Chicago Press, Chicago, 1982, esp. pp. 6-11, 66-69. A pesar del análisis perspicaz de problemas de elección social que realiza Margolis, su propuesta, un modelo «darwiniano», parece forzada.

91. G. Warren Nutter, *Political economy and freedom: a collection of essays*, Liberty Press, Indianápolis, 1983, p. xiii. Nutter añadió (p. xiv) que «[n]inguna teoría del comportamiento social es completa a menos que contemple la pasión de las masas, el fervor del mártir, la lealtad de la guardia de palacio, la insaciabilidad del ególatra». Míster Scrooge es el muy severo y avaro protagonista de *Cuento de Navidad*, de Charles Dickens. *(N. de la t.)*

neoclásica. El cometido del científico social es ampliar la teoría para poder predecir cuándo la gente actuará como *gorrones* y cuándo no. Sin una teoría más amplia no podemos comprender muchos de los cambios seculares que se inician y llevan a cabo por acciones de grandes grupos».[92] Entonces, ¿cómo se podría mejorar el análisis?

North afirma que para salir del punto muerto en el análisis cabe comprender todo lo que supone la ideología. «Su objetivo fundamental», declara, «es energizar grupos para comportarse de forma contraria al mero cálculo individual y hedonista de los costes y beneficios. Ésta es la motivación principal de las grandes ideologías, porque ni el mantenimiento del orden existente ni su derrocamiento son posibles sin un comportamiento de este tipo».[93] Esta

92. Amartya K. Sen, «Rational fools: a critique of the behavioral foundations of economic theory», *Philosophy & Public Affairs*, 6 (verano de 1977), p. 336; North, *Structure and change*, p. 46. Amyra Grossbard-Shechtman apunta que «[l]os economistas reconocen generalmente que las funciones de utilidad se fundamentan en factores biológicos y culturales, pero tienden a ceder el estudio de estos factores a especialistas de otras disciplinas como la psicología, la biología o la antropología. Aunque esta división del trabajo podría ser eficiente en principio, en la práctica el estudio de cualquier tema particular raramente combina aproximaciones desde diferentes perspectivas» [Reseña de *Microeconomics and human behavior: toward a new synthesis of economics and psychology* de David A. Alhadeff, *Journal of Economic Literature*, 21 (jun. de 1983), pp. 553-554]. También la reseña de Robert Dorfman de *The economist as preacher and other essays* de George Stigler, *Journal of Economic Literature*, 22 (mar. de 1984), p. 105; James E. Alt y K. Alec Chrystal, *Political economics*, University of California Press, Berkeley, 1983, p. 7.

93. North, *Structure and change*, p. 53. Sartori llega prácticamente a la misma conclusión cuando describe la «política ideológica» como «una situación en que la escala de utilidad de cada actor se ve alterada

perspectiva propone reconciliar la teoría económica y la realidad política, pero mantiene el halo de irracionalidad en torno a la acción colectiva, el comportamiento que, directamente o por ratificación posterior, ha provocado la ampliación moderna del Estado.

¿Deberíamos concluir que esta secuencia es resultado de un comportamiento irracional? ¿Que las acciones motivadas ideológicamente y las actuaciones irracionales son sólo denominaciones distintas para una misma realidad? Creo que no. Considero más acertado modificar la función de utilidad y vincularla a la ideología, de manera que aumente su plausibilidad psicológica. De esta forma cancelamos la sospecha de que la participación en grandes grupos de acción política sea irracional.[94]

---

por una escala ideológica. Por tanto, [...] la lógica del interés ya no basta para explicar, y aún menos para predecir, el comportamiento político» (véase «Politics, ideology, and belief systems», p. 410). Se encuentran aseveraciones similares en Brian Barry, *Sociologists, economists, and democracy*, University of Chicago Press, Chicago, 1978, pp. 39-40; Albert O. Hirschman, *Essays in trespassing: economics to politics and beyond*, Cambridge University Press, Nueva York, 1981, pp. 239-240; *idem*, *Shifting involvements: private interest and public action*, Princeton University Press, Princeton (Nueva Jersey), 1982, pp. 85-90.

94. Russell Hardin rebate este enfoque, que él denomina la «teoría modificada de la acción colectiva» (*Collective action*, p. 14). Pero después de desestimarlo en un inicio, se muestra más transigente en su excelente Capítulo 7 (pp. 101-124), que titula innecesariamente a la defensiva como «Motivaciones extrarracionales». No existe un buen argumento por el que el interés de la gente en fines no económicos sea irracional o extrarracional. Ser racional es adaptar los medios a los fines. La naturaleza de los fines no revela nada sobre la racionalidad de la gente al perseguirlos. Para observaciones sofisticadas sobre racionalidad, véase Sen, «Rational fools», pp. 342-344; Jon Elster, *Sour grapes: studies in the*

Recordemos los cuatro aspectos de la ideología: cognitivo, afectivo, programático y solidario. Si sólo tomáramos en cuenta los tres primeros, no podríamos señalar la ideología como fundamento para la participación racional en la política de los grandes grupos. En ese caso, la ideología permitiría percibir e interpretar el mundo social, emitir juicios morales y concluir que ciertas posiciones o movimientos políticos merecen apoyo. Pero todavía faltaría un incentivo personal para ser activo políticamente, como se ha explicado anteriormente. Para que alguien se una racionalmente a la acción política en un contexto de grupo grande, debe poder esperar un beneficio que dependa de la propia participación. La solidaridad, el cuarto aspecto de la ideología, es un beneficio contingente.

Si la función de utilidad individual fuera como la postulan convencionalmente los economistas neoclásicos, la solidaridad no valdría nada: al «hombre económico» sólo le preocupa consumir bienes y servicios. Pero lo cierto es que la mayoría valora también otras cosas. Uno de los determinantes más decisivos del sentido de bienestar es la propia imagen, a la que llamaré «identidad» (autopercibida). Russell Hardin ponía el ejemplo de un joven americano en 1943, que «podría haberse unido a las fuerzas armadas porque ir a la guerra era probablemente lo más importante para esa generación de varones. No cabe entrar a evaluar los costes y beneficios de su elección, que es de-

---

subversion of rationality. Cambridge University Press, Cambridge (Reino Unido), 1983, esp. pp. 1-42. Lo que yo llamo racionalidad se corresponde con la racionalidad «estrecha» de Elster. Lo que Elster llama racionalidad «amplia» debería llamarse de otra manera.

masiado fundamental para ser una cuestión de costes y beneficios [...]; se trataba esencialmente de ser varón en esa generación». Pensando en estas acciones, Richard Auster y Morris Silver instaron a otros economistas y científicos sociales a reconocer que «el nivel de satisfacción de los individuos depende de la autopercepción sobre el propio encaje en ciertos tipos (o imágenes) ideales».[95] La identidad no tiene que ser necesariamente una prioridad absoluta, como en el ejemplo de Hardin, que excluya toda compensación en bienes y servicios económicos. En virtud de nuestro argumento basta con reconocer a la identidad como uno de los determinantes del sentido de utilidad de las personas.[96]

95. Hardin, *Collective action*, p. 109; Richard D. Auster y Morris Silver, *The State as a firm: economic forces in political development*, Nijhoff, Boston, 1979, p. 50.

96. Jon Elster escribe que «[l]a imagen de uno mismo no es un beneficio: es lo que define qué constituye un beneficio». Añade, empero, que esta conceptualización resulta «un terreno engañoso donde es mejor rehuir cualquier pretensión de falsa precisión» en la medida en que carecemos de «un marco conceptual adecuado para abordar estas cuestiones» («Rationality, morality and collective action», *Ethics*, 96 (oct. 1985), pp. 136-155). Compárese con su consideración de la identidad como tan sólo un posible «subproducto» en *Sour grapes*, pp. 93, 100, 107-108. Una proposición analítica interesante (Sen, «Rational fools», pp. 337-341) esgrime *metarrankings*, esto es, *rankings* de *rankings* de preferencias (o funciones de utilidad), quizá asociados a convicciones ideológicas concretas o a la pertenencia a grupos particulares. También Albert O. Hirschman, «Against parsimony: three Easy Ways of complicating some categories of economic discourse», *American Economic Review*, 74 (may. 1984), pp. 89-96. Hirschman (p. 92) refiere una proposición de Alessandro Pizzorno según la cual la participación de un individuo en la acción colectiva debe verse como «una inversión en identidad individual y grupal». Encontramos una exploración adicional de las metapreferencias en Hirschman, *Shifting involvements*, pp. 68-71.

La gente adquiere y mantiene su identidad a través de la interacción con otros miembros de un mismo grupo: primero en familia y posteriormente en varios grupos primarios y secundarios de referencia.[97] Tibor Scitovsky afirmó que «el deseo de pertenencia, de afirmarse y consolidarse como miembro de un grupo, es un impulso muy natural y profundamente arraigado cuyo origen y universalidad se explican por el más básico de los impulsos, el instinto de supervivencia».[98] Aunque se pueda discutir el reduccionismo sociobiológico de Scitovsky, la necesidad de pertenecer

97. Murray Webster Jr., *Actions and actors: principles of social psychology*, Winthrop, Cambridge (Massachusetts), 1975, pp. 377-396; Elisha Y. Babad, Max Birnbaum y Kenneth D. Benne, *The social self: group influences on personal identity*, Sage, Beverly Hills (California), 1983; Peter L. Berger y Thomas Luckmann, *The social construction of reality: a treatise in the sociology of knowledge*, Anchor Books, Garden City (Nueva York), 1967, pp. 131-132, 173-174; Erik H. Erikson, «Identity, psychosocial», *International Encyclopedia of the Social Sciences*, 7 (1968), pp. 61-63; Muzafer Sherif, «Self concept», ibídem, 14, pp. 150-159; Tamotsu Shibutani, «Mead, George Herbert», ibídem, 10, esp. p. 86; Lane, «Political personality», ibídem, 12, p. 17; Murray Edelman, *The symbolic uses of politics*, University of Illinois Press, Urbana, 1964, pp. 84-87.

98. Tibor Scitovsky, *The joyless economy: an inquiry into human satisfaction and consumer dissatisfaction*, Oxford University Press, Nueva York, 1976, p. 115. También Wilhelm Ropke, *A humane economy: the social framework of the free market*, Henry Regnery, Chicago, 1971, p. 91. Según el sociólogo Amitai Etzioni, «los individuos actúan como miembros de grupos sociales, lo que significa que tejen lazos emocionales entre ellos que se complementan con vínculos cognitivos y normativos. [...] El impacto de una organización sobre sus miembros tiende a crecer en extensión y profundidad cuanto más amplio es su alcance» [entendiendo por alcance «el número de ámbitos sociales en que una organización penetra»]. Cita extraída de «Societal turnability: a theoretical treatment», en Bernard Udis (ed.), *The economic consequences of reduced military spending*, Lexington Books, Lexington (Massachusetts), 1972, p. 362.

está fuera de toda duda. El tipo de grupo al que se elige pertenecer está estrechamente relacionado con el tipo de persona que uno mismo cree ser —una inquietud esencial para cualquiera—. La gente aspira a la comodidad de asociarse con quienes reconoce como «semejantes». Cuando no existe ese sentido de pertenencia a una comunidad y de implicación en los propósitos comunes de un grupo, los individuos se sienten alienados y deprimidos.[99]

Abrazar una ideología es unirse a una comunidad de personas con mentalidades afines. «Las opiniones», escribió un politólogo, «son los carnets invisibles de la sociedad. Nos dicen quién es como nosotros y quién puede estar en contra. Las opiniones compartidas son vínculos poderosos». No en vano los cristianos se llaman «hermano» y los comunistas se llaman «camarada». Los cristianos y los comunistas, a diferencia de los economistas neoclásicos, hace tiempo que reconocieron la importancia de la identidad y su vínculo con la solidaridad. No es casualidad que estos dos sistemas de creencias hayan movilizado probablemente a más gente que nadie para la acción política de masas. «La ideología comunista puede parecer absurda desde fuera, y sin embargo proporciona a los que se adhieren a ella una visión sólida de la historia y hace que incluso el ciudadano más simple sienta que su vida tiene sentido, respondiendo así [...] a una inquietud espiritual básica.»[100] Al interiorizar

99. Sherif, «Self concept», p. 154; Babad, Birnbaum y Benne, *Social self*, esp. pp. 236-237; Peter L. Berger, Brigitte Berger y Hansfried Kellner, *The homeless mind: modernization and consciousness*, Vintage Books, Nueva York, 1974, esp. pp. 74-79.

100. Bennett, *Public opinion*, p. 107; David Satter, «Soviet threat is

los valores y preceptos de su comunidad de creencias compartidas, las personas se sienten mejor acerca de sí mismas pero además actúan fielmente según su ideología, independientemente de los estímulos materiales externos e incluso en oposición a ellos.

Por todo lo expuesto, podemos reescribir la función de utilidad para la teoría de la elección pública como

$$U = f(C1, C2..., Cn, I)$$

en la que *I* es el grado de correspondencia entre la identidad autopercibida y los estándares del grupo de referencia elegido (o aceptado); es decir, los principios de la ideología que se haya abrazado.

El comportamiento que avance hacia la maximización de esta utilidad obviamente no podrá calificarse de irracional, incluso si a veces conlleva sacrificios en términos de consumo de bienes y servicios para establecer o mantener la propia identidad mediante actividades solidarias con gente de mentalidad similar. Este tipo de actuación ideológica es completamente racional; no se debería adjudicar el estigma de la irracionalidad a quienes participan en acciones políticas, incluso en grandes grupos. Lo cierto es que, como expresó sucintamente Samuel Bowles, «la gente actúa políticamente tanto para *conseguir* cosas como para *ser* alguien».[101]

---

one of ideas more than arms», *Wall Street Journal*, 23 de mayo de 1983. Para observaciones clarividentes sobre la relación entre identidad e ideología, véase Gouldner, *Dialectic of ideology and technology*, pp. 31, 47, 56-57, 68, 84, 176.

101. Samuel Bowles, «State structures and political practices: a re-

Reconocer el peso de los compromisos ideológicos permite explicar la participación masiva en acciones políticas, pero también ayuda a comprender por qué algunos temas suscitan más respuesta política —y más apasionada— que otros. Obviamente, muchas cuestiones políticas no encienden las mentes y los corazones del pueblo. ¿La empresa municipal de servicios públicos debería emitir bonos con un vencimiento a veinte o a treinta años? ¿Las legislaturas estatales en Estados Unidos deberían convocar su sesión anual en enero o en marzo? ¿Quién debería gestionar los bosques maderables federales: el Departamento de Agricultura o el Departamento de Interior? A poca gente le importa. En cambio, hay otros temas que interesan tanto que su discusión pública a menudo degenera en amargas manifestaciones de desconfianza y hostilidad mutua.

Cuando los temas en disputa son de carácter económico (por no hablar de cuestiones mucho más polémicas

---

consideration of the liberal democratic conception of politics and accountability», en Richard D. Coe y Charles K. Wilber (eds.), *Capitalism and democracy: Schumpeter revisited*, University of Notre Dame Press, Notre Dame (Indiana), 1985, p. 164. Compárese con Mancur Olson, *The rise and decline of nations: economic growth, stagflation, and social rigidities*, Yale University Press, New Haven (Connecticut), 1982, pp. 19-25, 85; Gouldner, *Dialectic of ideology and technology*, p. 211; Amartya Sen, «Goals, commitments, and identity», *Journal of Law, Economics, and Organization*, 1 (otoño de 1985), pp. 348-349; y Robert Higgs, «Identity and cooperation: a comment on Sen's alternative program», ibídem, 3 (primavera de 1987). Hansen distingue entre «beneficios solidarios», obtenidos al asociarse con correligionarios, y «beneficios expresivos», obtenidos al contribuir públicamente a una causa noble («The political economy of group membership», pp. 79-80). Obviamente, los dos van frecuentemente de la mano.

como la pena de muerte o la interrupción del embarazo), suelen ser de dos tipos: uno se refiere al mantenimiento del carácter esencial del orden económico (normalmente, capitalismo frente a socialismo); el segundo trata de conflictos de distribución dentro del orden económico establecido (normalmente, ricos frente a pobres). Los dos tipos de cuestiones, a diferencia de las consideraciones de tipo instrumental, comparten la capacidad de apelar a la moral. No tratan de preguntas sencillas sobre qué es técnicamente mejor o peor, sino que invocan el bien y el mal.[102] Quienes proponen abordar estas cuestiones de forma «pragmática», están condenados al fracaso —sólo hay que pensar en el fracaso estrepitoso de los economistas neoclásicos para conseguir apoyos políticos sustanciales a planes «eficientes» como transferencias globales de ingresos monetarios a los pobres, o métodos de control de la contaminación mediante incentivos de mercado

102. Robert Cameron Mitchell, «National environmental lobbies and the apparent illogic of collective action», en Clifford S. Russell (ed.), *Collective decision making: applications from public choice theory,* Johns Hopkins University Press, Baltimore, 1979, pp. 110-111; Karl-Dieter Opp, «Economics, sociology, and political protest», en Werner Raub (ed.), *Theoretical models and empirical analyses: contributions to the explanation of individual actions and collective phenomena,* E.S.-Publications, Utrecht, 1982, pp. 166-185. Opp señala (p. 180) que «actuar de acuerdo con normas internalizadas es intrínsecamente beneficioso y desviarse de tales normas es intrínsecamente costoso». La pregunta se mantiene: ¿qué determina hasta qué punto un individuo permite que normas morales dicten su participación en la acción colectiva? Para un análisis esclarecedor de esta cuestión, véase Michael Hechter, «A theory of group solidarity», en Michael Hechter (ed.), *The Micro-foundations of macrosociology,* Temple University Press, Filadelfia, 1983, pp. 16-57.

(impuestos/subsidios)—.[103] Las armas de los economistas neoclásicos no son capaces de dinamitar una fortaleza ideológica.

Lo más probable es que las cuestiones sobre el mantenimiento del orden económico se planteen cuando ese orden esté seriamente amenazado por un enemigo externo, o bien cuando exista la percepción mayoritaria de que funciona mal. Las guerras (o la amenaza de que puedan producirse) y las depresiones económicas severas inevitablemente provocan grandes debates y conflictos ideológicos. Quienes se proponen «salvar el capitalismo» mediante la ampliación de la autoridad del Estado y la «socialización de la inversión», como Keynes en 1936, toparán con la resistencia de los defensores del *statu quo* no tanto por sus dudas acerca de la capacidad curativa de los remedios propuestos como porque las reformas a gran escala se perciben como «revolucionarias» y, por ello, moralmente reprobables. Cuando los partidarios de ideologías opuestas perciben que una cuestión política es decisiva para deter-

103. Steven Kelman entrevistó a «los participantes más activos en la formación de la política medioambiental en Washington fuera de la Agencia de Protección Ambiental (Environmental Protection Agency)» y descubrió «una división ideológica liberal conservadora entre las reacciones de los encuestados»: «Los economistas dicen "usad el mercado" y tanto partidarios como oponentes ponen el piloto automático y reaccionan generalmente a favor o en contra del "mercado", sin nunca realmente oír el argumento más restringido sobre la eficiencia que los economistas están defendiendo». Véase «Economists and the environmental muddle», *Public Interest*, (verano de 1981), pp. 107, 109, 122. Y más en general, véase Henry J. Aaron, *Politics and the professors: the Great Society in perspective*, Brookings Institution, Washington D. C., 1978, esp. pp. 146-167.

minar el carácter del orden económico, es probable que la consideren más en términos morales que instrumentales y que se lancen a la lucha con furor propio de las barricadas. Lo que está en juego, dicen, es «la civilización misma» o «el futuro de la sociedad».

Las luchas sobre la distribución dentro de un orden económico estable suscitan respuestas menos encendidas, aunque también pueden generar controversias ideológicas acaloradas. Cuando sus consecuencias son importantes, como en las disputas sobre los impuestos progresivos sobre la renta, se acaban convirtiendo en pugnas sobre el carácter esencial del orden económico. (El conflicto acerca del impuesto sobre la renta en la década de 1890, que se analizará más adelante, es un ejemplo sorprendente.) Pero incluso en cuestiones menos significativas, como en las discusiones sobre las lagunas fiscales, la regulación de los servicios públicos o la conservación de los recursos naturales, inevitablemente entran en juego elementos ideológicos, porque distintas políticas impactan de forma diferente en la riqueza, el bienestar y la condición social de varios grupos, y sin duda se planteará la cuestión de la justicia. Las ideologías están preparadas para ocuparse de estos temas; de hecho, un sistema de creencias que no lo hiciera no podría ser, por definición, una ideología. A menudo se lamenta el fracaso de las ciencias sociales como guía para «resolver» estos problemas distributivos, pero se trata de un fracaso inevitable.

Análisis de la ideología

Si todo el mundo tuviera una ideología, pero nadie compartiera la misma, los científicos sociales no podrían aplicarla como concepto analítico. Sólo se podrían tratar las ideologías como los economistas han considerado tradicionalmente las preferencias de los consumidores: admitiendo que son muy importantes, pero imposibles de medir u observar directamente, asumiendo que son constantes y que, por lo tanto, se pueden ignorar en un análisis causal de los cambios en el comportamiento de los consumidores. No se puede admitir este enfoque (o, más exactamente, este no enfoque) en cuanto a las ideologías. Como dijo Sartori, las ideologías son «una variable importante para explicar el conflicto, el consenso y la cohesión [...] [y] la variable decisiva para explicar la movilización y la manipulación de las masas».[104] Para comprender los grandes acontecimientos de la historia política moderna, incluido el crecimiento del Estado, debemos desarrollar un marco analítico para estudiar las ideologías.

La teoría de las ideologías, como cualquier otra teoría social, parte de algunos supuestos. Mi primera suposición es que, obviando algunas diferencias triviales, no hay una gran profusión de ideologías. Precisamente porque la ideología es un sistema de creencias global y más bien coherente —es decir, un corpus intelectual que difícilmente se puede construir individualmente, cada uno en nuestra casa—, es poco probable que haya más que un puñado

104. Sartori, «Politics, ideology, and belief systems», p. 409.

que alcance cierta importancia en un tiempo y lugar determinados.[105]

Segundo, como dijo Sartori, «las creencias de las masas parecen ser variables dependientes de las creencias de las élites».[106] Los líderes de opinión son los productores y distribuidores de (un número limitado de) ideologías; las masas son principalmente consumidoras. Esto —si el supuesto fuera válido— ofrece la oportunidad de *ver* las ideologías. Es imposible penetrar en las mentes de millones de personas, al menos no en detalle, pero sí podemos observar con cierta fiabilidad las creencias expresadas en público por los divulgadores de los mensajes ideológicos de las élites. Un informativo estudio de cinco líderes que moldearon políticas económicas se basa, por ejemplo, en el supuesto de que «la elección de individuos que no sólo ejercían el poder político, sino que también dejaron testimonio escrito de su evolución ideológica, ofrece una excelente oportunidad para analizar la forma en que la ideología influyó en la evolución de la política económica americana [...]. [S]us vidas reflejan el punto crucial de intersección entre ideas y acciones».[107]

105. Reichley, *Conservatives*, p. 4.

106. Sartori, «Politics, ideology, and belief systems», p. 407. También Seliger, *Ideology and politics*, p. 275; McClosky y Zaller, *American* ethos, pp. 11-12, 152-153, 234; Thomas R. Dye y L. Harmon Zeigler, *The irony of democracy: an uncommon introduction to American politics*, Duxbury Press, 5.ª ed., Monterey (California), 1981, pp. 154, 178, 305.

107. Larry G. Gerber, *The limits of liberalism: Josephus Daniels, Henry Stimson, Bernard Baruch, Donald Richberg, Felix Frankfurter and the development of the modern American political economy*, New York University Press, Nueva York, 1983, p. 11. Este enfoque también lo

Sorprendentemente, algunos politólogos niegan que la ideología determine el comportamiento de las masas en la política americana. Los que sostienen esta posición suelen adoptar la concepción restrictiva de la ideología, que le asocia creencias doctrinarias y comportamientos fanáticos; luego contrastan la política ideológica con la política «pragmática» que generalmente se considera la norma en Estados Unidos. Pero la mera confusión también es evidente entre los politólogos. Robert Dahl declara que «los americanos son gente muy ideológica». Y luego, unas páginas más tarde, asevera que «[l]a mayoría de los americanos [...] simplemente no tiene una ideología elaborada».[108] Thomas Dye y Harmon Zeigler, siguiendo los famosos estudios de Philip Converse y Herbert McClosky, concluyeron que «[a] excepción de una reducida y educada porción del electorado, el debate ideológico entre las élites es muy poco significativo. A las masas no les interesa y no tienen el nivel de conceptualización de los más formados, y por ello no podemos esperar que posean una ideología [...]. Como mucho, podemos esperar que un tercio del electorado tenga una ideología y una casi-ideología».[109] Pero los

---

expone Thomas K. McCraw, *Prophets of regulation: Charles Francis Adams, Louis D. Brandeis, James M. Landis, Alfred E. Kahn*, Belknap Press, Cambridge (Massachusetts), 1984, como lo hacen otros incontables biógrafos políticos. También Daniel J. Levinson, «Personality, political: II. Conservatism and radicalism», *International Encyclopedia of the Social Sciences*, 12 (1968), p. 13.

108. Robert A. Dahl, *Democracy in the United States: promise and performance*, Rand McNally, 3.ª ed., Chicago, 1976, pp. 364, 370.

109. Dye y Zeigler, *Irony of democracy*, pp. 194-195; Philip E. Converse, «The nature of belief systems in mass publics», en David E. Apter

resultados de prácticamente todos los estudios empíricos realizados por politólogos coinciden con la conclusión de Dahl en que «cuanto más activa es una persona en su vida política, más probable es que piense en términos ideológicos». Cabe añadir, como hace Dahl, que «son estas mismas personas, los activistas y líderes, quienes influyen más que nadie no sólo en las políticas, plataformas de partido y candidaturas, sino también en las normas constitucionales y las políticas». De manera que, sea cual sea el estatus ideológico de las masas, las ideologías «sí tienen un efecto significativo en la vida política americana».[110]

William Maddox y Stuart Lilie argumentaron que la aparentemente baja proporción de americanos movidos ideológicamente no refleja la realidad, sino que se debe a la insistencia de politólogos y periodistas en cualificar como ideológica la ubicación en el espectro liberal-conservador de cada individuo, y de forma consistente para varios temas. Maddox y Lilie arguyeron que una clasificación cuádruple revela más claramente dónde situar a la gente. Sus categorías —populista, conservador, liberal, libertario— recogen cuatro formas en las que la gente puede favorecer u oponerse al activismo estatal en cuanto a intervención económica (pongamos por ejemplo el control de precios y salarios) y en cuanto a controles no económicos

(ed.), *Ideology and discontent*, pp. 206-261; Herbert McClosky, «Consensus and ideology in American politics», *American Political Science Review*, 58 (jun. de 1964), pp. 361-382.

110. Dahl, *Democracy*, p. 371. Domhoff, *Who rules America now?*, p. 128, habla del «autoengaño de la ideología que postula que el país no tiene ideología».

de la esfera personal (pongamos, la prohibición del aborto). A la luz de los resultados de las encuestas sobre cómo se sitúa la gente a sí misma en estas cuatro categorías, Maddox y Lilie concluyeron que «los ciudadanos tienen posiciones ideológicas e, incluso cuando no son capaces de etiquetarse a sí mismos o de articular esas posiciones como hacen los comunicadores, sus puntos de vista ideológicos tienen sentido».[111]

No vamos a resolver aquí el debate sobre el alcance de las convicciones ideológicas y el comportamiento de las masas.[112] Para nuestros propósitos podemos presumir que las élites generalmente modelan la ideología de las masas (el modelo del líder de opinión), o que las masas no tienen compromisos ideológicos coherentes y persistentes (el modelo de las masas amorfas). Independientemente del modelo que adoptemos, nuestra tarea es centrarnos en las élites para determinar qué compromisos ideológicos tienen consecuencias sistemáticas para el comportamiento político.

Mi tercera suposición es que las ideologías frenan e impulsan la acción política. Sartori declara que «las ideologías son la palanca crucial a disposición de las élites para conseguir movilizar políticamente y para maximizar las posibilidades de manipular a la masa», pero las ideologías

111. William S. Maddox y Stuart A. Lilie, *Beyond liberal and conservative: reassessing the political spectrum*, Cato Institute, Washington D. C., 1984, p. 179. Compárese con la cuádruple clasificación de McClosky y Zaller, *American* ethos, pp. 245-258.

112. Para una revisión exhaustiva de la literatura y la discusión al respecto, véase Bennett, *Public opinion*, pp. 48-56.

que abrazan las élites relevantes también limitan tanto los fines perseguidos como los medios empleados en la movilización política y la manipulación de las masas. Muchos fines potencialmente gratificantes y muchos medios efectivos pueden contradecir una ideología en particular, y por tanto no son factibles y ni tan siquiera imaginables. Las ideologías sirven como palanca, pero también pueden ser camisas de fuerza. (El rol limitador de la ideología se muestra en la defensa que hace Grover Cleveland del patrón oro y en la respuesta de Herbert Hoover a la Gran Depresión, que se describe más adelante.) Como dijo Alvin Gouldner, «las ideologías fomentan la supresión y la represión de algunos intereses, incluso cuando facilitan la expresión de otros».[113]

Cuarto, la ideología toma más relevancia durante las crisis sociales. Cuando el orden existente se percibe que funciona mal, que se resquebraja o que es desafiado por enemigos extranjeros o nacionales, se intensifican los incentivos para expresarse ideológicamente en ambos lados. Por una parte, los partidarios del *statu quo* ven como una obligación articular y diseminar su ideología para apuntalar las instituciones amenazadas. Por la otra, las crisis son una excelente oportunidad para que los promotores ideológicos encuentren adeptos entre las filas de los desafectos. Como apunta Richard Hofstadter, «cuando una crisis social o un período revolucionario finalmente maduran, la nítida diferenciación que rige la mente lógica y doctrinaria

113. Sartori, «Politics, ideology, and belief systems», p. 411; Gouldner, *Dialectic of ideology and technology*, p. 28.

del agitador se une y confunde con la realidad, y de la noche a la mañana aparece como un pensador creíble y convincente».[114] Las crisis provocan choques de ideologías más visibles que en tiempos normales, y por ello suponen oportunidades excelentes para el estudio histórico de esta importante fuerza social.

En suma, identificando los imperativos ideológicos de los actores políticos podremos entender mejor sus acciones. La identificación puede obtenerse mediante un análisis de las palabras (de los líderes de opinión de la élite) y de los hechos (de las élites y de las masas políticamente activas). Como dijo Sartori, «la ideología es crucial para una teoría empírica de la política porque —y en la medida en que— favorece la comprensión de *variaciones* y *variedades*». Es más probable que la ideología sea decisiva en momentos de crisis, cuando se presentan opciones sociales excepcionalmente fundamentales, y «a no ser que estemos sensibilizados sobre la existencia de ciudadanos claramente ideologizados y sistemas de creencias, es probable que pasemos por alto la naturaleza misma del "gran conflic-

114. Richard Hofstadter, *The American political tradition, and the men who made it*, Vintage, New York, 1974, p. 178. También Shils, «Ideology», p. 75; Olson, *Rise and decline*, p. 77; Kevin P. Phillips, *Post-conservative America: people, politics and ideology in a time of crisis*, Random House, New York, 1982, pp. 4, 240; Alt y Chrystal, *Political economics*, p. 159; Gouldner, *Dialectic of ideology and technology*, pp. 244-247; Stephen Skowronek, *Building a new American State: the expansion of national administrative capacities, 1877-1920*, Cambridge University Press, New York, 1982, p. 31; William A. Schambra, «Progressive liberalism and American "community"», *Public Interest*, (verano de 1985), p. 42.

to"».[115] La ideología es decisiva cuando influye en decisiones u otros acontecimientos políticos que se habrían resuelto de otra manera, de actuar sobre ellos solamente influencias no ideológicas. La fuente más certera para comprender la ideología es el estudio de los líderes de opinión durante las crisis. ¿Pero qué deberíamos buscar exactamente en las declaraciones de estos líderes de opinión?

Ideología y retórica

La respuesta es que debemos sondear su retórica. Se ha dicho que el «[l]enguaje y el discurso no son neutrales [...]. Una posición ideológica cuenta con sus propios términos discursivos (rechazados como retóricos por sus adversarios) que otorgan significado a sus posiciones. Un cambio en los términos es mucho más que un giro semántico. Es la imposición de una posición por encima de otra».[116] El lenguaje en sí mismo, como señalan algunos politólogos, es uno de los recursos políticos de más peso.[117]

115. Sartori, «Politics, ideology, and belief systems», pp. 410-411.

116. Vicente Navarro, «The labor process and health: a historical materialist interpretation», *International Journal of Health Services*, 12 (1982), p. 8.

117. Edelman, *The symbolic uses of politics*, esp. pp. 114-151; *idem*, *Political language: words that succeed and policies that fail*, Academic Press, Nueva York, 1977, esp. pp. 41, 109-113; David V. J. Bell, *Power, influence, and authority: an essay in political linguistics*, Oxford University Press, Nueva York, 1975, esp. pp. 10, 13, 98; Eric A. Nordlinger, *On the autonomy of the democratic State*, Harvard University Press, Cambridge (Massachusetts), 1981, p. 90; Francis E. Rourke, *Bureaucracy, politics,*

Aldous Huxley fue más lejos. «Conducta y carácter», afirmaba, «están en gran medida determinados por la naturaleza de las palabras que usamos para discutir sobre nosotros y el mundo que nos rodea».[118] Los políticos exitosos siempre han comprendido el poder de las palabras. No debería sorprendernos que a lo que un político llama «compasión y humanidad» otro lo llame «desperdicio, fraude y abuso».

La expresión ideológica tiene como objetivo persuadir, pero no de la manera fría y desapasionada según el ideal racional de la ciencia y la filosofía. Por supuesto que puede ser racional, al menos en parte, y puede apelar a hechos indiscutibles. Pero el poder de persuasión de la expresión ideológica no surge principalmente ni de la lógica ni de los hechos. Surge principalmente del carácter descaradamente polémico de la retórica empleada. Dijo Lenin: «Mis palabras fueron calculadas para evocar odio, aversión y desprecio [...] no para convencer, sino para romper las filas del oponente, no para corregir el error del oponente, sino para destruirlo». El ideólogo quiere convencer a sus oyentes

---

and public policy, Little Brown, 2.ª ed., Boston, 1976, p. 98; Bennett, *Public opinion*, pp. 249, 252, 258.

118. Huxley citado en Vermont Royster, «A matter of words», *Wall Street Journal*, 12 de octubre de 1983. También Sonia Orwell e Ian Angus (eds.), *The collected essays, journalism and letters of George Orwell*, Harcourt, Brace & World, Nueva York, 1968, IV, esp. pp. 127-128, 139. George Boas declaró que «nada [...] se interpone a la extensión ideológica. La irracionalidad, el sinsentido, la falta de pruebas, nada es lo suficientemente fuerte para disuadir a la gente de aceptar una idea, si se formula en la terminología correcta». Véase en *Johns Hopkins Magazine*, 36 (oct. de 1984), p. 17.

no sólo de que acepten ciertas interpretaciones y valoraciones del mundo social, sino que también quiere impulsarlos a actuar políticamente, o al menos a no oponerse o interferir con quienes lo hagan. Sabe que el argumento más persuasivo no es necesariamente el más lógico ni el más objetivo. «Hay que ser emotivo», dice Richard Viguerie, el exitoso patrocinador conservador. Otro veterano *fundraiser* político observa que quienes responden más fácilmente a causas políticas son «discutidores, dogmáticos e implacables. Para ellos todo es blanco o negro», es decir, están fundamentalmente impulsados por la ideología.[119]

La retórica ideológica suele adoptar un tono muy alegórico, casi poético. Metáfora, analogía, ironía, sarcasmo, sátira, hipérbole y antítesis sobredimensionada son sus dispositivos comunes. El pensamiento ideológico se expresa «en intrincadas redes simbólicas tan vagamente definidas como cargadas emocionalmente».[120] Exageramos sólo

119. Lenin citado por Paul Eidelberg, «Karl Marx and the Declaration of Independence: the meaning of Marxism», *Intercollegiate Review*, 20 (primavera-verano de 1984), p. 3; Viguerie y Morris Dees citados por John J. Fialka, «Liberals' fundraisers find their contributors are less predictable than conservatives' donors», *Wall Street Journal*, 14 de diciembre de 1983. También Elizabeth Drew, *Politics and money: the new road to corruption*, Macmillan, New York, 1983, pp. 130-131.

120. Geertz, «Ideology as a cultural system», pp. 48, 64. También Joravsky, *Lysenko Affair*, p. 6. En una glosa de un ideólogo prototípico (Louis Brandeis exponiendo sus ideas en un artículo previo a la Primera Guerra Mundial), Thomas K. McCraw señala que «[Brandeis] utilizó todo símbolo y toda seducción ideológica, sacó provecho de cualquier discusión concebible y revistió su discurso de una distinguida pasión moral. Tan vibrante era la retórica de Brandeis, que resulta difícil tener presente qué estaba proponiendo en realidad: que los comerciantes mi-

un poco si decimos que en la expresión ideológica las imágenes lo son todo.

Los científicos y (algunos) filósofos menosprecian este tipo de charla. Consideran errónea la metáfora —el dispositivo más importante para la expresión ideológica—. Como dijo un filósofo, la metáfora «afirma de una cosa que es otra cosa». Aún peor, añade Clifford Geertz, «tiende a ser más eficaz cuanto más "mala"».[121] La gente que responde a este tipo de comunicación parece ser, en el mejor de los casos, intelectualmente obtusa.

Geertz argumenta falta de agudeza en esta evaluación del poder de la expresión ideológica que parece culpar a la estupidez del pueblo. «[L]a visión plana de la mentalidad de otras personas» nos lleva a elegir entre dos interpretaciones sobre la eficacia del símbolo: «O bien engaña a los desinformados (según la teoría del interés), o bien excita a los irreflexivos (según la teoría del conflicto)». Sin embargo, su poder proviene «de su capacidad para captar, formular y comunicar realidades sociales que eluden el lenguaje templado de la ciencia». El lenguaje puede ser un recurso mucho más rico de lo que los científicos y (algunos) filósofos consideran, y los ideólogos pueden valorar su riqueza mejor que sus críticos.[122]

---

noristas estuvieran exentos de las normas de defensa de la competencia y que se les permitiera, de forma concertada entre ellos, fijar los precios de los bienes de consumo». Véase «Rethinking the trust question», en Thomas K. McCraw (ed.), *Regulation in perspective: historical essays*, Harvard University Press, Cambridge (Massachusetts), 1981, p. 49.

121. Geertz, «Ideology as a cultural system», p. 58.

122. Ibídem, p. 58. No pretendo sugerir que la comunicación no ideológica, incluida la comunicación científica y filosófica, evite la retóri-

Los ideólogos encapsulan sus mensajes en eslóganes concisos, lemas y descripciones que refuerzan sus postulados, con la esperanza de atraer a quienes carecen de tiempo o capacidad para reflexionar con calma. Cuando se emiten estos gritos de guerra, se consigue movilizar a gran cantidad de gente. El secreto de su éxito reside en parte en su evocador atractivo moral, y en parte en la ambigüedad y la vaguedad que los convierten en música para los oídos de cada individuo. Cuando Marx y Engels declararon que «los proletarios no tienen nada que perder más que sus cadenas», seguramente entendieron que los trabajadores revolucionarios tenían mucho que perder —incluso su vida— y que los trabajadores no estaban atados físicamente a sus trabajos. Sin embargo, la imagen de personas encadenadas, que sugiere no sólo una dolorosa condena sino también la humillación del prisionero, suscitó una gran polémica. Los candidatos a la presidencia americana han prometido *New*

---

ca. Un sentido de retórica es el de «simples palabras»; otro implica «explorar pensamiento a través de la conversación». Por tanto, cualquiera que mantiene una conversación razonada recurre a la retórica. Donald N. McCloskey, «The rhetoric of economics», *Journal of Economic Literature*, 21 (jun. de 1983), pp. 481-517, y en mayor detalle *The rhetoric of economics*, University of Wisconsin Press, Madison, 1985. Mi planteamiento es tan sólo que la expresión ideológica tiene un estilo retórico característico al que el orador da forma mediante su deseo de incitar a la movilización política. Para un ejemplo sobre cómo incluso excelentes economistas pasan por alto la importancia de la retórica ideológica, véase Edgar K. Browning y Jacquelene M. Browning, *Public finance and the price system*, Macmillan, 2.ª ed., New York, 1983, p. 68. Los Brownings afirman que «la ignorancia del votante racional explica el nivel generalmente bajo del discurso político [...] [con sus] eslóganes, simplismos, teorías inadecuadas y datos engañosos».

Freedom, *New Deal*, *Fair Deal*, *New Frontier*, and *Great Society*, imágenes ambiguas que sugieren grandes mejoras tanto materiales como morales.[123] Que los puristas lingüísticos y los cínicos políticos se burlen de estos trucos semánticos, que asemejan fuegos artificiales, no disminuye su atractivo para las masas —incluso los adoptan periodistas serios, que difunden su uso e influencia—. Nadie hará campaña para la presidencia bajo la bandera de lo factible: «Hacia una sociedad ligeramente mejor».

Todas las ideologías toman determinadas palabras por bandera. Las llamo «palabras bandera» porque son banderas semánticas bajo las que marchan los fieles, y porque indican al analista que está frente a expresiones ideológicas. Las palabras bandera presentan dos variedades: diferenciadoras y universalistas. Las palabras bandera diferenciadoras son indudablemente ideológicas, pero evocan imágenes completamente distintas, dependiendo de la predisposición ideológica del receptor. «Comunismo» es un ejemplo. Conduce a un comunista a imágenes como la fraternidad humana, «a cada uno según su necesidad», y a un glorioso futuro en el que el Estado dejará de existir y la gente vivirá de acuerdo con la verdadera naturaleza humana. Para un anticomunista, en cambio, connota dictadura

123. *New Freedom*, «nueva libertad», fue el programa de campaña del presidente Woodrow Wilson en 1912; el *New Deal*, el «nuevo acuerdo» del presidente Franklin D. Roosevelt fue el paquete de medidas que propuso y llevó a cabo tras las elecciones de 1932; con la *New Frontier*, «nueva frontera», el presidente John F. Kennedy fijaba en 1960 el horizonte y ambiciones de su mandato; los programas *Great Society* («gran sociedad») del presidente Lyndon B. Johnson abogaban por eliminar la pobreza y el racismo. *(N. de la t.)*

despiadada, negación de las libertades civiles y campos de trabajo. Las palabras bandera universalistas, a diferencia de las diferenciadoras, tienen el mismo significado moral independientemente de la predisposición ideológica del receptor. «Democracia», por ejemplo, en la actualidad presenta un significado moral positivo para casi todo el mundo, aunque los referentes empíricos difieran enormemente. La democracia en China no es lo mismo que la democracia en Canadá, aunque tanto los chinos como los canadienses pueden ser devotos de la democracia en abstracto.[124]

La tabla 3.1 muestra una breve lista de palabras bandera. Por supuesto, los términos a menudo cambian de significado con el tiempo; la lista ha sido compilada con los usos de cuando se escribió esta obra. Algunas palabras son banderas ideológicas sólo en combinación con otras palabras o en un contexto particular. «Corporativo» no es una bandera ideológica en la expresión «sistemas de contabilidad corporativa», pero sí en expresiones como «economía corporativa» o «Estado corporativo».[125]

124. Mis conceptos de «palabras bandera diferenciadoras» y «palabras bandera universalistas» tienen equivalentes aproximados en lo que los estudiosos de la opinión pública llaman «temas de posición» y «temas de valencia». Véase Maddox y Lilie, *Beyond liberal and conservative*, p. 135.

125. Véase el análisis revelador llevado a cabo por Edward Tufte de la retórica empleada en los documentos programáticos de los principales partidos, los informes económicos anuales del presidente y los informes anuales del Consejo de Asesores Económicos (Council of Economic Advisers): *Political control of the economy*, Princeton University Press, Princeton (Nueva Jersey), 1978, pp. 74-83. Tufte concluye que la ideolo-

Tabla 3.1. Algunas palabras que son bandera ideológica

Diferenciadoras	**Universalistas**
Intervención gubernamental	Democracia
Trabajo remunerado	Libertad
Lucha de clases	Autodeterminación
Beneficio	Justicia
Capitalismo	Interés público
Comunismo	Equidad
Libertad de empresa	Igualdad
Socialismo	Seguridad
Libertad de elección	Progreso
Individualismo	Dictadura
Revolución	Racismo
Empresa	Garantías procesales
Propiedad privada	Dignidad
Estado del bienestar	El pueblo
Imperialismo	Opresión
Humanismo secular	Coacción
Burguesía	Tiranía

Las banderas ideológicas a menudo toman su imaginería del léxico de ideólogos paradigmáticos. Muchas expresiones de la izquierda radical actual, por ejemplo, vienen de Marx, que empleó, en sentido más o menos preciso, términos como «explotación», «alienación», «plusvalía»,

---

gía «contribuyó en gran medida a la determinación de las prioridades económicas expresadas» en estos documentos. «Los demócratas eran sensibles al desempleo, los republicanos a la inflación [...]. Es más, la ideología de los partidos políticos ha moldeado las prioridades económicas [...] mucho más que las condiciones económicas objetivas existentes en el momento de redactar esos documentos.»

«lucha de clases», «burguesía» e incluso, como hemos visto, la propia palabra «ideología».

A pesar de su apuesta por el socialismo «científico», Marx (como Engels y muchos otros) era indudablemente un ideólogo. Consideremos el siguiente pasaje:

> [E]s evidente que el trabajador no es otra cosa, durante toda su vida, que mano de obra [...]. [E]l capital, en su ciega e irrefrenable pasión y su hambre de lobo feroz para el excedente de mano de obra, sobrepasa no sólo la moral, sino incluso los meros límites físicos de la jornada laboral [...]. Los límites de la jornada laboral no los determina el normal mantenimiento de la fuerza de trabajo, sino que los determina el mayor uso posible de la misma, sin importar cuán enfermizo, forzoso y doloroso sea, a la hora de determinar los límites del período de reposo de los trabajadores. Al capital no le importa cuánto vivan los trabajadores. Lo único que le importa es simple y llanamente obtener el máximo rendimiento de la fuerza de trabajo en una jornada laboral. Y consigue este fin acortando la vida del trabajador, igual que un granjero codicioso arranca productos de la tierra privándola de su fertilidad.[126]

Sin reparos, Marx escribió sobre «el hambre de lobo feroz capitalista por el excedente de trabajo» y su «sed vampírica de sangre viva de trabajadores».[127] Sistemáticamente empleaba un lenguaje emocionalmente sobrecar-

126. Karl Marx, *Capital: a critique of political economy*, Modern Library, Nueva York, s/f, pp. 291-292.

127. Ibídem, pp. 282, 291.

gado que a ojos de los no-marxistas suena hiperbólico y ridículo. Sin embargo, multitudes han encontrado convincente la retórica del socialismo «científico».

A pesar de que Marx proporciona grandes ejemplos de expresión ideológica, no hace falta limitarnos a ejemplos de la ideología de izquierdas. Consideremos también, por ejemplo, un fragmento del gran clásico del liberalismo, John Stuart Mill:

> [E]l argumento más potente contra la interferencia de lo público con la conducta puramente personal es que, cuando interfiere, es probable que lo haga de forma incorrecta, y en el lugar equivocado [...]. [E]n estas ocasiones, la opinión pública en el mejor de los casos es la opinión de alguna gente sobre lo que es bueno o malo para otra gente; [...] habitualmente ni siquiera es eso; la gente, con la más absoluta indiferencia, ignora el placer o la conveniencia de aquellos cuya conducta censuran, y considera tan sólo sus propias preferencias [...]. Pero el sentimiento de una persona por su propia opinión no es proporcional al sentimiento de otra persona ofendida por esa opinión; no más que el deseo de un ladrón de robar un bolso, y el deseo del propietario legítimo a quedárselo. Y el gusto de una persona es tanto su preocupación particular como su opinión o su bolso.[128]

Aquí la analogía del ladrón y el «propietario legítimo» luchando por un bolso guía al lector insidiosamente a es-

128. John Stuart Mill, *On liberty*, Appleton-Century-Crofts, Nueva York, 1947, pp. 84-85.

tar de acuerdo con Mill en otras cuestiones más ambiguas en la misma línea. Fijémonos también en el paralelismo entre el ladrón de bolsos de Mill y el robo de la fertilidad del granjero de Marx. Está claro que la metáfora del robo es tan poderosa y universalmente evocadora que ninguna ideología puede prescindir de ella, sólo hay que pensar en la afirmación de Proudhon «la propiedad es un robo» y un sinfín de declaraciones sobre cualquier aspecto de la cuestión de la propiedad. «Los que quieren hablar de "ideología"», dijo Gouldner, «también deben hablar de "propiedad"».[129]

Como ejemplo de retórica ideológica, esta vez desde la derecha del espectro político, veamos el siguiente pasaje en la obra de Frank S. Meyer, de credo conservador:

> Una buena sociedad sólo es posible cuando se cumplen estas dos condiciones: cuando el orden social y político garantiza un estado de cosas en el que los hombres pueden elegir libremente; y cuando los líderes intelectuales y morales, la «minoría creativa», tienen el entendimiento y la imaginación para mantener el prestigio de la tradición y la razón, y así sostener el orden intelectual y moral en toda la sociedad.[130]

Nótese especialmente la posición crítica en el argumento de banderas ideológicas tales como «buena sociedad»,

129. Gouldner, *Dialectic of ideology and technology*, p. 197.

130. Frank S. Meyer, *In defense of freedom: a conservative credo*, Henry Regnery, Chicago, 1962, p. 69.

«orden moral», «libre elección» y «minoría creativa», la última de las cuales debió parecer problemática incluso para Meyer, que la entrecomilló.

En resumen, se puede estudiar la retórica de los líderes de opinión en tiempos de crisis para determinar cuáles fueron las ideologías dominantes y cómo cambiaron a lo largo del tiempo. Veremos, por ejemplo, que la ideología de Grover Cleveland y sus colaboradores difiere enormemente de la de Franklin Roosevelt y sus asesores más cercanos, que la ideología de la mayoría del Tribunal Supremo en el caso *Pollock* (1895) difiere extraordinariamente de la de la mayoría en el caso de la moratoria de Minnesota (1934). Evidentemente la ideología y el cambio ideológico no son tan vagos y sombríos como para desafiar el estudio empírico. Aunque no podamos medirlos como haríamos con la altura o el peso, podemos aprender mucho sobre ellos cualitativamente y, para ciertos propósitos, tal conocimiento resulta adecuado.

Ideología: ¿exógena o endógena?

En el análisis de la historia político económica, se puede considerar que la ideología es exógena, reconociendo que tiene importantes consecuencias para el comportamiento político y, por lo tanto, para las instituciones económicas, pero aceptando como meramente paramétricas las ideologías que prevalecen en un momento determinado —es decir, fuera de los límites explicativos del propio marco analítico—. Aunque este enfoque presenta deficiencias obvias, es claramente superior a ignorar la ideología por completo. Los economistas tradicionalmente han tratado la distribución inicial del derecho a la propiedad, las preferencias de los consumidores y las tecnologías de producción como parámetros del modelo neoclásico. Si están en lo correcto, también estará igualmente justificado considerar la ideología como un parámetro en un modelo de economía política. Este enfoque no trata de explicar por qué ocurren los cambios ideológicos; sólo reconoce que se dan estos cambios y trata de comprender sus consecuencias.

A priori, considerar la ideología como endógena parece un punto de vista más acertado. Peter Berger y Thomas Luckmann escribieron que «la relación entre las "ideas" y sus procesos sociales de apoyo es siempre dialéctica». Estos autores argumentan que

> se elaboran teorías para legitimar instituciones sociales ya existentes. Pero también se modifican las instituciones sociales para que concuerden con teorías ya existentes, es decir, para hacerlas más «legítimas». Los expertos en legitimación pueden operar como teóricos justificando el *statu quo*; también pueden presentarse como ideólogos revolucionarios. Las definiciones de la realidad tienen potencial de profecía autocumplida. Las teorías pueden acabar tomando cuerpo, incluso teorías que resultaban muy abstrusas cuando fueron concebidas [...]. En consecuencia, el cambio social debe entenderse como una relación dialéctica con la «historia de las ideas». Tanto las concepciones «idealista» y «materialista» de la relación pasan

por alto esta dialéctica y, por este motivo, distorsionan la historia.[131]

Si aceptamos la validez de esta reciprocidad, nuestra tarea será la de identificar las formas específicas en las que se vinculan la ideología y la sociedad.

Intentar resolver esta gran cuestión excede el objetivo de este libro. Pero sí podemos apuntar algunos factores que los académicos han identificado como determinantes socioeconómicos del cambio ideológico.

Marx relacionó la «conciencia» con la posición de cada uno en la estructura de clases, aunque también contempló discrepancias, la «falsa conciencia» (término acuñado por Engels) de los capitalistas y los proletarios inconscientes. Sin aceptar todo el modelo marxista, podemos aprender de su visión. La pertenencia a una clase, bien sea según la define Marx o según otros criterios, se vincula con compromisos ideológicos, aunque la forma, la intensidad y la persistencia de este vínculo son cuestiones empíricamente abiertas. Como afirma Seliger, «la pertenencia a una clase y las condiciones económicas específicas son factores importantes, pero no los únicos, en la formación de las posturas ideológicas».[132]

Otros han asociado la ideología con diversos atributos sociales no de clase: ocupacional, religioso, familiar, étnico y geográfico.[133] Eduard Bernstein, el revisionista marxista

131. Berger y Luckmann, *Social construction of reality*, p. 128.
132. Seliger, *Ideology and politics*, p. 168.
133. North, *Structure and change*, p. 51; Kraditor, *Radical persuasion, passim.*

de principios del siglo xx, anticipó el enfoque pluralista.[134] Así como la distribución de atributos como el empleo, la etnia y otros cambian debido a la industrialización, la urbanización o las migraciones internacionales, presumiblemente también cambia la composición ideológica de una sociedad, aunque la relación causal entre ambos cambios no se ha determinado. Parece que deberíamos aceptar que «una configuración flexible, competitiva y pluralista de los determinantes causales» no es muy útil.[135] A menos que completemos las lagunas explicativas.

También debemos tener en cuenta «las creencias y escepticismos en sí mismos».[136] Cualquiera que haya tratado con pensadores sociales sabe que las ideas tienen vida propia, o al menos una vida aparentemente desvinculada de la posición en la estructura social de aquellos que las proponen, aceptan y rechazan. Los intelectuales, los especialistas en la producción y distribución del pensamiento social articulado, están sujetos a modas; de vez en cuando se dejan llevar por una noción u otra sin razón aparente.[137] Por otra parte, muchas ideas han aguantado el paso del tiempo, demostrando que fueran cuales fueran las condiciones que las propiciaron, su vitalidad es independiente de sus largamente extintos orígenes sociales. Muchos aspectos de

134. Seliger, *Marxist conception*, pp. 99-104.

135. Seliger, *Ideology and politics*, p. 168.

136. Ibídem.

137. Tom Wolfe, «Idea fashions of the eighties: after Marx, what?», *Imprimis*, 13, (ene. de 1984), pp. 1-6. Wolfe ve la proclividad de los intelectuales a las modas como «la clave de la historia intelectual de Estados Unidos en el siglo xx» (p. 1).

las ideologías modernas fueron familiares para Platón y sus contemporáneos.[138] Si las ideas se desarrollan de forma autónoma, independientemente de las estructuras sociales que las rodean, la dialéctica descrita por Berger y Luckmann no forma un sistema cerrado; un elemento de exogeneidad, si no de pura aleatoriedad, se inmiscuye.

Entonces, ¿debemos considerar la ideología como exógena o endógena a la economía política? Asumirla como endógena sería claramente mejor si pudiéramos definir las conexiones entre cambio ideológico y cambio socioeconómico, es decir, si poseyéramos una teoría válida sobre las causas y las consecuencias de la ideología. Desafortunadamente, los sociólogos del conocimiento no han logrado desarrollar una teoría que no sea tan generalista como para que podamos aplicarla empíricamente. Proposiciones del tipo «todo pensamiento social está socialmente condicionado» dicen algo, pero son demasiado vagas y abstractas para responder las preguntas específicas de este libro. Además, si el pensamiento ideológico tiene vida propia —posibilidad que no puede ser descartada *a priori*— cualquier teoría estructuralista de la ideología social está condenada a permanecer incompleta. En el siguiente capítulo presento una teoría parcial del cambio ideológico, diseñada específicamente para profundizar nuestra comprensión del crecimiento blindado del Estado en Estados Unidos en el siglo XX. En cuanto a una teoría general sobre el cambio ideológico que permita ser aplicada, sólo puedo esperar y

138. K. R. Popper, *The open society and its enemies. Vol. I. The spell of Plato*, Harper Torchbooks, Nueva York, 1963.

desear que exista, aunque lo dudo. En este libro el cambio ideológico se plantea como exógeno al cambio político y socioeconómico. Incluso sin saber demasiado sobre las causas del cambio ideológico, podemos tratar de tomar en cuenta sus consecuencias.

Conclusiones

Las creencias son importantes, y las ideologías son sistemas de creencias con grandes consecuencias para la economía política. A pesar de los argumentos que señalan que la participación en acciones colectivas de grandes grupos es irracional, no podemos quedar paralizados por la Teoría de Hierro de la Inacción Colectiva de los economistas neoclásicos. Mucha gente participa cotidianamente en acciones de grandes grupos, votando o aportando tiempo y dinero a grupos de presión, y episódicamente unen fuerzas para impactar a gran escala en la sociedad, a veces incluso participan en intentos violentos para derrocar al Gobierno. Como he argumentado, la gente no actúa así movida por la irracionalidad, sino porque ve amenazada lo que percibe como su identidad. Actuando de forma concertada con quienes comparten ideología, la gente disfruta de la solidaridad esencial para el mantenimiento de su identidad. No es posible alcanzar esta utilidad sin actuar; no hay solidaridad oculta. Para comportarse de forma diferente, la persona debería ser diferente. Y para ser diferente se requiere la internalización de una ideología diferente. Las ideologías dan lugar al complejo político-personal de identidad, solidaridad y acción política, en gran parte por su inherente contenido moral. En última instancia, muchas, si no la mayoría de las personas, tratan la elección entre el bien y el mal como algo más fundamental que elecciones que ven como puramente instrumentales.

Las ideologías se manifiestan más claramente en los pronunciamientos de los líderes de opinión en tiempos de crisis. Para entender la ideología hay que estudiar los símbolos y prestar especial atención a la retórica. La forma en que se expresa el ideólogo puede ser tan importante como lo que dice. Las imágenes son clave para identificar la motivación ideológica y el programa. El lenguaje es un recurso político importante, más delicado y poderoso de lo que suelen apreciar académicos puros y duros como, por ejemplo, los economistas matemáticos. Tomar en serio los símbolos lingüísticos abre una ventana para ver las ideologías en acción.

Sin embargo, es un camino espinoso. El análisis ideológico es una parte necesaria del estudio de la economía política, pero es una parte extraordinariamente difícil. Uno de sus mayores problemas es la inexistencia de una teoría general de la ideología: no disponemos de un conjunto completo de relaciones para caracterizar a un nivel de generalidad empíricamente útil las interacciones de la ideología con la estructura política y socioeconómica. Tratar el cambio ideológico como exógeno a los cambios en la economía política puede llevar a confundir la causa y el efecto. Además, la probabilidad de que algunas dinámicas ideológicas se alimenten sólo de sí mismas complica todavía más el análisis. Las dificultades para caracterizar, observar y evaluar cualitativamente el cambio no son insuperables, pero el análisis del cambio ideológico es probable que siga siendo un arte complejo y delicado.

Lamentablemente, cuando no se pueden identificar otras causas plausibles o convincentes de los cambios en economía política, la ideología suele convertirse en un *deus ex machina* que se impone en el análisis. No es fácil esquivar este riesgo. La principal salvaguardia debe ser la competencia y honestidad del analista (y de los críticos) a lo largo de la investigación, y en particular en el manejo de artefactos simbólicos. Los problemas para determinar la representatividad de las pruebas y resolver las ambigüedades en su interpretación lastran el estudio de la ideología.

Por último, debemos afrontar un peligro fundamental: el mismo investigador puede acabar convirtiéndose en un ideólogo. En el campo del pensamiento social la línea que separa la ideología de la ciencia es muy fina, sobre todo «en tanto que la segunda es frecuentemente ideológica tanto en sus raíces como en sus consecuencias».[139] Pero a pesar de estar muy próximas, la ideología y la ciencia social no son lo mismo, y la existencia de una no excluye la posibilidad de la otra. Como señaló Geertz, ambas emplean estrategias simbólicas diferentes.

> La ciencia describe el esquema de cada situación en unos términos cuya actitud implícita es de indolencia. Su estilo es sobrio, austero, decididamente analítico: busca maximizar

139. Seliger, *Ideology and politics*, p. 156. También Gouldner, *Dialectic of ideology and technology*, pp. 17, 19, 34-36, 112, 115.

> la claridad intelectual evitando los dispositivos semánticos que más efectivamente expresan el sentimiento moral. Pero la ideología se refiere a la estructura de las situaciones de tal manera que la actitud contenida hacia ellos es de compromiso. Su estilo es adornado, vivaz, intencionadamente inspirador: objetivando el sentimiento moral mediante los mismos dispositivos que la ciencia rehúye, busca motivar la acción.

La ciencia social es diagnóstico y seriedad; la ideología es justificación y disculpa.[140]

David Joravsky ha dicho que «el análisis de las creencias ideológicas no puede evitar declaraciones que son incómodamente similares a las acusaciones».[141] Examinar los valores sociales y las creencias de la gente nos acerca insidiosamente a argumentos *ad hominem*. Aun así, existe un límite cierto entre la práctica de las ciencias sociales y la profesión de la ideología. Los estándares de la ciencia social incluyen terminología afectivamente neutral, apertura a la crítica, pruebas empíricas, acogida de nuevas (y potencialmente dañinas) pruebas. El sello distintivo de la ideología es refugiarse en la defensa de los valores, la expresión emotiva y orientarse siempre hacia la acción. La ciencia, en su forma pura, tiene como objetivo simplemente entender. La ideología se esfuerza sobre todo en llamamientos al compromiso político y en provocar acción. Por

140. Geertz, «Ideology as a cultural system», pp. 71-72. También Seliger, *Ideology and politics*, pp. 154-159; North, *Structure and change*, p. 55.

141. Joravsky, *Lysenko affair*, p. 195 (también pp. 3, 358, n. 7).

tanto, ciencia e ideología llevan trajes distintos. Permanecer atentos a las diferencias fundamentales en sus estilos simbólicos puede proteger al consumidor potencial de ciencias sociales frente a la aceptación sin más de la ideología en su lugar.

Capítulo 4

Crisis, intervencionismo y cambio ideológico: elementos para comprender el trinquete

> Sea franco sobre nuestro enemigo pagano,
> porque Roma estará en las últimas.
> Si pones sordina a la bestia ruidosa;
> describe en palabras de cuatro letras
> este dragón que está sobre ella:
> pero si nuestros mendigos preguntan el coste,
> sólo silbe como los pájaros;
> se atreverán incluso el Papa o el César a saber
> ¿el precio de la fe y el honor?[142]
>
> W. H. Auden

Para entender el auge del Estado intervencionista debemos estudiar la secuencia de acontecimientos a través de la que se expandió el alcance de la autoridad pública efectiva. El momento en que se desarrollaron estos acontecimientos es el factor clave, y el poder coercitivo constituye su esencia. El incremento en ingresos, gastos y empleos

142. W. H. Auden, *The sea and the mirror: a commentary on Shakespeare's The Tempest*, fragmento del capítulo 1. El autor toma este fragmento de W. H. Auden, *Collected poems*, editado por Edward Mendelson para Alfred A. Knopf. Inc. y Random House, New York, 1976. Versión castellana de Antonio Fernández Lera: W. H. Auden: *El mar y el espejo: comentario a La tempestad de Shakespeare*, Bartleby Editores, Barcelona, 2001. *(N. del e.)*

públicos son sólo manifestaciones derivadas y sujetas a estancamiento y a ocasionales retrocesos a corto plazo. El núcleo de la cuestión es la tendencia ascendente del papel del poder público en la toma de decisiones económicas.

La economía mixta es el resultado de un proceso político y por ello debemos analizar su surgimiento. Como argumentó Joseph Reid, «no se pueden menospreciar el momento ni la motivación [...]. [L]a explicación de los acontecimientos políticos debe desarrollarse de forma dinámica, no deduciéndola tan sólo de los resultados». Jerold Waltman también señala que «los modelos que pretendan "explicar" una política pública no pueden ignorar el proceso mediante el que se alcanzan las decisiones».[143] Para entender cómo evolucionó la economía política desde una fase inicial (pongamos alrededor de 1900) a un estado terminal (alrededor de 1985), debemos considerar qué cambios se produjeron en esos años. Sería equivocado concebir que el cambio se dio como un gran salto, o incluso como un movimiento constante siguiendo una línea de tendencia. Es más acertado fijarse en los cambios que se produjeron en cada uno de los segmentos que comprende el período (1900-1915, 1916-1918, 1919-1931, etc. —los segmentos mismos los definen acontecimientos analíticamente pertinentes que se dieron en cada uno de ellos—); enton-

143. Joseph D. Reid Jr., «Understanding political events in the new economic history», *Journal of Economic History*, 37 (jun. de 1977), pp. 303, 328; Jerold Waltman, «Origins of the federal income tax», *Mid-America*, 62 (oct. de 1980), p. 158. También James E. Alt y K. Alec Chrystal, *Political economics*, University of California Press, Berkeley, 1983, p. 126.

ces se comprende *ipso facto* el período en su totalidad. Intentar comprender todo el momento de cambio o tendencia sin tomar en cuenta los segmentos que componen el período no viene al caso y además es engañoso.

Cuando las crisis llevan a una ampliación de los poderes del Estado, los nuevos poderes que asume dejan de ser transitorios en su esencia. Las crisis son acontecimientos históricos esenciales, cambian notablemente el curso de la historia y, en este sentido, la sociedad poscrisis es inevitable y significativamente distinta a la sociedad anterior a la crisis. Como observó William Graham Sumner «no es posible experimentar con una sociedad y abandonar el experimento cuando queramos. El experimento penetra en la vida de la sociedad y ya nunca se puede detener».[144] Para comprender la secuencia de acontecimientos que llevó al surgimiento de la economía mixta en Estados Unidos, en nuestro estudio enfatizamos un conjunto de crisis que fueron decisivas, siendo las más significativas de todas las dos guerras mundiales y el desastre de la Gran Depresión.

Esta metodología es prácticamente opuesta a la aproximación de tipo estadístico de muchos economistas (y algunos politólogos) que estudian el crecimiento del Estado. Generalmente tratan todo lo que parece seguir una tendencia monótona —incluyendo las series temporales de un índice de tamaño del Estado— como si fuera el resultado de una única estructura invariable y subyacente de relacio-

144. Albert G. Keller y Maurice R. Davie (eds.), *Essays of William Graham Sumner*, Yale University Press, New Haven (Connecticut), 1934, II, p. 473.

nes conductuales. Consideran que cualquier desviación breve de la tendencia, por grande que sea, es transitoria o incluso aleatoria, y en cualquier caso se trata de una perturbación pasajera que dejará intacta la estructura subyacente. A veces simplemente excluyen de su análisis la información sobre los períodos de crisis.[145] Aunque esta perspectiva *pueda* ser apropiada para estudiar la inversión o el ahorro agregados de los hogares, u otros comportamientos económicos a largo plazo, es incorrecta y engañosa para estudiar el auge del intervencionismo estatal.

La expansión del alcance del poder público dependía de la trayectoria previa; el rumbo de la política económica era tributario de dicha trayectoria previa. Aquellos que propiciaron el crecimiento del Estado estaban motivados y limitados en cada momento por sus creencias en cuanto a la potencialidad y los peligros, y los beneficios y los costes de las alternativas políticas que se tomaban en consideración en cada momento. Sus creencias derivaban, a su vez, de los acontecimientos pasados y de cómo los interpretaban. Tras cada una de las crisis que ampliaron los poderes del Estado, era difícil que se produjera una auténtica «vuelta a la normalidad».

145. Por ejemplo, Allan H. Meltzer y Scott F. Richard, al estudiar el crecimiento del gasto público entre 1937 y 1977, omiten completamente los datos del período 1941-1945 de sus «Tests of a rational theory of the size of government», *Public Choice*, 41 (1983), pp. 403-418. Damodar Gujarati presenta una lista de sesenta normas para mostrar el crecimiento de la regulación en Estados Unidos durante el período 1932-1982, pero la lista sólo incluye una norma (la Ley Taft-Harley de 1947) entre 1939 y 1953, el período de la Segunda Guerra Mundial y de la guerra de Corea (*Government and business*, McGraw-Hill, Nueva York, 1984, pp. 7-9).

Las instituciones creadas a raíz de cada crisis fueron dejando un poso (por ejemplo, organismos administrativos y precedentes legales) que, a pesar de no aparecer necesariamente en los cálculos convencionales del tamaño del Estado, contribuyeron a la irreversibilidad de los cambios. Esta irreversibilidad se explica sobre todo porque la conducta subyacente no podía volver al estado anterior, puesto que los acontecimientos de la crisis habían creado una nueva comprensión y nuevas actitudes hacia la acción gubernamental; es decir, cada crisis alteró el clima ideológico.[146] Aunque en algunos momentos pudiera llegar a parecer que la economía y la sociedad habían vuelto a sus condiciones precrisis, no se trataba más que de apariencias. En la mente y el sentir de las personas que habían pasado por la crisis y vivido la ampliación de los poderes públicos (es decir, el origen de su comportamiento frente a futuras exigencias), la estructura subyacente había cambiado. El experimento, como reconoció Sumner, había penetrado en la sociedad y ya no había vuelta atrás.

La idea de que la trayectoria de los acontecimientos marca su desarrollo futuro (o «dependencia de la senda histórica» como ha venido llamándose en ocasiones) ha sido discutida por numerosos autores en otros contextos. Paul David, por ejemplo, la defendió en sus estudios sobre

146. En un contexto diferente, Russell Hardin señala que «en muchas situaciones donde debemos elegir, lo que aconteció en el pasado importa de una manera fundamental ... porque la vida de un tiempo pasado ... puede haber cambiado nuestros gustos» (*Collective action*, Johns Hopkins University Press, Baltimore, 1982, pp. 82-83).

el cambio tecnológico. David criticaba, en cambio, «una visión mecanicista del mundo que, en el mejor de los casos, atribuye al pasado un papel transitorio en la configuración del futuro». Destacaba la irreversibilidad histórica por la que «ordenaciones económicas previas se acaban perdiendo *irrevocablemente*». Ya en 1942 Joseph Schumpeter advirtió contra el «crimen estadístico» mecanicista: «para cualquier serie *histórica*, el propio concepto de secuencia histórica conlleva que acontezcan cambios irreversibles en la estructura económica que, ha de asumirse, afectarán la ley de cualquier cantidad económica dada».[147] Pocos economistas han adoptado abiertamente esta perspectiva al estudiar la expansión de los poderes públicos en la economía, pero entre los historiadores de las ideas políticas la noción está ampliamente aceptada.[148]

147. Paul A. David, *Technical choice, innovation, and economic growth: essays on American and British experience in the nineteenth century*, Cambridge University Press, Nueva York, 1975, pp. 11, 15; Joseph A. Schumpeter, *Capitalism, socialism, and democracy*, Harper & Row, 3.ª ed., Nueva York, 1950, p. 72. También Paul A. David, «Clio and the economics of QWERTY», *American Economic Review*, 75 (may. de 1985), p. 332.

148. Entre otros que han reconocido la significación de la dependencia de patrones establecidos, se encuentran Alt y Chrystal, *Political economics*, p. 248; G. Warren Nutter, *Political economy and freedom: a collection of essays*, Liberty Press, Indianápolis, 1983, pp. 44, 97; y Jonathan R. T. Hughes, *The governmental habit: economic controls from colonial times to the present*, Basic Books, Nueva York, 1977, *passim*. En un contexto diferente pero relacionado, y por razones bastante diferentes, Gary Becker se aproximó a esta perspectiva cuando dijo que los costes irrecuperables no son irrecuperables en el sector público. Véase «A theory of competition among pressure groups for political influence», *Quarterly Journal of Economics*, 98 (ago. de 1983), p. 383.

Una visión esquemática del problema

Como hemos visto, varios índices empleados habitualmente para seguir el tamaño del Estado muestran el movimiento de trinquete durante el siglo xx: el Estado creció mucho más y de forma repentina con el inicio de cada gran crisis; después de la crisis se reducía, pero ya no solía volver a la dimensión anterior a la crisis, ni siquiera hasta el tamaño que habría alcanzado si el ritmo de crecimiento anterior a la crisis se hubiera mantenido, en lugar de ser desplazado por los acontecimientos. Según al menos un indicador estándar, grandes crisis produjeron no sólo un Estado provisionalmente más grande, sino también permanentemente mayor.

Tenemos también buenos motivos para creer que un indicador más explicativo del tamaño del Estado, que idealmente mediría el alcance de su autoridad efectiva sobre la toma de decisiones económicas, también mostraría el trinquete. En el argumento que sigue doy por sentado que éste ha sido el patrón de crecimiento en Estados Unidos en el siglo xx.

El gráfico 4.1 representa esquemáticamente el trinquete en un episodio completo. Evidentemente, en la historia estadounidense desde 1900 se produjeron varios episodios. Sin embargo, desde un punto de vista analítico, cada uno de ellos puede tratarse de forma aislada. Aunque los detalles empíricos difieren mucho de uno a otro, y aunque cada uno se desarrolla de manera que depende en aspectos importantes del carácter específico de los anteriores, el proceso es idéntico en todos ellos, por lo que la explicación del modelo se centra en un solo episodio. Cada uno tiene cinco etapas: (I) normalidad previa a la crisis (segmento de línea AB en el gráfico 4.1); (II) expansión (segmento BC); (III) madurez (segmento CD); (IV) retracción (segmento DE), y (V) normalidad poscrisis (segmento EF). En el gráfico, el eje vertical mide el logaritmo de un índice ideal del tamaño del Estado y el eje horizontal mide unidades de tiempo; así, la pendiente del perfil muestra la tasa de crecimiento del Estado.

En el gráfico se supone que el Estado crece al mismo ritmo durante las etapas I y V, los períodos normales antes y después de la crisis; se contrae en la etapa IV con la misma rapidez con la que se expande en la etapa II, y no cambia en absoluto durante la etapa III, su período de madurez. Ninguno de estos supuestos es crítico y todos son empíricamente sospechosos. Pero mi argumento no depende de ellos. Se adoptan sólo para simplificar la presentación y pueden relajarse sin afectar a la esencia del argumento.

En mi representación analítica del trinquete sí insisto en que: (1) el punto C se encuentra muy por encima del punto B, es decir, se produce un aumento repentino del tamaño real del Estado; (2) el punto E está muy por debajo del punto D, es decir, se produce un verdadero recorte; (3) el punto E se sitúa por encima del hipotético punto E', que se habría alcanzado en el momento t4 si el Estado hubiera mantenido el ritmo de crecimiento previo a la crisis entre t1 y t4 (es decir, la reducción es incompleta), y (4) durante la etapa de normalidad poscrisis la tasa de crecimiento es lo suficientemente grande como para que cualquier punto como F' se sitúe por encima de su corres-

Gráfico 4.1. Representación esquemática del trinquete

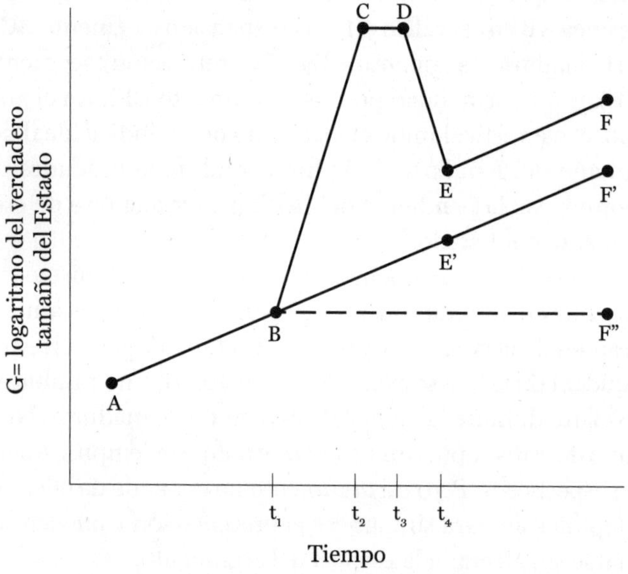

pondiente hipótesis de contraste durante un tiempo indefinidamente largo (presumiblemente hasta que se produzca otra crisis). El último supuesto es clave, ya que en su ausencia F podría converger hacia F', y en el momento de su encuentro todo el perfil descrito por los puntos BCDEF (crisis más poscrisis) podría describirse como un evento transitorio, en el sentido de que el verdadero tamaño del Estado, en última instancia, sería el mismo que habría tenido si la crisis no se hubiera producido.

Mi noción de trinquete no sostiene ni implica que todo el crecimiento gubernamental surja de la crisis. Supone que el Estado ya crece antes de la crisis. Es de suponer que, en ausencia de crisis, habría seguido creciendo, como muestra el hipotético segmento de línea BE'F' en el gráfico 4.1. Como ha dicho Edward Herman, la tendencia hacia un Estado más grande, «que ha sido evidente durante muchas décadas y en muchos países, seguramente representa los logros de fuerzas sociales muy básicas y las demandas de los principales grupos de interés».[149] La Hipótesis de la Crisis no es necesariamente una alternativa a la hipótesis de que las fuerzas seculares producen un Estado más grande. Puede resultar más fructífero considerar los dos enfoques para explicar la aparición de la economía mixta como complementaria.

Además de aumentar permanentemente el tamaño real del Estado en relación con el tamaño que habrían producido las fuerzas seculares por sí solas, la crisis también puede afectar al funcionamiento de las mismas fuerzas seculares. Al fin y al cabo, la distinción entre fuerzas transitorias y seculares es más analítica que sustantiva; categoriza los factores causales según la persistencia con que operan, no en función de lo que son o de cómo funcionan. Es razonable pensar que, sin una crisis que rompa los obstáculos al crecimiento continuo del Estado, las fuerzas seculares tarde o

149. Edward S. Herman, *Corporate control, corporate power*, Cambridge University Press, Nueva York, 1981, pp. 299-300. Para datos internacionales comparativos sobre el crecimiento del Estado, véase Simon Kuznets, *Modern economic growth: rate, structure, and spread*, Yale University Press, New Haven (Connecticut), 1966, pp. 236-239; Leila Pathirane y Derek W. Blades, «Defining and measuring the public sector: some international comparisons», *Review of Income and Wealth*, 28 (sep. de 1982), pp. 261-289; Alt y Chrystal, *Political economics*, pp. 199-219.

temprano perderían el poder para sostener el verdadero crecimiento del Estado. Por ejemplo, varios investigadores argumentaron que los elevados impuestos durante las guerras mundiales condicionaron que luego los ciudadanos aceptaran enormes gravámenes necesarios para financiar el crecimiento del Estado de bienestar con posterioridad a la guerra.[150] Posiblemente la senda de crecimiento en ausencia de crisis no habría sido BE'F' en el gráfico 4.1, sino BF". La crisis puede ser necesaria para mantener la vitalidad de lo que muchos analistas asumen implícitamente que se trata de un proceso de expansión secular perpetua.

Tanto si consideramos que la crisis desempeña un papel extraordinariamente importante como si no, la explicación de la Hipótesis de la Crisis debe responder a dos preguntas. La primera: ¿Por qué el Estado crece mucho más repentinamente en la fase II, especialmente cuando la crisis adopta la forma de movilización para la guerra? Pocos analistas han considerado seriamente esta cuestión; la mayoría simplemente asume que el Estado debe expandir-

150. James T. Bennett y Manuel H. Johnson, *The political economy of federal government growth, 1959-1978*, Center for Education and Research in Free Enterprise, College Station (Texas), 1980, pp. 70-72, citando Moses Abramovitz y Vera F. Eliasberg, *The growth of public employment in Great Britain*, Princeton University Press, Princeton (Nueva Jersey), 1957; y Alan T. Peacock y Jack Wiseman, *The growth of public expenditure in the United Kingdom*, Princeton University Press, Princeton (Nueva Jersey), 1961. La explicación de Peacock y Wiseman sobre el trinquete del gasto en la historia del Reino Unido considera también otros elementos; véanse esp. pp. 27-28, 66-67. También Thomas R. Dye, *Understanding public policy*, Prentice-Hall, 2.ª ed., Englewood Cliffs, 1975, pp. 197-199; Frances Fox Piven y Richard A. Cloward, *The new class war*, Pantheon Books, Nueva York, 1982, p. 133.

se rápidamente en tales condiciones. Aceptan no sólo que el sector público debe desempeñar una función tradicional (como la provisión de la defensa nacional) a un nivel más alto sino, lo que es más importante, que debe ampliar el alcance de su autoridad efectiva (por ejemplo, sustituyendo en cierta medida la economía de mercado por una economía dirigida). Podemos afirmar que esta suposición es falsa. El examen de esta cuestión aclara la hipótesis de la crisis; también ilumina la naturaleza del Estado en una democracia representativa moderna. Segunda cuestión: ¿Por qué es incompleta la reducción posterior a la crisis? La consideración de esta pregunta ilumina el carácter de la economía política moderna, así como la relación entre el cambio ideológico y el crecimiento del Estado.

Buscando una explicacion a la fase II. La hipótesis de la ocultación de costes

¿Por qué se da la etapa II, la fase expansiva del trinquete? Podría parecer innecesario responder a esta pregunta, ya que por lo general el rápido crecimiento del Estado se considera un aspecto inherente a las grandes crisis sociales, pero el argumento tal y como lo he planteado requiere que la pregunta se tome en serio. Para ver por qué, hay que ser consciente de lo que estoy tratando de explicar y no confundirlo con algo que, estoy de acuerdo, requiere poca o ninguna explicación.

La diferencia reside en la distinción que he establecido entre Estado intervencionista, que denota un amplio alcance de la autoridad gubernamental efectiva sobre la toma de decisiones económicas, y Estado, referido a los variados recursos en el desempeño de funciones gubernamentales, aunque sólo se tratara de las funciones tradicionales de protección. El trinquete tiene que ver con el creciente intervencionismo del Estado, es decir, con el crecimiento del Estado sólo en el primer sentido. Obviamente, cuando el Estado se moviliza para una gran guerra debe realizar una de sus funciones establecidas, la defensa nacional, con un nivel de consumo de recursos mucho mayor. Pero no necesita ampliar el alcance de su autoridad efectiva sobre la toma de decisiones económicas para lograr este objetivo. Es de suponer que el Estado ya estaba recaudando fiscalmente, gastando y empleando para mantener su estructura militar en tiempos de paz. Ciertamente tenía la autoridad para tomar tales acciones. La guerra sólo requiere que aumente la dimensión de sus actividades funcionales y fiscales habituales. Tal expansión produce un Estado más grande, pero no un Estado más intervencionista.[151]

151. Distingo entre Estado y Estado intervencionista y me centro en el segundo. Esto explica por qué este libro tiene poco que decir acerca de las políticas fiscales y monetarias, déficits, inflación, keynesianismo, y otras cuestiones relacionadas con las políticas macroeconómicas del Estado, sea durante las crisis o en otros momentos durante el siglo xx. El Gobierno federal de Estados Unidos cuenta desde sus inicios con la autoridad de conducir políticas fiscales y monetarias, incluido el poder de incurrir en déficits presupuestarios o de incrementar la masa de dinero. Por supuesto, el Gobierno no ejerció estos poderes de forma permanente y deliberada hasta la década de 1930, y en particular tras la recesión de 1937-1938. Pero ese cambio sólo conllevó una forma distinta de ejercer un poder largamente establecido, no un incremento del intervencionismo estatal en el sentido que estoy intentando distinguir.

Si el Estado se moviliza para la guerra no sólo aumentando la escala de sus actividades tradicionales, sino ampliando también el alcance de su autoridad efectiva sobre la toma de decisiones económicas, reclutando hombres en lugar de contratarlos o proveyendo legalmente el uso de materias primas en lugar de comprarlas en los mercados, entonces se produce un cambio hacia el Estado intervencionista. No se trata de que una necesidad técnica obligue al Estado a ampliar su tamaño real en respuesta a la crisis, ni siquiera cuando la crisis requiere la movilización para una gran guerra. Puede haber o no lo que podría llamarse una necesidad económica. En el siglo XX, las crisis han producido ciertamente un Estado más grande. Pero las razones no son técnicas ni económicas, sino fundamentalmente políticas.

Para desarrollar mi argumento debo asumir una hipótesis sobre el sistema político estadounidense que va en contra de la mitología popular y de gran parte de las teorías de la ciencia política y del análisis de la elección pública: asumo que el Estado tiene una autonomía sustancial en la elaboración de sus políticas. En palabras de Peter Navarro, «el Estado no sólo es el objetivo de la presión de los intereses especiales, sino también uno de sus mayores instigadores»; como dice Samuel Bowles, es «capaz, bajo ciertas condiciones, de convertirse en un actor histórico principal, en lugar de ser simplemente una fuerza derivada».[152] La suposición alternativa, y más comúnmente acep-

152. Peter Navarro, *The policy game: how special interests and ideologues are stealing America*, Wiley, Nueva York, 1984, p. 45; Samuel Bowles, «State structures and political practices: a reconsideration of the liberal democratic conception of politics and accountability», en

tada, es que el Estado representa y actúa de acuerdo con la resultante de varios vectores de influencia ponderada de intereses no estatales. Según el modelo político que se adopte, las acciones del Estado reflejarán los deseos de la mayoría de los votantes, sólo de los grupos de presión organizados, sólo de las grandes empresas, de la burguesía o de cualquier otro grupo, clase o coalición. Pero independientemente de cuál de estos modelos se adopte, todos descartan la posibilidad de que los responsables públicos tengan y actúen en función de sus propios intereses, intereses no necesariamente representativos o acordes con los de cualquier otro grupo no gubernamental.

Asumir que el Estado tiene una autonomía sustancial no es suponer que los responsables públicos puedan hacer lo que quieran. Se enfrentan a muchas limitaciones que los politólogos han estudiado en detalle. Mi suposición tampoco tiene connotaciones necesariamente conspirativas o malévolas. Los responsables públicos pueden actuar como lo hacen movidos tanto por las razones más nobles como por las más bajas. Sería ingenuo no reconocer parte de interés propio en sus cálculos, pero no es necesario suponer —y probablemente no se debería— que sólo les mueve el interés material o político en beneficio propio. Algunos funcionarios o cargos electos pueden actuar de acuerdo con la concepción del interés público según su ideología. Al hacerlo, actúan de forma autónoma en la medida en que sus

---

Richard D. Coe y Charles K. Wilber (eds.), *Capitalism and democracy: Schumpeter revisited*, University of Notre Dame Press, Notre Dame (Indiana), 1985, p. 178.

ideas diverjan de las de las personas ajenas al Gobierno. Al igual que Eric Nordlinger, sólo asumo que «los responsables públicos tienen como mínimo tanto impacto independiente o importancia explicativa como todos y cada uno de los actores privados en la definición de las políticas públicas del Estado democrático», que es «normalmente, pero no siempre, autónomo a la hora de traducir sus preferencias en acciones, y reconocidamente autónomo al hacerlo incluso con frecuencia cuando divergen de las preferencias de la sociedad».[153]

153. Eric A. Nordlinger, *On the autonomy of the democratic State*, Harvard University Press, Cambridge (Massachusetts), 1981, p. 8. También Joseph P. Kalt, «Public goods and the theory of government», *Cato Journal*, 1 (otoño de 1981), pp. 580-583; Lawrence D. Brown, *New policies, new politics: government's response to government's growth*, Brookings Institution, Washington D. C., 1983, p. 45; Bruno S. Frey, *Modern political economy*, Martin Robertson, Oxford, 1978, pp. 95, 155; Gordon Tullock, «Review of *The rise and decline of nations* by Mancur Olson», *Public Choice*, 40 (1983), p. 114; Alvin W. Gouldner, *The dialectic of ideology and technology: the origins, grammar, and future of ideology*, Oxford University Press, Nueva York, 1982, pp. 238-239; Stanley Reiter y Jonathan Hughes, «A preface on modeling the regulated United States economy», *Hofstra Law Review*, 9 (verano de 1981), p. 1404 («la existencia de costes y otras dificultades a la hora de formar coaliciones [...] da a aquellos que manejan los instrumentos del poder del Estado un grado de libertad de acción que los convierte en verdaderos jugadores estratégicos»). Hace más de cuarenta años, Frank Knight observó que «en la redacción de las leyes, pero más específicamente en su interpretación y aplicación, los funcionarios públicos en todo momento, y particularmente aquellos en posiciones clave, tienen necesariamente un considerable poder discrecional» (*Freedom and reform: essays in economics and social philosophy*, Liberty Press, Indianápolis, 1982, p. 231). Para un tratamiento excepcionalmente completo y esmerado de este importante tema, con un valioso estudio de la literatura económica y una aplicación empírica reveladora, véase Charlotte Twight, «Government manipulation

La autonomía del Estado varía según las circunstancias de la sociedad. Es mayor durante las crisis. Como dice Nordlinger, «durante algunos períodos de crisis [...] la deferencia a las preferencias del Estado es primordial».[154] Cuando la aceptación de que se está en una emergencia nacional es mayoritaria, especialmente durante las grandes guerras o situaciones comparables a ellas en cuanto a su carácter o gravedad, los estadounidenses del siglo XX esperaron y desearon que los gobernantes «hicieran algo», y que lo hicieran inmediatamente.[155]

Pocas personas fuera del Estado tienen suficiente información para identificar los contornos precisos de la emergencia o para formular planes integrales para afrontarla. Los ciudadanos tienden a exigir simultáneamente (a) más acción pública y (b) menos estudios, deliberación pública, debate de alternativas y respeto al «debido procedimiento

---

of constitutional-level transaction costs: an economic theory and its application to off-budget expenditure through the Federal Financing Bank», tesis doctoral, University of Washington, Seattle, 1983.

154. Nordlinger, *Autonomy*, p. 76. También Dye, *Understanding public policy*, pp. 197-199; W. Lance Bennett, *Public opinion in American politics*, Harcourt Brace Jovanovich, Nueva York, 1980, pp. 218, 269; Barry D. Karl, *The uneasy State: the United States from 1915 to 1945*, University of Chicago Press, Chicago, 1983, p. 211.

155. El imperativo moderno por el que el Gobierno debe «hacer algo» en una crisis está bien consolidado y es apreciado. Brown, *New policies, new politics*, pp. 21, 28; Bennett, *Public opinion*, pp. 353-354; Murray Edelman, *The symbolic uses of politics*, University of Illinois Press, Urbana, 1964, pp. 78-83; Thomas R. Dye y L. Harmon Zeigler, *The irony of democracy: an uncommon introduction to American politics*, Duxbury Press, 5.ª ed., Monterey (California), 1981, pp. 283-284, 296, 313; George P. Shultz y Kenneth W. Dam, *Economic policy beyond the headlines*, Norton, Nueva York, 1977, pp. 2, 155, 205.

administrativo» en la toma de decisiones gubernamentales. En 1932, un año antes del trascendental estallido de medidas del New Deal promulgadas durante los primeros cien días del mandato del presidente Franklin D. Roosevelt, Felix Frankfurter se quejaba de que «una medida tras otra ha sido [...] inventada apresuradamente [...]. [S]e les ha llamado esfuerzos de emergencia, y cualquier exigencia de deliberación, de debate detallado, de exploración de alternativas, se ha considerado obstructiva o doctrinaria o ambas cosas».[156] Implicar en la toma de decisiones a personas que no pertenecen al ámbito público requiere tiempo, y el tiempo es extremadamente escaso en una crisis. De ahí que las autoridades tengan más libertad para actuar según sus propias preferencias (posiblemente divergentes). Y lo hacen.

Sin embargo, una cosa es que los funcionarios y cargos gubernamentales marquen un plan de acción, y otra cosa es llevarlo a cabo cuando requiere un cumplimiento o sacrificio por parte de la población que, cuando es consciente de lo que se está haciendo, puede oponerse. Las políticas acarrean costes. Los costes los asumen principalmente gente que no forma parte de los estamentos públicos, y que a menudo debe hacer grandes sacrificios. Muchos reclutas, por ejemplo, ven que las guerras nunca adoptan la forma de duelos entre jefes de Estado. También se han dado cuenta de la baja remuneración de los soldados, de los riesgos elevados que a

156. Frankfurter a Walter Lippmann, 12 de abril de 1932, citado en Larry G. Gerber, *The limits of liberalism: Josephus Daniels, Henry Stimson, Bernard Baruch, Donald Richberg, Felix Frankfurter and the development of the modern American political economy*, New York University Press, New York, 1983, pp. 267-268.

menudo conlleva su ocupación involuntaria y de su sometimiento a un código legal peculiar, que les niega la mayoría de las libertades que los civiles dan por sentadas. Por supuesto, en una crisis no se recluta a todo el mundo. Pero las políticas públicas sí pueden imponer costes pecuniarios y de oportunidad importantes a muchos ciudadanos.

La disposición de los ciudadanos a tolerar los costes que deben asumir para que las políticas se lleven a cabo, disminuye a medida que los costes aumentan. Esta relación inversa no es más que el corolario de la ley de la demanda de los economistas. Incluso la guerra más popular inicialmente pierde apoyo a medida que aumentan las bajas, suben las cargas fiscales y los apetitos militares consumen más recursos que podrían destinarse a producir bienes y servicios civiles.

> Las armas con el estómago vacío
> no son del gusto de todos.
> Y sólo tragar gas
> Cuentan que no quita la sed
> Y sin pantalones de lana
> Un soldado quizá sólo sea valiente en verano.[157]

Los responsables públicos saben que los ciudadanos tienen sus límites. Si se les empuja más allá de ese límite, peligra no sólo el éxito de las políticas, sino la propia supervivencia del Estado.[158]

157. Bertolt Brecht, «Guns before butter», *Bertolt Brecht Poems, 1913-1956*, Eyre Methuen Ltd., Londres, 1976.

158. Richard D. Auster y Morris Silver, *The State as a firm: economic factors in political development*, Nijhoff, Boston, 1979, pp. 57-62.

Evidentemente, si los ciudadanos no son conscientes de los costes que soportan, no reaccionan ante ellos. La posibilidad de abrir y mantener una brecha entre los costes percibidos por la gente y los costes reales que soportan es una tentación fuerte para los Estados que pretenden desarrollar políticas de alto coste durante las emergencias nacionales. Excepto cuando se sacrifican vidas, ningún coste es tan fácil de contabilizar como los costes monetarios. Cada individuo los puede calcular (serían los impuestos que afronta), y además pueden ser fácilmente agregados para toda la sociedad (los ingresos fiscales totales del Estado). Si un Estado desea mantener políticas públicas que conllevan un aumento repentino de los costes, debe encontrar la forma de sustituir los costes monetarios por otros no monetarios. La sustitución puede hacer que los ciudadanos no se den cuenta de la magnitud real de sus sacrificios y que, por tanto, disminuyan sus protestas y resistencia.[159]

John W. Eley habla de «movilización dentro de una movilización nacional», es decir, «esfuerzos concertados por parte de los grupos afectados para aglutinar sus recursos políticos y económicos a fin de evitar o reducir las consecuencias negativas de las políticas gubernamentales». Véase «Management structures for industrial mobilization in the 1980s: lessons from World War II», en Hardy L. Merritt y Luther F. Carter (eds.), *Mobilization and the National Defense*, National Defense University Press, Washington D. C., 1985, p. 33.

159. Murray Weidenbaum ha observado que el uso por parte del Gobierno federal de sus políticas de contratación para alcanzar objetivos ulteriores en el ámbito social y económico, lo cual se inició verdaderamente durante el New Deal y la Segunda Guerra Mundial, cuenta con la «ventaja» de no requerir «asignaciones directas adicionales por parte del Tesoro Público» y, por consiguiente, «una normativa de contratación restrictiva parece no tener coste». Por el contrario, «los inconvenientes,

Los estudiantes de finanzas públicas hablan de «ilusión fiscal». Para Nordlinger esta noción «supone implícitamente que los representantes políticos prefieren gastar cantidades mayores de lo que preferiría el conjunto de su electorado, que aumentan con frecuencia la proporción de los ingresos totales recaudados a través de formas indirectas de impuestos para "ocultar" alguno de los costes que soporta el electorado, y que así llegan a traducir sus propias preferencias en políticas».[160] Así, un gobierno democrático puede disponer de más recursos de los que dispondría si los ciudadanos estuvieran perfectamente informados. La ilusión fiscal, cuando es facilitada sólo por estratagemas como la retención de impuestos sobre la renta o el salto a un tramo impositivo superior (*bracket creep*) inducido por la inflación, sólo conduce a un Estado más grande, no necesariamente a un avance hacia el Estado intervencionista.

Otra forma de ocultar los costes que genera un Estado más grande consiste en sustituir una economía dirigida por una economía de mercado. Los economistas han analizado en detalle esta ocultación de costes en el caso del servicio militar obligatorio.[161] Un análisis similar puede

---

al ser más indirectos, reciben menos atención». Citas de *Business, government, and the public*, Prentice-Hall, 2.ª ed., Englewood Cliffs (Nueva Jersey), 1981, pp. 176-177.

160. Nordlinger, *Autonomy*, p. 57. También Alt y Chrystal, *Political economics*, p. 194; James E. Alt, «The Evolution of Tax Structures», *Public Choice*, 41 (1983), pp. 183, 208-210; Edgar K. Browning y Jacquelene M. Browning, *Public finance and the price system*, Macmillan, 2.ª ed., Nueva York, 1983, p. 72.

161. Walter Y. Oi, «The economic cost of the draft», *American Eco-*

aplicarse a toda la gama de artificios que el Estado puede emplear para desviar los recursos hacia los usos que desee sin licitarlos en los mercados abiertos.[162]

Muchos costes pasan desapercibidos porque el Estado los maquilla como pagos a los ciudadanos que en teoría son contrapartidas a recursos previamente recibidos de ellos. Incluso los reclutas militares cobran. Pero cuando el Estado impone controles de precios o «amaña» los mercados —por ejemplo, dando la máxima prioridad oficial a materias primas necesarias para las industrias consideradas estratégicas—, los precios que se pagan no reflejan todos los costes de oportunidad de los bienes y servicios adquiridos. Al no pagar los precios del mercado libre, el Estado obtiene *de facto* parte de sus compras sin pagarlas. Como resultado de la adopción de estas medidas, los usuarios y proveedores de recursos privados soportan costes de magnitud incierta. (Aparte de estos costes, los economistas toman también en consideración la existencia de los costes de «peso muerto» que añade la asignación «ineficiente» de recursos cuando la economía se ajusta a una estructura «distorsionada» de precios relativos.)[163]

---

nomic Review, 57 (may. de 1967), pp. 39-62; Martin Anderson, (ed.), *The military draft: selected readings on conscription*, Hoover Institution Press, Stanford (California), 1982, esp. pp. 347-389; Browning y Browning, *Public finance*, pp. 412-416.

162. Frey, *Modern political economy*, pp. 30, 109, 117, 120.

163. Compárese con Becker, «Competition among pressure groups», pp. 373, 381-388. En el modelo de Becker, se asume que la gente no sólo conoce los costes de «peso muerto», sino que también basa su comportamiento político en ese conocimiento. Becker no ofrece ningu-

Pero ¿qué hay de la afirmación de que el Estado no tiene opción de sustituir —al menos hasta cierto punto— una economía dirigida (que oculta los costes) por una economía de mercado (que revela los costes)? A menudo se afirma que la economía de mercado no funciona en tiempos de crisis, en particular en tiempos de guerra con una gran movilización. Se dice que el mercado se mueve con demasiada lentitud, y que cuando la supervivencia nacional está en juego es imperativo movilizarse lo más rápidamente posible. Se supone que el mercado no aceptará los riesgos inherentes a reorganizar y a reasignar los recursos necesarios para proveer y garantizar los puestos de trabajo necesarios para sostener una guerra de duración incierta. Se dice que el mercado no puede hacer acopio de las enormes sumas de dinero que pueden requerir ciertos compromisos militares e industriales. De manera que el Estado no tiene una alternativa real, en tiempos de crisis, que desplazar la economía de mercado. En resumen, los fines que se persiguen no se podrían alcanzar mediante la imposición y el gasto monetario en una economía de libre mercado. «Para movilizar los recursos nacionales con fines bélicos así se decía y se creía, el mercado y sus reguladores complementarios eran irremisiblemente inadecuados. Se necesitaba una red administrativa con capacidad para unificar, planificar y dirigir.»[164]

---

na evidencia empírica en apoyo de esta suposición, la cual me parece inverosímil.

164. Ellis Hawley, «Three facets of Hooverian associationalism: lumber, aviation, and movies, 1921-1930», en Thomas K. McCraw (ed.),

El argumento es correcto a pesar de que difiere bastante de lo que sus defensores parecen querer decir. Hay que reconocer —aún a riesgo de parecer exaltar una tautología— que todo lo que el Estado consigue por medio de un sistema de ordeno y mando sucede; es decir, la mano de obra, la gestión, el capital y las materias primas se dedican a la producción de nuevos bienes y servicios requeridos por el Estado. El hecho de que la transformación se produzca demuestra que es posible. Las restricciones no son pues puramente técnicas.

La pregunta clave es: ¿Podría el Estado inducir a los propietarios de los recursos que desea a suministrarlos voluntariamente, sin coerción o interferencia en el sistema de precios? La respuesta es tal vez. Pero la realidad es que se acaba soportando el coste total de la política del Estado. Ninguna maniobra con el déficit, la inflación o mediante tretas fiscales puede evitar que las oportunidades que pierde la sociedad —cuando los recursos reales dejan de producirse como bienes privados— sean costes reales, inmediatos e inamovibles. Si el Estado intentara compensar pagando a cada soldado, inversor y propietario de materias primas, seguramente se debería pagar más que el máximo imponible de la renta nacional, es decir, la por-

---

Regulation in perspective: historical essays, Harvard University Press, Cambridge (Massachusetts), 1981, p. 98. Para una relación de los argumentos por los que debe abandonarse la economía de mercado en tiempos de guerra a gran escala, véase Donald H. Wallace, *Economic controls and defense*, Twentieth Century Fund, Nueva York, 1953. Para una reafirmación posterior de esta postura, véase sir Alec Cairncross, «Economics in theory and practice», *American Economic Review*, 75 (may. 1985), pp. 3-5.

ción que excede de la cantidad necesaria para la subsistencia de la población.[165] En ese caso, ninguna presión fiscal viable sería suficiente para proporcionar al Estado el dinero suficiente para comprar lo que fuera en el mercado abierto, donde se paga por una reasignación rápida de recursos, por las distintas modalidades de asunción de riesgos y por los propios bienes y servicios.[166] Así que tal vez el Estado podría financiar los bienes y servicios necesarios en una emergencia con los ingresos fiscales, en cuyo caso se confirmaría el argumento de la necesidad de una economía dirigida durante el colapso de las crisis; o tal vez no podría.

La incapacidad de recaudar impuestos y luego comprar en el mercado abierto todo lo que desea utilizar para

165. J. M. Clark, «Basic problems and policies», en Wallace, *Economic controls and defense*, p. 245: «Ningún sistema impositivo factible [...] podría recaudar para el uso público un porcentaje tan alto de la renta nacional como el porcentaje de los recursos reales de un país que una guerra total reclama».

166. Sobre los costes más altos derivados de una mayor velocidad en la reasignación de recursos, véase Armen A. Alchian y William R. Allen, *University economics: elements of inquiry*, Wadsworth, 3.ª ed., Belmont (California), 1972, pp. 265-268. La sola evidencia que he encontrado de un funcionario público siendo consciente de esta relación económica básica es la declaración de Jesse Jones, director de la Corporación Financiera de Reconstrucción (Reconstruction Finance Corporation), que durante la Segunda Guerra Mundial «teníamos que darnos prisa. La premura, obviamente, aumentaba el coste» (*Fifty billion dollars: my thirteen years with the RFC*, Macmillan, Nueva York, 1951, p. 419). Sobre la relación entre los precios en el mercado abierto y la asunción de riesgos, véase R. Hicks, *Value and capital: an inquiry into some fundamental principles of economic theory*, Clarendon Press, 2.ª ed., Oxford, 1946, pp. 125-126, 143, o cualquier manual moderno de economía financiera.

llevar a cabo su política demuestra que el Estado valora la actividad más que a los ciudadanos y coercitivamente obtiene de ellos más de lo que están dispuestos a suministrar voluntariamente a un precio de mercado libre. El Estado podría salirse con la suya porque: (1) su monopolio de la fuerza deja a los ciudadanos indefensos para resistirse, lo que parecería inverosímil en una sociedad con instituciones democráticas que funcionan; (2) los costes se distribuyen de forma que los más débiles políticamente soportan la mayor parte de ellos, lo que podría ser un resultado viable incluso en una democracia, pero puede acarrear altos costes de implementación, y (3) los costes se ocultan de forma que los ciudadanos políticamente influyentes no aprecian la magnitud de la carga aunque la soporten en gran medida. Creo que las tres posibilidades son más plausibles en orden ascendente. Es decir, la ocultación de los costes reales de la actuación pública en una crisis ofrece la explicación más convincente de por qué la economía dirigida tiende a desplazar al mercado durante una emergencia nacional en una sociedad democrática.

En resumen, los Estados democráticos modernos amplían el alcance de su autoridad efectiva sobre la toma de decisiones económicas durante las crisis porque los ciudadanos insisten en que «se haga algo», y la alternativa para aplicar las políticas elegidas, que es la plena confianza en los mecanismos fiscales, monetarios y de mercado, revelaría los costes de las políticas públicas tan claramente que amenazaría la viabilidad tanto de las políticas como de los propios Estados, en cierto modo autónomos. Así se llega a la fase II del trinquete. Es en gran medida el producto de la información y comprensión imperfectas de los ciudadanos y de la ideología estatista que subyace a la insistencia en que el Estado «haga algo» cada vez que surge un problema. Seguramente, con el paso del tiempo, los ciudadanos toman conciencia de los verdaderos costes de las políticas públicas. ¿Por qué entonces las iniciativas gubernamentales emprendidas durante las crisis dejan huella permanente?

¿Por qué la fase IV? Una hipótesis (parcial) sobre el cambio ideológico

Muchos analistas consideran que cuando la crisis ha pasado, el repliegue es incompleto por obra de las burocracias públicas, sus socios en el sector privado y políticos afines. Francis Rourke señala sucintamente que «los servicios burocráticos generan seguidores que se oponen a su liquidación». Bruce Porter sostiene que «la burocracia mantiene en gran parte su crecimiento [...] porque el Congreso carece de la voluntad política para forzar recortes importantes cuando no existe la necesidad apremiante para hacerlo». Jack Hirshleifer apunta que «[l]as crisis militares que conllevan una expansión presupuestaria enorme traen gran cantidad de cargos públicos con suficiente peso político para resistirse a la contracción presupuestaria cuando la crisis pasa». Friedrich Hayek subraya la posición estratégica de los burócratas que, atrincherados en su cuasi monopolio de los conocimientos necesarios para evaluar los costes y beneficios de los programas que administran, pueden argumentar persuasivamente a favor de perpetuar todo lo que hacen. No sorprende, por tanto, que todos los expertos estén de acuerdo.[167] Con todos los matices que se quiera, la idea es que las burocracias son más fáciles de crear que de destruir; por tanto, las instancias burocráticas, los burócratas y el número de normas que emiten aumentan de forma irreversible con el tiempo.

La hipótesis tiene mérito. Es fácil encontrar evidencias coherentes, y los investigadores han recopilado muchas.[168] Aun así no explican por completo por qué el sector público no se contrae tanto una vez superada la crisis. El surgimiento del intervencionismo tiene muchas más implica-

167. Francis E. Rourke, *Bureaucracy, politics, and public policy*, Little Brown, 2.ª ed., Boston, 1976, p. 30; Bruce D. Porter, «Parkinson's law revisited: war and the growth of American government», *Public Interest* (verano de 1980), p. 68; Jack Hirshleifer, *Price theory and its applications*, Prentice-Hall, Englewood Cliffs, Nueva Jersey, 1976, p. 486; F. A. Hayek, *The constitution of liberty*, Henry Regnery, Chicago, 1972, pp. 290-291. Con respecto al «contexto técnico de la regulación», Samuel Hays ha escrito que «[l]a cantidad ingente de información constituye una barrera para desentrañar las posibilidades de elección y frustra a un amplio espectro de partes interesadas, entre ellas legisladores, jueces, otros funcionarios, profesionales y la ciudadanía en general» («Political choice in regulatory administration», en McCraw (ed.), *Regulation in perspective*, p. 145). Reiter y Hughes, «A preface», p. 1417, argumentan de manera similar. Para un ejemplo excelente, véase la explicación de David A. Stockman sobre cómo los burócratas del Departamento de Salud y Servicios Humanos «cooperaron» cuando se les pidió preparar posibles recortes en las prestaciones de la seguridad social (*The triumph of politics: how the Reagan Revolution failed*, Harper & Row, Nueva York, 1986, p. 186).

168. Rourke, *Bureaucracy*, *passim*; Richard B. McKenzie y Gordon Tullock, *The new world of economics: explorations into the human experience*, Richard D. Irwin, Homewood (Illinois), 1975, pp. 204-207.

ciones que la proliferación de burócratas y decretos. También entraña cambios importantes en la interpretación judicial de los derechos y obligaciones que recoge la Constitución, así como nuevas limitaciones legales a los agentes económicos por parte del Congreso directamente, sin necesidad de nuevas agencias reguladoras ni funcionarios adicionales.[169] La hipótesis del atrincheramiento de los burócratas y su entramado de relaciones no dice nada sobre estos y otros aspectos del crecimiento del Estado.

La idea parece rozar a veces la teoría de la conspiración. Se supone que una administración y sus clientes, relativamente pocos, pero motivados, extraen beneficios sustanciales para sí mismos, imponiendo los costes al grupo mucho más amplio de contribuyentes o ciudadanos, los que los soportan de forma indirecta (son participantes potenciales a quienes se niega oficialmente el acceso a una industria u ocupación lucrativa, tal vez, o consumidores que pagan precios más altos por bienes producidos por empresas oficialmente protegidas de la competencia). Sin duda, los afectados o bien no saben que están soportando estos costes, o los consideran demasiado pequeños como para justificar la adopción de medidas políticas para intentar eliminar la carga. Sin oposición política organizada, la administración mantiene e incluso aumenta sus actividades.

No cabe duda de que se producen muchas *pseudoconspiraciones* de este tipo. Su lógica económica es inflexible.

169. Bernard H. Siegan, *Economic liberties and the Constitution*, University of Chicago Press, Chicago, 1980; Paul L. Murphy, *The Constitution in crisis times, 1918-1969*, Harper Torchbooks, Nueva York, 1972.

Pero hemos visto que la lógica económica, tal y como se entiende tradicionalmente, es insuficiente para entender el comportamiento político. Alguien con ambición política tal vez pueda promover su carrera dando a conocer y combatiendo las «estafas» de intereses especiales (como hizo el senador William Proxmire con los Golden Fleece Awards).[170] Un acaparador alimentándose del comedero del Estado es difícil de ocultar. Si se conoce la existencia de un flujo de beneficios para un grupo pequeño de interés y se permite que persista sin ser cuestionado, aunque sólo los actores políticos mejor informados lo sepan, es evidente que nadie lo considera una cuestión política relevante. Exponer estos casos no reportaría beneficios políticos para quien lo publicitara.

Una de las razones de la indiferencia ante tales revelaciones es que la gente puede aprobar una política o no oponerse activamente a ella, a pesar de su impacto negativo (aunque normalmente pequeño) sobre ellos. Lo que Victor Fuchs escribió sobre las políticas nacionales de salud puede aplicarse también a otras políticas públicas: «Las constantes afirmaciones de que esta o aquella legis-

170. Navarro proporciona otros ejemplos de políticos osados que han «ayudado a vencer la bien conocida inercia de los consumidores, contribuyentes y ciudadanos estadounidenses» (*Policy game*, pp. 48, 164-165, 207, cita de p. 164). También Theodore E. Keeler, «Theories of regulation and the deregulation movement», *Public Choice*, 44 (1984), p. 130; Hardin, *Collective action*, pp. 35-37. Incluso el poderoso Pentágono ha sido derrotado a manos de un congresista audaz (John J. Fialka, «Oregon Congressman outflanks the Pentagon in single-minded, single-handed weapon war», *Wall Street Journal*, 13 de septiembre de 1985, p. 54).

lación o subsidio son irracionales e ineficientes a menudo caen en oídos sordos simplemente porque la mayoría no lo ve así». En un debate sobre la reforma fiscal, George Shultz y Kenneth Dam observaban que los activistas y los grupos de interés «juegan con el resentimiento engendrado por la frustración de las expectativas [establecidas]» por lo que son «todavía más eficaces al oponerse a la eliminación de sus preferencias fiscales de lo que fueron en su momento al obtener dichas preferencias». John Mark Hansen sostiene que, en general, «la gente se moviliza más fácilmente en respuesta a amenazas que en respuesta a perspectivas futuras» porque «[l]os beneficios políticos que evitan pérdidas tienen más peso que los beneficios políticos que prometen ganancias».[171] Es menos probable que la gente se oponga a una política establecida, que cuenta con una burocracia administrativa y un grupo de beneficiarios que dependen de ella, que a una política igualmente costosa que se proponga de nuevas. Tal vez piensen: «Bueno, hoy en día todos recibimos más del Estado que antes; y esa gente también se merece su parte».[172]

171. Victor R. Fuchs, «The economics of health in a post-industrial society», *Public Interest* (verano de 1979), p. 16; Shultz y Dam, *Economic policy beyond the headlines*, pp. 51-52; John Mark Hansen, «The political economy of group membership», *American Political Science Review*, 79 (mar. de 1985), p. 81.

172. Véanse los análisis conexos de los conceptos de «efecto dotación» por parte de Richard H. Thaler, «Illusions and mirages in public policy», *Public Interest*, (otoño de 1983), pp. 64-65; de «histéresis» por parte de Hardin, *Collective action*, pp. 82-83; y de «universalismo y reciprocidad» por parte de Alt y Chrystal, *Political economics*, pp. 196-197.

En la medida en que esta posición ideológica —llámese «latitudinarismo[173] del bienestar» o «vulgar equidad»— expresa una actitud más favorable hacia las acciones gubernamentales establecidas que hacia las propuestas, y en tanto que las crisis dan lugar a nuevos programas gubernamentales, como se ha argumentado anteriormente, existe un vínculo entre las crisis y los cambios en la postura ideológica predominante respecto a la intervención pública en la economía.

Los estudiosos han señalado reiteradamente y de distintas maneras la existencia de este vínculo. Nordlinger declara que las crisis pasadas «afectan a las actitudes de las generaciones actuales», incluidos los funcionarios públicos. Thomas Dye y Harmon Zeigler escriben que la Gran Depresión «socavó la fe tanto de las élites como de quienes no formaban parte de ellas en los ideales del viejo orden» y tuvo «un impacto importante en el pensamiento de las élites gobernantes de Estados Unidos [...]. La filosofía personal de *noblesse oblige* de Roosevelt —responsabilidad de las élites sobre el bienestar de las masas— de pronto se convertiría en el *ethos* predominante del nuevo *establishment* liberal [...]. [Esto era, en parte] un tributo a la eficacia del pro-

173. El latitudinarismo es, según el *Diccionario de la lengua española* de la Real Academia Española, una «doctrina y actitud adoptada por algunos teólogos anglicanos en el siglo XVII que defienden que hay salvación fuera de la Iglesia, rechazan los dogmas, dan preferencia a la razón sobre la Biblia y las tradiciones y propugnan una amplia tolerancia en materias religiosas». El autor usa este término aquí para denotar esa misma tolerancia o falta de reproche ante programas de gasto público ya establecidos, aunque desde el punto de vista de los «dogmas» económicos y de la buena administración, resulten excesivos o parciales. *(N. del e.)*

pio Roosevelt como movilizador de la opinión tanto de las élites como de las masas». Dye también sostiene que la guerra «condiciona a los ciudadanos a tolerar una gran expansión de la actividad gubernamental, y en consecuencia después de la guerra la intervención pública se mantiene en una meseta más alta que antes de la guerra». Barry Karl concluye que «el New Deal transformó [...] quizá más notablemente la actitud de la población estadounidense hacia el papel del Gobierno federal». Mancur Olson está de acuerdo con que «[l]a depresión del período de entreguerras, la Segunda Guerra Mundial y otros acontecimientos produjeron profundos cambios ideológicos que agrandaron el alcance del Estado». Karen Rasler y William Thompson afirman que las grandes guerras debilitan la «resistencia general al cambio social y al cambio político». Lawrence Brown observa que «el Estado intervencionista es ahora un hecho de la vida, las batallas sobre los avances del estado del bienestar han terminado en gran medida [...]. Las generaciones de posguerra que han crecido con un Estado intervencionista lo dan por sentado y no prescindirían de él».[174]

174. Nordlinger, *Autonomy*, p. 38; Dye y Zeigler, *The irony of democracy*, pp. 98-99, 101-102; Dye, *Understanding public policy*, p. 199; Karl, *Uneasy State*, p. 226; Mancur Olson, *The rise and decline of nations: economic growth, stagflation, and social rigidities*, Yale University Press, New Haven (Connecticut), 1982, p. 71; Karen A. Rasler y William R. Thompson, , «War making and State making: governmental expenditures, tax revenues, and global wars», *American Political Science Review*, 79 (jun. de 1985), p. 494; y Brown, *New policies, new politics*, p. 58. También Herbert McClosky y John Zaller, *The American* ethos*: public attitudes toward capitalism and democracy*, Harvard University Press, Cambridge (Massachusetts), 1984, pp. 292-293, 298-299.

Aunque las afirmaciones se refieren de formas variadas a los cambios en las actitudes populares, la fe, los ideales, el pensamiento, la filosofía, el *ethos*, la opinión, la tolerancia, la resistencia al cambio, a los hechos de la vida y a las cosas que se dan por sentadas, así como al cambio ideológico como tal, todas ellas se refieren a lo que yo llamo *cambio ideológico*. Todos están de acuerdo con que las principales crisis en Estados Unidos en el siglo XX provocaron de algún modo cambios en la ideología y que éstos, a su vez, facilitaron de algún modo el desarrollo permanente del Estado.

Pero exactamente ¿cómo provoca la crisis un cambio ideológico, en el sentido específico de un cambio en el deseo o en la tolerancia de una mayor autoridad gubernamental efectiva sobre la toma de decisiones económicas? Una forma de abordar la cuestión es recurrir a los numerosos paralelismos, hasta ahora inexplorados, entre la teoría del cambio ideológico y la teoría del cambio tecnológico.[175]

Tanto la tecnología como la ideología tienen que ver con el conocimiento. La tecnología pertenece a una forma de creencia «dura», mientras que la ideología ocupa la zona entre el conocimiento duro, como las ciencias naturales, y las creencias «blandas», como la religión y la metafísica; pero las dos pertenecen a sistemas de creencias

175. Edwin Mansfield, *The economics of technological change*, Norton, Nueva York, 1968; Nathan Rosenberg (ed.), *The economics of technological change: selected readings*, Penguin, Harmondsworth, 1971; *idem*, *Perspectives on technology*, Cambridge University Press, Nueva York, 1976.

sobre cómo funciona el mundo bajo una determinada concepción. Ambas formas de creencia tienen efectos en la práctica, una en la configuración de las técnicas de producción y la otra en la organización y la actividad sociopolítica. Ambas son difíciles de observar directamente; en los test de influencia suelen aparecer como «residuales». Así, las mejoras en la productividad económica que no pueden explicarse por cambios empíricos se atribuyen al cambio tecnológico; y los cambios en el comportamiento político que no pueden explicarse por cambios demostrables en los intereses políticos (en sentido estricto) se atribuyen al cambio ideológico.[176] En ambos casos, las pruebas cualitativas pueden hacer más plausible la adscripción y la sospecha de que se está poniendo nombre a la propia ignorancia. El cambio tecnológico se revela en fórmulas novedosas, ecuaciones, planos, diagramas y similares; el cambio ideológico se revela en la retórica cambiante de los líderes opinión.

Como cualquier otra forma de conocimiento, la tecnología y la ideología deben aprenderse. Pueden adquirirse recurriendo a la literatura —manuales técnicos o clásicos del pensamiento social, según el caso— o a la experiencia.

176. Sobre el cambio tecnológico como residuo [estadístico], véase M. Ishaq Nadiri, «Some approaches to the theory and measurement of total factor productivity: a survey», *Journal of Economic Literature*, 8 (dic. de 1970), pp. 1137-1177. Sobre el cambio ideológico como residuo [estadístico], véase Douglass C. North, «Structure and performance: the task of economic history», ibídem, 16 (sep. de 1978), p. 973; Joseph P. Kalt y M. A. Zupan, «Capture and ideology in the economic theory of politics», *American Economic Review*, 74 (jun. de 1984), pp. 291-295.

La tecnología deriva en gran medida de la experiencia productiva, la ideología de la experiencia socioeconómica y política. Los cambios puntuales en las creencias tecnológicas o ideológicas probablemente reflejan lo que se ha aprendido de los acontecimientos extraordinarios: experimentos decisivos, deliberados o naturales, en el caso de la tecnología; crisis y respuesta política a las mismas, en el caso de la ideología. Ambos sistemas de creencias tienen sus grandes inventores y emprendedores —en la tecnología, Whitney, Edison y Ford, por ejemplo; en la ideología, Smith, Marx y Keynes, entre otros— que lideran el camino hacia una fusión radical de creencias y práctica.

Visto en perspectiva tanto los cambios tecnológicos como los ideológicos parecen evolucionar de forma competitiva. En cada momento dado compiten creencias y prácticas alternativas: en trasmisión eléctrica, corriente alterna frente a corriente continua; para la organización económica, mercado libre frente a planificación colectivista. Algunos sistemas de creencias y experiencias resultan inadecuados para sobrevivir. Las condiciones económicas o técnicas pueden dar a los sistemas de transmisión de corriente alterna una ventaja sobre los de corriente continua; las condiciones demográficas o culturales pueden dar al colectivismo una ventaja sobre el mercado libre. Pero la dirección en la que el proceso evolutivo conduce a los sistemas de creencias y su práctica no es aleatorio, sino que depende del recorrido anterior.

Consideremos en primer lugar la dependencia de la trayectoria del cambio tecnológico. Si se utilizan habitualmente técnicas de producción intensivas en capital, es probable que el aprendizaje de la experiencia adopte la forma de avances en las técnicas intensivas en capital.

Esta tendencia proporciona una dirección determinada al sistema (por supuesto cualquier proceso de aprendizaje sigue sujeto a perturbaciones exógenas o aleatorias y no siempre tendrá un único resultado posible.)[177] Si, por ejemplo, la mano de obra es cada vez más cara con relación al capital, los productores tenderán a sustituir las técnicas más intensivas en capital por otras más intensivas en mano de obra. La experiencia con las nuevas técnicas más intensivas en capital puede introducir innovaciones en este tipo particular de técnica. La innovación da una ventaja aún mayor a las técnicas intensivas en capital y, por tanto, fomenta todavía más la sustitución en la misma dirección.[178]

El cambio ideológico puede tener un resultado igualmente acumulativo. Supongamos, por ejemplo, que en una gran crisis social un sistema planificado desplaza al mercado libre. La experiencia bajo el nuevo régimen traerá aprendizajes de varios tipos. Los planificadores y burócratas mejorarán las maneras de manipular la economía: diseñarán nuevos sistemas de información, normas de asignación de recursos, y procedimientos para resolver disputas entre administraciones e incoherencias en el plan general. Estas mejoras hacen que los controles sean menos odiosos para las partes agraviadas.

177. Karl R. Popper, *The poverty of historicism*, Harper Torchbooks, Nueva York, 1964; Ronald A. Heiner, «The origin of predictable behavior», *American Economic Review*, 83 (sep. de 1983), pp. 560-595.

178. David, *Technical choice*, pp. 60-86; Nadiri, «Some approaches», p. 1148.

Mientras tanto, cesa en cierta manera el aprendizaje sobre cómo hacer que funcione mejor el sistema de mercado, porque en dicho sector éste ha dejado de presentar grandes ventajas.

Los ciudadanos también aprenden que algunas de sus creencias previas sobre los inconvenientes o peligros del control público ahora parecen infundadas. El Estado puede decidir quién accede al aluminio, al acero y al caucho, qué productos de consumo no deben producirse durante la crisis, etc., pero no niega libertad de culto ni nacionaliza los medios de comunicación. Las elecciones se celebran tal como estaba previsto. Las masas y las élites acaban considerando exageradas muchas de las advertencias de los conservadores sobre los posibles horrores de que una cosa lleve a la otra.

Simultáneamente mucha gente descubre que la necesidad abre la puerta a nuevas oportunidades. La economía dirigida ofrece también vías de progreso individual, no sólo en la burocracia, sino en otras partes de la economía «de mercado» que sobrevive y se ve favorecida por las nuevas circunstancias. Quienes cuentan con privilegios pronto empezarán a usarlos para su propio beneficio y tenderán a ver el aparato de control gubernamental como algo benigno. «A quien maneja miel, alquitrán o estiércol», dijo Carl Sandburg, «siempre se le pega algo en los dedos».[179] De manera que probablemente mucha gente, por motivos varios, llegue a apreciar, o al menos a tolerar sin oposición acti-

179. Sandburg, Carl, *The people, yes*, Harcourt Brace Jovanovich, Inc., Nueva York, 1936.

va, los arreglos socioeconómicos y políticos que al principio parecían males fatales —aunque seguramente temporales— y necesarios para capear una gran crisis social.[180]

Mientras tanto, por supuesto, el Estado se esfuerza activamente por justificar sus políticas magnificando beneficios y virtudes y depreciando costes y vicios.

180. B. Guy Peters y Martin O. Heisler, formulado de forma diferente, presentan una argumentación similar:

> La respuesta al condicionamiento de muchas de las expectativas de los ciudadanos por parte de los Gobiernos del Estado de bienestar moderno ha legitimado las intervenciones de estos Gobiernos en la economía de mercado durante varias generaciones. Estas intervenciones a menudo comenzaron como medidas temporales, o como las respuestas *ad hoc* a situaciones de crisis o a la redistribución de renta instigada políticamente. Los beneficiarios de tales intervenciones, en cambio, no las asocian con una situación particular o un Gobierno de un color político concreto, sino directamente con el Estado. En este sentido, el pacto fundamental se ha visto alterado, de tal forma que el Gobierno que persiguiera revertir prestaciones o programas ya consolidados probablemente no sería considerado legítimo por los ciudadanos.

Véase «Thinking about public sector growth: conceptual, theoretical, and policy considerations», en Charles Lewis Taylor (ed.), *Why governments grow: measuring public sector size*, Sage, Beverly Hills (California), 1983, pp. 181-182. Básicamente la misma interpretación aparece en la clásica polémica anarquista de Albert Jay Nock, *Our enemy, the State*, Free Life Editions, Nueva York, 1973, esp. pp. 3-6. También Wallace, *Economic controls and defense*, p. 46; Olson, *Rise and decline*, pp. 69, 71, 73. Algunos psicólogos mantienen que «[e]l comportamiento concordante de otros, especialmente de aquellos en nuestro propio grupo de pares, e incluso nuestro propio comportamiento concordante, puede tender a generar la actitud de aprobación apropiada» (Samuel Mermin, *Law and the legal system*, Little Brown, 2.ª ed., Boston, 1982, p. 55).

Los políticos vierten de sus toneles
Nuevas mentiras [sobre las viejas],
Y se alaba su benévola sabiduría.[181]

La avalancha de propaganda acaba cumpliendo su objetivo, aunque sea sólo con las mentes menos sofisticadas o los devotos patriotas, probablemente una gran multitud.[182]

Es razonable pensar que el aprendizaje ideológico dará un salto discreto a resultas de la crisis social y la consiguiente expansión hacia el Estado intervencionista. Ésta podría ser la forma en que, como dijo Sumner, «el experimento entra en la vida de la sociedad y ya no puede volver a salir».

Por supuesto, pueden darse *contramovimientos* ideológicos. Los conservadores, al ver que sus pesadillas cobran vida, pueden redoblar esfuerzos para propagar la Religión de los Viejos Tiempos, quizá con algo de éxito. Resulta fácil encontrar ejemplos atroces que apoyen sus argumentos. La teoría esbozada anteriormente sugiere que los movimientos ideológicos «progresistas» superan a los reaccionarios, pero es mejor no establecer *a priori* dónde se halla el equilibrio. La investigación histórica es la que puede determinar cuál de estas fuerzas opuestas ha pesado más en la experiencia americana.

181. Robinson Jeffers, «Cassandra», *The selected poetry of Robinson Jeffers*, Alfred A. Knopf, Inc & Random House, Inc., Nueva York, 1965 (me disculpo por la reestructuración de los versos y los cambios en el uso de las mayúsculas).

182. Knight, *Freedom and reform*, p. 236; Karl, *Uneasy State*, pp. 39-40, 106-107, 114, 172, 216.

Recapitulación: ¿Por qué el trinquete?

En el siglo xx en Estados Unidos el Estado intervencionista surgió sobre todo durante episodios relativamente breves de gran crisis social, ya fueran de guerra o depresión. Por lo tanto, necesitamos una teoría que explique: (1) por qué el Estado amplía el alcance de su autoridad efectiva sobre la toma de decisiones económicas con el inicio de una crisis, y (2) por qué el retroceso de esta autoridad, que debería darse tras la crisis, es incompleto y deja un Estado permanentemente más grande de lo que habría sido si la crisis no hubiera ocurrido nunca. Éstos son los elementos esenciales de una teoría que considera el crecimiento del Estado no como una mera tendencia, sino como un proceso que depende del avance de los acontecimientos de la historia.

La fase de expansión del trinquete refleja las decisiones de un Estado casi autónomo que responde a la demanda popular —insistente pero mal articulada— de que «haga algo» con respecto a la crisis. Sin embargo, sea cual sea la política que se adopte, los costes los deben asumir personas ajenas al sector público. Cuanto mayor sea este coste, menos dispuestos estarán los ciudadanos a tolerarlo. Cuando se exige demasiado a la gente, su resistencia hace peligrar la política y, en una democracia representativa que funcione con normalidad, al propio Gobierno. Anticipándose a estas reacciones, el Gobierno oculta los costes verdaderos de sus políticas. Lo más importante es que sustituye un sistema de mando y control (que oculta los costes) de asignación de recursos por un sistema de mercado (que revela los costes) que cuenta con un indicador también claro, el dinero.

El carácter incompleto de la fase de retracción del trinquete suele explicarse por el atrincheramiento de los burócratas, sus clientes y los políticos con conexiones, el llamado «triángulo de oro». La explicación es válida pero incompleta. Sólo explica una parte del intervencionismo. Puede y debe complementarse con una teoría (parcial) del cambio ideológico.

Esta teoría sólo se refiere a un aspecto del clima ideológico, a saber, las creencias de las élites (y presumiblemente de las masas cuyas creencias cuentan en cierta medida como variables dependientes) sobre el alcance apropiado de la autoridad gubernamental efectiva sobre la toma de decisiones económicas. Las crisis conducen a cambios permanentes en los límites tolerables del verdadero tamaño del Estado. Las crisis rompen la resistencia ideológica al intervencionismo porque (1) proporcionan ocasiones para que mejoren los mecanismos de mando y control y, con ello, los hace parecer menos detestables; (2) desacreditan la teoría del dominó, con la que los conservadores daban a entender que en una economía mixta se acabarían perdiendo todas las libertades civiles y políticas, y (3) crean oportunidades para que a mucha gente le vaya bien tanto dentro como fuera del sector público y, por lo tanto, acaban viendo el nuevo orden con buenos ojos. Todos estos aspectos se ven reforzados por un goteo incesante de propaganda oficial. La evolución ideológica sigue su propio recorrido, cuyo rasgo más destacado es que la resistencia al Estado intervencionista disminuye a resultas de la crisis.

El camino por recorrer

Un estudio que se guíe por el marco analítico apuntado hasta ahora debe contemplar una línea de investigación histórica. Para cada episodio crucial, cabe entender cómo fuerzas socioeconómicas e ideológicas llevaron a los actores políticos a ampliar el efecto del poder público sobre la economía. Se deben estudiar al menos ocho temas: (1) condiciones socioeconómicas y políticas antes, durante y después de la crisis; (2) las ideologías predominantes antes, durante y después de la crisis; (3) los líderes y élites dirigentes y los grupos de interés a los que favorecen o representan; (4) la legislación extraordinaria y las órdenes ejecutivas; (5) los organismos que se crean en situaciones de emergencia y el liderazgo que ejercen; (6) el funcionamiento y la reacción a las medidas extraordinarias; (7) las impugnaciones judiciales, las decisiones resultantes y las innovaciones de la doctrina legal, en particular la constitucional, y (8) el legado institucional y las «lecciones» aprendidas con el episodio. Ésta es la materia prima para hilvanar el relato de las circunstancias, los actores, los motivos y las acciones que produjeron y sostuvieron el aumento del poder público en la toma de decisiones económicas durante cada crisis y también en el período posterior a ellas.

Parte II

La historia

Capítulo 5

Crisis bajo el Antiguo Régimen, 1893-1896

> Cuando consideramos que la teoría de nuestras instituciones garantiza a cada ciudadano el pleno disfrute de todos los frutos de su producción y de su empresa, con la sola deducción de la parte que le compete para el mantenimiento cuidadoso y asequible del Estado que lo protege, es evidente que la imposición de una cantidad superior a ésta es una extorsión injustificable y una traición a la equidad y justicia americanas.
>
> GROVER CLEVELAND

Con la excepción de la guerra civil, ninguna crisis del siglo XIX desafió tan profundamente el orden político y económico de Estados Unidos como la de mediados de la década de 1890. Nunca antes la economía había sufrido una depresión tan profunda, generalizada y continuada. Sólo en la sangrienta brecha de los años sesenta la política se había dividido en facciones tan empecinadamente hostiles. Las partes contendientes discutieron con gran pasión sobre cómo debía involucrarse el Estado en los asuntos económicos de la nación. E. L. Godkin, el editor conservador del *Nation*, percibió una «locura contra la propiedad [...] extendiéndose por el país». El populismo, cuyas demandas hacían temblar con aprensión y aversión a los conservadores, extendió su influencia por el sur y el oeste, donde los agitadores incendiarios rugieron sus improperios a multitudes de votantes cada vez más numerosos. Tal vez pronto llegarían a influir en las masas de trabajadores del este. «El descontento,» dijo el joven historiador Frederick J. Turner en 1896, estaba «exigiendo una ampliación de la actuación pública en su nombre».[183]

Los populistas unieron fuerzas con una facción simpatizante del Partido Demócrata y enviaron a su nuevo héroe, William Jennings Bryan, a la contienda presidencial de 1896 con la promesa de destruir el patrón oro y minar los viejos límites de los poderes económicos del Estado. El programa electoral demócrata exigía «la acuñación libre e ilimitada de plata y oro en la proporción legal actual de 16 a 1», lo que sin duda habría desatado la inflación. Pidió que se prohibiera «la emisión de bonos con intereses de Estados Unidos en tiempos de paz», lo que habría privado

183. Godkin citado en Samuel Rezneck, «Unemployment, unrest, and relief in the United States during the depression of 1893-97», *Journal of Political Economy*, 61 (ago. de 1953), p. 339; Frederick Jackson Turner, «The problem of the West», *Atlantic Monthly*, 78 (sep. de 1896), p. 296. John Tipple describe a los populistas como «una facción política formada principalmente por agricultores, pero con un apoyo significativo entre trabajadores industriales, reformistas sociales e intelectuales» (*The capitalist revolution: a history of American social thought, 1890-1919*, Pegasus, Nueva York, 1970, p. 21). James Turner concluye que, entre los agricultores, los populistas «vivían al margen de las ideas sociales y económicas dominantes. No eran tan sólo gente de campo, sino que eran gente de campo fuera de la órbita de los pueblos». Véase «Understanding the populists», *Journal of American History*, 67 (sep. de 1980), p. 359. También Jeffrey C. Williams, «Economics and politics: voting behavior in Kansas during the Populist Decade», *Explorations in Economic History*, 18 (jul. de 1981), pp. 233-256.

al Tesoro de un medio esencial para mantener su reserva de oro y, por tanto, el patrón oro. Se instó a «la ampliación de los poderes de la Comisión de Comercio Interestatal» y a restricciones adicionales a las decisiones comerciales de las empresas ferroviarias. Al igual que sus partidarios populistas, Bryan abogó por un impuesto sobre la renta. Aunque hizo campaña como demócrata, tenía la nominación presidencial del People's Party,[184] lo que magnificó el aura de radicalismo que irradiaba. El programa electoral populista de 1892, además de proponer la acuñación ilimitada de plata y la imposición gradual de las rentas, había pedido la intervención de los ferrocarriles, el telégrafo y el teléfono y declaraba su apoyo a los objetivos y la organización de los sindicatos. Estadounidenses de todas las tendencias políticas percibían que se estaba tanteando el futuro de la política económica. «La elección», dijo el periodista William Allen White, «sostendrá el americanismo o sembrará el socialismo».[185]

La derrota de Bryan y el populismo en las elecciones de noviembre de 1896 resolvió un conflicto sociopolítico que había empezado a gestarse una década antes y que

184. El *People's Party* (Partido del Pueblo, también conocido como Los Populistas) fue una organización agraria radical populista fundada en 1892 que tuvo una fuerte presencia en muchos Estados del oeste y el sur de Estados Unidos, pero se deshinchó con rapidez tras la derrota de Bryan en las presidenciales de 1896. *(N. del e.)*

185. White citado en Rezneck, «Unemployment», p. 344. Para los programas electorales populista y demócrata y el famoso discurso de la «Cruz de Oro» de Bryan, véase Henry Steele Commager (ed.), *Documents of American history*, Appleton-Century-Crofts, Nueva York, 1948, II, pp. 143-146, 174-180.

alcanzó su punto álgido poco después de que el demócrata conservador, Grover Cleveland, asumiera la presidencia en marzo de 1893. Cleveland había perdido el apoyo de su partido mucho antes de dejar el cargo, porque la mayoría de los demócratas habían virado hacia la izquierda y Cleveland se mantuvo firme. Más allá de su oposición a los aranceles proteccionistas, tenía poco en común con el candidato radical del partido en 1896. Repudiado y ridiculizado por muchos de sus compañeros demócratas, Cleveland, sin embargo, había logrado algunos objetivos políticos importantes. Durante cuatro exasperantes años luchó por defender su política económica de los ataques radicales: salvar el patrón oro amenazado por los inflacionistas de la plata; preservar un mercado laboral libre amenazado por los sindicalistas, los alborotadores y los partidarios de la ayuda pública a los desempleados. Simultáneamente, el Poder Judicial federal se había impuesto con una audacia sin precedentes para contener las actividades perturbadoras de los sindicatos y preservar el derecho a la propiedad privada frente al régimen fiscal sobre la renta. De manera que cuando William McKinley asumió la presidencia, heredó una política económica con un patrón oro estable, mercados laborales bien protegidos de las perturbaciones sindicales más graves y sin impuesto sobre la renta. Si la ideología dominante de la administración Cleveland y los jueces federales hubiera sido distinta, McKinley probablemente habría heredado una política económica notablemente diferente.

Ésta es precisamente mi intención: argumentar que la crisis por sí sola no tiene por qué generar un Estado más grande. Sólo lo hace bajo condiciones ideológicas favorables, y tales condiciones no existían en la década de 1890. La ideología no es sólo una palanca, sino también una camisa de fuerza para las élites gobernantes. Actuando con una autonomía sustancial, el Estado, incluso en una democracia representativa, puede hacerse con más poder del que la mayoría de los ciudadanos desea concederle, pero también puede negarse a aceptar o ejercer poderes que muchos ciudadanos le asignarían. En Estados Unidos en el siglo xx, el Estado, impulsado por una ideología más «progresista», aceptó de buen grado —e incluso buscó con ahínco— ampliar sus poderes. La crisis de la década de 1890, la última gran batalla en la que las fuerzas del liberalismo clásico obtuvieron una clara victoria, sirve de telón de fondo para las crisis del siglo xx.

Destrucción creativa sostenida ideológicamente, 1865-1893

Cuando Joseph Schumpeter acuñó la expresión «destrucción creativa» para describir la dinámica del «capitalismo relativamente libre», podía estar pensado en Estados Unidos a finales del siglo xix. Ciertamente, el desarrollo económico de la nación nunca había sido tan rápido ni tan errático y disruptivo. A principios de la década de 1890, el industrial Andrew Carnegie escribió que el americano que estudiara los cambios sociales y económicos de su país «casi se marearía al descubrir la velocidad a la que avanza». Cierto es que el mismo Carnegie acumulaba riqueza a un ritmo vertiginoso. Prácticamente nadie igualó sus logros extraordinarios, aunque muchos otros también consiguieron éxitos importantes. Sin embargo, con la urgencia del desarrollo económico, mucha gente, algunos trabajos y oficios, e incluso regiones enteras se quedaron atrás. «Algunos acceden a una vida infinitamente mejor y más fácil», observó Henry George, «pero a otros les resulta difícil el simple hecho de ganarse la vida».[186]

Tras la guerra civil los índices nacionales de ahorro e inversión se dispararon hasta niveles sin precedentes y se mantuvieron así durante el resto del siglo XIX: más de una quinta parte del producto nacional bruto (PNB) eran bienes de capital. Entre la guerra y el fin del siglo, el stock de capital contable se multiplicó por cuatro, mucho más que la mano de obra, que aumentó menos del 150 por ciento. Por lo tanto, el capital contable por trabajador aumentó rápidamente, un 80 por ciento en sólo tres décadas.[187] Además, el capital humano se acumulaba a medida que el trabajador medio mejoraba en términos de higiene, educación y formación; y el capital intelectual se acumulaba a medida que la inventiva y la adopción de

186. Andrew Carnegie, *Triumphant democracy: sixty years' march of the republic*, Charles Scribner's Sons, Nueva York, 1893, p. 494; Henry George, *Progress and poverty*, Modern Library, Nueva York, s/f, p. 7.

187. Simon Kuznets, *Capital in the American economy, its formation and financing*, Princeton University Press, Princeton (Nueva Jersey), 1961, p. 64; Stanley Lebergott, «Labor force and employment, 1800-1960», en National Bureau of Economic Research, Conference on Research in Income and Wealth, *Output, employment, and productivity in the United States after 1800*, Columbia University Press, Nueva York, 1966, p. 118.

nuevas técnicas de producción florecían más que nunca. El resultado de todos estos esfuerzos para mejorar la productividad fue que la economía creció —de modo errático a corto plazo, pero sostenido a la larga— y produjo un aumento de la renta real per cápita. Entre finales de los sesenta y principios de los noventa, el PNB real per cápita aumentó a un ritmo medio de más del 2 por ciento anual.[188]

El crecimiento económico causó y a la vez fue el resultado de cambios en la importancia relativa de las industrias, los sectores y las regiones. Se alimentó de la urbanización y, a su vez, la fomentó. En 1870 sólo el 26 por ciento de los estadounidenses vivían en lugares con más de 2.500 habitantes; en 1890 lo hacía el 35 por ciento. Durante este intervalo, las ciudades con una población superior a 100.000 habitantes pasaron de catorce a veintiocho. La mano de obra cambió de sector. El empleo agrícola crecía lentamente mientras el empleo en la construcción, el comercio y el transporte se dispararon. En el sector industrial el empleo se mantuvo en un 19 por ciento de la población activa, pero el rápido aumento de la productividad hizo que la producción industrial de productos básicos pasara del 33 por ciento del total en 1869 al 53 por ciento en 1894.[189] La dimensión urbana e in-

188. Robert E. Gallman, «Gross National Product in the United States, 1834-1909», en National Bureau of Economic Research, *Output, employment, and productivity*, p. 30; Robert Higgs, *The transformation of the American economy, 1865-1914: an essay in interpretation*, Wiley, Nueva York, 1971, pp. 18-47.

189. Lebergott, «Labor force and employment», p. 119; Higgs, *The transformation*, pp. 47-49, 58-67; *idem*, «Urbanization and invention in the process of economic growth: simultaneous-equations esti-

dustrial de la transformación de la estructura socioeconómica afectó a casi todo el mundo. En un contexto tan dinámico, el camino hacia la riqueza pasaba por adoptar nuevas formas de vida y nuevos tipos de producción, o, para los menos afortunados, era la vía para la supervivencia.

La época también fue testigo del nacimiento de muchas grandes empresas y de la consideración de «la cuestión del monopolio» como un problema político importante.[190] Los ferrocarriles interregionales, que aparecieron en la escena americana a mediados de siglo, fueron las primeras grandes empresas. Después de la guerra civil se completaron varios ferrocarriles transcontinentales, que se beneficiaron —todos excepto el Great Northern— de concesiones federales de tierras. El Congreso, escarmentado por los escándalos relacionados con las subvenciones del Gobierno a estas empresas, a partir de 1871 no hizo nuevas concesiones de tierras para ferrocarriles. Pero durante décadas mucha gente siguió sospechando que había corrupción y privilegios especiales e injustificados a expensas del pueblo en general, en torno a la concesión de tierras para los ferrocarriles. A partir de la década de 1870, un número cada vez mayor de grandes empresas industriales, entre las que se encontraban firmas como

---

mates for the United States, 1880-1920», *Research in population economics*, 2 (1980), pp. 3-20; Robert Gallman, «Commodity output, 1839-1899», en National Bureau of Economic Research, Conference on Research in Income and Wealth, *Trends in the American economy in the nineteenth century*, Princeton University Press, Princeton (Nueva Jersey), 1960, p. 26.

190. El autor habla de «trust problem»; en español trust y monopolio se usan prácticamente como sinónimos, siendo esta última voz más habitual. *(N. de la t.)*

Standard Oil, Bethlehem Steel, American Tobacco y Armour, alcanzaron la prominencia. La gente, acostumbrada a tratar con pequeñas empresas locales, tuvo dificultades para reconciliarse con una economía en la que esos gigantes corporativos estaban al frente de la mayoría de los negocios del país.[191]

Las grandes empresas, conocidas por los contemporáneos como «trust» aunque sólo unas pocas lo fueran en sentido jurídico estricto, esbozaron el espectro del poder del monopolio. La opinión pública y la tradición jurídica estadounidense habían sido siempre hostiles a los monopolios. Cualquier conspiración para restringir el comercio era sin duda ilegal según el derecho común.[192] Pero rara vez una gran empresa era el único proveedor de un producto o servicio bien definido. Lo más habitual era que una empresa llamativamente innovadora suministrara mejores productos y redujera costes de producción y precios, con lo que aumentaba su cuota de mercado. Los competidores sin tanto éxito se quejaban amargamente de que los «monopolistas» estaban acabando con ellos.[193] Los

191. El tratado definitivo sobre las grandes empresas es Alfred D. Chandler, *The visible hand: the managerial revolution in American business*, Belknap Press, Cambridge (Massachusetts), 1977. Sobre la omnipresencia de «la cuestión del monopolio» como asunto político en la década de 1880, véase William Letwin, *Law and economic policy in America: the evolution of the Sherman Antitrust Act*, University of Chicago Press, Chicago, 1965, pp. 58-59, 69-70.

192. El derecho común no era uniformemente hostil hacia todos los aspectos del monopolio. Para una aclaración de los detalles legales, véase Letwin, *Law and economic policy*, pp. 77-85.

193. Thomas K. McCraw, «Rethinking the trust question», en Thomas K. McCraw (ed.), *Regulation in perspective: historical essays*, Harvard University Press, Cambridge (Massachusetts), 1981, pp. 1-55.

clientes suelen oponerse a la discriminación de precios, real o imaginaria. Por encima de cualquier otra consideración, la discriminación de precios provocó la indignación de los transportistas del Medio Oeste contra los ferrocarriles. A menudo, las críticas al supuesto poder de monopolio de una gran empresa podían esquivarse demostrando que la empresa producía mejores productos o servicios en volumen creciente a precios cada vez más bajos.

Pero esta justificación, incluso siendo cierta, no disipaba la acusación de que las grandes empresas subvertían el orden político democrático. «La corrupción,» acusaron los populistas en el preámbulo de su programa de 1892, «domina las urnas, las legislaturas, el Congreso y toca incluso el armiño de la judicatura». Observadores de reputación intachable estuvieron de acuerdo. Henry B. Brown, juez asociado del Tribunal Supremo de Estados Unidos, dijo a los estudiantes de derecho de Yale en 1895 que «el robo y la corrupción son tan universales que amenazan la estructura misma de la sociedad». Afirmó que «[p]robablemente en ningún país del mundo la riqueza es más influyente que en éste, y en ningún período de nuestra historia ha sido más poderosa que ahora».[194]

194. Commager (ed.), *Documents*, II, p. 113; «Justice Brown on the social outlook», *Public Opinion*, 19 (1895), p. 78. Sobre la generalización de la corrupción en la política de finales del siglo XIX, véase Morton Keller, *Affairs of State: public life in late nineteenth century America*, Belknap Press, Cambridge (Massachusetts), 1977, pp. 524-530, 542-543. Keller señala (p. 543) que «[s]e trataba de una relación de explotación mutua. Los políticos obtenían dinero extorsionando a las empresas con amenazas de legislación hostil, mientras que las empresas buscaban favores y servicios de los políticos». También Edmund Morris, *The rise of*

Sin duda, los monopolios hicieron sentir su influencia en las legislaturas estatales, los pasillos del Congreso y los tribunales de justicia. Como dijo Richard Hofstadter, «Antes de que las empresas aprendieran a comprar políticos al por mayor, tuvieron que comprar privilegios al por menor. Gastaron sumas fabulosas». Los promotores del ferrocarril presionaron activamente para obtener concesiones de tierras y otros subsidios en todos los niveles del Gobierno. Un coro de industriales clamaba continuamente por la protección de los aranceles. Los grandes empresarios recurrieron rutinariamente a los tribunales en busca de ayuda en su lucha contra los sindicatos. En una época de política tosca y políticos a menudo deshonestos, los propietarios y administradores de las grandes empresas tenían una capacidad extraordinaria para influir en el proceso político, y lo hacían con un éxito considerable. Aunque el sistema político no llegó a ser la plutocracia sin paliativos que denunciaban los críticos radicales, las actividades políticas de las grandes corporaciones minaron la fe de la gente en las instituciones políticas y amargaron a una gran minoría de los ciudadanos.[195] Los sindicatos, que lograron su pri-

---

Theodore Roosevelt, Ballantine Books, Nueva York, 1979, pp. 171-172, 261-262, 434-435, 485-487, 499-500. Morris sentencia (p. 171) que «el chantaje, no el soborno, era la forma principal de corrupción en la Asamblea [Estatal de Nueva York]».

195. Richard Hofstadter, *The American political tradition, and the men who made it*, Vintage, Nueva York, 1974, p. 219: «Entre 1866 y 1872... Union Pacific gastó 400.000 dólares en sobornos; entre 1875 y 1885 los sobornos supusieron a Central Pacific 500.000 dólares anuales». Según Aileen Kraditor, «parece haber existido una convicción generalizada entre los trabajadores y la clase media de que los capitalistas cumplían

mer éxito sostenido a finales del siglo XIX, se convirtieron en los enemigos implacables de las grandes empresas.

Los agricultores del oeste, mucho más numerosos que los trabajadores organizados en esa época, también alimentaron el resentimiento contra las grandes empresas industriales y ferroviarias. Después de la guerra civil, los asentamientos del oeste habían ido avanzado junto con la expansión de las instalaciones ferroviarias más allá del río Misisipi. Los pioneros se apoderaron de las praderas y llanuras, llenaron los fértiles valles del lejano oeste, y entre 1870 y 1900 duplicaron con creces la superficie agrícola del país. Las inéditas condiciones de las nuevas regiones agrícolas exponían a los agricultores pioneros a grandes riesgos naturales. La volatilidad de los mercados nacionales e internacionales de cultivos básicos aumentaban la incertidumbre. La lejanía de los mercados del Este magnificaba el impacto de las fluctuaciones del mercado. Pero cuando la naturaleza o las fuerzas del mercado se volvían en su contra, no maldecían ni al cielo ni a la mala suerte, sino a las partes identificables en sus tratos en los mercados. Entre los que preferían odiar, los ferrocarriles y los empresarios ocupaban un lugar destacado. Cualquiera de los grandes movimientos de protesta agraria de finales del siglo XIX prosperó más allí donde las incertidumbres naturales y

---

al menos algunas funciones económicas útiles, como acumular capital, supervisar, organizar. Más bien eran criticados por ejercerlas injustamente y por usar su patrimonio ilegítimamente para influenciar en ámbitos no económicos» (*The radical persuasion, 1890-1917: aspects of the intellectual history and the historiography of three American radical organizations*, Louisiana State University Press, Baton Rouge, 1981, p. 74).

económicas eran relativamente mayores, pero las quejas de los agricultores se centraban en los malhechores mundanos en lugar de en las desgracias enviadas por el cielo.[196]

Los movimientos de protesta de los granjeros tuvieron poco éxito. Las leyes estatales Granger de principios de los setenta fueron transitorias. Aunque el Tribunal Supremo de Estados Unidos defendió los poderes reguladores de los estados en la famosa decisión *Munn* de 1877, el poder de negociación de los ferrocarriles en las legislaturas estatales superó a los entusiastas de la regulación, y los reglamentos fueron derogados o modificados para minar su poder.[197] *Munn*, descrito tan a menudo como un «hito», tuvo un efecto poco visible. La Ley de Comercio Interestatal fue aprobada por el Congreso en 1887, pero esta vaga ley, descrita por el senador Nelson W. Aldrich como «un engaño y una farsa», se aplicó de forma vacilante y tendió más a estabilizar los cárteles ferroviarios que a proteger a los peones. A finales de los años noventa, la Comisión de Comercio Interestatal era prácticamente irrelevante.[198]

196. Higgs, *The transformation*, pp. 86-102; Robert A. McGuire, «Economic causes of late nineteenth-century agrarian unrest», *Journal of Economic History*, 41 (dic. de 1981), pp. 835-852; Williams, «Economics and politics», pp. 248-249; Bradley G. Lewis, «Economic causes of late nineteenth-century agrarian unrest: comment», *Journal of Economic History*, 42 (sep. de 1982), pp. 688-696; y Robert A. McGuire, «Reply», ibídem, pp. 697-699.

197. George H. Miller, *Railroads and the Granger Laws*, University of Wisconsin Press, Madison, 1971.

198. Aldrich citado por Hofstadter, *The American political tradition*, p. 230. También Gabriel Kolko, *Railroads and regulation, 1877-1916*, Princeton University Press, Princeton (Nueva Jersey), 1965; Paul W. MacAvoy, *The economic effects of regulation: the Trunk-Line Railroad*

La preferencia de los granjeros por esquemas monetarios inflacionistas dio escasos frutos legislativos. Los *greenbackers*, que defendían nuevas emisiones de papel moneda fiduciario, sufrieron una derrota sin paliativos. La Ley Bland-Allison de 1878 y la Ley Sherman de 1890 exigían al Tesoro que comprara pequeñas cantidades de plata —la primera de estas leyes añadía monedas de un dólar de plata o certificados equivalentes, la segunda sólo certificados de plata a los depósitos monetarios—, pero sus efectos directos sobre el nivel de precios fueron insignificantes. La Ley Sherman Antimonopolio de 1890 fue una hipócrita concesión a la opinión pública. Como dijo el senador Orville Platt, «todo el esfuerzo ha sido por conseguir un proyecto de ley titulado "Un proyecto de ley para castigar a los monopolios" con el que presentarse en el campo».[199] La ley se aplicó de forma limitada y errática, y en los años noventa afectó más a los sindicatos que a los monopolios. Sin duda, la frustración que muchos agricultores sintieron por sus fracasos políticos en los años setenta y ochenta contribuyó a la expansión del populismo a principios de los noventa.

Mayoritariamente el Estado permaneció serenamente indiferente a los vientos radicales que se arremolinaban en torno a él. Los gobiernos locales proporcionaban

---

cartels and the Interstate Commerce Commission, MIT Press, Cambridge (Massachusetts), 1965; Stephen Skowronek, *Building a new American State: the expansion of national administrative capacities, 1877-1920*, Cambridge University Press, Nueva York, 1982, pp. 121-162, esp. 148-149.

199. U.S. Senate, *Congressional record*, 51.° Congreso, 1.ª sesión, 1890, p. 2731.

policía, tribunales, escuelas, calles y carreteras; algunas de las ciudades más grandes construyeron el alcantarillado y garantizaron el abastecimiento de agua. El Gobierno federal pagaba las pensiones de los veteranos y los intereses de la deuda de la guerra civil; mantenía un minúsculo aparato militar; repartía el correo; desgranaba el dominio público mediante regalos y ventas; mantenía los aranceles elevados y cobraba algunos impuestos especiales; llevaba a cabo una política monetaria deflacionaria que en el período 1865-1878 permitió un acercamiento al patrón oro similar a la paridad de antes de la guerra civil, y después de 1878 al mantenimiento de ese estándar y esa paridad. Por lo demás, los Gobiernos hicieron poco de gran importancia o gasto. Aunque la época posterior a la guerra civil no fuera testigo de un *laissez faire* puro en Estados Unidos, sí fue testigo de un Estado limitado y de una economía en la que la gente tenía una amplia libertad para realizar las transacciones económicas de su elección y en los términos por ellos establecidos. Como ha expresado el historiador jurídico Lawrence Friedman, «cada nueva ley que se aprobaba, si se refería a la economía, era un vaso de agua que se sacaba del dominio oceánico del derecho contractual».[200]

A pesar de que millones de personas apoyaban a los populistas y otras propuestas para ampliar el alcance de la intervención pública en la economía, la mayoría de los estadounidenses —incluyendo a la mayoría de los agri-

200. Lawrence M. Friedman, *A history of American law*, Simon & Schuster, Nueva York, 1973, p. 466. También Skowronek, *New American State*, pp. 16, 46, y *passim*.

cultores y trabajadores— se oponían a dicha reforma.[201] James Bryce, el observador extranjero probablemente más perspicaz sobre la sociedad americana de finales del siglo XIX, observó que la población en general valoraba «ciertos dogmas o máximas» sobre asuntos políticos, legales y económicos. Uno de los dogmas era la convicción de que ciertos derechos del individuo, como el «derecho al disfrute de lo que ha ganado [...] son fundamentales y sagrados». Además, todas las autoridades «debían ser estrictamente limitadas» y «cuanto menos Estado, mejor [...]. Las funciones del Estado debían limitarse a lo mínimo».[202]

Empleando el concepto de «opinión pública» Bryce argumentaba de hecho que la ideología era la fuerza fundamental que se oponía a la ampliación del poder público para redistribuir la riqueza. «[L]os ciudadanos más pobres han sido durante mucho tiempo una mayoría investida de poder político», escribió. De ahí que se pueda temer

201. Kraditor (*The radical persuasion*, p. 299) señala que «millones de trabajadores de a pie ignoraron a los radicales». Su aseveración se aplica específicamente a los socialistas, pero lo mismo se podría decir de los populistas. Para una caracterización de cómo «la opinión efectiva política y socialmente» favoreció una participación limitada del Estado en la vida económica de finales del siglo XIX, véase James Willard Hurst, *Law and markets in United States history: different modes of bargaining among interests*, University of Wisconsin Press, Madison, 1982, pp. 20-22; Herbert McClosky y John Zaller, *The American* ethos*: public attitudes toward capitalism and democracy*, Harvard University Press, Cambridge (Massachusetts), 1984., pp. 113, 127, 144, 150.

202. James Bryce, *The American Commonwealth*, Macmillan, 3.ª ed., Londres, 1895, II, pp. 536-537.

que hubieran cambiado las tornas y los pobres arrojaran toda la carga de los impuestos sobre los ricos, y despreciado lo que podría llamarse el derecho de propiedad en el supuesto interés de las masas. Esto no sólo no se ha intentado —apenas ni siquiera se ha sugerido [...]— y no suscita ningún temor serio. Si las masas lo quisieran, la maquinaria del Estado no podría más que retrasarlo por un tiempo. Lo que lo impide es la honestidad y el sentido común de los ciudadanos en general, que están convencidos de que los intereses de todas las clases son sustancialmente los mismos, y que la justicia es el más alto de esos intereses. La igualdad, la competencia abierta y justa para todos, los estímulos para la industria y la seguridad para sus logros, éstos son, según ellos, los principios evidentes de la prosperidad nacional.

Quien acepte la veracidad de la descripción y el análisis de Bryce, que son corroborados ampliamente por muchos otros contemporáneos e historiadores, debe concluir que el freno decisivo al crecimiento del Estado a finales del siglo XIX fue la ideología dominante. La mayoría se resistió a las peticiones radicales de un Estado más grande porque creían que además de contraproducente sería inmoral.[203]

203. Ibídem, p. 369. Compárese con David McCord Wright, «The protective myths of capitalism», en *Capitalism*, Henry Regnery, Chicago, 1962, esp. p. 83; Joseph A. Schumpeter, «The civilization of capitalism», in *Capitalism, socialism, and democracy*, Harper & Row, 3.ª ed., Nueva York, 1950, pp. 121-130; y con el «catálogo de virtudes del siglo XIX» de Robert H. Wiebe en *The search for order, 1877-1920*, Hill & Wang, Nueva York, 1967, pp. 136, 159. Kraditor (*The radical persuasion*, p. 64) sostiene que en el período 1890-1917 no había «una ideología *capitalista* hegemónica [...] aunque sí que existían unos valores de consenso» (énfasis del

Una nación entregada a la ideología de limitar el papel del Estado en 1892 eligió al líder ideal, Grover Cleveland, quien ya había manifestado su devoción por una concepción limitada del papel del Estado en la economía. La demostración más memorable de sus convicciones fue en 1887, durante su primer mandato como presidente, después de que el Congreso aprobara la llamada Ley de Semillas de Texas. La ley preveía la distribución de semillas de cereales por parte del Comisionado de Agricultura de Estados Unidos a agricultores pobres de una zona de Texas devastada por la sequía. Sólo se destinaron 10.000 dólares, una cantidad insignificante ya en aquella época, y los beneficiarios ciertamente parecían merecerlo. Sin embargo, Cleveland vetó la ayuda porque no podía «encontrar en la Constitución una justificación para tal asignación». Además, «cabe resistir con firmeza la tendencia predominante a ignorar la misión limitada del poder y el deber [del Estado], para que se aplique sin tregua la lección de que, aunque el pueblo sostenga al Estado, éste no debe sostener

original); también pp. 74-75, 334, n. 41. Keller (*Affairs of State*, pp. 131, 161-162, 297, 318, 409 y *passim*) hace hincapié en la «hostilidad muy extendida hacia cualquier tipo de Gobierno activo». Con todo, se debe reconocer, como el mismo Bryce hizo, que el final del siglo XIX no era exactamente una edad dorada del *laissez faire*, dado que los gobiernos estatales interferían cada vez más en asuntos económicos. Pero Bryce señaló en la edición de 1895 que la decantación hacia el intervencionismo ocurría de forma tan gradual «que pocos más allá de abogados y economistas se estaban dando cuenta» (*American Commonwealth*, II, p. 542). El caso es que, aunque a finales del siglo XIX se plantaron algunas semillas que más tarde crecerían hasta convertirse en importantes controles gubernamentales, este período presenció un intervencionismo bastante limitado.

al pueblo».[204] Como dijo Robert Wiebe, «Cleveland y sus seguidores, que procedían de un sector respetado del Partido Demócrata, compartían la misma honda preocupación por la propiedad, la ley y el orden que obsesionaba básicamente a los ciudadanos de bien en cualquier parte. Un hombre enérgico en el que se podía confiar para plantar cara a la legislación radical y que intervendría con prontitud dondequiera que surgiese la necesidad».[205] Pero cuando tomó posesión de su cargo en marzo de 1893, Cleveland poco podía sospechar lo difícil que resultaría mantener su fe durante los cuatro años siguientes.

Depresión y conflicto social, 1893-1896

Cleveland apenas se había instalado en la Casa Blanca cuando empezó el colapso económico. A principios de mayo, la quiebra de la National Cordage Company desató el pánico en la Bolsa de Nueva York. Siguieron varias oleadas de quiebras bancarias que condujeron a una crisis temporal de liquidez. A mediados de verano se produjo una depresión generalizada. El *Commercial and Financial Chronicle* informó de un «sorprendente y repentino cese de la activi-

204. «Veto message. Distribution of seeds», *Congressional record*, 49.° Congreso, 2.ª sesión, vol. 28, parte II, p. 1875. Cleveland reiteró esta convicción en su segundo discurso inaugural, manifestando que «[l]as lecciones del paternalismo deberían ser desaprendidas» (*Inaugural addresses of the presidents of the United States*, 89.° Congreso, 1.ª sesión, doc. núm. 51, 1965, p. 165).

205. Wiebe, *The search for order*, p. 80.

dad industrial [...]. [Multitud de] fábricas, hornos y minas cerraron en casi todas partes, y la actividad comercial y empresarial se detuvo de forma extraordinaria y sin precedentes [...]. El comercio interior encogió hasta dimensiones muy pequeñas [...] y cientos de miles de personas se quedaron sin empleo». A finales de año, más de quince mil empresas, varios centenares de bancos y una sexta parte de los ferrocarriles del país habían quebrado.[206]

En 1893 todos los resultados macroeconómicos empeoraron extraordinariamente. Como es habitual al comienzo de una depresión severa, la inversión cayó de forma inmediata, en esta ocasión más del 20 por ciento (en dólares constantes) con respecto al año anterior. El PNB real per cápita cayó un 7 por ciento. El desempleo crecía de forma constante a medida que se acercaba el invierno y hacía anticipar graves tensiones en las ciudades industriales.

El año siguiente fue testigo de un declive económico sostenido. La inversión real cayó prácticamente un 6 por ciento más. El PNB real per cápita se desplomó otro 5 por ciento. El desempleo alcanzó el 18 por ciento del total de la población activa. Alrededor de cuatro décimas partes de la fuerza laboral todavía trabajaba en la agricultura, donde los trabajadores eran casi inmunes al desempleo cíclico, pero es probable que el desempleo de la mano de

206. Gerald T. White, *The United States and the problem of recovery after 1893*, University of Alabama Press, University, 1982, pp. 1-5; *Commercial and Financial Chronicle*, 57 (16 de septiembre de 1893), p. 446; R. Hal Williams, *Years of decision: American politics in the 1890's*, Wiley, Nueva York, 1978, pp. 75-77.

obra no agrícola superara el 30 por ciento de media. En los primeros meses de 1894, cuando el desempleo alcanzó su punto álgido, la mitad de quienes buscaban trabajo en la industria y la construcción no conseguían trabajar.

Los cuatro años siguientes la economía funcionó muy por debajo de su potencial. Una fuerte pero breve recuperación en 1895 no logró acabar con la mayor parte del desempleo. La recaída de 1896 hizo que la tasa estimada de desempleo superara el 14 por ciento del total de la población activa. El gasto en inversión parecía estar en una montaña rusa: subió en 1895, bajó en 1896, subió en 1897 y bajó en 1898, antes de un aumento sostenido ya en el nuevo siglo. El PNB real per cápita reflejaba la inestabilidad de la inversión, comenzando con un significativo aumento continuado y superando sustancialmente el nivel de 1892 sólo después de 1898. En 1893-1898 la tasa estimada de desempleo superó el 14 por ciento de la mano de obra total y un 20 por ciento de la mano de obra industrial.[207]

207. Charles Hoffmann, *The depression of the nineties: an economic history*, Greenwood, Westport (Connecticut), 1970, pp. xxvi-xxxi; U.S. Bureau of the Census, *Historical statistics of the United States, colonial times to 1970*, U.S. Government Printing Office, Washington D. C., 1975, pp. 127, 135, 224. Estimaciones próximas al momento de escribir estas líneas por parte de David R. Weir en cuanto a las tasas de desempleo en la década de 1890 son un tanto inferiores: para el período 1893-1898 Weir sitúa la tasa total de desempleo entre un 10,5 y un 10,7 por ciento de media, con un máximo del 12 por ciento en 1896; en el caso de la mano de obra no agrícola, la tasa se situaría en el 17 por ciento de media, con máximos por encima del 19 por ciento en 1894 y 1896 («Okun's law and the curious stability of historical unemployment estimates», artículo presentado en la reunión de la Asociación de Historia Económica,

Sólo la Gran Depresión de la década de 1930 superó la gravedad de la depresión de la década de 1890. Pero la primera de estas depresiones empezó con un nivel de ingresos de partida mucho menor —el PNB real per cápita en 1892 era sólo el 55 por ciento del correspondiente a 1929—, y por esta razón el colapso de los años noventa hundió a la población a niveles de bienestar mucho más bajos de los que se alcanzaron en lo más hondo de la Gran Depresión. Incluso en 1933, en el punto más bajo de todo el ciclo, el PNB real per cápita superaba en más de un 20 por ciento al del próspero año 1892.[208] Sin duda a mediados de los años noventa se vivió una angustia y sufrimiento enormes, sobre todo en las grandes ciudades industriales durante el primer invierno infame de la depresión, el de 1893-1894.

No es de extrañar que esas terribles condiciones cristalizaran en malestar social y desencadenaran protestas. En la primavera de 1894 los llamados «ejércitos industriales» formados por grupos de desempleados marcharon hacia la capital nacional para presentar sus «peticiones con las botas puestas» y exigir ayuda. El más conocido fue el «ejército de Coxey para el *Commonweal* (bienestar social)», un grupo de centenares de hombres que Jacob S. Coxey, un empresario radical, comandó desde Ohio a Washington en el mes de abril. Coxey tuvo un final poco heroico en

---

Nueva York, 20 de septiembre de 1985). Otra reestimación contemporánea de estas líneas, por parte de Christina Romer, sitúa la tasa total de desempleo alrededor del 12 por ciento a lo largo del período 1894-1898. Véase en «Spurious volatility in historical unemployment data», *Journal of Political Economy*, 94 (feb. 1986), p. 31.

208. U.S. Bureau of the Census, *Historical statistics*, p. 224.

la manifestación del 1 de mayo: en Washington la policía reprimió a sus seguidores a bastonazos mientras que a él lo arrestaron por caminar sobre la hierba. Otra docena de grupos —uno en el oeste contaba con cinco mil hombres— recorrió el país asustando y divirtiendo a partes iguales a quienes encontraban a su paso. Aunque muchos comentaristas ridiculizaron a estos ejércitos industriales y sus peticiones al Gobierno, otros los vieron como expresión del peligro potencial de una clase obrera descontenta y cada vez más radicalizada. Francis Lynde Stetson, un abogado de Wall Street que era amigo íntimo y asesor de Cleveland, en 1894 advirtió al presidente: «Estamos en vísperas de una noche muy oscura, a menos que el regreso de la prosperidad comercial alivie el descontento popular».[209]

Para iluminar esa inminente noche oscura, varios respetables defensores de las reformas instaron a que el ejecutivo respondiera a las demandas de empleo de los desarrapados ejércitos industriales mediante proyectos de obras públicas. En Massachusetts, Edward Bellamy, autor de la novela utópica *Looking backward* e inspirador de los clubs colectivistas nacionales, propuso que el Estado ofreciera talleres para los desempleados. En California, un senador estatal abogó por un programa similar. Otras propuestas que incluían planes de acción federal surgieron

209. Rezneck, «Unemployment», pp. 333-334; Carl N. Degler, *The age of the economic revolution, 1876-1900*, Scott, Foresman, 2.ª ed., Glenview (Illinois), 1977, pp. 123-124; Stetson citado en Ray Ginger, *Age of excess: the United States from 1877 to 1914*, Macmillan, 2.ª ed., Nueva York, 1975, p. 164.

también en otros lugares —entre sus partidarios se contaba a los editores de la revista *Journal of the Knights of Labor* y a Samuel Gompers, jefe de la Federación Americana del Trabajo—. Benjamin O. Flower, editor de la revista *Arena*, declaró que «[u]na crisis excepcional exige medidas rápidas y extremas, y el deber del Estado es estar a la altura de la emergencia en crisis como la que todavía estamos atravesando». Gompers propuso que el Gobierno federal contratara a los desempleados para tareas como la reparación de los diques a lo largo del río Misisipi, y pagara a los trabajadores en papel moneda recién emitido. Las propuestas de medidas públicas de apoyo al empleo nunca habían provocado tanto revuelo.[210]

Sólo un puñado de políticos y un reducido grupo de la población respondieron a las propuestas de programas de obras públicas estatales o federales para aliviar el desempleo. Como portavoz de la ideología dominante, el congresista M. D. Harter declaró que «no es asunto de Estados Unidos subir los precios, proporcionar trabajo, regular los salarios o interferir de la manera que sea en los negocios privados o en los asuntos personales de la gente».[211] En otoño de 1893 el gobernador demócrata de Nueva York,

210. Rezneck, «Unemployment», pp. 332-333; White, *Recovery after 1893*, pp. 23-25; B. O. Flower, «Emergency measures which would have maintained self-respecting manhood», *Arena*, 9 (may. de 1894), p. 823.

211. Citado en William Nelson Black, «The Coxey crusade and its meaning: a menace to Republican institutions», *Engineering Magazine*, 7 (jun. de 1894), p. 313. Black añadió (p. 309) que «Estados Unidos es un país de gente corriente y no vemos con buenos ojos las concepciones complacientes y gloriosas del paternalismo gubernamental».

Roswell P. Flower, lamentaba los «miles de personas que se han quedado sin trabajo» y afirmaba que un programa público de ayuda al desempleo sería «un precedente peligroso para el futuro, que justificaría una legislación paternalista y fomentaría un derroche extravagante».[212] El senador James H. Berry, un exconfederado de Arkansas que había perdido una pierna en la guerra, expresó su asombro en el pleno del Senado ante la idea de «que ahora, porque los tiempos son difíciles, este Gobierno debería ser más desprendido en la administración del dinero. Ésa no es mi teoría de la Constitución. Mi idea es que cada ciudadano de Estados Unidos mire por sí mismo, y que el propósito de este Gobierno no sea dar trabajo a los individuos a lo largo y ancho del país mediante la adjudicación de dinero que pertenece a otras personas y no al Senado».[213] De acuerdo con la ideología dominante, ni el Gobierno federal ni el estatal proporcionaron ninguna mejoría en cuanto al trabajo en la década de 1890. Todas las ayudas para los desempleados procedían de fuentes tradicionales como las organizaciones benéficas privadas y los gobiernos locales.

Mientras los parados languidecían en las ciudades, la depresión en el campo se tradujo en precios e ingresos

212. State of New York, *Public papers of Roswell P. Flower, Governor, 1893*, Argus, Albany (Nueva York), 1894, pp. 346, 451.

213. U.S. Senate, *Congressional record*, 53.° Congreso, 2.ª sesión, 18 de enero de 1894, p. 979. Las palabras de Berry resultan aún más llamativas cuando se repara en la ocasión en la que se pronunciaron: el debate de una propuesta insustancial para construir un monumento a dos héroes de la guerra de Independencia en el Estado de Nuevo Hampshire.

agrícolas extraordinariamente bajos. El maíz, que a principios de los años noventa costaba unos cuarenta centavos por fanega (aproximadamente 40 kilos), cayó a veinticinco centavos en 1895 y aún menos al año siguiente. El trigo, que se vendía a más de ochenta centavos de dólar por fanega en 1890-1891, bajó a sólo unos cincuenta centavos durante 1893-1895. El algodón se desplomó en 1894 a menos de cinco centavos la libra (0,45 kilos aproximadamente), el precio más bajo que se recuerda y apenas la mitad del valor que tenía en 1892.[214] Los impuestos, intereses y precios pagados por los agricultores no disminuyeron proporcionalmente, motivo por el que éstos se vieron penosamente atrapados entre precios y costes.

Algunos agricultores desesperados, buscando soluciones para salir adelante, defendían fórmulas populistas como la inflación sustentada con plata o una regulación más estricta de las tarifas ferroviarias. El programa populista de 1892 también defendía un plan de subtesorería según el cual el Gobierno federal tomaría como garantía los depósitos de las cosechas para otorgar préstamos de moneda fiduciaria a los agricultores con un tipo de interés inferior al de los mercados financieros.[215] Sin embargo, cuatro décadas más tarde el Congreso promulgó un plan similar que desde entonces ha venido desempeñando un papel fundamental en la subvención pública a los agricultores.

214. U.S. Bureau of the Census, *Historical statistics*, pp. 512, 518.

215. Williams, «Economics and politics», pp. 247-251; Commager (ed.), *Documents*, II, pp. 144-145.

En 1896, el embajador ruso en Washington lanzó la novedosa propuesta de elevar el precio del trigo. La propuesta se enmarcaba en un plan para que los gobiernos de los principales países exportadores formaran un cártel del trigo, controlaran su comercio internacional y mantuvieran los precios altos. El secretario de Estado, Richard Olney, transmitió la propuesta al secretario de Agricultura, J. Sterling Morton, cuya respuesta fue el paradigma de la lealtad ideológica al libre mercado. «A mi juicio», dijo, «no es asunto del Estado intentar, por medio de leyes ni acuerdos económicos internacionales, derogar, enmendar o mitigar las leyes de la economía ni el funcionamiento de esas leyes».[216] Obviamente, el Gobierno de Estados Unidos no hizo nada para promover la formación del cártel en la década de 1890. Hacerlo habría requerido en primer lugar que los responsables políticos se liberaran de severas restricciones ideológicas.

216. Morton en respuesta a Olney, 5 de noviembre de 1896, recogido en J. D. Whelpley, «An international wheat corner», *McClure's Magazine*, 15 (ago. de 1900), p. 364. Whelpley observó (pp. 368, 367) que «[e]l partido agrario ya ha exigido ayudas gubernamentales para los agricultores en compensación por los aranceles impuestos en beneficio de los industriales». Sin embargo, «[e]s poco probable que Estados Unidos, al menos en vida de la presente generación, considere seriamente un plan de ese tipo [como el propuesto por Rusia]. Es contrario a los principios reconocidos de una república que, al menos teóricamente, no interfiere en los asuntos de los individuos, elude el paternalismo y, como Gobierno del pueblo por parte de todo el pueblo, rechaza que cualquier sector pueda aspirar a un esfuerzo especial de esta índole en su favor».

Salvando el patrón oro

Después de la *Reconstrucción*, ninguna otra cuestión nacional (a excepción quizá de los aranceles) provocó una controversia política tan acalorada como los tipos monetarios. A pesar de que a partir de 1878 se adoptó *de facto* el patrón oro, el Gobierno no estaba obligado legalmente a mantenerlo. La Ley Bland-Allison en 1878 y la Ley Sherman de compra de plata en 1890 mantuvieron vivas las esperanzas de los partidarios de la plata. De hecho, la ley de 1890 tuvo un significado más que simbólico. Milton Friedman y Anna Schwartz concluyeron que durante los años fiscales 1891-1893 «la acción del Tesoro era a una escala lo suficientemente grande [...] [para] que [...] si se hubiera sostenido indefinidamente, habría sacado a Estados Unidos del patrón oro por sus efectos directos sobre la masa monetaria».[217] Muchos contemporáneos apreciaron esta potencialidad inminente y reaccionaron atesorando o exportando oro. Las perspectivas fluctuantes del patrón oro y los consiguientes flujos erráticos de capital amenazaban con tener repercusiones más amplias. Algunos observadores los culparon de la depresión que se había convertido en una dolorosa realidad en el verano de 1893.

Cleveland abrazó con convicción esa creencia. «Evidentemente», dijo el nuevo presidente en su discurso inaugural del 4 de marzo de 1893, «nada es más vital para nuestra

217. Milton Friedman y Anna Jacobson Schwartz, *A monetary history of the United States, 1867-1960*, Princeton University Press, Princeton (Nueva Jersey), 1963, p. 133.

preeminencia como nación y para los propósitos benéficos de nuestro Estado que una moneda sana y estable [...]. [E]n la medida en que el Poder Ejecutivo pueda intervenir», prometió que «no se impedirá el ejercicio de ninguno de los poderes con los que está investido cuando se consideren necesarios para mantener nuestro crédito nacional o evitar un desastre financiero».[218]

A lo largo de 1893 la necesidad de tal intervención se hizo cada vez más apremiante. Muchos certificados de plata que habían sido emitidos por el Tesoro de acuerdo con la Ley Sherman de compra de plata, y muchos bonos pendientes de Estados Unidos (*greenbacks* que sobrevivían desde la emisión original durante la guerra civil) se llevaron al Tesoro para ser redimidos en oro. Desde que en 1879 se había reanudado la convertibilidad de moneda en oro, el Tesoro había tratado de mantener unas reservas en ese metal de al menos 100 millones de dólares. A finales de abril, la reserva cayó por primera vez por debajo de esa cantidad y cundió el temor a que el Estado pronto se viera obligado a abandonar el patrón oro. En junio, alentado por cartas de empresarios y banqueros, Cleveland convocó una sesión especial del Congreso con el propósito expreso de derogar la Ley Sherman de compra de plata. La sesión comenzó el 7 de agosto. La enérgica oposición de los partidarios de la plata prolongó las deliberaciones, pero a finales de octubre el Congreso aprobó un proyecto de ley de derogación que el presidente firmó el 1 de noviembre. Aunque las condiciones económicas de finales de 1893 no

218. *Inaugural addresses of the Presidents*, p. 164.

eran motivo de alegría, los defensores del patrón oro creían que su éxito legislativo era un buen augurio tanto para la conservación del patrón oro como para una rápida recuperación de la depresión.

Ninguno de los dos objetivos se iba a lograr fácilmente. La economía se hundió todavía más al llegar el invierno y siguió aumentando el temor por el patrón oro. A finales de año la reserva de oro había caído a sólo 81 millones de dólares, mayoritariamente por retiradas sucesivas y necesarias para compensar la imprevista falta de ingresos públicos a medida que se agravaba la depresión. La administración solicitó autorización para recurrir a medios novedosos para hacer frente al déficit, pero el Congreso no respondió. El secretario del Tesoro, John G. Carlisle, firmemente comprometido con el sostenimiento de una «moneda fuerte», recurrió a los únicos medios que tenía a su disposición.

El 17 de enero de 1894 Carlisle anunció una emisión de bonos por 50 millones de dólares que se venderían a cambio de oro. Inicialmente la oferta suscitó poca respuesta de la población, pero las negociaciones entre el Tesoro y los principales banqueros de Nueva York facilitaron que se dispusiera de bonos en condiciones razonablemente favorables. Desafortunadamente alrededor de un tercio del oro recibido por el Tesoro era propio; había sido retirado a cambio de papel moneda y luego utilizado para comprar los bonos. No obstante, la venta de estos bonos elevó la reserva de oro hasta más de 107 millones de dólares y al menos proporcionaron una protección temporal contra quienes especulaban con la baza de que pronto se derrumbaría.

Cleveland y Carlisle pagaron un alto precio político por la emisión de estos bonos. Según el biógrafo de Cleveland, les llovieron cartas «denunciándoles como traidores, judíos, instrumentos de la abultada burocracia de la riqueza, amigos de los chupasangres financieros». Los remitentes de estas misivas, sinceramente convencidos de los poderes milagrosos del dinero apoyado en la plata, «creían que una coalición con los grandes banqueros para mantener el costoso patrón oro del dólar era una alianza para aplastar a los pobres en el fango».[219]

En vista de esta terrible reacción, Cleveland y Carlisle debieron lamentar profundamente tener que emitir bonos de nuevo en noviembre, cuando la reserva de oro se redujo a unos 60 millones de dólares. Un sindicato de bancos de Nueva York se hizo con la totalidad de esta segunda emisión de 50 millones de dólares en bonos de oro. El Gobierno había vuelto a sostener el patrón oro con un enorme coste en términos de apoyo político, en particular en el oeste y el sur.

Sin embargo, el problema persistía. Llevados por la determinación de preservar el patrón oro y convencidos de que abandonarlo sería un «desastre fulminante y catastrófico», Cleveland y Carlisle entablaron negociaciones secretas con los titanes de Wall Street, J. P. Morgan y August Belmont. Buscaban restablecer la reserva de oro sin agotar parte de las existencias iniciales del Tesoro en el proceso. El Estado también necesitaba mitigar los temores de la

219. Allan Nevins, *Grover Cleveland: a study in courage*, Dodd, Mead, Nueva York, 1932, p. 599.

gente y desalentar el acaparamiento de oro y las exportaciones de capital a corto plazo por parte de los especuladores contra la moneda. El sindicato encabezado por Morgan y Belmont prometió lograr estos objetivos controlando el mercado de divisas. En febrero de 1895 el Tesoro y el sindicato firmaron un contrato que comprometía al Gobierno a emitir 62 millones de dólares en bonos a 30 años con un rendimiento del 3,75 por ciento, a cambio de unos 65 millones de dólares en oro y el compromiso de los banqueros a proteger al Tesoro de retiradas de oro. Funcionó. Durante los cinco meses siguientes no se retiró oro del Tesoro y se restauró la confianza en la capacidad del Gobierno para mantener el patrón oro.[220]

Pero nuevamente los espíritus hostiles reaccionaron con furia. «Por cientos de miles», dijo Allan Nevins, «los estadounidenses partidarios de la mano dura creían que Cleveland y Carlisle habían vendido el crédito de la república a los Morgan y los Rothchilds [...] que los judíos chupasangres y los extranjeros [...] una banda de vampiros [...] [tenían] el control de nuestro destino».[221] Los demagogos del oeste y del sur y sus legiones de seguidores montaron en cólera.

Cleveland y Carlisle nunca dudaron de que habían hecho lo correcto, tanto desde el punto de vista de la conveniencia como de la moral. El sindicato Morgan-Belmont obtuvo un gran beneficio de su reventa de bonos (los com-

220. Ibídem, p. 658; White, *Recovery after 1893*, p. 49; Friedman y Schwartz, *Monetary history*, pp. 111-112.

221. Nevins, *Grover Cleveland*, pp. 665-666.

praron el 8 de febrero a 104,5 y los revendieron a 112,25 el día 20 del mismo mes), sorprendiendo a quienes habían pensado que la gente no estaría dispuesta a adquirir los bonos en condiciones aceptables para el Gobierno. La emergencia justificaba, al menos para algunos, los tratos clandestinos del Gobierno con el sindicato. «No había», observó el *New York Evening Post*, «tiempo para negociaciones prolongadas [...]. Si alguna vez ha habido una emergencia en las finanzas públicas [...] ha sido en la última semana de enero [de 1895]».[222]

A finales de 1895 el Tesoro volvió a actuar para mantener la reserva de oro, emitiendo 100 millones de dólares en bonos para su venta directa al público. La venta fue un éxito inmediato y el patrón oro salió de la zona de peligro. Más adelante la Ley del Patrón Oro de 1900 proporcionó una base legal para el patrón monetario que la administración de Cleveland había luchado tan desesperadamente por preservar durante los oscuros días de mediados de los noventa.

Hoy en día es difícil de apreciar la fuerte e influyente presencia de la ideología en las controversias monetarias de finales del siglo XIX. Consideremos, por ejemplo, el famoso discurso de la «Cruz de Oro» de Bryan, que cautivó a la Convención Nacional Demócrata de 1896 y lo catapultó a la candidatura presidencial. El discurso se considera uno de los más exitosos de la historia de Estados Unidos y paradigma de la esencia de la expresión ideológica. Dos poderosas metáforas, la guerra santa y Jesucristo, dominan su retórica.

222. *Evening Post*, 21 de febrero de 1895, citado ibídem, p. 664.

> El ciudadano más humilde de toda la tierra cuando se viste con la armadura de una causa justa es más fuerte que todas las huestes del error. Vengo a hablarles en defensa de una causa tan santa como la causa de la libertad: la causa de la humanidad [...]. Nuestra guerra no es una guerra de conquista; estamos luchando en defensa de nuestros hogares, nuestras familias y la posteridad [...]. [S]i la protección [arancelaria] ha matado a miles de personas, el patrón oro ha matado a decenas de miles [...]. Aquí está la línea de batalla [...]. No impondréis sobre la frente del trabajo esta corona de espinas, no crucificaréis a la humanidad sobre una cruz de oro.[223]

Cualquier economista moderno hará notar que esta retórica ideológica en realidad trataba de que el Gobierno federal eligiera entre el oro o la plata como soporte para expresar el precio de las unidades de papel moneda. Sin embargo, para los contemporáneos de ambos bandos estaban en juego valores fundamentales. El oro contra la plata había llegado a simbolizar un conjunto complejo de cuestiones que dividían a la clase política.

223. Commager (ed.), *Documents*, II, pp. 174-178. Bryan era un ideólogo de gran transcendencia. Según William G. McAdoo, que posteriormente trabajaría junto a él en el gabinete de Wilson, «[Bryan] convertía cada asunto público en una cuestión moral [...]. Pensaba en términos de gente sobrellevando cargas, de malvados en santuarios paganos, de altares de sacrificio» (*Crowded years*, Houghton Mifflin, Boston, 1931, p. 338). McAdoo también declaró (p. 337) en 1931 que Bryan «tuvo más que ver con la formación de las políticas públicas de los últimos cuarenta años que cualquier otro ciudadano estadounidense», una afirmación vehemente pero plausible. Para una comprobación más a fondo, véase Hofstadter, *The American political tradition*, pp. 256-257.

Para Cleveland, Carlisle y sus camaradas mantener el patrón oro representaba la preservación de la estabilidad monetaria (*sound money*). Creían que la derrota de las propuestas en favor de la plata restauraría la confianza de los inversores e impulsaría la superación de la depresión económica. Pero para ellos una moneda sólida significaba todavía mucho más. Como ha dicho Wiebe, Cleveland actuó movido por «una compulsión primordial por salvar la civilización». La noción de decencia financiera estaba en el corazón de su ideología, como lo estaba en la ideología de sus oponentes, con la misma fuerza, pero en sentido opuesto. «El oro era el escudo de la vida civilizada» y su defensa del patrón oro «pretendía salvar a la sociedad de precipitarse por el abismo del desastre».[224]

Ley y orden en el mercado laboral

Los cambios técnicos y organizativos de finales del siglo XIX dieron lugar a un nuevo contexto para trabajadores y empresarios. Cada vez más empleados trabajaban para empresas. Cada vez más empresarios contrataban plantillas mayores, supervisadas por una jerarquía de encargados y gerentes también contratados. La emancipación de los esclavos y la enorme afluencia de inmigrantes añadieron fricciones raciales y étnicas a las ya de por sí tensas relaciones del mercado laboral. También se debilitaron la cercanía personal y

224. Wiebe, *Search for order*, pp. 94-99. También Keller, *Affairs of State*, p. 383; Williams, *Years of decision*, pp. 78-86, 96.

las instituciones comunitarias que hasta entonces habían contribuido a que el vínculo entre empleado y empleador fuera algo más que una relación pecuniaria. A medida que se difuminaban las antiguas relaciones paternalistas informales y surgía un mercado laboral más dinámico e impersonal que fluctuaba imprevisiblemente de año en año, los malentendidos y la hostilidad mutua se fueron haciendo más habituales.[225]

Los sindicatos, con sus tácticas organizativas, intentos de negociación colectiva y huelgas esporádicas, molestaron mucho a los empresarios. Muchos empresarios —y otros, incluidos muchos trabajadores— cuestionaron la legitimidad de los sindicatos como representantes de los trabajadores individuales. Los empresarios tomaron mal el desafío a sus prerrogativas en la gestión de sus propiedades y negocios. En la segunda mitad del siglo XIX, los tribunales solían sostener que la mera existencia de los sindicatos y la negociación colectiva no infringían la ley, pero seguían sin resolver importantes cuestiones jurídicas, en particular las relativas a las huelgas, los piquetes y los boicots. Las condiciones económicas y legales cambiaban constantemente, y trabajadores y empresarios perseguían sus intereses por su cuenta y a expensas de la otra parte. El «conflicto industrial en América» tal y como lo veían los visitantes europeos de principios de siglo «era una lucha sin cuartel, de hombre a hombre, en absoluto mitigada por

225. Kraditor (*The radical persuasion*, p. 310) refiere «[l]a creciente notoriedad de las divisiones de clase en el período posterior a la guerra civil».

ninguna tradicional subordinación, benevolencia o responsabilidad».[226]

Cuando ambos bandos se negaban a ceder, solía producirse violencia. «En ausencia de reglas y normas, sólo la fuerza puede imponer una y [...] las disputas laborales fueron particularmente violentas en Estados Unidos en esa generación.»[227] Las grandes huelgas ferroviarias y los disturbios que se desencadenaron en el verano de 1877 causaron muertes y destrucción en varias zonas del país, y sólo las pudieron sofocar las tropas federales que acudieron en ayuda de las fuerzas estatales. En 1886 el motín en el mercado del heno (*Haymarket*) de Chicago tuvo un coste menor en vidas y destrozos, pero sembró el terror e hizo temer por la estabilidad y el orden de la sociedad. En julio de 1892, una huelga en la fábrica de Carnegie en Homestead, cerca de Pittsburgh, degeneró en una pequeña guerra entre ejércitos privados; hubo dieciséis muertos y unos sesenta heridos antes de que la Guardia Nacional llegara para restablecer el orden. Simultáneamente en el oeste los mineros en huelga luchaban contra los esquiroles en una batalla campal en las minas de plata de Coeur d'Alene, Idaho. Hubo que llamar nuevamente a las tropas. En Buffalo, en agosto de 1892, miles de guardias nacionales intervinieron en una huelga de guardagujas. El temor a un inminente estallido anarquista se extendió por todo el país.

226. Robert W. Smuts, *European impressions of the American worker*, 1953, pp. 26-28, citado en Kraditor, *The radical persuasion*, p. 334, n. 41.

227. Kraditor, *The radical persuasion*, p. 79. Skowronek habla de «una era [1877-1898] de violencia laboral sin parangón en cualquier otra nación industrial» (*New American State*, p. 87).

La indignación pública se centraba en dos aspectos de las caóticas relaciones industriales de los ferrocarriles: la violencia en sí misma, que amenazaba directamente la vida y la propiedad, y los costes indirectos. «El rasgo más escandaloso e indignante de estas huelgas», observó el *Minneapolis Times*, «es el desprecio absoluto por los derechos de la gente común, que suele ser la mayor perjudicada [...]. [P]ara subsanar la perturbación general de los negocios y el daño indirecto sufrido por comunidades enteras no parece posible una reparación adecuada».[228] Para restablecer el orden por la fuerza se podía recurrir a las guardias nacionales de cada Estado y al ejército federal, pero su intervención en los conflictos laborales —que sin duda se trataba de un último recurso— indicaba que la situación se había descontrolado terriblemente. Aunque la mayoría de la gente aprobaba el uso de tropas en circunstancias extremas, pocos querían confiar exclusivamente en esa contención por la fuerza.[229] Parecía mucho más asequible, por no decir civilizado, idear mecanismos para evitar que los conflictos laborales potencialmente violentos llegaran a un punto crítico. En la búsqueda de tales mecanismos, abogados y jueces federales exploraron nuevos dispositivos legales a principios de los noventa.

228. *Minneapolis Times* reproducido en *Public Opinion*, 14 (1893), p. 620. Kraditor refiere «el miedo de la opinión pública [del cambio de siglo] a una forma de agitación social que no toleraría: la violencia». Considera además que «es probable que, si las autoridades no hubieran reprimido a aquellos que violaban las convenciones de la ley y el orden, la mayoría de los ciudadanos políticamente activos, trabajadores incluidos, habrían castigado a los gobernantes en las próximas elecciones» (*The radical persuasion*, pp. 82, 97; también pp. 101-103).

229. Kraditor, *The radical persuasion*, pp. 80-81.

La solución a la que llegaron fue aplicar un instrumento ya establecido de compensación equitativa, el mandato judicial, de una forma nueva. Los jueces federales empezaron a prohibir a los trabajadores del ferrocarril que abandonaran abruptamente y en masa su lugar de trabajo y que indujeran boicots que limitaran o arruinaran el comercio interestatal. El juez de distrito, Augustus J. Ricks, agradeciendo la novedad de este procedimiento sostuvo que «[c]ada orden o regla justa conocida por los tribunales de equidad nació de alguna emergencia para satisfacer alguna condición nueva y, por lo tanto, en su momento no tenía precedentes». El juez del Tribunal Supremo de Estados Unidos, David J. Brewer, señaló que «los poderes de un tribunal de equidad son tan amplios y sus procesos y procedimientos tan elásticos como puedan llegar a exigir todas las emergencias cambiantes de las cada vez más complejas relaciones comerciales y la protección de los derechos». Aldace F. Walker, un portavoz de los ferrocarriles, argumentó que los mandatos judiciales eran sólo un nuevo medio para asegurar derechos ya establecidos. «La única extensión o ampliación que se percibe en casos recientes», dijo, «es el uso de la orden judicial obligatoria para la aplicación de derechos y obligaciones ya bien conocidos; esto se apoya en precedentes en otras direcciones y se puede emplear sin objeción, ya que va en la dirección de preservar los derechos de la persona y de proteger los intereses públicos».[230] A pesar de algunas reservas sobre la conveniencia de ampliar los poderes judicia-

230. Ricks, Brewer y Walker citados en *Public Opinion*, 15 (1893), pp. 128-129.

les, la primera reacción a esta aplicación de los mandatos fue generalmente favorable. Observadores de distintas tendencias políticas esperaban que el nuevo procedimiento legal ayudara a preservar el orden y a evitar que estallara la violencia en los conflictos laborales.[231]

En 1894 la depresión causó grandes despidos y fuertes recortes salariales, provocando un malestar laboral sin precedentes. Hubo unas 1.400 huelgas, en las que participaron más de 500.000 trabajadores. En primavera, más de 100.000 mineros de carbón bituminoso abandonaron su lugar de trabajo en toda la región carbonífera del norte. En todas partes estalló la violencia. Con la llegada del verano las pasiones todavía se calentaron más.

Un conflicto laboral en la «modélica ciudad» de Pullman, cerca de Chicago, fue la chispa que prendió una gran hoguera. Los trabajadores de la Pullman Palace Car Company, que habían visto sus salarios reducidos sin que se recortara de forma equivalente el alquiler de las viviendas que proporcionaba la misma empresa, pidieron ayuda al recién creado Sindicato Ferroviario Americano. Lo lideraba Eugene V. Debs, que más adelante sería el principal socialista estadounidense y frecuente candidato a la presidencia. Los miembros del sindicato tenían el rubor de la victoria en sus rostros; en abril habían llevado a cabo una exitosa huelga contra la Great Northern Railway de James J. Hill. El sindicato decidió boicotear la conducción de todos los trenes que tuvieran vagones Pullman a partir del

231. Arnold M. Paul, *Conservative crisis and the rule of law: attitudes of bar and bench, 1887-1895*, Harper Torchbooks, Nueva York, 1969, pp. 104-130.

26 de junio. Los trabajadores del sindicato que participaron fueron despedidos y las distintas compañías ferroviarias contrataron sustitutos no sindicados. Además, los contratos obligaban a emplear vagones Pullman y a declarar que, en cualquier caso, no estaban implicados en el conflicto de Pullman. Pronto unos sesenta mil trabajadores de Chicago y de toda la región hacia el suroeste estaban en huelga. «Para la mente conservadora de la década de 1890, sujeta al temor creciente de las mayorías rebeldes y los conflictos de clase, la decisión del Sindicato Ferroviario de seguir adelante con el boicot y la huelga, a pesar de todas las consideraciones de los derechos contractuales y de propiedad y de la necesidad pública, olía a radicalismo irresponsable, a "anarquía" y a "comunismo".»[232]

Como siempre, lo que más temía la gente era la violencia potencial. Debs exhortó públicamente a sus seguidores a abstenerse de cometer actos violentos. Pero mucha gente —seguramente la mayoría de los conservadores de aquel momento— estaban de acuerdo con el juez federal James G. Jenkins, que afirmó enérgicamente que «[es] ocioso hablar de una huelga pacífica. Nunca se ha producido una. La sugerencia misma es un insulto a la inteligencia. Desde el principio hasta el final [...] la fuerza y la turbulencia, la violencia y el ultraje, los incendios provocados y los asesinatos han ido de la mano de la huelga como sus socios naturales e inevitables».[233]

232. Ibídem, p. 136.

233. Afirmación del juez Jenkins extraída de su dictamen del 6 de abril de 1894 en el caso *Farmers' Loan and Trust Co. v. Northern Pac. R. Co. et al.*, 60 Fed. 803 (E. D. Wisconsin), p. 821.

Temerosos de la violencia de los huelguistas y los seguidores del sindicato, los conservadores se prepararon para oponer una resistencia masiva. Durante los últimos días de junio, el fiscal general Richard Olney seguía desde Washington los acontecimientos de Chicago al detalle. Sopesaba tanto la posibilidad de recurrir nuevamente a un requerimiento judicial —ya lo había utilizado anteriormente para hacer frente a los «ejércitos industriales» en el oeste— como la posibilidad de que se necesitaran tropas. La implicación del Gobierno federal se fundamentaba en la responsabilidad de eliminar obstrucciones al comercio interestatal, lo que le permitía inmiscuirse en el transporte interestatal del correo, y Olney iba a esperar a que los funcionarios locales solicitaran la ayuda federal. Era posible que el gobernador de Illinois, John P. Altgeld, que simpatizaba con los sindicatos, no pidiera ayuda federal hasta que la situación estuviera fuera de control. «Siento», Olney comunicó a su agente especial en Chicago, «que hay que tratar el asunto con una fuerza abrumadora que impida cualquier intento de resistencia».[234]

A principios de julio el tráfico ferroviario estaba interrumpido de Chicago a Texas y hasta la costa del Pacífico. La circulación de trenes que entraban y salían de Chicago, centro de la red ferroviaria nacional, prácticamente había cesado. El ganado, los alimentos, el combustible y otros suministros vitales ya no llegaban a su destino. El 2 de julio estalló la violencia colectiva en Blue Island, al sur de Chicago.

234. Citado en Nevins, *Grover Cleveland*, p. 617.

Las autoridades federales entraron en acción. Con la autorización de Olney, cuyas instrucciones habían sido aprobadas por el presidente, el fiscal federal del distrito de Chicago pidió una orden judicial al tribunal federal del distrito que fue emitida inmediatamente. Sus términos fueron amplios. El tribunal ordenó a varios acusados (Debs y otros funcionarios del Sindicato Ferroviario)

> y a todos los que se asocien y conspiren con ellos, y a toda la población sean quienes sean, que desistan y se abstengan de interferir, obstaculizar, obstruir o detener como fuera los negocios de cualquiera de los siguientes ferrocarriles nombrados [enumerados posteriormente] [...]; y de obligar o inducir o intentar obligar o inducir, mediante amenazas, intimidación, persuasión, fuerza o violencia, a cualquiera de los empleados de cualquiera de dichos ferrocarriles a no cumplir o dejar de cumplir cualquiera de sus obligaciones como empleados de cualquiera de los citados ferrocarriles [...] [o] a dejar el servicio de dichos ferrocarriles; y de impedir a cualquier persona, mediante amenazas, intimidación, fuerza o violencia, que entre al servicio de cualquiera de dichos ferrocarriles y realice su trabajo.[235]

Para garantizar que la orden judicial se aplicaba debidamente, el 3 de julio Olney instó al presidente a enviar tropas federales a Chicago. Al menos dos miembros del gabinete, así como el comandante del ejército en el oeste,

235. Citado en *In re Debs*, 158 U.S. 564 (1895), pp. 570-572

se opusieron inicialmente a la acción, pero Olney se ganó a los funcionarios reticentes mostrándoles un telegrama del alguacil que se había enfrentado a la multitud en Blue Island el día anterior. «Ha surgido una emergencia», telegrafió el alguacil pidiendo que las tropas federales le ayudaran a contener a la multitud violenta. Cleveland autorizó el envío de tropas, y el 4 de julio unos dos mil soldados de Fort Sheridan tomaron posiciones en Chicago y sus alrededores.[236]

El gobernador Altgeld, que no había pedido las tropas, protestó en un largo telegrama al presidente. «Todos estos problemas eran de carácter local», dijo, «y podrían ser fácilmente manejados por las autoridades del Estado». Calificó la unilateralidad de la acción federal de «violación de un principio básico de nuestras instituciones», y pidió la retirada inmediata de las tropas. Cleveland respondió que las había enviado «de acuerdo con la Constitución y las leyes de Estados Unidos» para mantener libre el flujo del comercio interestatal y que no tenía «ninguna intención de interferir en el deber de las autoridades locales de preservar la paz en la ciudad». Cuando al día siguiente Altgeld envió otro largo telegrama, el presidente, sin ánimo de continuar el intercambio de opiniones, respondió secamente: «Aunque sigo convencido de que no he trascendido mi autoridad ni mi deber en la emergencia a la que nos enfrentamos, me parece que, en esta hora de peligro y angustia pública, la discusión debería dar paso a un esfuerzo activo de todas las autoridades para restaurar

236. Nevins, *Grover Cleveland*, pp. 620-621.

el cumplimiento de la ley y para proteger la vida y la propiedad».[237]

Mientras las tropas federales tomaban posiciones en Chicago, los «comandantes» enfrentados expresaban divergencias en sus expectativas. En Washington, Olney dijo a los periodistas que se había llevado al país «al borde de la anarquía». Esperaba demostrar que las fuerzas de la ley y el orden podrían restaurar la paz pública. Mientras tanto, Debs hizo declaraciones incendiarias a un reportero en Chicago: «Los primeros disparos de los soldados regulares contra las turbas aquí» profetizó, «serán la señal para una guerra civil [...]. Seguirá un baño de sangre, y el noventa por ciento del pueblo de Estados Unidos se enfrentará al otro diez por ciento».[238]

El pronóstico de Debs resultó erróneo; pero a pesar de que la guerra civil no estalló, sí lo hizo la violencia feroz de la multitud. Presa de lo que Nevins describió como «casi un reino del terror», Chicago fue escenario de saqueos, incendios y daños a la propiedad. Hubo disparos. Jóvenes, matones y lumpen proletarios enardecidos se sumaron al desorden y lo magnificaron. El 6 de julio Altgeld ordenó finalmente la entrada de la Guardia Nacional en la ciudad. Al día siguiente, la violencia alcanzó su punto álgido. William H. Taft, el futuro presidente y en aquel momento presidente del Tribunal Supremo, escribió en una carta personal que la «situación en

237. Mensajes de Altgeld y Cleveland citados en *Public Opinion*, 17 (1894), pp. 330-331. Los gobernadores de Misuri y Colorado también protestaron ante el presidente Cleveland por enviarles tropas federales sin haberlas solicitado.

238. Olney y Debs citados en Nevins, *Grover Cleveland*, pp. 622-623.

Chicago es muy alarmante y angustiosa, y hasta que no se haya derramado mucha sangre no será mejor [...]. Esta noche ha llegado la noticia de que treinta hombres han sido asesinados por las tropas federales. Aunque es un asunto atroz, todo el mundo espera que sea cierto».[239] La información que oyó Taft era inexacta y exageraba el número de muertos. Aun así, el motín causó grandes pérdidas de vidas y bienes: más de veinte personas murieron, muchas más resultaron heridas, unos dos mil vagones de ferrocarril y muchas otras propiedades fueron destruidas. Finalmente, los catorce mil soldados de Chicago y sus alrededores junto con guardias nacionales y tropas federales de otros veinte estados reprimieron la violencia y restablecieron el orden. Cuando los trabajadores del ferrocarril volvieron a sus puestos de trabajo, la huelga se disolvió y el Sindicato Ferroviario quedó extinguido. El 13 de julio los trenes volvían a circular libremente por todo el país. El 19 de julio las tropas federales se retiraron de Chicago.

La opinión pública parecía aprobar mayoritariamente las acciones de la administración Cleveland.[240] Incluso después de que las pasiones inflamadas por la crisis se hubieran enfriado, la mayoría de la gente las seguía aprobando. Por supuesto los conservadores estaban contentos; pero también lo estaban muchos otros. Seymour D. Thompson, el editor «progresista» de la *American Law Review*, concluyó que «la opinión conservadora y patriótica aprueba la acción

239. El presidente Taft a su esposa Helen H. Taft el 7 de julio de 1894, citado en Henry F. Pringle, *The life and times of William Howard Taft: a biography*, Farrar and Rinehart, Nueva York, 1939, p.128.

240. Véase la amplia muestra de reacciones en prensa reproducidas en *Public Opinion*, 17 (1894), pp. 331-332.

del presidente y se alegra de que, en una crisis inusual, tuviéramos un presidente con el valor de asumir la responsabilidad [...]. [Las compañías ferroviarias] se habían enfrentado a una fuerza desconocida y espantosa, que amenazaba con revolucionar los fundamentos mismos de la sociedad y con invertir todos los procesos por los que se ha construido nuestro espléndido sistema industrial. En la posición que adoptaron, representaron el derecho de cada hombre a gestionar su propio negocio y a mantener sus propios contratos sin el dictado de terceras personas».[241]

La más notoria de las «terceras personas», Eugene Debs, junto con otros líderes del Sindicato Ferroviario, fue arrestado el 17 de julio por violar el mandato judicial federal. Fue declarado culpable de desacato al tribunal y condenado a seis meses de prisión. El 27 de mayo de 1895, el Tribunal Supremo de Estados Unidos confirmó la aprobación de las acciones del Gobierno por parte del tribunal inferior. El abogado de Debs, al igual que Altgeld antes que él, cuestionó la autoridad del Gobierno federal para inmiscuirse sin invitación en un asunto «local». El Tribunal rechazó el argumento. Presentando una decisión unánime, el juez Brewer declaró que «no hay tal impotencia en el Gobierno nacional. Toda la fuerza de la nación puede utilizarse para imponer en cualquier parte del país el ejercicio pleno y libre de todos los poderes nacionales y la seguridad de todos los derechos confiados por la Constitución a su cuidado. La fuerza del Gobierno de la Nación se puede utilizar para eli-

241. «President Cleveland and "President Debs"», *American Law Review*, 28 (jul.-ago. de 1894), p. 592; y «Cogley on strikes and boycotts [a book review]», ibídem, p. 633.

minar todos los obstáculos a la libertad de comercio interestatal o al transporte del correo. Si surge la emergencia, el Ejército de la nación y toda su milicia están al servicio de la nación para imponer la obediencia a sus leyes».[242]

El requerimiento laboral, concebido en un contexto de crisis y establecido en una auténtica emergencia nacional, fue un importante instrumento de intervención federal en los mercados laborales durante casi cuatro décadas. Respaldando la orden judicial, hombres armados estaban listos para ejercer como los garantes últimos de la ley y el orden en los conflictos laborales. De manera que la rebelión de Debs y la apresurada respuesta que dio el Gobierno tuvieron consecuencias duraderas.[243]

Aunque algunos, sobre todo en los círculos jurídicos, se preocuparon por la expansión de los poderes judiciales que representaban los requerimientos y su validación por el Tribunal Supremo en el caso *Debs*, la mayoría los aprobaron. El *New York Voice* informó de las malas noticias: «La decisión del Tribunal Supremo pone en manos de los jueces federales tremendos poderes en el caso de cualquier futura interrupción del tráfico interestatal». La buena noticia era que «una repetición de las escenas del verano pasado [1894] será prácticamente imposible en lo sucesivo». El editor del *New York Nation* sostuvo que la decisión de la Corte «apoyando completamente el curso tomado por el presidente, y afirmando el poder supremo del Gobierno federal en tal emergencia» significaba que «Debs, Altgeld

242. *In re Debs*, 158 U.S. 564 (1895), p. 582. Para una mención adicional de la doctrina de la emergencia, véase p. 592.

243. Paul, *Conservative crisis*, pp. 139, 227-230, 235-237.

y compañía han prestado inconscientemente un gran servicio al país [...] porque es una ganancia inmensa tener un principio tan importante de los cimientos constitucionales definitivamente establecido».[244]

La supresión del impuesto sobre la renta

En las tres décadas posteriores a la guerra civil, el Gobierno federal se enfrentó a un problema fiscal que ahora resulta casi incomprensible: un superávit crónico de ingresos sobre gastos. El superávit fue fruto de que coincidieran un rápido crecimiento económico, con el consiguiente aumento del volumen de las importaciones, y la política de altos aranceles de las Administraciones republicanas que gobernaron de forma casi continuada durante esa época. Al no contar con un margen político apreciable para poder reducir los aranceles, la principal respuesta del Gobierno a los reiterados y vergonzosos superávits fue autorizar mayores ayudas para los veteranos de la guerra civil y sus (cada vez más lejanos) familiares dependientes. El programa de pensiones de los veteranos, que ha sido descrito acertadamente como el «primer sistema de bienestar federal a gran escala», en 1890 consumía más de un tercio del presupuesto.[245] A pesar de la prodigalidad de las pensiones, los excedentes presupuestarios se mantuvieron e ingresaron en el Tesoro todos y cada uno de los años fiscales del período 1866-1893.

244. *Voice* y *Nation* reproducidos en *Public Opinion*, 18 (1895), p. 629.
245. Keller, *Affairs of State*, p. 311.

Esta cómoda situación de las finanzas del Gobierno en la posguerra socavó por completo la razón de ser original de la ley del impuesto sobre la renta que el Congreso había promulgado primero en 1861 y luego varias veces durante y después de la guerra. Después de haber gravado los ingresos generados en cada uno de los años de la década 1862-1871, el Congreso finalmente derogó la ley del impuesto sobre la renta en 1872. Pero la idea subsistió. Los defensores del impuesto sobre la renta presentaron en el Congreso sesenta y ocho proyectos de ley entre 1874 y 1894 para restablecerlo. Pretendían sustituir los impuestos sobre la renta —que sostendrían principalmente, si no en su totalidad, los ricos— por el arancel —que a su juicio gravaba principalmente, si no exclusivamente, a los pobres—. Tanto los defensores como los detractores del impuesto sobre la renta lo consideraban un instrumento redistributivo; en la jerga de la época, era una «legislación de clase». No es de extrañar que grupos desafectos como el Greenback Party, las Alianzas de Agricultores y los Populistas formaran la vanguardia de sus partidarios.

Tras dos décadas de frustración, los congresistas que defendían el impuesto sobre la renta consiguieron añadirlo a la ley de ingresos de 1894 (a menudo denominada Ley arancelaria Wilson-Gorman, en honor a sus patrocinadores, William L. Wilson en la Cámara y Arthur P. Gorman en el Senado). No era lo que el presidente deseaba. El principal objetivo de Cleveland, en realidad el pilar de su programa político, era reducir drásticamente los aranceles. El presidente, admitiendo que la reducción de los aranceles disminuiría los ingresos federales, en su mensaje anual de diciembre de 1893 anunció «algunos impuestos adicionales sobre los ingresos nacionales, incluyendo un pequeño impuesto sobre las rentas procedentes de ciertas inversiones corporativas» —lo que distaba todavía mucho de defender un impuesto general sobre la renta—.[246] El proyecto de ley de Wilson contenía disposiciones mucho más completas sobre el impuesto sobre la renta, gracias a los esfuerzos de dos de los tres miembros del Subcomité de Impuestos Internos de la Cámara de Representantes: los demócratas Benton McMillin, un viejo defensor del impuesto sobre la renta, y William Jennings Bryan, al que pronto abrazarían los populistas. Aunque el Senado posteriormente eliminó las grandes reducciones arancelarias del proyecto de Wilson, sí permitió que se mantuvieran en la ley las secciones sobre el impuesto sobre la renta. Cleveland, molesto porque la ley sólo recortaba ligeramente los aranceles, permitió que se convirtiera en ley —finalmente promulgada por el Congreso el 15 de agosto de 1894— pero sin su firma.

Un analista de la época señaló que «el impuesto sobre la renta no se consideraba principalmente una medida fiscal. Se sabía poco sobre cuánto produciría y a nadie parecía importarle mucho saberlo. Se tardó casi un año y medio desde su introducción hasta que sus primeros frutos llegaron a tesorería. Por tanto, no se podía confiar en su eficacia como instrumento para aliviar de forma inmediata a hacienda».[247] La ley del impuesto sobre la renta más

246. James D. Richardson (ed. y comp.), *Messages and papers of the presidents*, Government Printing Office, Washington D. C., 1898, IX, p. 460.

247. George Tunell, «The legislative history of the second income-tax law», *Journal of Political Economy*, 3 (jun. de 1985), p. 314. Tam-

bien tenía por objeto equilibrar la carga fiscal originada por los aranceles existentes, que mayoritariamente se creía que perjudicaban a los pobres de forma desproporcionada.

También se consideró que los aranceles no eran equitativos desde el punto de vista geográfico, ya que gravaban al sur y al oeste y ayudaban al noreste, donde se concentraban las industrias protegidas. El elemento divisivo se puso de manifiesto cuando la Cámara de Representantes votó la enmienda sobre los ingresos internos del proyecto de ley de aranceles: de los 182 votos a favor de la enmienda, 177 fueron emitidos por representantes del sur y del oeste. Cuando el Senado votó, ni un solo senador del noreste apoyó el impuesto sobre la renta.[248]

Ignorando la supuesta regresividad de la tarifa, quienes en el Congreso se oponían al impuesto sobre la renta se ensañaron con él, calificándolo de «concesión al socialismo». En medio de la agitación económica, social y política de la época —Nevins llamó al año que comenzó el 1 de julio de 1894 «*année terrible* de la historia de Estados Unidos entre la Reconstrucción y la Guerra Mundial»—, era inevitable que muchos vieran el impuesto sobre la renta como otro aspecto del derribo revolucionario del orden establecido.[249] En un discurso ante el colegio de abogados

---

bién Jerold Waltman, «Origins of the federal income tax», *Mid-America*, 62 (oct. 1980), pp. 151-154.

248. Tunell, «Legislative history», p. 333; John F. Witte, *The politics and development of the federal income tax*, University of Wisconsin Press, Madison, 1985, p. 73. También Bennett D. Baack y Edward John Ray, «Special interests and the adoption of the income tax in the United States», *Journal of Economic History*, 45 (sep. 1985), pp. 608-610.

249. Nevins, *Grover Cleveland*, p. 649.

del Estado de Nueva York, John F. Dillon, un destacado abogado y exjuez federal, denunció que el nuevo impuesto era «una contribución forzada de los ricos en beneficio de los pobres [...] [y como tal, era] una legislación de clase de lo más pronunciado y vicioso [...] que violaba los derechos constitucionales del propietario, subversiva de la política social existente y esencialmente revolucionaria».[250] Por supuesto, no todos estaban de acuerdo con que el impuesto fuera inconstitucional; el Tribunal Supremo tendría que decidirlo.

En términos actuales la ley del impuesto sobre la renta de 1894 establecía un tipo muy bajo y sólo afectaba a una pequeña proporción de la población. Exigía a los contribuyentes individuales el 2 por ciento de los ingresos, definidos para incluir donaciones y herencias, que superaran los 4.000 dólares. A las empresas se les exigía el 2 por ciento de todos los beneficios; es decir, la exención de 4.000 dólares no se aplicaba a las corporaciones. La doble imposición de los dividendos de las empresas se descartaba mediante un ajuste de la renta imponible de las personas físicas. Muchas instituciones, incluidas las asociaciones benéficas, religiosas y educativas, las sociedades de crédito

250. Citado en Paul, *Conservative crisis*, p. 164. W. H. Mallock escribió que «[e]ste impuesto ciertamente podría calificarse de forma poco precisa como socialista, en el sentido de poder ser teóricamente utilizado con el fin de lograr la transición económica que los socialistas aspiran a lograr, del sistema existente hacia el socialismo; pero es un impuesto que, si recaudado, sería inherentemente temporal, dado que su propósito y resultado sería la extinción de las propias fuentes de las que provendría, a saber, las rentas altas privadas» Véase «Is an income tax socialistic?», *Public Opinion*, 19 (1895), pp. 239-240.

hipotecario, las cajas de ahorro y las mutuas de seguros no tenían que pagar el impuesto.

Además de la contrariedad del gravamen del 2 por ciento, los opositores al impuesto lo veían como una cuña de entrada para impuestos mucho mayores y quizá incluso confiscatorios más adelante (de hecho, muchos partidarios del impuesto lo veían de forma similar).[251] Se apresuraron a impugnar la constitucionalidad de la ley ante el Tribunal Supremo. Con la cooperación del procurador general de Estados Unidos y el uso de algunas argucias legales cuestionables, el caso *Pollock v. [versus] Farmers' Loan and Trust Company* se llevó directamente al Tribunal Supremo de Estados Unidos, donde se confirmó junto con otros dos casos, *Hyde v. Continental Trust Company* y *Moore v. Miller*, y consiguieron una audiencia temprana. El caso se discutió del 7 al 13 de marzo y se decidió el 8 de abril de 1895.[252]

Fue un auténtico caso estrella. Según Nevins «indudablemente provocó más emoción que ninguna otra acción del Tribunal Supremo desde la opinión de Dred Scott». Un historiador jurídico señaló que «ningún otro caso en la historia del Tribunal atrajo tanta atención por parte de la prensa de todo el país». Muchos periódicos informaban puntual y extensamente de los argumentos con escrupuloso detalle.[253] El caso recibió tanta atención porque encapsulaba

251. Tunell, «Legislative history», pp. 324-325; Paul, *Conservative crisis*, p. 163.

252. *Pollock v. Farmers' Loan and Trust Company*, 157 U.S. 429 (1895).

253. Nevins, *Grover Cleveland*, p. 666; Robert T. Swaine, *The Cravath firm and its predecessors*, 1946, I, p. 522, citado en Paul, *Conservative crisis*, p. 185.

gran parte de los conflictos sociopolíticos de la época: pobres frente a ricos, agricultura frente a industria, competencia frente a monopolio, lo rural frente a lo urbano, el interior subdesarrollado frente al noreste más desarrollado. La nación contuvo la respiración mientras los abogados de las partes argumentaban ante los ocho jueces supremos (uno de ellos ausente por enfermedad).

Los argumentos estrictamente jurídicos giraron principalmente en torno a dos cuestiones. En primer lugar, los abogados que se oponían al impuesto sobre la renta argumentaban que era un impuesto directo y, por lo tanto, inconstitucional, ya que no se distribuía entre los estados en función de su población como exige la Constitución (Artículo I, Sección 2). En segundo lugar, aunque no fuera un impuesto directo, seguiría siendo inconstitucional porque sus varias exenciones violaban el requisito constitucional de que «todos los derechos, impuestos e impuestos especiales sean uniformes en todo Estados Unidos» (Artículo I, Sección 8). Los abogados del Estado, dirigidos por el fiscal general Olney, respondieron que el Tribunal Supremo siempre había sostenido que sólo los impuestos sobre el censo y la propiedad eran impuestos directos y que el requisito de uniformidad para los impuestos indirectos se aplicaba entre los distintos estados, no entre clases de contribuyentes.

Olney, en sintonía con la mentalidad jurídica conservadora de los jueces, insistió en que las distinciones entre impuestos directos e indirectos por parte de economistas y otros expertos no venían al caso. Lo único que contaba eran las decisiones anteriores del propio Tribunal, que nunca habían dejado de conceder plenos poderes tributarios al Congreso y de definir como directos sólo los impuestos por capitación y los impuestos de propiedad. Olney caracterizó esta «exposición constitucional» previa como «prácticamente coetánea a la propia Constitución [...]. Rechazarla después de todo un siglo supondría sentar un precedente doloroso y significaría que gobernarse por medio de una constitución escrita no garantiza principios estables, sino puntos de vista y deseos fluctuantes según la época en particular y los jueces a quienes se pida su interpretación». En conclusión, el fiscal general pidió al tribunal que se limitara a su ámbito constitucional: el Poder Judicial del Estado no debe «suplantar al político en el ejercicio del poder tributario»; no debe «sustituir su discreción por la del Congreso en lo que atañe a los impuestos, el proyecto fiscal y todas las distinciones por las que se busca ajustar equitativamente los impuestos a los recursos y capacidades de las distintas clases de la sociedad».[254]

Los abogados de ambas partes, especialmente en los últimos días de sus presentaciones orales, aportaron tanto pasión ideológica como argumentos legales. James C. Carter, razonando a favor del impuesto sobre la renta, admitió abiertamente que se trataba de una *legislación de clase*. Sin embargo, sostuvo que el sistema fiscal existente ya se asentaba igualmente en una legislación de clase, pero «en la dirección equivocada». Advirtió que el tribu-

254. *Pollock v. Farmers' Loan and Trust Company*, 157 U.S. 429 (1895), pp. 502, 513

nal se equivocaría si invalidaba la ley del impuesto sobre la renta y que debería «aceptar la voz de la mayoría como definitiva».[255]

El recurso indisimulado de Carter al sentir de la mayoría indignó al abogado de la parte contraria, Joseph H. Choate. «Creo», comenzó su alegato, que «se debe proteger el derecho a la propiedad privada [...]. La ley del Congreso que estamos impugnando ante ustedes es comunista en sus propósitos y tendencias, y la están defendiendo aquí sobre principios comunistas, socialistas —¿cómo debo llamarlos?—, populistas que no se han presentado nunca a ninguna asamblea política en el mundo». Mirando con aprensión hacia el futuro, Choate lanzó una advertencia apocalíptica a la Corte: «Debemos protegernos ahora o nunca [...]. En adelante no se podrá ejercer ningún control si ahora deciden que el Congreso no tiene límites y es incontrolable».[256]

Choate prosiguió sus jeremiadas ideológicas con un ingenioso argumento para designar el impuesto sobre la renta como un impuesto directo: la renta producida por la propiedad no se puede distinguir sustancialmente de la misma propiedad; por lo tanto, un impuesto sobre la renta es equivalente a un impuesto sobre la propiedad, de manera que ambos serían impuestos directos. También trató de hacer distinciones microscópicas entre los temas en cuestión y aquellos involucrados en decisiones anteriores, con la esperanza de sacar al tribunal de la doctrina de la *stare*

255. Ibídem, pp. 518, 533.
256. Ibídem, pp. 532-533.

decisis, según la cual un tribunal está obligado a respetar las decisiones anteriores en la misma jurisdicción sobre cuestiones esencialmente similares.

Choate cerró su alegato recordando a los jueces la profunda importancia del caso. «No creo», declaró, «que ningún miembro de este tribunal se haya sentado o vaya a sentarse nunca a escuchar y decidir sobre un caso cuyas consecuencias vayan a ser tan trascendentales como en éste». El caso implicaba «la preservación de los derechos fundamentales de la propiedad privada y la igualdad ante la ley, y la capacidad del pueblo de estos Estados Unidos para confiar en las garantías de la Constitución». Por último, instó a los jueces a ejercer su autoridad de control jurisdiccional. El tribunal, insistió, «*tiene* el poder de anular una ley del Congreso que viole la Constitución».[257]

El caso *Pollock* puso al tribunal y, en particular, a los jueces más conservadores, en una posición difícil. Por un lado, cabía respetar la *stare decisis*. Las decisiones anteriores del tribunal, que se remontaban hasta el caso *Hylton* de 1796, parecían abogar claramente por la potestad del Congreso para recaudar un impuesto sobre la renta sin prorrateo. Por otra parte, de acuerdo con Choate, el tribunal podía considerar que ninguno de los casos anteriores se refería exactamente a las mismas cuestiones de fondo y que los pronunciamientos judiciales anteriores directamente pertinentes eran, por lo tanto, sólo *obiter dicta* (no principios establecidos, *ratio decidendi*). El argumento jurídicamente conservador de Olney, en favor de la conti-

257. Ibídem, p. 553.

nuidad en la determinación de las cuestiones constitucionales al margen de cómo se caracterizaran los hechos en los casos anteriores, debió de tener un peso considerable. Sin embargo, los jueces más conservadores ideológicamente —el venerable Stephen J. Field y su sobrino David J. Brewer— y probablemente también el presidente del Tribunal Supremo, Melville W. Fuller, sin duda compartían los oscuros presentimientos de Choate en cuanto a la amenaza al derecho de propiedad privada si se mantenía la ley del impuesto sobre la renta.

El tribunal, incapaz de conciliar posiciones opuestas, intentó al menos fragmentar las diferencias en la decisión anunciada el 8 de abril de 1895. Aceptaba la lógica del argumento de Choate, pero limitaba su aplicación: el tribunal dictaminó que un impuesto sobre la renta de la propiedad inmobiliaria, siendo indistinto de un impuesto sobre la propiedad inmobiliaria en sí, era un impuesto directo y, por lo tanto, inconstitucional porque no estaba repartido entre los estados según la población. La decisión también sostuvo —en este punto los jueces fueron unánimes— que el Congreso no tenía poder para gravar los ingresos producidos por los bonos de los estados o municipios. En el resto de cuestiones, los jueces estaban divididos y optaron por no expresar ninguna opinión.

La opinión mayoritaria emitida por el juez Fuller no llegaba lo suficientemente lejos como para satisfacer al veterano juez Field, que había formado parte del tribunal desde 1863. Al denunciar la ley del impuesto sobre la renta como una legislación de clase y denunciar las «distinciones burdas y arbitrarias» que hacía, Field concluyó con la predicción frecuentemente citada de que «[e]l actual ataque al capital no es más que el principio. No será más que el trampolín para otros ataques más grandes y arrolladores, hasta que nuestras contiendas políticas se conviertan en una guerra de pobres contra ricos; una guerra que crecerá incesantemente en intensidad y amargura».[258] Era partidario de anular en su totalidad la ley del impuesto sobre la renta.

Los jueces Edward D. White y John M. Harlan disintieron enérgicamente. White señaló que el tribunal derrocaba su propia interpretación, establecida desde hacía tiempo y nunca discutida hasta ese momento, y escribió que la decisión estaba «cargada de peligro para el tribunal, para todos y cada uno de los ciudadanos y para la república». En lo que ahora parece un gran vaticinio hizo suyo el argumento de Olney y advirtió que «[s]i la estabilidad de las conclusiones [del tribunal] ha de depender de las opiniones personales de aquellos que, de vez en cuando, pueden formar parte de él, se convertirá inevitablemente en un teatro de luchas políticas, y su acción carecerá de coherencia y consistencia».[259]

Las medias tintas del tribunal no contentaron a nadie. Los abogados que se oponían al impuesto sobre la renta solicitaron inmediatamente una nueva vista ante el tribunal en pleno (es decir, incluyendo esta vez al juez Howell E. Jackson, que no había participado en el procedimiento inicial por estar enfermo) para resolver las cuestiones que quedaban sin concluir. El fiscal general solicitó entonces

258. Ibídem, pp. 596, 600, 607.
259. Ibídem, pp. 650-651.

que en la nueva audiencia se consideraran todas las cuestiones de nuevo. El tribunal aceptó la propuesta y programó los argumentos orales para los días 6 y 8 de mayo. En esta nueva audiencia ninguna de las partes aportó argumentos nuevos.

El 20 de mayo de 1895 el tribunal declaró inconstitucional en su totalidad la ley del impuesto sobre la renta por una mayoría de 5 a 4. El presidente del Tribunal Supremo, hablando en nombre de la mayoría, explicó que «si bien nuestras conclusiones anteriores permanecen inalteradas, su alcance debe ser ampliado por la aceptación de sus lógicas consecuencias».[260] De hecho, lo único que hizo el tribunal fue ampliar el argumento utilizado anteriormente para anular los impuestos sobre las rentas de los bienes inmuebles, para que se aplicara también a la tributación de las rentas de los bienes materiales personales. A pesar de esta ampliación, muchas formas de ingresos —de hecho, todos los pagos por servicios de la mano de obra ya fueran cualificados, no cualificados o profesionales— podrían haber seguido siendo constitucionalmente vulnerables a la imposición. Pero con la invalidación de gran parte de la ley del impuesto sobre la renta, el tribunal declaró que toda la ley, y no sólo las disposiciones explícitamente consideradas defectuosas, debía caer.

Cada uno de los cuatro jueces en minoría escribió una opinión discrepante muy enérgica. La de Harlan ocupa casi cincuenta páginas del informe oficial. Profetizó: «que

260. *Pollock v. Farmers' Loan and Trust Company* (revisión), 158 U.S. 601 (1895), p. 617.

este tribunal se desvíe del curso establecido al decidir sobre cuestiones constitucionales graves, cuando siguiendo ese curso se habían realizado vastas transacciones y administrado el Gobierno durante grandes crisis, agitará la confianza pública en la estabilidad de la ley». Harlan temía que la segunda decisión *Pollock* «golpeara los fundamentos mismos de la autoridad nacional, ya que niega al Gobierno en general un poder que es, o puede llegar a ser, vital para la propia existencia y preservación de la Unión en una emergencia nacional». Harlan también aseveró que el pueblo estadounidense no podría enmendar la Constitución a tiempo para anular la sentencia *Pollock*, cuyo efecto caracterizó como «un desastre para el país».[261]

Todos los jueces disidentes lamentaron las consecuencias distributivas de la decisión. En opinión del habitualmente moderado juez Brown, implicaba «nada menos que una entrega del poder tributario a la clase adinerada». Brown se burló del «espectro del socialismo [...] conjurado para disuadir al Congreso de imponer impuestos al pueblo en proporción a su capacidad de pagarlos», y esperaba que la decisión «no fuera el primer paso hacia el hundimiento de las libertades del pueblo en un sórdido despotismo de la riqueza». El juez Jackson describió la decisión de la mayoría como «el golpe más desastroso que jamás se haya dado al poder constitucional del Congreso». White, que ya había disentido ostensiblemente, hizo constar de nuevo su disgusto por una decisión cuyo resultado «an-

261. Ibídem, pp. 663, 671, 684.

quilosa la Constitución convirtiéndola en un instrumento del más grave error».[262]

La decisión *Pollock* definitiva fue a la vez conservadora y revolucionaria: conservaba la estructura preexistente del derecho de propiedad privada, pero era audaz en la forma en que el Tribunal Supremo iba más allá de sus límites tradicionales de autoridad constitucional, para frustrar lo que su mayoría consideraba un fatal e irrevocable primer paso hacia la destrucción política del orden socioeconómico establecido. La decisión tuvo profundas consecuencias. Evitó durante casi veinte años el «asalto al capital» que temían el juez Field y los millones de grandes propietarios por quienes hablaba. La pesadilla de Choate sólo se haría realidad con la ratificación de la Decimosexta Enmienda en 1913 y la consiguiente adopción de tipos impositivos altos durante la Primera Guerra Mundial. Pero los conservadores que defendían un derecho amplio y garantista a la propiedad privada, mientras celebraban la decisión también habrían podido albergar algunos recelos. Porque tal como previeron Olney y White, con la decisión *Pollock* el tribunal había puesto en peligro la permanencia de sus pronunciamientos. Al hacer que su decisión se fundamentara de forma tan obvia en convicciones ideológicas y no en la doctrina tradicional del tribunal, la mayoría lo llevó a convertirse exactamente en lo que White temía, «un teatro de lucha política». En tiempos posteriores, las representaciones en ese teatro a menudo traerían menos alegrías —de hecho, mucho dolor— al público conservador.

262. Ibídem, pp. 685, 695, 706.

Conclusiones

Quizá sea cierto que «el ejemplo más claro del papel dominante de la ideología es [...] [el comportamiento] [d]el Poder Judicial independiente».[263] Pero los otros poderes del Estado, aunque estén más directamente sujetos a presiones para la supervivencia política y a sus propios intereses, también se mueven al compás de atracciones y repulsiones ideológicas. Los legisladores tienen un gran margen de maniobra para expresar sus convicciones ideológicas. Las acciones del Poder Ejecutivo también llevan el sello de la ideología, puesto que la promesa de «hacer cumplir las leyes» se puede materializar de varias maneras, y el celo con el que el jefe del Ejecutivo y sus subordinados desempeñan sus «deberes» depende ampliamente de sus imperativos ideológicos operativos.

En la década de 1890 la ideología influyó de forma decisiva en la respuesta del Estado a una emergencia nacional múltiple. La ideología dominante sostenía que era mejor menos que más Estado, *excepto* —y es una excepción de gran importancia— cuando se requiriera una actuación extraordinaria para mantener la ley y el orden, incluyendo el orden monetario de la economía. La otra cara de la devoción por un Estado fuerte pero limitado era el firme compromiso con el derecho a la propiedad privada. A finales del siglo XIX la mayoría de las actividades, comprendidas

263. Douglass C. North, *Structure and change in economic history*, Norton, Nueva York, 1981, p. 56. También Harry N. Scheiber, «Public economic policy and the American legal system: historical perspectives», *Wisconsin Law Review*, 1980, p. 1166.

prácticamente todas las decisiones estrictamente económicas, se consideraban «no propias del Estado» —especialmente del Gobierno federal—. Por lo tanto, no había contradicción ideológica entre el desinterés del Gobierno por los programas de ayuda por desempleo o los planes de fijación de precios agrícolas y su vigorosa intervención en los disturbios laborales de Chicago y otras partes del país.

Ninguna de estas decisiones era predeterminada; los responsables públicos tuvieron la opción de elegir. El simple recuento de los votos potenciales habría podido alentar al Gobierno a proporcionar alguna ayuda a los trabajadores industriales desempleados o, más probablemente, a los sufridos agricultores. Cleveland y Carlisle fácilmente —es decir, con facilidad política— habrían podido abandonar el patrón oro; Cleveland y Olney podrían haberse abstenido de intervenir con las armas en los disturbios de Debs, al menos hasta que las autoridades estatales hubieran pedido ayuda federal.

Sin embargo, igual que los líderes de la administración Cleveland nunca consideraron seriamente involucrarse en ayudas federales o en un cartel internacional de trigo, tampoco se preocuparon nunca por las ganancias o pérdidas políticas de mantener el patrón oro (que de hecho les costó mucho en términos de apoyo político) o restaurar el orden público en Chicago y otros lugares en verano de 1894. En algunos casos nadie bienintencionado y con autoridad se ocupó simplemente de estas consideraciones; en otros casos se actuó despreocupadamente. En estos asuntos, la ideología suele ser más decisiva que la conveniencia u oportunidad política. Nevins subtituló la biografía que hizo de Cleveland «Un estudio sobre el valor», pero podría haberla titulado «Estudio sobre la ideología». (Gran parte de lo que los historiadores describen cómo el valor de los estadistas, tras un examen minucioso, suele dibujar un comportamiento más acorde con la ideología que con el interés material o la conveniencia política del político en cuestión.)[264]

El Poder Judicial federal también actuó según dictados ideológicos. Para los jueces, tres imperativos ideológicos eran prioritarios: el Estado de derecho, el derecho a la propiedad privada y, sobre todo, la paz pública. Los tres motivaron la innovación del requerimiento judicial laboral. El juez Jenkins, uno de sus impulsores, expresó la esencia de la respuesta judicial a la crisis de las relaciones laborales en pocas palabras: «es el deber de los tribunales frenar a esas facciones enfrentadas [capital y mano de obra], en la medida en que su acción pueda infringir la ley del país, para que la sociedad no se vea perturbada ni su paz invadida, y que los derechos individuales y corporativos no sean infringidos».[265] En el caso *Pollock*, el Tribunal Supremo temía tanto la debilidad del derecho a la propiedad privada que revocó su propia interpretación, coherente con un siglo de sentencias en defensa ininterrumpida del poder del Congreso para recaudar un impuesto sobre la renta sin prorrateo. A pesar de la tendencia inherente del tribunal hacia el conservadurismo legal, la mayoría no pudo resistir el argumento ideológico

264. Skowronek señala que Cleveland «poco más o menos que se suicidó políticamente» (*New American State*, p. 170).

265. 60 Fed. (E. D. Wisconsin), p. 809 (también p. 823).

de Choate de que «el derecho a la propiedad privada debe ser protegido».

En cada momento, los defensores de la ideología dominante se enfrentaron a los partidarios de una ideología opuesta. Los subversivos deseaban fervientemente abandonar el patrón oro, redistribuir la riqueza privada mediante el impuesto sobre la renta y evitar el uso de medidas cautelares en los conflictos laborales. En la década de 1890 aún no había llegado la hora de estos rebeldes, como dejó claro la aplastante victoria de McKinley frente a Bryan. Pero el futuro era suyo. Cuatro décadas más tarde, en otra crisis, derrotarían a los defensores supervivientes de la ideología liberal clásica de forma tan contundente como los liberales clásicos les habían vencido a ellos en la crisis de los noventa.

Capítulo 6

La Era Progresista: un puente hacia los tiempos modernos

> Tenemos el coraje para reconstruir la sociedad económica [...] y la sociedad política puede sufrir en sí misma una modificación radical en el proceso. Ninguna era ha sido tan consciente de su tarea, ni ha habido más unanimidad en el deseo de cambios amplios y radicales en la práctica económica y política.
>
> Woodrow Wilson

Los años transcurridos entre la recuperación de la depresión de la década de 1890 y la entrada de Estados Unidos en la Primera Guerra Mundial se conocen como la Era Progresista. El término habla tanto sobre los acontecimientos del período como sobre los historiadores que lo emplean. Aunque ciertos acontecimientos de la época, como el aumento del nivel de vida y la reducción de las tasas de mortalidad, se ajustan a una concepción general e inobjetable de «progreso», otros sucesos como el aumento de la regulación gubernamental, el control más centralizado del dinero y los impuestos sobre la renta, son «progresistas» sólo desde una perspectiva ideológica particular. El hecho de que casi todos los historiadores hayan aplaudido este último aspecto del progresismo del período anterior a la Primera Guerra Mundial es sintomático de la ideología imperante en la profesión de historiador en el siglo XX.[266] Utilizaré la expresión *Era Progresista* no porque acepte el juicio normativo implícito de la época a la que se refiere, sino porque me parece inextricablemente incorporada al vocabulario del discurso histórico. La carga de la prueba siempre recae en los que quieren acuñar nuevos términos para ideas conocidas. Mis propósitos se pueden cumplir bastante bien con el uso establecido, pero hay que tener en cuenta su ironía potencial. En una perspectiva ideológica alternativa, la Era Progresista, en la medida en que fue testigo de la expansión de la politización de la vida económica, no trajo consigo el progreso sino reaccionarismo.

Independientemente de sus vicios y virtudes, los cambios económicos, políticos e ideológicos de la Era Progresista instauraron el contexto en el que tuvieron lugar las emergencias nacionales de 1916-1918, 1930-1933 y 1940-1945. La emergencia por sí sola no tiene por qué conducir a un Estado intervencionista, lo hace sólo bajo ciertas condiciones ideológicas. La Era Progresista fue testigo de la maduración de tales condiciones.

Desarrollo económico y cambio político, 1898-1916

Después de media década de depresión, a finales de la década de 1890 la economía inició, o más bien estalló, en un

266. David M. Kennedy observa que «[l]a mayoría de los historiadores académicos se han erigido en herederos políticos de la tradición progresista» (David M. Kennedy (ed.), *Progressivism: the critical issues*, Little, Brown, Boston, 1971, p. xiii).

ciclo de vigorosa expansión. Se estima que entre 1898 y 1902 el PNB real per cápita creció a una tasa media anual del 4 por ciento. A pesar de que este ritmo extraordinario no se pudo prolongar durante un período mucho más extenso, la Era Progresista en su conjunto fue testigo de un notable crecimiento económico. El crecimiento se desaceleró durante los cuatro años que precedieron a la entrada de Estados Unidos en la guerra —las estimaciones disponibles no coinciden en cuanto a si la producción agregada siguió el ritmo de la población—, pero, a pesar de su estancamiento a partir de 1912, el PNB real per cápita en 1916 se situó en un 46 por ciento por encima del nivel de 1898.[267] A juzgar tan sólo por este índice, la economía se había comportado magníficamente.

Sin embargo, como siempre el crecimiento de la producción fue errático y las incertidumbres y pérdidas asociadas a las fluctuaciones empresariales hicieron que el progreso secular fuera irregular. Los resultados de la economía oscilaron entre el espectacular crecimiento anual que se produjo en 1901, 1906 y 1909 —años en los que se calcula un crecimiento del 12 por ciento de la producción real agregada— y las precipitadas caídas del 8 por ciento en 1908 y de más del 4 por ciento en 1914.[268] Esta gran variación anual dejó la tasa media de crecimiento a largo plazo en un ridículo 3,6 por ciento. En unas condiciones dinámicas tan inestables la planificación empresarial era

267. U.S. Department of Commerce, *Long term economic growth, 1860-1970*, U.S. Government Printing Office, Washington D.C., 1973, pp. 107, 182-183.

268. Ibídem, p. 105.

poco más que una conjetura y muchos trabajadores perdían su empleo de forma inesperada cada cierto tiempo. Siguió el desplazamiento relativo de la mano de obra de la agricultura a los sectores urbano-industriales y la volatilidad de la economía afectó de forma más inmediata a una proporción cada vez mayor de la población. Incluso en la, por lo general, próspera Era Progresista, los ciclos de la economía fueron un problema y una preocupación económica y, por lo tanto, política.

En aquella época el pánico financiero solía acompañar el inicio de una depresión comercial. Probablemente por este motivo muchos abrazaron las teorías monetarias del ciclo económico. Durante la depresión que siguió al pánico financiero de 1907, el Congreso creó una comisión monetaria para que investigara el sistema monetario y bancario y formulara recomendaciones para una legislación correctiva. La comisión realizó amplios estudios y su informe, entregado al Congreso en 1912, puso en marcha las deliberaciones y maquinaciones que culminaron con la creación del Sistema de la Reserva Federal a finales de 1913. La «Fed», como se la llama comúnmente, era una institución anómala pero típicamente americana: un banco central descentralizado, con doce bancos de distrito semiautónomos y una dirección central relativamente impotente. Los banqueros comerciales se calmaron con la presencia de este «banco de bancos», una fuente de reservas adicionales de efectivo en caso de crisis de liquidez. Con sólo una vaga noción de cómo funcionaría la Fed, la población esperaba que suavizara las fluctuaciones del crecimiento económico de la nación. Los funcionarios de la Fed, inseguros de sus propias capacidades y autoridad, apenas se habían instalado en sus nuevas oficinas cuando comenzó la Gran Guerra y el Gobierno les impuso obligaciones más apremiantes. Los intentos de dominar los ciclos económicos debían esperar.

Las relaciones laborales fueron tan problemáticas como las fluctuaciones económicas. Los sindicatos, tras sufrir duros reveses en la década deprimida de 1890, multiplicaron el número de afiliados durante el auge económico de principios de siglo. El número total de miembros sindicados pasó de menos de medio millón en 1897 a cerca de dos millones en 1904; luego se estabilizó durante unos años, antes de reanudar un lento crecimiento a partir de 1909. Hasta 1917 no se alcanzaron los tres millones de afiliados. Los trabajadores sindicados constituían sólo una pequeña fracción del total de la fuerza laboral durante la Era Progresista (nunca más de una décima parte), pero lograron apoyos significativos en dos industrias estratégicas, los ferrocarriles y las minas de carbón y en los trabajos cualificados en la construcción.[269] Organizaciones obreras militantes como los Trabajadores Industriales del Mundo (llamados socarronamente los *Wobblies*) y varias organizaciones socialistas no llegaron a reclutar a grandes multitudes, pero inspiraron temor mucho más allá de sus seguidores visibles.[270] Tanto los radicales como

269. U.S. Bureau of the Census, *Historical statistics of the United States, colonial times to 1970*, U.S. Government Printing Office, Washington D. C., 1975, pp. 127, 177-178.

270. La organización Trabajadores Industriales del Mundo (IWW en inglés) aglutinaba a trabajadores con recorridos y aspiraciones heterogéneas. Hay acuerdo en calificar a la organización de radical y en seña-

los conservadores, así como muchos de los que se situaban entre unos y otros, sentían que se estaba librando una batalla por la lealtad de la clase obrera. Si un gran número de trabajadores caía bajo el dominio de los radicales, se esperaban consecuencias dramáticas. Los presagios de guerra de clases atemorizaron a la clase media y alta y tiñeron esta época, por lo general próspera, con una sensación de crisis.

A pesar del uso continuado de requerimientos judiciales en los conflictos laborales más importantes, el Gobierno federal no disponía realmente de una política de relaciones laborales, a no ser que sus posiciones se interpretaran como una política. Los conflictos laborales y los disturbios en que solían derivar y quebrar la paz caían bajo la jurisdicción de las autoridades locales. La actuación de los funcionarios locales podía concretarse en un amplio abanico de posibilidades, desde las muestras de apoyo a los trabajadores hasta una represión brutal. La brutalidad, al ser más noticiable, dominó la percepción y el debate público sobre «el problema laboral». El incidente quizá más destacable tuvo lugar en 1914 en Ludlow, Colorado, donde las tropas estatales atacaron e incendiaron el campamento de los mineros en huelga, mataron a hombres, mujeres y niños, y se desencadenó una feroz guerra civil durante diez días. Estos acontecimientos confirmaban los temores más pesimistas sobre un problema que supuestamente no tendría solución. Un testigo, al declarar ante una comisión del

lar su oposición al capitalismo. Se llamó «wobblies» a sus miembros, que literalmente significa inseguro, tambaleante o dubitativo. *(N. de la t.)*

Congreso en 1912, sintetizó la sensación de alarma que prevalecía: «Hay malestar en todas partes. Las condiciones nunca habían sido tan malas. Ni el capital ni los trabajadores están satisfechos, y estamos viendo un choque tras otro. La situación va a peor y el futuro es sombrío».[271] En 1912 el Congreso creó una comisión de relaciones industriales para estudiar el asunto y no verse demasiado comprometido en un terreno políticamente muy espinoso. El informe final de la comisión, publicado en 1915, no contribuyó a disipar la angustia generalizada.

La mayoría de los mineros en huelga en Ludlow eran inmigrantes recién llegados que hablaban nada o muy poco el inglés, lo que era sintomático de la estrecha relación entre el problema laboral y el de la inmigración. A lo largo de la Era Progresista, un gran número de extranjeros llegó a Ellis Island y a otros puertos menores de entrada al país. En la década de 1890 había disminuido el volumen de inmigración, pero con el cambio de siglo volvió a crecer rápidamente. En el período 1901-1914 la inmigración total alcanzó una media de casi un millón de personas al año. (En 1900 la población de Estados Unidos era de unos setenta y seis millones, por lo que recibir un millón de inmi-

271. Citado en Graham Adams Jr., *Age of industrial violence, 1910-15: the activities and findings of the United States Commission on Industrial Relations*, Columbia University Press, Nueva York, 1966, p. 38. Los recuentos de víctimas en Ludlow varían. Harold U. Faulkner reporta la muerte de seis hombres, dos mujeres y once menores (*The quest for social justice, 1898-1914*, Quadrangle Books, Chicago, 1971, p. 75). Adams (*Age of industrial violence*, pp. 146-161) asegura que muchos otros perdieron la vida o sufrieron heridas en los actos violentos que acaecieron antes y después de la masacre de Ludlow propiamente dicha.

grantes al año tenía un gran efecto en el ritmo de crecimiento de la población. Por supuesto, también hubo una gran emigración.) Los inmigrantes, sobre todo hombres jóvenes procedentes del sur y el este de Europa, aportaron gran parte del músculo que levantó fábricas, molinos y minas en la expansión de la América industrial. Sin embargo, y como ilustran los sucesos de Ludlow y muchos otros lugares, la integración de los trabajadores extranjeros produjo ásperas fricciones sociales. Muchos ciudadanos nativos, así como antiguos inmigrantes ya establecidos, detestaban a los recién llegados.

Lo cierto es que los trabajadores inmigrantes aumentaron la oferta de mano de obra, por mucho que se les quisiera considerar bajo otras categorías. En consecuencia, su llegada gustaba a la mayoría de los empleadores y disgustaba cada vez más a los trabajadores organizados. La comisión sobre inmigración, que realizó un gran estudio y entregó su informe final al Congreso a finales de 1910, recomendó que se limitara la admisión de los «nuevos» inmigrantes. Sin embargo, no se impuso ninguna limitación hasta 1917, cuando el Congreso promulgó un requisito de alfabetización que iba a afectar de forma desproporcionada a los grupos menos populares. Hasta la década de 1920 no se levantaron barreras legales efectivas, pero ya en el período 1915-1920 el flujo de inmigración se había visto reducido a un mero goteo por el inicio de la guerra.

Aunque problemas tan variados como el dinero, la banca y el ciclo económico, las relaciones laborales y la inmigración atrajeran la atención de la población, ninguno llegó a rivalizar con el «problema del monopolio». La cuestión de qué hacer con las grandes empresas fue, sin duda, la política pública más discutida de la Era Progresista. Estaba, por supuesto, conectada con todas las demás. No se podía hablar de la banca sin tener en cuenta los imperios financieros de Morgan y Rockefeller y sus numerosos vínculos con las grandes corporaciones industriales y ferroviarias. Las relaciones laborales y la inmigración no podían tratarse con independencia de los monopolios, en los que una cada vez mayor multitud de trabajadores encontraba empleo, y en particular los inmigrantes. Casi todos los temas económicos estaban relacionados de alguna manera con el problema de los monopolios. «La empresa», dijo Woodrow Wilson en 1910, «está a la vanguardia de todas las cuestiones económicas modernas».[272]

¿Por qué la población estaba obsesionada con las grandes empresas? ¿Qué indicaba la necesidad o conveniencia de *hacer algo* al respecto? ¿Y por qué debería el Estado, el Gobierno federal en particular, tomar medidas? Era inevitable que algunas empresas fueran más grandes que otras. ¿Acaso la población no veía que las empresas que producen a gran escala consiguen reducir los costes por unidad gracias a su gran volumen de producción y a unas estructuras organizativas superiores, economías que no pueden conseguir las empresas más pequeñas? En definitiva,

272. Woodrow Wilson, «The lawyer and the community», *North American Review*, 192 (nov. de 1910), p. 618. De todos los artículos publicados en las principales revistas económicas estadounidenses entre 1900 y 1909, por lo menos una cuarta parte versaba sobre monopolios y regulación pública. Véase George J. Stigler, «The economists and the problem of monopoly», *American Economic Review*, 72 (may. de 1982), p. 8.

¿quizá se trataba más de un problema de comprensión de la gente que un tema de fondo?

En parte *era* un problema de incomprensión de la opinión pública, fomentado por periodistas de tres al cuarto y explotado por políticos demagogos. Mucha gente de escasos recursos y logros estaba resentida con los capitalistas ricos y exitosos (cuyo ostentoso estilo vida contribuía a alimentar estas llamas); la gente menos afortunada se deleitaba con la idea de reducir a los magnates a cenizas. Un determinado tipo de político ambicioso —Theodore Roosevelt era el ejemplo paradigmático— jugó con la envidia de los ciudadanos. «El pueblo», gritó Roosevelt, «no tiene más que un instrumento eficaz a su alcance contra las colosales maquinaciones empresariales —y ese instrumento es el Gobierno de Estados Unidos—».[273] Wilson se hizo eco de la opinión de Roosevelt, al declarar que «sin la interferencia vigilante y decidida del Estado, no puede haber juego limpio entre individuos e instituciones tan poderosas como los monopolios. Hoy en día, la libertad es algo más

273. Citado por William A. Schambra, «The roots of American public philosophy», *Public Interest*, (primavera de 1982), p. 42. Robert Wiebe describió a Roosevelt como «[u]n hombre sin atractivo que gozaba matando seres humanos, albergaba crueles prejuicios personales y manipulaba los hechos en beneficio de su fama [...]. Más allá de su dentadura resplandeciente y su agitado movimiento de brazos se hallaba una inteligencia de extremada agudeza y una ambición insaciable de poder con gran aclamación popular» (*The search for order, 1877-1920*, Hill & Wang, Nueva York, 1967, p. 189). Para una amplia documentación del sadismo de Roosevelt y muchas más indagaciones sobre otros aspectos de su carácter, véase Edmund Morris, *The rise of Theodore Roosevelt*, Ballantine Books, Nueva York, 1979, *passim*, esp. p. 850, n. 119.

que el derecho a ser dejado en paz. Hoy en día, el programa de libertad de un Estado debe ser positivo, no meramente pasivo».[274] No es de extrañar que los políticos ávidos de poder apoyaran las propuestas para ampliar los controles públicos sobre las grandes empresas.

Sin embargo, si el furor no hubiera sido más que pura demagogia, difícilmente se habría convertido en el eje de una preocupación pública tan persistente. Muchos miembros de las clases medias y trabajadoras creían realmente, sin que los políticos incitaran a ello, que los grandes grupos empresariales ejercían una influencia perniciosa en la vida económica y política de la nación. Su temor al monopolio en los mercados de productos y al monopsonio en los mercados laborales no carecía de fundamento. A principios del siglo XX una ola de fusiones que culminó con la creación de un gigante de mil millones de dólares, U.S. Steel, acrecentó el pánico a que la consolidación de la tendencia llevara a multitud de pequeñas empresas a la quiebra. La Ley Sherman Antimonopolio de 1890 tal como la interpretaban los tribunales de la época parecía inútil para frenar el crecimiento de los monopolios. El exitoso desmantelamiento por parte de Roosevelt de la Northern Securities Company, la compañía ferroviaria patrocinada por Morgan, tuvo mayor importancia simbólica que sustantiva. Las disoluciones de American Tobacco y Standard Oil que el Tribunal Supremo ordenó en 1911 tuvieron poca relevancia en los mercados pertinentes. A menudo el clamor

274. Woodrow Wilson, *The new freedom*, Doubleday Page, 3.ª ed., Garden City (Nueva York), 1921 (publicado originalment en 1913), p. 284.

legal y político tenía más que ver con los servicios públicos o los ferrocarriles, industrias en las que prevalecían las llamadas condiciones de monopolio natural y en las que, por lo tanto, se cuestionaba la idoneidad de la competencia.[275] La supervivencia económica del más fuerte, sea cual fuera su significado y mérito en otros lugares, aparentemente no era aplicable a las empresas con concesiones del Estado, como las empresas —todas ellas en crecimiento— que suministraban servicios telefónicos y telegráficos, gas y electricidad, por no hablar de la industria ferroviaria, un semillero perenne de controversias.

Aparte de los argumentos estrictamente económicos a favor y en contra de los monopolios, la corrupción que desplegaban sobre el sistema jurídico y político provocó una indignación generalizada. De ahí que se convirtieran en el objetivo preferido de los periodistas de investigación. En revistas de gran difusión como *McClure's*, *Collier's* y *Everybody's*, periodistas como Ida Tarbell, Lincoln Steffens y Ray Stannard Baker denunciaron tratos turbios, acciones ilegales, tejemanejes políticos y otras prácticas poco éticas de los ferrocarriles, envasadores y procesadores de carne, compañías de seguros y otras grandes empresas aliadas con fun-

275. Mary Cornelia Porter, «That commerce shall be free: a new look at the old *laissez faire* court», *Supreme Court Review*, 1976, esp. pp. 151-154. La aportación especial de Porter es haber identificado la gran frecuencia con la que las sentencias del Supremo en la era del debido proceso fundamental de naturaleza económica (aproximadamente 1897-1936) concernían a servicios públicos. Sobre el concepto de monopolio natural, véase Fritz Machlup, *The political economy of monopoly: business, labor and government policies*, Johns Hopkins Press, Baltimore, 1952, pp. 48, 294.

cionarios públicos corruptos. Steffens exclamó: «Es un fraude fariseo, este gran empresario. Es la principal fuente de corrupción, y sería una bendición si dejara de lado la política [...]. La "corrupción que surge aquí y allá y cada poco" no es una ofensa ocasional, sino una práctica común, y [...] su efecto es el de cambiar literalmente la forma de nuestro Gobierno, que pasa de ser representativo del pueblo a una oligarquía, representante de intereses especiales».[276]

Según la interpretación tradicional del progresismo, la corrupción desenterrada por los periodistas estimuló a la ciudadanía a levantarse indignada y a restablecer la virtud perdida en la política económica, mediante la Oficina Empresarial (1903), la Ley Clayton Antimonopolio, la Ley de la Comisión Federal de Comercio (ambas de 1914) y las principales enmiendas a la Ley de Comercio Interestatal (1903, 1906, 1910). Durante años el ejemplo favorito de los historiadores fue la novela de Upton Sinclair *La jungla*, cuyos lectores supuestamente exigieron sublevados la aprobación de la Ley de Inspección de la Carne y la Ley de Alimentos y Medicamentos (ambas de 1906).

A finales del siglo xx los historiadores fueron abandonando esta visión simplista de la relación causal entre las

276. Lincoln Steffens, *The shame of the cities*, Hill & Wang, Nueva York, 1957 (publicado originalmente en 1904), pp. 3, 17. También *idem*, «IT: an exposition of the sovereign political power of organized business», *Everybody's Magazine*, 23 (sep. de 1910), pp. 291-298. Sobre hasta qué punto el problema del monopolio se percibía más como un problema político que económico, como realmente era el caso, véase Thomas K. McCraw, «Rethinking the trust question», en Thomas K. McCraw (ed.), *Regulation in perspective: historical essays*, Harvard University Press, Cambridge (Massachusetts), 1981, pp. 19-20, 37.

revelaciones de los reporteros y la emblemática legislación progresista, pero en sus revisiones hicieron poco por refutar las acusaciones originales de corrupción empresarial generalizada. De hecho, un historiador revisionista como Gabriel Kolko reinterpretó los principales acontecimientos políticos de la Era Progresista bajo el prisma de una supuesta corrupción corporativa generalizada. Kolko dio la vuelta a la interpretación tradicional y caracterizó estos acontecimientos como el «triunfo del conservadurismo», entendido como la consecución de la hegemonía política por parte de los ricos y poderosos en general y de las grandes corporaciones en particular. Incluso revisitó y reinterpretó el ejemplo clásico: la Ley de Inspección de la Carne de 1906 no habría sido consecuencia del alboroto que siguió a la publicación del libro de Sinclair, sino fruto de las maquinaciones de los grandes empresarios de la industria cárnica.[277] Aunque las pruebas no apoyaran la tesis de Kolka en general, sí apoyaban su perspectiva. Los grandes empresarios —y también los pequeños en cuanto estable-

277. Gabriel Kolko, *The triumph of conservatism: a reinterpretation of American history, 1900-1916*, Quadrangle Books, Chicago, 1967, *passim*, esp. pp. 98-110. Los productores y no los consumidores también fueron los impulsores de la Ley de Pureza de Alimentos y Medicinas tal como argumenta David Vogel, «The "new" social regulation in historical and comparative perspective», en McCraw (ed.), *Regulation in perspective*, pp. 166-167. Compárese con Peter Temin, «Government actions in times of crisis: lessons from the history of drug regulation», *Journal of Social History*, 18 (primavera de 1985), pp. 433-435. Temin subraya la significación de las acciones de Harvey W. Wiley, un activista excéntrico que dirigió la División de Química [medicamentos] del Departamento de Agricultura del Gobierno federal de Estados Unidos.

cieron patronales eficaces— ejercieron una influencia indudable para determinar la forma y el contenido específico de la legislación progresista, no sólo de las leyes sobre alimentos y medicamentos, sino también sobre aranceles, banca, ferrocarriles, antimonopolio y comisiones comerciales.[278]

En el fondo, los conflictos sobre la política a adoptar con respecto a los monopolios, el mercado laboral y la banca eran luchas sobre la distribución de la renta y la riqueza nacionales. Como tales, los problemas sólo podrían «resolverse» en la medida en que los diversos grupos de interés llegaran a aceptar la distribución existente como legítima. (E incluso entonces los problemas no se resolverían, porque una economía dinámica perturbaría inevitablemente cualquier distribución existente, creando así nuevos conflictos.)[279] Ciertamente, la fe de los progresistas en la efica-

278. En contraposición a la interpretación de Kolko, véase Robert H. Wiebe, *Businessmen and reform: a study of the progressive movement*, Quadrangle Books, Chicago, 1968. Aunque destaca la división política entre los diversos intereses empresariales, Wiebe (p. 217) coincide con Kolko en que «la comunidad empresarial fue el factor o conjunto de factores más importante en el desarrollo de la regulación económica». También John Tippie, *The capitalist revolution: a history of American social thought, 1890-1919*, Pegasus, Nueva York, 1970, pp. 142-147; Arthur S. Link y Richard L. McCormick, *Progressivism*, Harland Davidson, Arlington Heights (Illinois), 1983, pp. 64-66; Daniel T. Rodgers, «In search of progressivism», *Reviews in American History* (dic. de 1982), pp. 120-121.

279. La única auténtica solución a este problema social fundamental requiere que todos acepten la legitimidad del proceso socioeconómico que genera (y modifica con el tiempo) la distribución de renta y riqueza, renunciando a cualquier reparo sobre el resultado específico producido por ese proceso. Aunque es concebible una sociedad que al-

cia de situar a «expertos» en puestos de autoridad —ingenieros sociales— para resolver los problemas sociales era, en el mejor de los casos, ingenua. Las comisiones federales de investigación (Industrial, Monetaria, de Inmigración y de Relaciones Industriales, entre otras) recogieron y presentaron datos socioeconómicos importantes, pero sus recomendaciones de cara a posibles soluciones legislativas reflejaban la política partidista del país, en lugar de sustituirla por criterios objetivos. Difícilmente podría haber sido de otra manera, dado que los propios expertos tenían guerras materiales, políticas e ideológicas que librar.

La política fiscal, de forma más clara que cualquier otra política, llevó a las distintas facciones políticas a disputar sobre la distribución. Aquí los progresistas lograron su triunfo más fecundo: la Decimosexta Enmienda a la Constitución. La enmienda al impuesto sobre la renta fue la culminación de una secuencia un tanto fortuita de acontecimientos políticos. Desde la decisión *Pollock* del Tribunal Supremo, el Partido Demócrata había seguido defendiendo dicho impuesto. En cada sesión del Congreso presentaban ritualmente proyectos de ley de impuestos sobre la renta, pero el Congreso nunca los aprobó. En 1908

---

canzara ese consenso, los ejemplos empíricos de ello no vienen a la mente de inmediato. Como señalan Samuels y Mercuro, «[n]o existen unos derechos, precios, estructura y distribución de renta que sean correctos. Existe más bien una contienda sobre derechos [...]. [E]l proceso por el que los intereses económicos adquieren protección jurídica como derechos legales es el proceso jurídico-económico clave». Cita de Warren J. Samuels y Nicholas Mercuro, «A critique of rent-seeking theory», en David C. Colander (ed.), *Neoclassical political economy*, Ballinger, Cambridge (Massachusetts), 1984, pp. 59, 65.

los radicales ganaron un nuevo aliado cuando Teddy Roosevelt se pronunció en favor de un impuesto sobre la renta. Tras la elección de William H. Taft como presidente, una coalición de insurgentes republicanos en el Congreso (legisladores reformistas, la mayoría del medio oeste y del oeste) y los demócratas intentaron añadir una enmienda sobre el impuesto sobre la renta, a un proyecto pendiente de ley arancelaria. Evidentemente, esperaban que, frente a una nueva oportunidad, el Tribunal Supremo revocaría su sentencia de 1895 y mantendría la ley. En un intento de dividir a las fuerzas que apoyaban unidas el impuesto sobre la renta, el senador Nelson W. Aldrich, líder de la Vieja Guardia Republicana (un grupo de conservadores, la mayoría del este) presentó proyectos de ley que preveían un impuesto de sociedades y una enmienda constitucional que otorgaba al Congreso la autoridad para gravar las rentas. Aldrich no ocultaba sus intenciones: «Votaré a favor de un impuesto de sociedades», declaró en el pleno del Senado, «como medio para derrotar al impuesto sobre la renta».[280] Ambos proyectos de ley se aprobaron rápidamente.

El impuesto de sociedades fue impugnado inmediatamente en los tribunales. Este impuesto exigía el uno por ciento de los ingresos netos superiores a 5.000 dólares de todas las empresas con ánimo de lucro. En una importante

280. Citado por Jerold Waltman, «Origins of the federal income tax», *Mid-America*, 62 (oct. de 1980), p. 155. Según John F. Witte, las propuestas de Aldrich tuvieron su origen en la administración Taft, que pretendía «desactivar una potencial crisis constitucional entre el Congreso y el Tribunal Supremo» (*The politics and development of the federal income tax*, University of Wisconsin Press, Madison, 1985, pp. 74-75).

decisión que parecía incompatible con el espíritu —si no con la letra— de su decisión *Pollock*, el Tribunal Supremo confirmó la constitucionalidad del impuesto. Eludiendo la cuestión principal, el tribunal sostuvo que el impuesto sobre la renta de las empresas no era un impuesto directo, sino un impuesto especial sobre el privilegio de hacer negocios como una corporación.[281]

Mientras los grandes empresarios maldecían el impuesto de sociedades, la enmienda al impuesto sobre la renta avanzaba con paso firme hacia su ratificación. Aldrich debió sorprenderse, no sin tristeza, de que el impuesto de sociedades no hubiera logrado desviar el interés por un impuesto general sobre la renta. A principios de 1913 la enmienda pasó a formar parte del derecho fundamental cuando un número suficiente de legislaturas estatales la hubieron aprobado.[282] El presidente Wilson convocó de inmediato al Congreso y pidió que promulgara reducciones arancelarias y una ley del impuesto sobre la renta. El Con-

281. *Flint v. Stone Tracy Co.*, 220 U.S. 107 (1911). El Supremo se había ido apartando de su sentencia en el caso *Pollock* desde 1899, ratificando impuestos sobre la venta en intercambios comerciales, sobre las herencias y sobre la venta de acciones, todos los cuales diferían de los impuestos sobre la renta sólo técnicamente. Véase Loren P. Beth, *The development of the American Constitution, 1877-1917*, Harper Torchbooks, Nueva York, 1971, p. 159.

282. Para una explicación novedosa de cómo se formó una coalición exitosa en apoyo de la Decimosexta Enmienda, véase Ben Baack y Edward John Ray, «The political economy of the origin and development of the federal income tax», en Robert Higgs (ed.), *Emergence of the modern political economy*, JAI Press, Greenwich (Connecticut), 1985, pp. 121-138; e *idem*, «Special interests and the adoption of the income tax in the United States», *Journal of Economic History*, 45 (sep. de 1985), pp. 607-625.

greso cumplió. El 3 de octubre de 1913 se aprobó un impuesto que se aceptaba «[...] como la culminación inevitable de la enmienda constitucional». La nueva ley se parecía a la de 1894 en casi todo, salvo que en la anterior el tipo era fijo y del 2 por ciento, y en la nueva los tipos eran graduales y en el tramo superior alcanzaban el 7 por ciento para ingresos superiores a 500.000 dólares.[283] Para la mayoría, excepto los más ricos, los impuestos eran irrelevantes —el 98 por ciento de la población no tenía que pagar impuestos sobre la renta en virtud de la ley de 1913— pero si alguna vez hubo un punto de inflexión fue éste.

Vientos de cambio ideológico

El progresismo, como lo entienden en la actualidad los historiadores, abarcó una amplia gama de propuestas y acciones políticas respaldadas por individuos y grupos de interés movidos por varias razones. En definitiva, debió de ser un paraguas bajo el que agrupar prácticamente todos los ideales y programas reformistas de principios del siglo XX. Una noción tan amplia y heterogénea, a primera vista, no parece revelar mucho más que el signo de los tiempos históricos y el lugar a los que pertenece. Sin embargo, bajo la supuesta diversidad del *Progresismo* hay un elemento común.

Los grandes empresarios del sector cárnico que impulsaron la Ley de Inspección de la Carne, los transportistas

283. Witte, *Federal income tax*, pp. 76-79 (cita de la p. 77); U.S. Bureau of the Census, *Historical statistics*, p. 1095.

que lucharon por las enmiendas a la Ley de Comercio Interestatal, los defensores del derecho a la competencia, la comisión de comercio y la enmienda al impuesto sobre la renta —todos compartían la voluntad, a menudo el afán, de ampliar el alcance de la autoridad gubernamental efectiva sobre la toma de decisiones económicas—. Como escribió David Kennedy, «la gran mayoría de los progresistas consideraban que la cuestión central de la época era la relación entre el poder público y el privado o, más exactamente, entre el Estado y la economía. Aunque no estaban de acuerdo en los programas específicos, sí los unía el rechazo al determinismo del *laissez faire*, que no permitió al Estado controlar la expansión económica que siguió a la Guerra Civil». En resumen, «un compromiso común con el Estado intervencionista [...] unía a quienes se autodenominaban progresistas».[284]

Cuando se observa, en primer lugar, que el progresismo era la ideología dominante de las élites económicas y políticas en vísperas de la Primera Guerra Mundial y, en segundo lugar, que el progresismo no era la ideología dominante de las élites gobernantes a finales del siglo XIX, es evidente que el giro ideológico se produjo a principios del siglo XX. A pesar de que a finales del siglo XIX ya se detecta una tendencia gradual hacia el intervencionismo estatal y local, la ideología todavía dominante de la década de 1890 —la adoptada por la mayoría de los líderes de opinión, funcionarios gubernamentales y (hasta donde se

284. Kennedy (ed.), *Introduction to progressivism*, pp. vii, xiii. Compárese con Rodgers, «In search of progressivism», pp. 123, 127.

puede juzgar) la mayor parte del público— sostenía que el Estado, y en particular el Gobierno federal, tenía una misión limitada. Esta misión no se circunscribía tan sólo a proporcionar la defensa nacional, el orden interno, el cumplimiento de los contratos privados y la regulación de los monopolios naturales, sino que se centró en esto y en un puñado de actividades como el mantenimiento de las calles, la educación y la sanidad, que en general se consideran bienes públicos. Como ha señalado Wiebe, «una concepción del Estado sorprendentemente diferente surgió en el cambio de siglo, una concepción que apoyaban casi todos los teóricos más destacados de la época».[285] La tradicional devoción estadounidense por un Estado limitado no desapareció por completo, especialmente entre las clases medias y sus representantes políticos, pero perdió gran parte de su vitalidad. A partir de 1900 prácticamente todas las propuestas políticas importantes requerían una mayor intervención pública, en particular exigían una actuación más amplia por parte del Gobierno federal.

Sorprendentemente fueron los grandes empresarios —curiosamente quienes deberían haber sido los más acérrimos defensores del viejo orden— los que evidenciaron

285. Wiebe, *The search for order*, p. 159. Sobre la Era Progresista como un punto de inflexión ideológico, véase también Frank Tariello Jr., *The reconstruction of American political ideology, 1865-1917*, University of Virginia Press, Charlottesville, 1982), esp. pp. 48, 161; Arthur A. Ekirch Jr., *Progressivism in America*, New Viewpoints, Nueva York, 1974; Herbert McClosky y John Zaller, *The American* ethos*: public attitudes toward capitalism and democracy*, Harvard University Press, Cambridge (Massachusetts), 1984, pp. 87, 221, 269-270.

de forma más llamativa esta transformación ideológica. En 1921 Charles Whiting Baker observó que «[l]as doctrinas que se consideraban ultrarradicales hace treinta años [...] son aceptadas hoy sin discusión por presidentes de ferrocarriles, financieros y capitanes de la industria». Por supuesto, utilizar al Estado para sus propios fines no era nada nuevo para los empresarios. Siempre habían buscado —y a veces conseguido— subvenciones, aranceles, legislación favorable para excluir o inhibir a los competidores y sentencias judiciales sesgadas para aumentar el valor de sus propiedades. Pero sus esfuerzos interesados para obtener ayuda gubernamental se habían justificado como casos especiales y se habían recubierto con una densa cortina de humo de devoción retórica al *laissez faire*, o algo por el estilo. La novedad de principios del siglo xx fue la posición indisimulada y adoptada por un número creciente de empresarios (en particular de la élite del este), de que el Estado debía intervenir más activamente en los asuntos de las empresas (sobre todo de las grandes empresas), y que la actuación debía ser continua e institucionalizada. La obediencia ceremonial de los grandes empresarios al *laissez faire* cayó cada vez más en desuso y fue sustituida por la declaración progresista de que el Estado debía dejar de ser sólo un árbitro y ser también un actor. George W. Perkins, antiguo ejecutivo de la New York Life Insurance Company, socio de J. P. Morgan and Co. y director de U.S. Steel e International Harvester, en 1911 instó a los directivos de las grandes corporaciones a «darse cuenta de que estas empresas se asemejan más a instituciones públicas que a propiedades privadas».[286] Cuesta imaginar a alguien de esa posición haciendo tal declaración en 1895. Sin embargo, Perkins, aunque extremo, no era el único. Un número creciente de magnates, como Samuel Insull y Elbert H. Gary, adoptaron una posición similar.

Los empresarios evidentemente solían apoyar la ampliación de los poderes gubernamentales por razones fundamentalmente estratégicas. Aceptaban que una mayor presencia gubernamental en la economía era inevitable y trataban de dar forma a la legislación y al diseño administrativo de los nuevos programas, de forma que les permitieran obtener el mayor beneficio posible o, al menos, reducir pérdidas. Como dijo Insull, el empresario prefiere «ayudar a dar forma a una regulación correcta» que aguantar «una mala regulación que le sea impuesta».[287] Sin embargo, lo que más llamaba la atención de su posición era el convencimiento de que una mayor intervención pública era inevita-

286. Charles Whiting Baker, *Government control and operation of industry in Great Britain and the United States during the World War*, Oxford University Press, Nueva York, 1921, p. 3; George W. Perkins, «Business: the moral question», *World's Work*, 22 (jun. de 1911), p. 14469. Ekirch (*Progressivism*, p. 166) describe a Perkins como un admirador «de un Estado administrativo fuerte y del nacionalismo alemán»; Rodgers («In search of progressivism», p. 115) lo considera «un "corporativista liberal" arquetípico».

287. Citado en Tipple, *The capitalist revolution*, p. 5. Gran parte del apoyo del gran empresariado a la regulación federal provenía del deseo de evitar la probable alternativa: regulaciones diferentes a escala estatal. Richard Sylla, en un artículo pendiente de publicación en el momento de escribir estas líneas, hace de esta relación la explicación central del progresismo de la época en general. [*(N. de la t.)* El artículo referido seguramente sea Richard Sylla, «The progressive era and the political economy of big government», *Critical Review*, 5 (1991), pp. 531-557.]

ble, que ni siquiera los inmensos recursos políticos de las grandes empresas podrían calmar el furioso mar de la reforma. Que se considerara inevitable el intervencionismo —ya sólo quedaba por determinar su forma exacta— indicaba una profunda transformación del contexto ideológico. El historiador debe buscar los orígenes de este contexto en las declaraciones de los líderes de opinión y los divulgadores.

Las enérgicas reivindicaciones contemporáneas a favor de la experiencia específica proporcionan una pista. Lo que ahora se antoja una fe pintoresca o poco sincera en los expertos socioeconómicos sonaba menos hueco en su momento. Parecía más que nunca que los expertos podrían gestionar los problemas sociales, políticos y económicos fundamentales y «solucionarlos». No es de extrañar que los propios aspirantes a expertos adoptaran esta convicción con la mayor avidez. Se trataba de intelectuales, cada vez más numerosos e influyentes, que se hallaban en una posición de privilegio. Las universidades del país crecieron rápidamente a principios del siglo XX. En 1900 el censo contaba sólo con unos siete mil decanos, profesores e instructores universitarios; veinte años más tarde el censo sumaba unos treinta y tres mil.[288] Además, un número creciente de periodistas, autores, abogados, trabajadores sociales, burócratas y *free lances* sin trabajo engrosaron las filas de los intelectuales. Joseph Schumpeter observó que «ni la oportunidad para atacar ni los agravios reales o imaginarios son suficientes en sí mismos, por mucho que lo favorezcan, para generar hostilidad activa contra un orden

288. U.S. Bureau of the Census, *Historical statistics*, p. 140.

social dado. Para que se desencadene una atmósfera así debe haber grupos a quienes interese obtener y organizar el resentimiento, alimentarlo, expresarlo y dirigirlo».[289] Los intelectuales de la Era Progresista se dedicaron a ello, aspirando a derribar los baluartes ideológicos del viejo orden y a proporcionar un modelo para el nuevo.

Independientemente del ámbito socioeconómico concreto en el que los intelectuales aspiraran a llevar a cabo su demolición y reconstrucción, contaban con recurrir a la misma herramienta: el poder ampliado del Estado. Edward A. Ross, cuyo influyente libro *Social control* apareció en 1901, defendió la eficacia de acudir al Estado para resolver los problemas sociales aseverando que era «una organización que pone a una minoría sabia en la silla de montar». Se trataba de un argumento que los hechos no parecían poder refutar —en la década de 1960 lo resucitó John Kenneth Galbraith— y con el que Ross pronosticó que una «minoría sabia» de gestores técnicos, planificadores y burócratas ganaría cada vez más poder a expensas de los políticos.[290]

El socialismo condicionó el proyecto intelectual de la Era Progresista, motivando muchas de sus preocupacio-

289. Joseph A. Schumpeter, *Capitalism, socialism, and democracy*, Harper & Row, 3.ª ed., Nueva York, 1950, p. 145.

290. Sobre Ross, véase Tipple, *The capitalist revolution*, pp. 338-339. La «minoría sabia» de Ross guarda paralelismo con la «tecnoestructura» de Galbraith y su «Estado educativo y científico» (John Kenneth Galbraith, *The new industrial State*, Houghton Mifflin, Boston, 1967, pp. 60-71, 282-295, 378-387 y *passim*). Compárese con Alvin W. Gouldner, *The dialectic of ideology and technology: the origins, grammar, and future of ideology*, Oxford University Press, Nueva York, 1982, pp. 255-257 («una fantasía, una utopía, un tipo ideal»).

nes, enmarcando muchas de sus preguntas y estableciendo el contexto normativo de sus análisis.

> A partir de 1900 casi todos los reformistas estadounidenses, tanto los progresistas como los doctrinarios, recogieron elementos socialistas en su pensamiento e ideales. Claramente el socialismo había tenido éxito en América, quizá no como un programa político efectivo, pero sí como un despertador de emociones. Sus aspectos más sentimentales fueron propagados por socialistas literarios como William Dean Howells y Upton Sinclair, mientras que sus infecciosas doctrinas económicas se entretejieron en la crítica social de Henry Demarest Lloyd y Richard T. Ely. El socialismo universitario estaba en boga en las mejores escuelas y coloreó el pensamiento de muchos jóvenes radicales como [Walter] Lippmann y [Randolph] Bourne. El socialismo proporcionó la crítica, y quizá también la técnica, para gran parte de la reforma progresista; y, aunque no se admita, causó impacto en todas las ciencias sociales.[291]

291. Tipple, *The capitalist revolution*, p. 275. También Wiebe, *The search for order*, pp. 159-163; James Gilbert, *Designing the industrial State: the intellectual pursuit of collectivism in America, 1880-1940*, Quadrangle Books, Chicago, 1972; Charles Forcey, *The crossroads of liberalism: Croly, Weyl, Lippmann, and the Progressive Era, 1900-1925*, Oxford University Press, Nueva York, 1961; Ronald Steel, *Walter Lippmann and the American century*, Little, Brown, Boston, 1980, pp. 23-44; Tariello, *The reconstruction*, esp. pp. 118-119. Ekirch ha destacado que en gran medida los progresistas estadounidenses tomaron sus ideas y programas del estatismo más avanzado de Europa occidental (*Progressivism*, esp. pp. 3-15; e *idem*, *The decline of American liberalism*. Atheneum, Nueva York, 1980, pp. 171-196). Barry D. Karl, por su parte, afirma que «[a]unque aspectos del socialismo como la propiedad estatal de los ferrocarriles

Esta atmósfera intelectual asfixió a los defensores del viejo orden. Los defensores del libre mercado y de un Estado limitado quedaron cada vez más expuestos y ridiculizados como reaccionarios, aduladores de los capitalistas y plutócratas, y en casi todas partes se acabaron batiendo en retirada.

Final e inicio: los problemas laborales del ferrocarril, 1916-1917

La respuesta del Gobierno a los problemas laborales del ferrocarril en 1916-1917 tanto puede considerarse la culminación del progresismo como el ensayo general de la economía de guerra que se instauraría poco después. Como activismo progresista, las acciones del ejecutivo fueron un gran paso en la regulación federal cada vez más amplia de la industria ferroviaria. Como precursor de su gestión de la economía en tiempos de guerra, las acciones del Gobierno provocaron la sustitución de la economía de mercado por un sistema de ordeno y mando, con la ocultación y el desplazamiento de costes asociados que conlleva en tiempos de emergencia nacional. Una consecuencia legal importante fue que el Tribunal Supremo sostuvo el ejercicio de poderes no reclamados previamente por el Congreso. (Resulta significativo que el Congreso sólo reclamara los poderes por insistencia del presidente, para facilitar la ges-

---

y otros servicios públicos eran atractivos para algunos progresistas y populistas, eran atractivos más como métodos que como componentes de una ideología revolucionaria» (*The uneasy State: the United States from 1915 to 1945*, University of Chicago Press, Chicago, 1983, p. 24).

tión de una política que él había elegido.) Una doctrina de poderes extraordinarios empezó a tomar forma *de facto* con esta sentencia, aunque se vio oscurecida porque el tribunal estaba concediendo un poder de emergencia y simultáneamente negaba que lo estuviera haciendo.

Los problemas empezaron a principios de 1916 cuando las fraternidades de personal ferroviario de explotación no alcanzaron un acuerdo con la asociación nacional de compañías ferroviarias.[292] Los sindicatos exigían una reducción de diez a ocho horas de trabajo al día sin reducción del sueldo diario y una remuneración por horas extraordinarias con un recargo del 50 por ciento. Los empresarios no aceptaban estas condiciones. Para superar el atolladero propusieron un arbitraje vinculante, pero los sindicatos no lo aceptaron. Preferían una mediación de entrada para pasar luego, si no se llegaba a un acuerdo aceptable, a una huelga nacional. Los mediadores intentaron resolver el conflicto, pero el 12 de agosto admitieron su derrota. Los sindicatos se prepararon para la huelga, con la duda de qué haría el presidente Wilson.[293]

292. Los cuatro sindicatos nacionales que representaban a ingenieros, bomberos, revisores y ferroviarios constituyeron fraternidades de personal de explotación. Los trabajadores ferroviarios no implicados en la explotación comprendían a aquellos que se ocupaban de la construcción, el mantenimiento, la administración de estaciones, etcétera.

293. Para una exposición detallada del conflicto laboral ferroviario de 1916-1917, véase K. Austin Kerr, *American railroad politics, 1914-1920: rates, wages, and efficiency*, University of Pittsburgh Press, Pittsburgh, 1968, pp. 31-35; Albro Martin, *Enterprise denied: origins of the decline of American railroads, 1897-1917*, Columbia University Press, Nueva York, 1971, pp. 319-335; y el caso del Tribunal Supremo citado en la nota 298 de este mismo capítulo.

Wilson prefería no involucrarse, porque sabía que hiciera lo que hiciera molestaría a algún grupo de interés, pero un presidente comprometido con un Gobierno activista y que simpatizaba con la causa de los trabajadores organizados no podía ignorar la amenaza de una huelga nacional de ferrocarriles. Quizá pasó por su mente la inminencia de las elecciones de otoño. (Los ferrocarriles empleaban en esa época nada menos que a unos 1,7 millones de trabajadores, una cantidad nada desdeñable de votantes.)[294] Fuera cual fuera su motivación, optó por asumir el riesgo político de actuar y hacer algo.

Wilson convocó a los líderes de las dos partes, en reuniones separadas en la Casa Blanca, para intentar resolver la disputa, que la prensa describía como «nuestro mayor conflicto laboral» y el «mayor ataque al capital que se haya tramado jamás».[295] Hizo un llamamiento a los sindicalistas para evitar la huelga y a los empresarios para que concedieran el aumento salarial que resultaría de una reducción de la jornada laboral sin alterar el jornal. Los sindicatos estaban dispuestos a aceptar un paquete que incluyera la jornada de ocho horas (mejor pagada) y excluyera el recargo del 50 por ciento por las horas extraordinarias. Pero los empresarios preferían el arbitraje de todas las cuestiones y rechazaron el paquete. Wilson trató de persuadir a los responsables de los ferrocarriles con la promesa de ayudarles a obtener una subida gene-

294. U.S. Bureau of the Census, *Historical statistics*, p. 740.

295. Formulaciones empleadas por *The Literary Digest* y *New York Call* citadas en Martin, *Enterprise denied*, p. 325.

ral de tarifas y tal vez «metiendo» en la Comisión de Comercio Interestatal (CCI) a dos nuevos miembros que él nombraría. También les advirtió: «Si acaba habiendo huelga, la gente sabrá quién es el responsable. No seré yo».[296] Con todo, los empresarios rechazaron la propuesta del presidente.

Cuando su intervención no prosperó, Wilson recurrió al Congreso. El 29 de agosto habló en la Cámara de Representantes para pedir a los legisladores que establecieran para la industria ferroviaria: (1) la jornada laboral de ocho horas sin cambios en la remuneración diaria; (2) una comisión para estudiar el nuevo acuerdo, y (3) que la CCI se ampliara con dos nuevos miembros. El Congreso se apresuró a responder. La Ley Adamson, aprobada el 2 de septiembre, concedió al presidente todo lo que quería, excepto la ampliación de la CCI.[297] La comisión que creaba esta ley debía estudiar el nuevo acuerdo durante un período de seis a nueve meses e informar de sus conclusiones al presidente y al Congreso. Entre el 1 de enero de 1917, fecha en que la ley debía entrar en vigor, y treinta días después de que la comisión presentara su informe, debía prevalecer la nueva escala salarial establecida por la ley. Se prescribieron sanciones penales para los infractores.

Los abogados de las compañías ferroviarias prepara-

296. Citado en Martin, *Enterprise denied*, p. 328.

297. «Una ley que establece una jornada de ocho horas para los empleados de empresas de transporte que participen del comercio interestatal e internacional y con otros fines», *United States Statutes at Large*, 39 *Stat*. 721, c. 436, 3-5 de septiembre de 1916, conocida comúnmente como Ley Adamson.

ron enseguida la impugnación sobre la constitucionalidad de la Ley Adamson, que las empresas decidieron ignorar hasta que fuera validada por el Tribunal Supremo. Los sindicatos no estaban dispuestos a aceptar esta espera, y a mediados de noviembre amenazaron de nuevo con la huelga si la ley no se aplicaba el 1 de enero. Como respuesta, las empresas amenazaron con solicitar una medida cautelar contra la huelga. Mientras tanto, un tribunal federal de distrito tramitó el caso *Wilson v. New* directamente en el Tribunal Supremo. (Dicho Wilson no era el presidente, sino un fiscal de distrito.) El caso se argumentó en Washington del 8 al 10 de enero de 1917.[298]

A principios de 1917, mientras la nación esperaba la decisión del Tribunal Supremo, los sindicatos se mostraban cada vez más inquietos. Finalmente, el 12 de marzo se negaron a seguir esperando la decisión del tribunal sobre la constitucionalidad de la Ley Adamson y programaron una huelga para el 17 de ese mismo mes. Posteriormente se pospuso el paro hasta el día 20 para permitir completar sus viajes a los pasajeros. La administración Wilson, con los secretarios de Trabajo y de Interior como emisarios, trató desesperadamente de persuadir a los empresarios para que adoptaran los términos de la ley sin más demora. El 19 de marzo las compañías cedieron. No importó: al día siguiente, el tribunal anunció su decisión, que confirmaba la constitucionalidad de la Ley Adamson por un margen de 5 a 4.

298. *Wilson, United States Attorney for the Western District of Missouri v. New et al., Receivers of the Missouri, Oklahoma & Gulf Railway Company*, 243 U.S. 332 (1917).

La decisión ha sido tildada de «punto álgido del progresismo legal», porque se basó en una interpretación expansiva de la autoridad del Congreso en virtud de la Cláusula de Comercio de la Constitución.[299] El presidente del tribunal, Edward D. White, argumentó que la Ley Adamson era un ejercicio legítimo de la voluntad legislativa «para que ninguna disputa o diferencia particular arruinara los vastos intereses implicados en el comercio interestatal». Observó que la querella «si no se rectifica, dejará a la gente indefensa, al pueblo arruinado y a todos los hogares del país sometidos a un grave peligro», y declaró que «sólo se ejercía el poder de la ley por el fracaso y la falta de acuerdo de las partes, y la consiguiente necesidad de que la voluntad legislativa proporcionara la norma necesaria». Subrayó que la ley «no era una solución permanente [de los niveles salariales], sino que era temporal y fiaba a la voluntad de los empresarios y de los trabajadores recuperar el control al final del período, si su disputa había cesado por entonces».[300]

El presidente del Tribunal Supremo enfatizó reiteradamente la gravedad de las circunstancias que habían motivado la Ley Adamson —«el impedimento y la destrucción del comercio interestatal que estaba amenazado» y «el infinito perjuicio inminente para la población»—, si bien se esforzó en negar que, en virtud de la ley, la emergencia diera lugar *per se* a la autoridad del Estado. «Aunque una emergencia no puede dar vida a un poder [constitucional] que nunca ha vivido» razonó, «la emergencia

299. Michael E. Parrish, *Felix Frankfurter and his times: the reform years*, Free Press, Nueva York, 1982, p. 75.

300. 243 U.S. 332, pp. 350-351, 356-357.

puede brindar una razón para el ejercicio de un poder vivo del que ya se disfruta». Además,

> [s]i se puede anticipar legislación para impedir aquellos actos que, en caso de realizarse, interrumpen —si es que no destruyen— el comercio interestatal, también se debe poder regular para prevenir el cese del comercio interestatal cuando se vea amenazado por falta de acuerdo entre empleadores y empleados en cuanto a los salarios, ya que dicho acuerdo es un prerrequisito esencial para el flujo ininterrumpido del comercio interestatal.[301]

Los disidentes discreparon en todos los puntos. No compartían la opinión mayoritaria de que las tarifas salariales eran un aspecto del comercio interestatal. (Los casos *Adair* y *Coppage*, que se habían resuelto poco antes, justificaban la posición de los disidentes sobre este punto.)[302] Además, el juez William R. Day argumentó que, en varios aspectos, la ley y las circunstancias que habían rodeado su aprobación habían vulnerado el debido procedimiento a las compañías ferroviarias. El Congreso, dijo el juez Day,

> con esta ley ha admitido la falta de información necesaria para una acción definitiva, y ha conducido un experimento

301. Ibídem, pp. 348, 352.

302. *Adair v. United States*, 208 U.S. 161 (1908); *Coppage v. Kansas*, 236 U.S. 1 (1915). Para una interpretación original de estos famosos casos, véase Bernard H. Siegan, *Economic liberties and the Constitution*, University of Chicago Press, Chicago, 1980, pp. 122-125.

para determinar lo que debía hacer, mientras imponía un aumento salarial declarado apremiantemente y cuyos costes deben ser asumidos en su totalidad por la empresa transportista, sin compensación si la indagación demuestra la injusticia o el despropósito del aumento.

Me parece que esta legislación equivale a tomar la propiedad de uno para dársela a otro, contraviniendo el espíritu de juego limpio e igualdad de derechos que la Constitución pretende asegurar en la cláusula del debido proceso a todos los que están bajo su protección, y es un ejemplo sorprendente de lo que siempre se ha considerado la más clara arbitrariedad, que es tomar la propiedad de A y dársela a B por decreto legislativo.

Además, las situaciones de emergencia, por muy amenazantes que sean, no pueden excusar la privación de los derechos constitucionales. De hecho, la Constitución se redactó para proteger los derechos privados especialmente en tales condiciones.[303] «La sugerencia», dijo el juez Mahlon Pitney en su opinión discrepante, de que la ley «se aprobó para prevenir una amenaza de huelga [...] no es más que decir que se promulgó para hacer frente a una emergencia. Pero una emergencia no puede crear un poder ni excusar un desafío a las limitaciones de los poderes del Estado».[304]

303. 243 U.S. 332, pp. 370, 372.

304. Ibídem, p. 377. La conclusión de que una emergencia no puede en ningún caso alterar las garantías constitucionales se remonta a un caso transcendental de los tiempos de la guerra civil: *Ex parte Milligan*, 4 Wallace 2 (1866).

Pitney subrayó que la ley «no tiene ningún precedente en la legislación estatal o nacional». El hecho, concluyó,

> [de] que nunca se propusiera una ley para fijar la tasa de compensación para los empleados de los ferrocarriles hasta que se presentó esta ley unos días antes de su aprobación, y sólo bajo la influencia coercitiva de la amenaza de calamidad, es la prueba más fehaciente de que a juicio de los gobiernos y legisladores —estatales y nacionales— las medidas de este tipo no estaban dentro de los límites de la reglamentación permisible del comercio.[305]

Pitney también observó que la ocultación y el desplazamiento de los costes eran inherentes a la ley. Admitió que la ley, vista como un intento de prevenir la huelga, tenía sentido y que el interés público se vería favorecido por dicha prevención. Pero afirmó que «la emergencia no otorgaba al Congreso el poder para imponer la carga a los transportistas. Si la exigencia pública lo requería, el Congreso quizá podía haber asignado dinero público para satisfacer las demandas de los ferroviarios. Pero había razones para exigir a los transportistas que asumieran el coste, que además no se aplicaría de la misma manera a demandas sempiternas, tan frecuentes, si fueran hechas por quienes tenían el poder de bloquear el tráfico».[306]

Pitney remató su desacuerdo con una defensa a ultranza de los derechos de los titulares de la propiedad pri-

305. 243 U.S. 332, p. 378.
306. Ibídem, p. 382.

vada, a quienes percibía como víctimas de la sentencia aprobada por mayoría en el caso *Wilson v. New*:

> Los derechos de propiedad incluyen algo más que la mera propiedad y el privilegio de recibir un rendimiento determinado por su uso. El derecho a controlar, administrar y disponer de ella, el derecho a ponerla en riesgo en los negocios y, según la habilidad y el negocio legítimos, para obtener ganancias más allá de los tipos de interés fijados, el derecho a contratar empleados, a negociar libremente con ellos el salario y de obtener ganancias lícitas de su trabajo —éstos son algunos de los derechos esenciales de la propiedad, que pertenecen a los propietarios de los ferrocarriles como a los demás—. El uso público de su propiedad no confiere a la gente una participación en la propiedad, sino sólo en su uso.
>
> Esta ley, a mi juicio, usurpa el derecho de los propietarios de los ferrocarriles a gestionar sus propiedades, y es un intento de controlarlas y gestionarlas en lugar de regular su uso. En particular, priva a los transportistas de su derecho a acordar con sus empleados las condiciones de empleo.[307]

Por último, negó las tesis mayoritarias de que el Congreso tenía un derecho legítimo a regular los salarios de forma temporal y no permanente, y de que la potestad legislativa era operativa en ausencia de acuerdo por parte de los litigantes privados. «Es la esencia misma del derecho [privado] [a acordar] que las partes puedan permanecer en desacuerdo si cualquiera de ellas no está conforme con

307. Ibídem, p. 386.

cualquier término propuesto por la otra. La falta de acuerdo no exime, sino que conlleva el ejercicio del derecho —tanto como la consecución de un acuerdo—.» Además, «si el Congreso puede fijar los salarios de los ferroviarios en el comercio interestatal durante un plazo de meses, podrá hacerlo durante un plazo de años, o indefinidamente».[308] Por extensión lógica podría intervenir en otros conflictos laborales en otras industrias para fijar los salarios máximos y mínimos prácticamente sin límite.

Independientemente de que los disidentes tuvieran argumentos más sólidos, la mayoría se impuso. La Ley Adamson fue confirmada, un decreto del Congreso mejoró la escala salarial de los ferrocarriles y los propietarios de los ferrocarriles asumieron el coste de evitar una huelga que habría impuesto costes inmensos a toda la economía. Así fue como la nación se embarcó en lo que Jonathan Hughes llamó un «largo e irregular alejamiento del ideal de la negociación salarial como un vínculo sagrado entre el empleador y el empleado individual».[309]

Esta intervención podía repetirse en el futuro, como reconocía y temía el juez Pitney, y como de hecho volvió a suceder rápidamente. El «poder comercial» pronto se consideraría un «poder [constitucional] de guerra» y el curso de acción típico del Estado seguiría un patrón con los mismos efectos económicos y políticos: «hacer algo» en respuesta al clamor popular en una emergencia nacional; am-

308. Ibídem, p. 387.

309. Jonathan R. T. Hughes, *The governmental habit: economic controls from colonial times to the present*, Basic Books, Nueva York, 1977, pp. 138-139.

pliar el control público sobre las decisiones económicas que antes eran privadas; ocultar y trasladar los costes de sus acciones a gran escala, y aumentar extraordinariamente la politización de los asuntos económicos.

Conclusiones

Los cambios más significativos que se produjeron en la política económica durante la Era Progresista fueron en dos ámbitos, el institucional y el ideológico. Entre los cambios institucionales, destacan la creación de la Reserva Federal y la ratificación de la Decimosexta Enmienda de la Constitución, no tanto por su efecto inmediato, que no se dejó sentir apenas, sino por su potencial —no es posible imaginar la historia de Estados Unidos desde 1913 sin el impuesto sobre la renta y el banco central—. Pero por muy importantes que fueran las novedades institucionales de la época, palidecen al lado de la transformación ideológica que aconteció. Los viejos populistas podían sentirse satisfechos. No sólo se promulgaron varias de sus propuestas más preciadas, sino que, fundamentalmente, sus oraciones fueron atendidas y vieron el advenimiento de un Gobierno activista. La ideología dominante de las élites políticas y económicas no sólo había pasado a tolerar un papel mucho más amplio del Estado en la toma de decisiones económicas, sino que insistía enfáticamente en ese activismo. Atrás quedaban los días de Grover Cleveland y sus afines. Quien mencionara sus postulados pasados de moda como posible criterio en la elaboración de políticas suscitaba risas o incredulidad, y daba a entender que, o bien estaba bromeando, o bien desconocía por completo los tiempos en los que vivía.

A principios de 1917 el intervencionismo parecía firmemente instalado en Estados Unidos. La respuesta a los problemas laborales de 1916-1917 demostró que, en cuanto se presentaba la oportunidad, el Estado no dudaba en ejercer poderes sin precedentes sobre la economía. Los estadounidenses de la época creían estar viendo cómo se completaba la reconstrucción de la política económica, pero ahora sabemos que más bien se estaba empezando a crear la economía mixta. En cualquier caso, sólo disfrutaron de un breve período de calma antes de la tormenta. La participación en la Gran Guerra contribuiría sobremanera a abrir nuevas posibilidades y a acelerar el desarrollo en la dirección ya emprendida.

Capítulo 7

La política económica de guerra, 1916-1918

> [N]unca hasta la Primera Guerra Mundial, la supresión de libertad contó con el apoyo casi unánime de las instancias de Gobierno, nacionales, estatales y locales.
>
> Arthur A. Ekirch Jr.

La guerra socavó las libertades y alimentó el crecimiento del intervencionismo estatal en Estados Unidos más que cualquier otro logro previo de los progresistas. A pesar de la acumulación de autoridad gubernamental durante la era progresista, hasta 1916 la economía estadounidense había seguido siendo un sistema predominantemente de mercado. Sin embargo, los dos años siguientes fueron testigo de una intervención enorme y sin precedentes del Gobierno federal en los asuntos económicos de la nación. Cuando llegó el armisticio, el Estado había tomado el control del transporte marítimo, el ferrocarril, el teléfono y el telégrafo; había requisado cientos de fábricas y participado directamente en proyectos masivos en ámbitos tan variados como el transporte marítimo, el comercio de cereales y la construcción; se comprometió a prestar enormes sumas de dinero directa o indirectamente a las empresas y a regular las emisiones privadas de valores; estableció prioridades oficiales para el uso de instalaciones y medios de transporte, alimentación, combustible y muchas materias primas; fijó los precios de docenas de productos básicos; intervino en cientos de conflictos laborales, y reclutó a millones de hombres para servir en las fuerzas armadas. En resumen, había distorsionado o desplazado por completo al mercado, creando lo que algunos contemporáneos dieron en llamar «socialismo de guerra».

En este capítulo abordaré qué hizo posible una transformación tan amplia y cómo se llevó a cabo; quiénes apoyaron y quiénes se opusieron a estas medidas sin precedentes y por qué; cómo funcionaba la economía de guerra y, lo más importante, el legado que esta experiencia dejó a los estadounidenses que sobrevivieron o llegaron después.

La prosperidad neutral y la crisis del transporte marítimo

Cuando las hostilidades estallaron en Europa en agosto de 1914, la economía estadounidense se hallaba en una leve recesión. La conmoción ante el estallido de la guerra hizo caer la economía, al tiempo que cundía el pánico financiero y los mercados de exportación se tambaleaban. Sin embargo, la confusión no duró demasiado. En pocos meses la incertidumbre inicial se disipó y los estadounidenses volvieron a la normalidad en 1915.

Lo cierto es que a lo largo de 1915 y 1916 la guerra casi les parecía una bendición: aumentó prodigiosamente la demanda europea de productos estadounidenses. En tan sólo dos años el valor de las exportaciones americanas se duplicó. En 1916 la tasa de desempleo cayó al 5 por ciento de la población activa. El PNB alcanzó un máximo histórico, y entre 1915 y 1916 aumentó un 8 por ciento.[310] De forma absolutamente incongruente, la matanza y la destrucción en Europa acarrearon una prosperidad sin precedentes en Estados Unidos durante su período de neutralidad.

La guerra generó nuevas oportunidades para los exportadores estadounidenses y sus industrias auxiliares, sobre todo en los mercados latinoamericanos que los europeos dejaron sin cubrir. Pero el buen aprovechamiento de estas oportunidades dependía de la disponibilidad y el precio de los servicios de transporte marítimo. Lamentablemente, estos servicios eran cada día más escasos. Los barcos mercantes alemanes y austriacos, huyendo de la marina de guerra británica, se vieron empujados a sus puertos de origen o inmovilizados en puertos extranjeros. Los británicos, cuyos barcos constituían cerca de la mitad del tonelaje mundial de vapor, destinaron cada vez más a sus mercantes a usos militares y navales. Los submarinos alemanes destruyeron muchos barcos británicos y franceses. Entre los inicios de 1914 y 1916, las tarifas de los fletes marítimos se multiplicaron de cinco a diez veces, o incluso más, dependiendo de la mercancía y la ruta. Según el informe de un

310. Benjamin M. Anderson, *Economics and the public welfare: a financial and economic history of the United States, 1914-46*, Liberty Press, Indianápolis, 1979, pp. 25-43; U.S. Bureau of the Census, *Historical statistics of the United States, colonial times to 1970*, U.S. Government Printing Office, Washington D. C., 1975, pp. 884, 135, 224.

comité de la Cámara de Representantes de mayo de 1916, era «prácticamente imposible conseguir ningún tonelaje ya sea a vela o a vapor, excepto a un precio exorbitado» para transportar las exportaciones de Estados Unidos a América del Sur, Australia, Sudáfrica y el Lejano Oriente.[311]

William Gibbs McAdoo, el secretario del Tesoro, pensaba que los estadounidenses debían aprovechar las nuevas oportunidades que ofrecía el comercio exterior pero no que los cargueros tuvieran que pagar unas tarifas exageradas, que calificó de «absurdamente elevadas» y que no se justificaban por el riesgo que la guerra provocaba en el mar. McAdoo más bien consideraba que esas tarifas generaban una «orgía de especulación». Ya en agosto de 1914 concibió un plan para aliviar la escasez de barcos: el Estado regularía las tarifas y operaría los barcos por su propia cuenta. El presidente Wilson dio su bendición al proyecto de ley de McAdoo y legisladores afines lo presentaron en el Congreso el 24 de agosto de 1914. La Cámara de Representantes lo aprobó a principios de 1915 pero sucumbió al filibusterismo[312] de los opositores republicanos en el Senado.[313]

Los defensores del proyecto de ley de transporte, decepcionados pero tenaces, siguieron buscando apoyos. Modificaron cosméticamente el proyecto para hacerlo más

311. U.S. House of Representatives, 64.° Congreso, 1.ª sesión, *Report No. 659*, 9 de mayo de 1916, pp. 43, 45 (véanse pp. 46-66 para las tarifas según ruta y mercancía).

312. El filibusterismo es una táctica parlamentaria obstruccionista cuyo objetivo es retardar o bloquear una votación mediante el uso interesado o abusivo de los reglamentos de las Cámaras. *(N. del e.)*

313. William Gibbs McAdoo, *Crowded years*, Houghton Mifflin, Boston, 1931, pp. 296-297, 304-309.

atractivo para la población, cada vez más inquieta por la seguridad nacional: presentaron la flota de mercantes operados desde el sector público prácticamente como si fueran auxiliares navales. En una serie de conferencias por todo el país en otoño de 1915, McAdoo «habló de la idea de los auxiliares navales en primer lugar y de la marina mercante en segundo lugar». La experiencia le había enseñado, según dijo más tarde, que «la gente, por regla general, está mucho más interesada en la guerra y en los preparativos para la misma que en cualquier esfuerzo comercial o industrial constructivo».[314]

Aun así, cuando se presentó el renovado proyecto de Ley de Transporte Marítimo en el Congreso el 30 de enero de 1916, hubo fuerzas que lo siguieron rechazando. Entre los opositores estaban las compañías de barcos de vapor, muchos grupos empresariales y editores de periódicos. Algunos se opusieron a la medida con el tradicional argumento de que el Estado no debía intervenir en el mercado: «La competencia del Estado en cualquier industria», publicó el *News* de Indianápolis, «es siempre una amenaza para la empresa privada». Según el *New York Herald*, el proyecto de ley era «económicamente irracional [...] innecesario e inútil». Conjuraba en las mentes de sus oponentes «la pavorosa visión del Estado embarcado en una aventura socialista».[315]

Los proponentes obtuvieron nuevos apoyos en la primavera de 1916. El *Washington Post* alabó la promesa

314. Ibídem, pp. 311-312.

315. Ibídem, p. 314; *News* y *Herald* citados en *The Literary Digest*, 52 (27 de mayo de 1916), p. 1522. «La pavorosa visión [...]» fue la caracterización del *Digest* de las opiniones de los oponentes.

de «alivio inmediato» de la escasez de transporte marítimo. El *New York World* apoyó el proyecto de ley como medio para ayudar a los estadounidenses a acceder a las «oportunidades comerciales casi ilimitadas de América del Sur». Al testificar ante los comités del Congreso, la Cámara de Comercio de Estados Unidos apoyó el proyecto de ley, al igual que el National Grange —una hermandad de familias agricultoras—, la Unión de Agricultores, la Federación Americana del Trabajo y el sindicato de marinos. El informe de la mayoría del comité de la Cámara de Representantes sobre la Marina Mercante y la Pesca del 9 de mayo de 1916 instó a la aprobación del proyecto de ley, afirmando que «se ha elaborado con el fin de alentar y no de desalentar a la empresa privada en la construcción y la explotación de buques bajo bandera americana».[316]

En última instancia, las reticencias que habían impedido al Congreso apoyar la entrada y la participación pública en el negocio del transporte marítimo cedieron ante el argumento combinado de los extraordinarios costes de transporte, las lucrativas oportunidades comerciales y el aumento de la inseguridad nacional. La Cámara aprobó el proyecto de ley el 21 de mayo de 1916 por 211 votos a favor y 161 en contra (todos los votos en contra fueron emitidos por republicanos). El Senado dio su aprobación el 20 de agosto con 38 votos a favor (todos demócratas) y 21 en contra (todos republicanos). Tras resolver algunas diferencias

316. *Post* y *World* citados en *The Literary Digest*, 52 (27 de mayo de 1916), p. 1523; U.S. House, *Report No. 659*, pp. 73-74.

entre las versiones de la Cámara de Representantes y del Senado, el presidente firmó la ley el 7 de septiembre. Como señaló David Kennedy, «la utilidad de la emergencia para superar las reticencias del Congreso acerca de la propiedad estatal de una empresa naviera sugería cuán fructífero era el clima político creado por la crisis».[317]

La Ley de Transporte Marítimo creó la Junta de Navegación de Estados Unidos, que regulaba las tarifas y las prácticas de los mercantes en el comercio internacional e interestatal y, a través de una subsidiaria, podría adquirir, construir y operar buques mercantes. La junta creó esta subsidiaria, la Flota de Emergencia, el 16 de abril de 1917. La ley autorizaba a invertir en ella 50 millones de dólares. Durante la guerra, las órdenes ejecutivas, las enmiendas a la ley y legislación relacionada ampliaron en gran medida la autoridad del Estado sobre la industria del transporte marítimo. Los organismos públicos obtuvieron poder para: adquirir buques mediante embargos y confiscaciones; asignar cargas y rutas; regular no sólo la navegación y la construcción naval, sino los salarios, los horarios y las condiciones de trabajo de los trabajadores de esas industrias e incluso para construir viviendas, almacenes y sistemas de transporte para ellos. En otoño de 1918 «el control gubernamental de la marina mercante al servicio de Estados Unidos era absoluto».[318]

317. McAdoo, *Crowded years*, pp. 314-315; David M. Kennedy, *Over here: the First World War and American society*, Oxford University Press, Nueva York, 1980, p. 305.

318. Waldo G. Leland y Newton D. Mereness (comp.), *Introduction to the American official sources for the economic and social history of the*

Los múltiples organismos públicos en torno al sector marítimo tenían en común que los funcionarios federales no iban a tolerar a los empresarios que siguieran ejerciendo sus derechos de propiedad privada en la prestación de servicios de transporte marítimo —incluido el derecho a determinar las condiciones en las que sus buques prestarían los servicios cuando la demanda crecía y los suministros disminuían, una combinación que llevó a un aumento formidable de las tarifas—. El aumento de precios de los servicios de transporte marítimo durante 1914-1916 fue el principal motivo de la elaboración y aprobación de la Ley de Transporte Marítimo. El mismo motivo explica la subsiguiente ampliación del poder del Estado en este ámbito. «[A]nte el aumento de los costes de transporte marítimo», en verano de 1917 la Junta de Navegación requisó todos los barcos americanos de más de 2.500 toneladas. Edward Hurley, el presidente de la junta, dijo: «No había nada que hacer sino poseer o controlar cada barco que ondeara la bandera americana y fijar las indemnizaciones por expropiación nosotros mismos a un nivel justo, por debajo del que prevalecía en el mercado, un nivel que representara valores legítimos.»[319] Las palabras «justo» y «legí-

---

World War, Yale University Press, New Haven (Connecticut), 1926, p. 280; Edmund E. Day, «The American merchant fleet: a war achievement, a peace problem», *Quarterly Journal of Economics*, 34 (ago. de 1920), pp. 567-606 (cita en p. 591), esp. pp. 579-591 sobre la extensión de la autoridad gubernamental en la versión original de la Ley de Transporte Marítimo.

319. Hurley, citado en Frederick Palmer, *Newton D. Baker: America at war*, Dodd, Mead, Nueva York, 1931, I, p. 403. La frase sobre «el aumento de los costes» es de Palmer.

timo», que evocan la noción medieval de un precio justo, suenan sospechosamente a retórica ideológica para disfrazar la toma de la propiedad privada. Años más tarde, el historiador económico George Soule escribió elogiosamente sobre la «eliminación de la competencia» en el transporte marítimo durante la Primera Guerra Mundial, y señaló que «todos los barcos fueron agrupados para que se pudieran utilizar de forma más provechosa».[320] La pregunta clave es: ¿para provecho de quién?

La controversia sobre la preparación para la guerra y los nuevos poderes gubernamentales

El estallido de la guerra en agosto de 1914 tomó por sorpresa a la mayoría de los estadounidenses. Consternados por la ruptura del equilibrio de poder entre las naciones más «civilizadas» y avanzadas económicamente, consideraron que la descomunal sangría europea quedaba muy lejos de sus preocupaciones y del interés nacional de Estados Unidos.

> Bajo el sol
> hay dieciséis millones de hombres
> elegidos por sus dientes brillantes,
> su buena vista, sus piernas duras
> y porque corre en sus muñecas la sangre caliente y joven.

320. George Soule, *Prosperity decade: from war to depression, 1917-1929*, Holt, Rinehart & Winston, Nueva York, 1947, p. 32.

Y un jugo rojo corre por la verde hierba;
y un jugo rojo empapa la oscura tierra.
Y los dieciséis millones asesinan... y asesinan y
asesinan.[321]

Pocos estadounidenses pensaban que hubiera alguna razón para sumarse a tan colosal locura. El presidente Wilson ratificó el sentimiento de la mayoría al apresurarse a emitir una proclamación oficial de la neutralidad americana e instando a la ciudadanía a ser imparcial tanto en sus opiniones como en sus actos.

Actuar con imparcialidad requería sensatez, nervios de acero y mucha paciencia. Los propagandistas de ambos bandos bombardearon al país con información y desinformación calculada para influir en la opinión pública. Las provocaciones fueron constantes, en particular la violación del derecho a la neutralidad comercial —que los norteamericanos reclamaban conforme al derecho internacional— tanto por el bloqueo de los británicos como por parte de los submarinos alemanes. Wilson cambió de opinión sobre la postura de Estados Unidos cuando los alemanes hundieron el transatlántico británico *Lusitania*, el 7 de mayo de 1915, causando la muerte de 128 estadounidenses. El presidente, que hasta entonces se había opuesto a medidas extraordinarias para reforzar las fuerzas armadas, a mediados de 1915 optó por la expansión militar.

321. Carl Sandburg, «Killers», *Chicago Poems*, Holt, Rinehart and Winston Inc., Nueva York, 1916. [Existen varias versiones en español de este poema, «Asesinos». La traducción más celebrada —y usada en este caso— es la Miguel Martínez-Lage en Carl Sandburg, *Poemas de Chicago*, La Poesía, señor Hidalgo, Barcelona, 2003. *(N. del e.)*]

Algunos habían apoyado desde el principio medidas de este tipo. La facción militarista la lideraba el siempre sanguinario Theodore Roosevelt, que ansiaba otro mandato como presidente, y su compañero de ansias guerreras, el general Leonard Wood, «el instructor oficial de la cruzada a favor de los preparativos». También incluía a incondicionales republicanos como los ex secretarios de Guerra Elihu Root y Henry L. Stimson, y el temible senador Henry Cabot Lodge. Contaba con el apoyo financiero de algunos de los capitalistas más ricos del país. (En J. P. Morgan y Compañía, único agente de compras de los gobiernos británico y francés en Estados Unidos, los negocios nunca habían ido mejor; no cabía duda de la postura de Morgan y la mayoría de los miembros de su clase.) Los *lobbies* que abogaban por prepararse para la guerra (*preparedness lobbies*), con la bien provista Liga para la Seguridad Nacional en el grupo, hablaban incesantemente a favor de un Ejército y una Marina más grandes, y de su propuesta más preciada: el servicio militar universal. Los miembros de este grupo, mayoritariamente gente acomodada del noreste del país, representaban una posición política minoritaria pero que plantearía una amenaza real para el presidente según se acercaran las elecciones. Desde principios de 1915 su movimiento fue «principalmente una preparación para las elecciones presidenciales del año siguiente». Rara vez perdían la oportunidad de reprender al presidente por su supuesta falta de inclinación bélica.[322]

322. «El instructor oficial» es el apelativo utilizado por Robert D. Cuff, *The War Industries Board: business-government relations during*

Impulsado por el desastre del *Lusitania* y por los partidarios de los preparativos para la guerra, Wilson adoptó una postura más agresiva en la segunda mitad de 1915. El 4 de noviembre apoyó públicamente el plan de la Escuela de Guerra del Ejército para reorganizar y ampliar el Ejército. La propuesta topó con una fuerte oposición en el Congreso y, en enero de 1916, el presidente se embarcó en una larga gira de conferencias para recabar apoyos, centrando sus esfuerzos en el medio oeste, donde el pacifismo era más fuerte. El 24 de marzo de 1916 los alemanes hundieron el *Sussex*, un buque francés desarmado, causando varias bajas americanas. Tras este incidente volvió a ganar protagonismo la cuestión de la guerra submarina, y contribuyó a empujar a la opinión pública estadounidense a aceptar las propuestas del presidente para reforzar las fuerzas armadas.

Mientras tanto, los esfuerzos de preparación [bélica] también se desplegaban por otras vías más netamente económicas. Durante muchos años, el doctor Hollis Godfrey, presidente del Instituto Drexel, había estado respaldando la preparación industrial [para la guerra]. Howard Coffin,

---

World War I, Johns Hopkins University Press, Baltimore, 1973, p. 29; «Principalmente una preparación...» es cita de Robert H. Ferrell, *Woodrow Wilson and World War I, 1917-1921*, Harper & Row, Nueva York, 1985, p. 103. Sobre la preparación para la guerra, véanse Kennedy, *Over here*, pp. 30-33; Arthur S. Link y William B. Catton, *American epoch*, Knopf, 4.ª ed., Nueva York, 1973, I, pp. 169-171; Arthur A. Ekirch Jr., *Progressivism in America*, New Viewpoints, Nueva York, 1974, pp. 238-259; Stephen Skowronek, *Building a new American State: the expansion of national administrative capacities, 1877-1920*, Cambridge University Press, Nueva York, 1982, pp. 228-229.

vicepresidente de la Hudson Motor Car Company y partidario de la estandarización industrial, y Walter S. Gifford, estadístico de AT&T y colega de Coffin en el Consejo Consultivo de la Marina, habían realizado un inventario de los recursos industriales del país para la guerra. Simultáneamente, pero por separado, Bernard M. Baruch, un rico inversor independiente, estaba diseñando planes para la movilización industrial. Todos estos voluntarios estaban de acuerdo en la conveniencia de crear un consejo gubernamental que supervisara y coordinara la movilización económica en caso de guerra. A principios de 1916, los partidarios del fortalecimiento militar formularon la idea en una propuesta de acción legislativa. El general Wood y el exsecretario Root asesoraron en la redacción del proyecto de ley. Finalmente, la idea llegó al secretario de Guerra, Newton D. Baker, y al presidente, quien, en colaboración con el general Enoch H. Crowder, un juez del Ejército, la plasmó en un proyecto de ley que se presentaría en el Congreso. Los múltiples y variados esfuerzos en favor de prepararse para la guerra culminaron con la aprobación de dos leyes históricas en verano de 1916.[323]

La primera fue la Ley de Defensa Nacional, que ha sido calificada como «la legislación militar más completa jamás aprobada por el Congreso». Autorizaba al presidente

323. Cuff, *War Industries Board*, pp. 13-42; Grosvenor B. Clarkson, *Industrial America in the World War: the strategy behind the line, 1917-1918*, Houghton Mifflin, Boston, 1923, pp. 15-19; Bernard M. Baruch, *Baruch: the public years*, Holt, Rinehart & Winston, Nueva York, 1960, pp. 23-25. Las fuentes discrepan sobre el número exacto de estadounidenses muertos o heridos en el hundimiento del *Sussex*; coinciden en que se registraron víctimas estadounidenses.

«en tiempo de guerra o cuando la guerra fuera inminente» a emitir órdenes obligatorias que «tendrían prioridad sobre todas las demás órdenes y contratos». En caso de que el propietario de un suministro se negara a cumplir con tales pedidos «a un precio razonable determinado por el secretario de Guerra», el presidente estaba «autorizado a tomar posesión inmediata de cualquier planta [y] [...] a fabricar en ella [...] el producto o material que se requiera», mientras que el propietario sería «considerado culpable de un delito grave».[324] La ley otorgaba al Estado poderes extraordinariamente amplios. Al obligar a los propietarios de fábricas —bajo amenaza de sanciones penales— a producir municiones al precio que el Estado decidiera pagar, simplemente se estaba demoliendo la propiedad privada de esas plantas; la apariencia formal de propiedad privada se mantuvo, pero en el fondo se estaba destruyendo. La ley también ordenaba al secretario de Guerra que realizara un inventario de todas las plantas de armamento, reales o potenciales, del país y que preparara un plan «para transformar cada una de esas plantas en fábricas de municiones». Por último, autorizó al presidente a nombrar una Junta de Movilización de Industrias Esenciales para la Preparación Militar.[325]

324. Skowronek, *New American State*, p. 232; *United States Statutes at Large*, 39 Stat. 166, 3 de junio de 1916, p. 213. Posteriormente se concedieron poderes de requisa similares con respecto a astilleros e instalaciones de suministro naval a través de la Ley del Fondo de Emergencia Naval del 4 de marzo de 1917. Clarence A. Berdahl, *War powers of the executive in the United States*, University of Illinois, Urbana, 1921, p. 210.

325. *United States Statutes at Large*, 39 Stat. 166, p. 214.

La Ley de Asignaciones del Ejército se aprobó el 29 de agosto de 1916. Concedía al presidente el poder adicional de confiscar la propiedad privada. Camuflado en el texto de una ley que abarcaba unas cincuenta páginas, entre un párrafo que autorizaba un pequeño gasto para el reemplazo de un puente en Kansas y un pasaje que autorizaba un pequeño gasto para la compra de caballos, aparecía la siguiente concesión extraordinaria de poder:

> El presidente, en tiempo de guerra, está facultado, a través del secretario de Guerra, para tomar posesión y asumir el control de cualquier sistema o sistemas de transporte, o de cualquier parte del mismo, y utilizarlo, excluyendo en la medida de lo necesario todo el resto del tráfico, para el traslado o transporte de tropas, material y equipo de guerra, o para otros fines relacionados con la emergencia, según sea necesario o deseable.[326]

Dieciséis meses después, esta disposición procuraría al Estado la autoridad necesaria y suficiente para la toma de posesión de los ferrocarriles privados de la nación.

Además, la ley estableció un Consejo de Defensa Nacional (CDN) compuesto por seis secretarios del gabinete (Guerra, Marina, Interior, Agricultura, Comercio y Traba-

326. *United States Statutes at Large*, 39 Stat. 619, 29 de agosto de 1916, p. 645. Según Jonathan R. T. Hughes, algunos de los senadores que promovieron esta disposición lo hicieron convencidos de que ayudaría al Gobierno a defender la frontera con México, donde habían tenido lugar notables escaramuzas en los meses precedentes de ese mismo año (*The governmental habit: economic controls from colonial times to the present*, Basic Books, Nueva York, 1977, p. 142).

jo) y una comisión asesora de no más de siete personas conocedoras de las industrias, los servicios públicos y los recursos naturales. El CDN debía investigar y hacer recomendaciones «para la coordinación de las industrias y los recursos para la seguridad y el bienestar nacionales».[327] La autorización de este Consejo, que en apariencia no contaba con mayores poderes, y de su comisión asesora fueron el origen formal de lo que acabaría siendo la Junta de Industrias de Guerra, que en 1918 ejercería un poder considerable en gran parte de la economía.

A medida que se acercaba el último invierno de la neutralidad americana, los defensores de la preparación podían sentirse satisfechos de sus logros. No porque la nación poseyera una fuerza militar realmente potente; no la tenía. Pero contaban con un presidente con una gran autoridad para requisar armamento y medios de transporte, y con un Consejo de Defensa Nacional al más alto nivel, encargado de determinar la mejor manera de movilizar la economía para la guerra. Esta evolución la habían impulsado en parte el militarismo puro y duro, expresado por la facción Roosevelt-Wood; en parte quienes buscaban obtener beneficios de la guerra, como Morgan y sus amigos, y en parte ciertos ingenieros patrióticos enamorados del orden técnico y el control mecánico, como Godfrey, Coffin y Gifford. Otros individuos como Baruch, con sus propios motivos e ideas, contribuyeron también a mantener este nuevo impulso.

La cruzada en favor de la preparación, especialmente en lo que se refiere a la demanda de poderes gubernamen-

327. *United States Statutes at Large*, 39 Stat. 619, p. 649.

tales sin precedentes sobre la economía, se inspiró en lo que había sucedido en Alemania, Francia y Gran Bretaña. Allí los Estados habían intervenido cada vez más en la economía de mercado en aras de la movilización a gran escala. Incluso en Gran Bretaña, cuna y hogar por mucho tiempo de la ideología del *laissez faire*, se habían aparcado en gran medida los mercados libres. «Ya en 1916, por consejo de un economista británico, sir Walter Layton, Baruch estaba convencido de que una designación arbitraria de prioridades sociales facilitaría la movilización para la guerra.» En Washington, la «experiencia británica» se convirtió en el punto de referencia para los debates sobre la movilización económica, y «una misión tras otra cruzó el Atlántico para difundir la información».[328] De manera que a los responsables estadounidenses no les faltaban ejemplos ni guía.

El período de neutralidad fue, según dijo J. M. Clark, una época de aprendizaje, de «preparación mental». Los estadounidenses aprendieron, en gran medida observando a los contendientes europeos y escuchando sus consejos,

> que la guerra moderna es la movilización ordenada de todos los recursos económicos de una nación; y estaban dispuestos a aplicar lo que para nosotros eran medidas de

328. Jordan A. Schwarz, *The speculator: Bernard M. Baruch in Washington, 1917-1965*, University of North Carolina Press, Chapel Hill, 1981, p. 59; Soule, *Prosperity decade*, pp. 13-14. Para un repaso breve de la amplia extensión del control gubernamental en Europa durante la guerra, véase Shepard B. Clough, *European economic history*, McGraw-Hill, 2.ª ed., Nueva York, 1968, pp. 433-435.

control sin precedentes; mientras que los dirigentes de la industria, a su vez, estaban dispuestos a someterse y a cooperar hasta extremos casi increíbles a la luz de nuestros prejuicios individualistas. El exitoso recurso al servicio militar obligatorio, el control de precios, la limitación del consumo y de los usos industriales de las materias primas: todo ello se benefició enormemente de este período de preparación.[329]

No cabe duda de que fue así. Pero la referencia de Clark a, por un lado, el hundimiento de los «prejuicios individualistas» y, por otro, al servicio militar obligatorio da indicio de que la movilización no sería sólo cuestión de cooperación voluntaria con el programa de guerra del Estado.

Guerra y reclutamiento

A principios de 1917, tras la provocación de Alemania, que había reanudado la guerra submarina sin restricciones, Wilson decidió finalmente pedir al Congreso que declarara la guerra. El Congreso accedió, en una resolución conjunta del 6 de abril, declarando que «para conducir el conflicto a un final exitoso, se comprometen todos los recursos del país». Como luego observó Grosvenor Clarkson, el compromiso «en realidad pudo no ser más que una expresión grandilocuente de buenas intenciones» —bajo un

329. John Maurice Clark, *The costs of the World War to the American people*, Yale University Press, New Haven (Connecticut), 1931, p. 29.

punto de vista jurídico es cuestionable que el Congreso poseyera la autoridad constitucional para dirigir todos los recursos del país—, «pero en una época en la que los hombres no estaban dispuestos a buscarle tres pies al gato, era posible atribuir una gran carga de significado [a la afirmación]».[330] La declaración formal de guerra americana no supuso una gran diferencia en el curso de la guerra durante 1917.

Lo cierto es que Estados Unidos no tenía una potencia militar sustancial que proyectar. (Los suministros de bienes estadounidenses a los Aliados siguieron siendo importantes e incluso aumentaron tras la declaración de guerra.) El 30 de junio de 1916, el personal militar en servicio activo era de sólo 179.000 personas. El Congreso había autorizado algunas tropas adicionales pero los alistamientos fueron insuficientes para alcanzar el máximo autorizado. Incluso después de la declaración de guerra, los voluntarios se presentaron con cuentagotas. «A pesar de todos los llamamientos al reclutamiento de la prensa y de los líderes de opinión —desde funcionarios a damas conocidas en sociedad y actrices—, el Ejército Regular alistó a 4.355 hombres, una media de 435 al día, en los primeros diez días que siguieron a la entrada [de Estados Unidos] en la guerra.» El secretario Baker anunció entonces que los voluntarios no tendrían que servir más allá del final de la guerra, pero la promesa tuvo poco efecto. Para el 24 de abril sólo 32.000 hombres, apenas una

330. Clarkson, *Industrial America in the World War*, p. 97. Una fotocopia de la declaración original firmada aparece en Palmer, *Newton D. Baker*, I, p. 90.

sexta parte de la cuota del Departamento de Guerra, se habían alistado.[331] Estaban más dispuestos el presidente y el Congreso a enviar hombres a la guerra, de lo dispuestos que estaban esos hombres a ser enviados, dadas las condiciones de servicio. Porque nadie se planteó que quizá mejorando esas condiciones podrían obtener el número de voluntarios deseado. Los políticos —y sin duda también la mayoría de sus electores— eran reacios a pagar un precio de mercado para contratar soldados.

De hecho, el presidente ya había decidido impulsar un proyecto de ley. Pero en febrero de 1917 tanto Wilson como su supuestamente pacifista secretario de Guerra se habían declarado partidarios del voluntariado. De manera que para promover el proyecto de ley debían modificar su anterior oposición al reclutamiento. En primer lugar, los jefes militares convencieron a Baker de la conveniencia del reclutamiento. El general Hugh Scott, jefe del Estado Mayor del Ejército, afirmó que «el país nunca estará preparado para la defensa hasta que hagamos lo mismo que otras grandes naciones [...] como Alemania, Japón y Francia». Baker entonces convenció al presidente, que aprobó el proyecto de ley redactado por el Departamento de Guerra y el Estado Mayor y lo remitió al Congreso el 5 de abril, un día antes de la declaración de guerra.[332]

331. U.S. Bureau of the Census, *Historical statistics*, p. 1140; Palmer, *Newton D. Baker*, I, pp. 144-145.

332. La declaración de Scott está extraída del informe anual del Departamento de Guerra de 1916, recogido en Martin Anderson (ed.), *The military draft: selected readings on conscription*, Hoover Institution Press, Stanford (California), 1982, p. 518. Sobre los acontecimientos que

En el Congreso, el borrador de propuesta desencadenó una tormenta de indignación en las filas de la oposición, en su mayor parte compañeros demócratas del presidente, y en especial entre los del sur y el oeste. La discusión en el Congreso subió de tono cuando los contrarios al reclutamiento se quejaron del intento de «prusianizar América» con una «servidumbre abyecta o involuntaria», y consideraron la propuesta sólo «otra denominación para la esclavitud». Según el presidente de la Cámara, el demócrata Champ Clark, había «muy poca diferencia entre un recluta y un convicto». El senador James A. Reed, compañero de Clark y también de Missouri, profetizó que «[t]endréis las calles de nuestras ciudades americanas rojas de sangre el día del reclutamiento». El Comité de Asuntos Militares de la Cámara de Representantes se negó a respaldar el proyecto de ley, y la administración tuvo que aguantar el ridículo de que su propuesta sólo contara con el apoyo de un informe alternativo al voto mayoritario —un *minority report*— promovido por un republicano.[333]

Siguieron semanas de maniobras políticas complicadas por el plan descabellado de Teddy Roosevelt (TR) de crear una división de voluntarios a imagen y semejanza

---

llevaron a la administración a apoyar el reclutamiento, véanse Palmer, *Newton D. Baker*, I, pp. 184-185; Mark Sullivan, «Conscription», en Anderson (ed.), *The military draft*, pp. 26-27, 33; Kennedy, *Over here*, pp. 145-147; Seward W. Livermore, *Politics is adjourned: Woodrow Wilson and the War Congress, 1916-1918*, Wesleyan University Press, Middletown (Connecticut), 1966, pp. 16-17.

333. Sullivan, «Conscription», pp. 29-30; Livermore, *Politics is adjourned*, pp. 17-18.

de sus gloriosos Rough Riders, la caballería de voluntarios de la guerra con España. Muchos aliados políticos de Roosevelt parecían más interesados en incomodar a Wilson que en la posible contribución militar de TR, y con ese fin mantuvieron en ebullición el ridículo plan durante semanas. A finales de abril, en un desconcertante revés, la Cámara aprobó el proyecto de ley por amplia mayoría. (¿Acaso la oposición inicial había sido para dar la impresión de que los legisladores libraban una dura batalla, pero en última instancia inútil contra el reclutamiento? De ser así, los miembros del Congreso habrían obtenido lo mejor de ambos mundos: soldados baratos, pero sin asumir la responsabilidad personal por el reclutamiento.) Transcurrió todavía algún tiempo mientras los congresistas limaban diferencias entre las versiones del proyecto de ley de la Cámara y el Senado. Finalmente, el 18 de mayo, seis semanas después de la declaración de guerra, el presidente firmó la Ley de Servicio Selectivo.[334]

Wilson conseguía la autoridad legal para reclutar hombres, pero no se sabía si podría ejercer esta autoridad con éxito. Todavía se recordaban los disturbios que se habían producido en el alistamiento para la guerra civil, y el pronóstico del senador Reed de que habría sangre en las calles no podía descartarse a la ligera. El reclutamiento es impopular siempre y en todas partes, al menos entre los reclutas, y en 1917 en Estados Unidos no fue una excepción. Las fuerzas armadas ofrecían poca paga y,

334. Livermore, *Politics is adjourned*, pp. 19, 26-29; Kennedy, *Over here*, pp. 148-149.

como indicaban las noticias que llegaban de Francia, existía un riesgo considerable para la vida y la integridad física, por no mencionar la pérdida de libertad personal, unas condiciones de vida espartanas, la dura disciplina militar y las humillaciones cotidianas que aguantaba el soldado raso. Aparte de los superpatriotas, la mayoría consideraban que el reclutamiento conllevaba unos costes muy elevados.

A la administración Wilson le tocó ocultar los costes o —la otra cara de la moneda— inventar beneficios psicológicos compensatorios (fiscalmente baratos). Baker demostró ser un genio en esta tarea. Su estrategia consistió primero en falsear lo que sufrían los reclutas y, en segundo lugar, azuzar las emociones de la gente para engañar a las víctimas, y si el engaño fallaba, incitar a que otros ciudadanos los intimidaran para que se sometieran. La tergiversación tuvo un buen comienzo con la explicación del presidente de que «no se trata de reclutar a quienes no están dispuestos: es más bien una selección en una nación que se ha ofrecido en masa». La proclamación del día del alistamiento, el 5 de junio de 1917, en el que todos los estadounidenses varones de entre veintiún y treinta años debían inscribirse, adoptó la forma de un anuncio casi religioso que hablaba con reverencia de «devoción y obligación patrióticas» y que muchos periódicos publicaron dentro de una orla de banderas americanas e impreso en letra gótica como la Biblia.[335] «Estoy utilizando un gran número de

335. Palmer, *Newton D. Baker*, I, pp. 216-217. También Sullivan, «Conscription», pp. 30-31; Kennedy, *Over here*, p. 150. La declaración de

agencias en todo el país», escribió Baker a Wilson, «para hacer del día del alistamiento una fiesta y ocasión patriótica». Los gobernadores, los alcaldes y las cámaras de comercio se sumaron a ayudar. El 5 de junio, cuando casi diez millones de jóvenes acudieron obedientemente a alistarse, las bandas tocaron, las banderas ondearon y los hombres se sintieron como héroes antes de ver siquiera a un sargento instructor.[336]

Por supuesto, no se podía fiar todo al bullicio patriótico. «Detrás del "impulso" para hacer que el registro fuera "lo que se debía hacer", estaba el recordatorio de que sus vecinos vigilaban a todos los hombres de entre veintiún y treinta y un años y podían proscribirlos como parias de la comunidad si intentaban eludir el registro, y este guante de terciopelo ocultaba el puño de acero de que habría que cumplir pena por no registrarse», es decir, un año de prisión. Para disuadir a los transeúntes de obstruir el reclutamiento, el Congreso dispuso en la Ley de Espionaje del 15 de junio de 1917 que «quien, cuando Estados Unidos esté en guerra [...] obstruya deliberadamente el reclutamiento o el servicio de alistamiento al servicio de Estados Unidos, será castigado con una multa de un máximo de 10.000 dólares o prisión por un máxi-

---

Wilson ejemplifica brillantemente la observación de Alvin N. Gouldner: «El discurso ideológico pretende continuamente negar legitimidad a los intereses partidistas; en ocasiones incluso niega la propia existencia de dichos intereses» (*The dialectic of ideology and technology: the origins, grammar, and future of ideology*, Oxford University Press, Nueva York, 1982, p. 278).

336. Palmer, *Newton D. Baker*, I, p. 214.

mo de veinte años, o ambas cosas». Asimismo, el director general de Correos, que ejercía los poderes draconianos de censura del Estado, advirtió que «no toleraremos campañas contra el reclutamiento».[337] Sin embargo, las sanciones legales por sí solas no bastarían; alguien tenía que comandar la gran operación que seleccionaría y registraría a los reclutas.

Aunque Baker mantuvo la dirección desde el Departamento de Guerra, su jugada maestra fue asignar el primer nivel de la administración del sistema de reclutamiento a juntas locales civiles y no a personal militar. El proyecto de ley no logró estipular reglas precisas con respecto a las exenciones, de manera que cada junta contaba con un amplio margen de discrecionalidad para decidir a quién reclutar de la reserva local de inscritos aptos. Esta administración de base fue muy útil para ejercer una presión moral efectiva sobre los seleccionados para alistarse. En la práctica las juntas eran «susceptibles a las presiones políticas locales [...] y no inmunes a los prejuicios locales». Las juntas del sur, por ejemplo, discriminaban flagrantemente contra los negros. Por supuesto, «la obligación de servicio recaía desproporcionadamente en los pobres y sin poder»: ¿cabía imaginar un proceso político que no hubiera producido este resultado?[338]

337. Ibídem, p. 217; «The American war government, 1917-1918», *American Historical Review*, 26 (oct. de 1920), p. 64; Berdahl, *War powers*, p. 202.

338. Kennedy, *Over here*, pp. 152-167 (citas en las pp. 155, 163). También Livermore, *Politics is adjourned*, p. 41. John Hope Franklin señala que el 31 por ciento de los negros inscritos fueron reclutados, contra

Para los altos funcionarios federales, sin embargo, las múltiples variedades de la discriminación social, étnica y política que ejercían las juntas locales no suscitaban interés. Las juntas servían a un propósito fundamental, a pesar de su escandalosa corrupción, y el general Enoch H. Crowder, que dirigía el sistema de reclutamiento, fue sincero al describir ese propósito. Según Crowder, las juntas servían como

> amortiguador entre el ciudadano particular y el Gobierno federal, y así atrajeron y desviaron, como los cables de tierra en una bobina eléctrica, un resentimiento o descontento que, si se hubiera concentrado en las autoridades centrales, podrían haber sido un serio obstáculo para las medidas de guerra. Su dispersión y distribución entre 5.000 puntos locales disipó su fuerza y permitió que la máquina de guerra central funcionara sin problemas, sin las perturbaciones que podría haber provocado la concentración del descontento.[339]

Resulta excepcional en la historia de Estados Unidos que se admita públicamente de manera tan franca un maquiavelismo de esta naturaleza. Es evidente que los altos funcionarios no se dejaron impresionar por «la insatisfac-

---

tan sólo el 26 por ciento de los blancos. Franklin atribuye esta diferencia a «la inclinación de algunas juntas de reclutamiento a discriminar a los negros en materia de exenciones» (*From slavery to freedom: a history of Negro Americans*, Vintage Books, 3.ª ed., Nueva York, 1969, p. 456). También Ferrell, *Wilson and World War I*, p. 213.

339. Segundo informe del general Crowder citado en Kennedy, *Over here*, p. 152.

ción concentrada». Su imperativo era nutrir la máquina de guerra, independientemente de que la gente se opusiera a ser lanzada en ella.

El Estado reclutó a un total de 2.820.000 hombres durante 1917 y 1918, es decir, cerca del 70 por ciento de los que sirvieron en el Ejército. Sin duda, muchos de los voluntarios, tanto en el Ejército como en la Marina, se presentaron sólo por miedo al reclutamiento. (No todo el mundo llegó por miedo a las fuerzas armadas; la tasa de evasión fue del 11 por ciento.) Ningún recurso de la movilización bélica era más valioso, y nadie fue tan mal compensado por el Estado como lo fueron los reclutas. La paga básica de los alistados durante la Primera Guerra Mundial era de una media de 417 dólares al año. Aunque las Fuerzas Expedicionarias Estadounidenses hicieron una contribución relativamente insignificante de sangre a la causa general de los Aliados en Francia, las bajas debieron parecer más que relevantes a los 117.000 americanos que murieron y a los 204.000 que resultaron heridos.[340]

Nada ilustra más claramente la etapa de expansión del trinquete que el programa de reclutamiento de la administración Wilson. Como señaló Mark Sullivan, un observador contemporáneo,

> este uso de una propaganda inmensa organizada por el Gobierno para hacer que la opinión pública fuera receptiva a lo que planeaba hacer, junto con un elaborado secreto, y la

340. U.S. Bureau of the Census, *Historical statistics*, p. 1140; Ferrell, *Wilson and World War I*, pp. 18-19, 206. Unos 65.000 hombres rechazaron integrarse en unidades de combate por razones de conciencia.

> preparación anticipada de un mecanismo que debería ejecutar el reclutamiento sin retrasos —que podrían dar lugar a que se generara oposición—, todo esto era algo nuevo en Estados Unidos. Esencialmente era un proceso para hacer que la población se moviera en masa en la dirección que el Gobierno deseaba, una dirección que el pueblo, si se le dejaba solo, no tomaría. La técnica incluía, como principio o como condición que surgió en la práctica, que la mayoría ejerciera presión para obligar a la minoría a conformarse. En el caso del alistamiento, los que intentaban disentir eran llamados «holgazanes» y sometidos al odio de la opinión pública, así como a un castigo formal por parte del Gobierno.[341]

Sullivan señaló que el Estado adoptó tácticas similares en otras áreas a medida que avanzaba la movilización: en las campañas de bonos del Tesoro, en los esfuerzos de la Administración de Alimentos y en la Junta de Industrias de Guerra para hacer cumplir sus reglamentos. En todos los casos, la lógica subyacente era la misma. Como Kennedy concluyó, «[e]l patriotismo enardecido [...] cultivado intencionadamente por la administración Wilson [...] fue una consecuencia calculada de la reticencia de la Administración a hacer visibles los verdaderos costes de la guerra y hacerlos explícitos a la gente».[342]

341. Sullivan, «Conscription», pp. 31-32.

342. Kennedy, *Over here*, p. 106 (también pp. 99-106 sobre el recurso a políticas inflacionarias ocultando sus costes y campañas de bonos apelando a las emociones). También McAdoo, *Crowded years*, pp. 378-381.

Manipulando la economia de mercado: los principales organismos

«El trigo ganará la guerra», proclamaba uno de los eslóganes propagandísticos más pregonados de la época. No era del todo cierto, pero expresaba la importancia de que, como dijo Herbert Hoover, «la agricultura era verdaderamente una industria de armamento». En Europa había aumentado la demanda y disminuido la oferta de productos agrícolas a causa de la guerra. La escasa disponibilidad de transporte marítimo restringió las importaciones que provenían de sitios tan dispares como la India, Argentina, Nueva Zelanda y Australia. Estados Unidos brindaba una fuente más prometedora de suministros adicionales. Las exportaciones americanas de alimentos, medidas en toneladas en 1917 y 1918, fueron el doble del promedio anual de los tres años anteriores a la guerra. Los precios aumentaron rápidamente.[343]

Nadie comprendía mejor lo estratégica que era la alimentación que Hoover, un ingeniero-empresario que había ejercido con elegancia el papel de jefe de la Comisión para el Socorro de Bélgica. En 1917 Wilson lo puso a cargo de la Administración de Alimentos, una agencia sin poderes formales que el presidente creó por orden ejecutiva en mayo de aquel mismo año. Esta agencia intentó aliviar la escasez de alimentos dando a conocer esta escasez, y apelando a una mayor producción y menor consumo. Sin em-

343. Herbert Hoover, *The memoirs of Herbert Hoover: years of adventure, 1874-1920*, Macmillan, Nueva York, 1952, p. 243; Soule, *Prosperity decade*, p. 21; Kennedy, *Over here*, p. 117.

bargo, pronto se hizo obvio que con la mera exhortación no se podría lograr todo lo que el Gobierno deseaba, incluso después de que «[m]edio millón de personas fueron de puerta en puerta para entregar a las amas de casa tarjetas que solicitaban su cooperación patriótica en la campaña para conservar alimentos».[344]

Eran necesarias sanciones legales y el 19 de mayo el presidente apeló al Congreso para que las proporcionara en la forma que había solicitado anteriormente. «Esos poderes son de hecho muy grandes», dijo Wilson, «pero no son mayores de lo que han sido ya necesarios para los otros gobiernos que están conduciendo esta guerra trascendental». Caracterizó los controles alimentarios como medidas estrictamente de emergencia y prometió que serían eliminados al final de la guerra. «Lo último que cualquier americano podría contemplar con ecuanimidad sería la introducción de algo parecido a la autocracia prusiana en el control de los alimentos en el país.»[345]

Pero autocracia prusiana fue precisamente lo que muchos miembros del Congreso vieron en la legislación que solicitaba el presidente. «La mera idea de que alguien interfiriera con los derechos alimentarios del pueblo», escribió Hoover, «fue un *shock*» para algunos legisladores. El proyecto de ley de la administración Wilson despertó una enorme controversia, especialmente en el Senado, donde se debatió durante cinco semanas. Hoover, quien nunca había participado en este tipo de actividad política, presio-

344. Kennedy, *Over here*, pp. 117-119. También Hoover, *Memoirs*, p. 240; Livermore, *Politics is adjourned*, pp. 48-49.

345. Citado en Hoover, *Memoirs*, pp. 251-252.

nó durante mucho tiempo para que se aprobara esta ley y salió lastimado. Algunos miembros de la oposición objetaron que el proyecto no iba lo suficientemente lejos: si el Estado pretendía fijar los precios del trigo y el carbón también debía hacerlo con los del algodón, el acero y otros productos. En cambio, otros oponentes temían el engrandecimiento de la autoridad del presidente y a otros más les disgustaba cualquier tipo de interferencia gubernamental en la economía de mercado. Finalmente, la administración consiguió la mayor parte de lo que quería, tras aceptar comprometerse con algunos de los intereses agrícolas y con los prohibicionistas.[346]

La Ley Lever (llamada así por el congresista Asbury F. Lever, que la patrocinó), aprobada por el Congreso y firmada para que fuera ley el 10 de agosto de 1917, se titulaba oficialmente «una ley para para garantizar la seguridad nacional y la defensa mediante el fomento de la producción, el mantenimiento del suministro y el control de la distribución de alimentos y combustible».[347] El Congreso nunca había concedido poderes tan amplios de control económico al presidente. Quedaba facultado para exigir una licencia a todo aquel que importara, fabricara, almacenara, extrajera o distribuyera alimentos, piensos, combustibles, fertilizantes y los equipos necesarios para pro-

346. Ibídem, p. 248. También Soule, *Prosperity decade*, pp. 22-23; Kennedy, *Over here*, p. 123; Livermore, *Politics is adjourned*, pp. 49-52; Simon Litman, *Prices and price control in Great Britain and the United States during the World War*, Oxford University Press, Nueva York, 1920, pp. 206-207.

347. *United States Statutes at Large*, 40 Stat. 276, 10 de agosto de 1917.

ducirlos; para prescribir reglamentos para los titulares de las licencias y revocarlas cuando sus titulares no mantuvieran una «tasa justa, razonable y no discriminatoria de almacenamiento, comisión, beneficio o ejercicio», según lo determinara el presidente; para «requisar alimentos, piensos, combustibles y otros suministros necesarios para apoyar al Ejército o el mantenimiento de la Marina, o cualquier otro uso público relacionado con la defensa común, y requisar o proveer de otro modo instalaciones de almacenamiento para dichos suministros»; también para «comprar, almacenar, proporcionar almacenaje y vender al contado y a precios razonables trigo, harina, alubias y patatas»; para «requisar y hacerse cargo —para su uso o explotación pública—, de cualquier fábrica, planta envasadora, oleoducto, mina u otra planta» que produzca los bienes designados como «necesarios»; fijar un precio garantizado para el trigo, de no menos de 2 dólares por *fanega* (unos 40 kilos); «comprar cualquier cereal [...] y mantenerlo, transportarlo o almacenarlo, o venderlo, disponer de él y entregarlo»; «fijar el precio del carbón y el coque, dondequiera y cuandoquiera que se vendan, ya sea por el productor o un comerciante», y requisar estos combustibles y las instalaciones de producción asociadas; «a requerir a alguno o a todos los productores de carbón y de coque [...] que vendan sus productos sólo a Estados Unidos a través de una agencia que será designada por el presidente [...] a los precios [...] que dicha agencia determine como justos y equitativos». Además, en contra de los deseos de Wilson, la ley aplacó a los prohibicionistas al estipular que «no se utilizarán alimentos, frutas, materiales alimenticios o piensos en la producción de bebidas espirituosas destiladas para fines de consumo... Tampoco se podrá importar a Estados Unidos ningún licor destilado». Bajo esta ley el Estado podría asumir el control prácticamente total sobre los precios y la distribución de alimentos, piensos, combustibles y fertilizantes y sobre los proveedores de equipos asociados.

El día en que Wilson firmó la Ley Lever, estableció la Administración de Alimentos de Estados Unidos y nombró a Hoover para dirigirla. (En la práctica, esta acción no hizo más que dotar a la anterior agencia alimentaria [sin poderes] de los poderes legales prescritos por la Ley Lever.) La agencia intentó, siempre que fuera posible por medios voluntarios, conservar los productos alimentarios y fijar los precios de determinados productos. La consecución de estos objetivos requería ejercer en ocasiones la autoridad de conceder licencias y requisar bienes e instalaciones, a pesar de que normalmente resultaba suficiente sólo con amenazar con estas poderosas sanciones. «La fijación de precios», como observó un analista contemporáneo, «se solía dar bajo la apariencia de un acuerdo voluntario» pero «no se puede decir que los múltiples intentos de la Administración de Alimentos para limitar los beneficios fueran efectivos».[348] El Congreso y el presidente siguieron discutiendo

348. Lewis H. Haney, «Price fixing in the United States during the war», *Political Science Quarterly*, 34 (mar. de 1919), pp. 117, 123. La fijación de precios, no sólo por parte de la Administración de Alimentos sino también por parte de la Administración Nacional de Combustibles y la Junta de Industrias de Guerra, se aborda en el artículo de Haney (pp. 104-126), así como en sus dos secuelas en el mismo volumen (pp. 262-289, 434-453). También F. W. Taussig, «Price-fixing as seen by a price

sobre el control de los precios, con el precio del trigo en el centro de la disputa. El Estado mantuvo el precio en 2,20 dólares por fanega en 1917 y 1918, mientras que los precios del algodón siguieron sin restricciones —lo que demuestra el poder de los sureños en el Congreso—.[349] Del control de los precios del trigo se encargaba la Corporación de Granos, cuyo capital procedía del Tesoro. Los precios del azúcar estaban controlados por otra filial, la Junta de Paridad del Azúcar, un ejemplo fascinante de lo que los economistas llaman «monopsonio discriminatorio».

La Administración de Alimentos, para ejercer su control en la práctica, estableció oficinas estatales, de condado y municipales, dotadas con celosos voluntarios que exhortaban, intimidaban o simplemente obligaban a sus vecinos a cumplir gran número de normas alimentarias. La mezquindad, en realidad la estupidez, a la que podía llegar la intromisión patriótica queda ilustrada por el siguiente artículo, que publicó un periódico de la época:

> S. C. Findley, administrador de alimentos del condado, señala que las próximas cuatro semanas se debe observar el siguiente programa de alimentos:
>
> Lunes: Sin trigo en ninguna comida.
> Martes: Sin carne en ninguna comida.

---

fixer», *Quarterly Journal of Economics*, 33 (feb. de 1919), pp. 205-241, esp. 205-208; Litman, *Prices and price control*, pp. 209-236; Hugh Rockoff, *Drastic measures: a history of wage and price controls in the United States*, Cambridge University Press, Nueva York, 1984, pp. 43-84.

349. Livermore, *Politics is adjourned*, pp. 170-175, 244.

> Miércoles: Sin trigo en ninguna comida.
> Jueves: Desayuno sin carne; cena sin trigo.
> Viernes: Desayuno sin carne; cena sin trigo.
> Sábado: Sin cerdo en ninguna comida; desayuno sin carne.
> Domingo: Desayuno sin carne; cena sin trigo.
>
> Se debe usar el azúcar siempre con mucha moderación. No ponga azúcar en su café a no ser que se trate de un hábito prolongado, y en ese caso utilizar sólo una cucharada.

Los restaurantes y cafeterías vigilaban que todo el mundo siguiera las doce reglas de la Administración de Alimentos para poder comer fuera. Los comerciantes tenían que exigir que cada comprador de trigo comprara una cantidad igual de otro cereal. La gente tenía prohibido en diferentes momentos matar gallinas, comer carne o comer más de dos libras de carne a la semana. Naturalmente, el funcionamiento de miles de pequeñas tiranías hizo que las personas más impopulares sufrieran el acoso de los que ejercían esta autoridad exageradamente dispersa del Estado.[350]

350. Periódico reproducido en Gilbert C. Fite y Jim E. Reese, *An economic history of the United States*, Houghton Mifflin, 3.ª ed., Boston, 1973), p. 454; Ferrell, *Wilson and World War I*, pp. 92-95. Según un escritor contemporáneo, «[u]n verdadero estigma se imponía sobre aquellos que no cumplían las disposiciones de la Administración de Alimentos por medio de las escuelas, las iglesias, los clubs de mujeres, las bibliotecas públicas, las asociaciones de comerciantes, las hermandades y otros grupos sociales» (Paul Willard Garrett citado en Murray N. Rothbard, «War collectivism in World War I», en Ronald Radosh y Murray N. Rothbard (eds.), *A new history of Leviathan: essays on the rise of the American corporate State*, Dutton, Nueva York, 1972, p. 84).

Pero se logró uno de los objetivos principales. Igual que había sucedido antes con las juntas locales de reclutamiento, los miles de funcionarios locales de alimentación blindaron a la administración Wilson contra el resentimiento y la oposición popular a sus controles asfixiantes. Hoover siempre insistió en subrayar la diferencia entre el programa «voluntario» de estos controles alimentarios de sus más dictatoriales homólogos europeos, pero lo cierto es que el sistema de licencias por el que la Administración de Alimentos ejercía sus poderes seguía el modelo de las técnicas empleadas en Europa.[351]

Del mismo modo, los controles del Estado sobre los precios y físicamente sobre la asignación de los combustibles fueron «probablemente inspirados por la experiencia de Gran Bretaña».[352] La causa que en última instancia provocó este ejercicio de autoridad sobre los combustibles, delegada en el presidente por la Ley Lever, fue el aumento de los precios del carbón: de un rango de 1,25 a 1,50 dólares por tonelada en la mina en verano de 1916, los precios saltaron a un rango de 7,00 a 8,00 dólares en el verano de 1917. Tanto los empresarios como los funcionarios públicos vieron el aumento con disgusto, y «la apelación vociferante para que el Estado ejerciera su control surgió de sectores de los que siempre se hubiera esperado lo contrario». El presidente desplegó rápidamente sus nuevos poderes y, a finales de agosto, creó la Adminis-

351. Paxson, «American war government», p. 64.

352. Charles Whiting Baker, *Government control and operation of industry in Great Britain and the United States during the World War*, Oxford University Press, Nueva York, 1921, p. 108.

tración Nacional de Combustibles y anunció los precios en las distintas regiones mineras.[353] Los precios dictados no tomaban en cuenta las diferencias en la calidad del carbón, de manera que los operadores cerraron las minas de alta calidad y se dedicaron a producir más carbón con alto contenido de cenizas. Según Benjamin Anderson, un economista de la época, «se provocó un desbarajuste innecesario». En enero de 1918 el administrador de Combustibles, Harry A. Garfield, casi puso a la industria al límite: ordenó a todas las empresas al este del Misisipi que no fueran absolutamente necesarias para la producción bélica que redujeran el uso diario de combustible a la cantidad habitual de los domingos, durante los cinco días comprendidos entre el 18 y el 22 de enero, y cada uno de los nueve lunes siguientes. Con esta drástica decisión, se pudo enviar carbón a unos 250 barcos cargados de armamento que estaban parados en los puertos del este por falta de combustible.[354]

Las restricciones que Garfield impuso en el uso de combustible y los subsiguientes «lunes sin energía» acentuaron en gran manera la confusión provocada por el programa de movilización económica impulsado por el Gobierno durante el primer invierno de la guerra. «Hay que reconocer», dijo Clarkson «que, a finales de 1917 e inicios de 1918, la evolución del control básico de la guerra se detuvo y trope-

353. Ibídem, p. 109; Leland y Mereness, *American official sources*, p. 411.

354. Anderson, *Economics and the public welfare*, p. 53; Baker, *Government control*, p. 114; Soule, *Prosperity decade*, p. 39; Kennedy, *Over here*, p. 124; Rockoff, *Drastic measures*, pp. 59-63.

zó». El propio Gobierno generó este caos, con la proliferación desenfrenada y descoordinada de órdenes de compra, requisas y controles, pero la crisis no significó, como algunos sugirieron, una ruptura del sistema de mercado.

> [T]odas las órdenes del Gobierno eran «venga, rápido» y miles de oficiales del Ejército y la Marina, y rebaños de agentes de la corporación de la Flota de Emergencia y de las administraciones de Alimentos y Combustibles urgían a los productores, en un delirio de esfuerzos desordenados [...]. Mientras el diluvio crecía y el desorden avanzaba, dos decenas de agencias públicas de compras espoleaban el torbellino hasta convertirlo en un borboteo de pugnas y maquinaciones, cada una obsesionada por lograr su propio objetivo [...]. Todo era prioritario para el Gobierno, hasta que dejó de haber ni una mera apariencia de preferencia.[355]

Para que la movilización siguiera adelante, era necesario idear la manera de ordenar las acciones de la administración, que hasta ese momento eran descoordinadas y alarmantes.

355. Clarkson, *Industrial America in the World War*, pp. 43, 138-139 (también pp. 8, 112-113, 235). También Cuff, *War Industries Board*, pp. 86, 138; Paul A. C. Koistinen, «The "industrial-military complex" in historical perspective: World War I», *Business History Review*, 41 (invierno de 1967), pp. 375-386; Skowronek, *New American State*, p. 237; Ferrell, *Wilson and World War I*, pp. 25, 104, 245; Daniel R. Beaver, «The problem of American military supply, 1890-1920», en Benjamin Franklin Cooling (ed.), *War, business, and American society: historical perspectives on the military-industrial complex*, Kennikat Press, Port Washington (Nueva York), 1977, pp. 79, 83-84.

La gestión que Wilson hacía de la economía de guerra fue muy criticada desde el principio pero, en el invierno de 1917-1918, se plantearon retos extraordinarios a su programa que exigían propuestas de gran alcance para reorganizar las instituciones. Al frente del grupo estaba el senador George Chamberlain de Oregón, presidente del Comité de Asuntos Militares. A principios de 1918, Chamberlain presentó un proyecto de ley para crear un nuevo departamento inspirado en el Ministerio Británico de Armamento, que estaría dirigido por tres civiles con amplia y exclusiva autoridad para gestionar todos los aspectos de la movilización para la guerra incluyendo las adquisiciones, tan celosamente reservadas hasta entonces para el Ejército y la Marina. El presidente, consciente de que el acuerdo transferiría *de facto* su autoridad al nuevo ministerio, se opuso activamente a su creación.[356]

Para evitar el desafío de Chamberlain y acallar las críticas, Wilson propuso reorganizar algunos organismos ya existentes y fortalecerlos con un mandato oficial explícito. Con esta finalidad redactó y remitió al Congreso un proyecto de ley que le otorgaba autoridad para reorganizar departamentos del Ejecutivo, sus funciones y jurisdicciones, sin la aprobación caso por caso del Congreso. El proyecto de ley fue presentado a principios de febrero por el senador Lee Overman de Carolina del Norte. Tras un prolongado y acalorado debate —un senador objetó que Wilson sería rey en todo menos en el nombre—, la ley se apro-

356. Berdahl, *War powers*, pp. 172-173; Baruch, *Public years*, pp. 46-47.

bó el 20 de mayo de 1918. Así, según un historiador, «esos legisladores guerreros del Capitolio, que habían librado tantas batallas con el jefe del Ejecutivo, crearon una dictadura en la Casa Blanca».[357]

En realidad, la Ley Overman no convirtió a Wilson en un dictador, pero sí le permitió reorganizar el programa de movilización. La novedad más importante fue la división del Consejo de Defensa Nacional y la Junta de Industrias de Guerra (JIG) que estaba funcionando desde julio de 1917, aunque con bastante debilidad hasta entonces. Wilson delegó poderes sustanciales en la JIG e hizo que respondiera directamente ante él. Hasta su fortalecimiento, en marzo de 1918, la JIG había sido «un centro de intercambio de información más que una dirección». Fundamentalmente descabezada, se había ido tambaleando, tratando de establecer algunas prioridades, fijar algunos precios y coordinar las compras del Gobierno sin demasiado éxito. Los agentes de compras del Gobierno la habían ignorado con frecuencia. Ahora la JIG se convirtió en «una especie de inspector general de las otras agencias de guerra». Pusieron a Baruch, que había dirigido uno de los comités de la antigua junta, al frente de la nueva JIG. Clarkson dijo, de forma hiperbólica, que «un comité cansado, aburrido y desanimado había sido sustituido por un dictador industrial».[358]

357. Berdahl, *War powers*, pp. 173-175. También Livermore, *Politics is adjourned*, p. 98; Palmer, *Newton D. Baker*, II, p. 200; Barry D. Karl, *The uneasy State: the United States from 1915 to 1945*, University of Chicago Press, Chicago, 1983, p. 44.

358. Curtice N. Hitchcock, «The War Industries Board: its development, organization, and functions», *Journal of Political Economy*, 26

A decir verdad, el presidente no convirtió a Baruch en un dictador, pero sí le otorgó una autoridad significativa e inequívoca.[359] En su carta de 4 de marzo, en la que ofrecía a Baruch la presidencia de la JIG, Wilson señalaba que «la decisión final de todas las cuestiones, excepto la determinación de los precios, debería recaer siempre en el presidente [de la junta], y los demás miembros actuarán en calidad de colaboradores y asesores». (La delicada tarea de fijar los precios se asignó a un comité específico dentro de la JIG que respondía directamente ante el presidente.) Mientras que el presidente «[debía] actuar como el supervisor general de todos los departamentos de suministro en el sector industrial», se le ordenó expresamente que «dejara estar lo que se hiciera con éxito e interfiera lo menos posible en los procesos normales de compra y entrega en los distintos depar-

(jun. de 1918), p. 557; Clarkson, *Industrial America in the World War*, pp. 100-103 («una especie de inspector general [...]», extraído de la p. 101, «un comité cansado, aburrido [...]», extraído de la p. 59).

359. La noción de que Baruch actuaba como un «dictador industrial» se encuentra profundamente enraizada en la literatura histórica. Véanse las numerosas citas compiladas por Cuff, *War Industries Board*, p. 271. El propio Baruch lo negó explícitamente en sus memorias (*The public years*, p. 53): «Esa visión de mi poder es totalmente desmesurada». Pero al mismo tiempo parece haber disfrutado de haber hecho pensar que había sido un dictador económico, a pesar de su refutación. El libro de Clarkson (*Industrial America in the World War*), que contribuyó en buena medida a crear el mito, fue revisado por uno de los asesores de confianza de Baruch e incluso financiado por el mismísimo Especulador (Baruch). Clarkson declaró cuando trabajaba en el libro que «Baruch parece contento con el libro [...]. He intentado honestamente complacerle, obtener su punto de vista y otorgarle el reconocimiento que tanto merece» (Schwarz, *The Speculator*, pp. 200, 212; Rothbard, «War collectivism», p. 70).

tamentos».[360] En otras palabras, el Ejército, la Marina, la Flota de Emergencia, la Compañía de Ferrocarriles y todas las agencias gubernamentales que adquirían bienes y servicios a proveedores privados conservaban sus poderes de adquisición. El presidente no tenía intención de entregar a Baruch el poder que tanto había luchado por mantener cuando propuso crear el ministerio de armamento. En cualquier caso, la nueva JIG tendría mucho que hacer.

La carta del presidente apuntaba las siguientes funciones de la JIG:

> (1) La creación de nuevas instalaciones y la divulgación, en su caso, de la apertura de fuentes de suministro nuevas o adicionales;
>
> (2) La reconversión de las instalaciones existentes, cuando sea necesario, para nuevos usos;
>
> (3) La conservación de los recursos e instalaciones mediante recursos científicos, comerciales e industriales;
>
> (4) El asesoramiento a los distintos organismos de compra del Gobierno en cuanto a los precios a pagar;
>
> (5) La determinación, siempre que sea necesario, de las prioridades de producción y de entrega, así como de las proporciones de cualquier artículo que deba ponerse inmediatamente a disposición de los varios organismos de compra, cuando el suministro de dicho artículo sea insuficiente, ya sea temporal o permanentemente;
>
> (6) La ejecución de compras para los Aliados.[361]

360. El texto completo de la carta de Wilson puede encontrarse reproducida en Clarkson, *Industrial America in the World War*, pp. 49-50.
361. Ibídem, p. 49.

En cumplimiento de estos varios objetivos, la JIG se implicó de forma generalizada en la economía industrial.[362]

A diferencia de la Junta de Transporte Marítimo, la Administración de Alimentos y la Administración de Combustibles, la Junta de Industrias de Guerra no podía imponer sus decisiones mediante sanciones. Es de suponer que Baruch, como delegado, ejercía toda la gama de poderes presidenciales de guerra, pero no queda del todo claro qué implicaba esto exactamente. A falta de que el Congreso clarificara su mandato, la JIG siempre intentó lograr la cooperación voluntaria con sus decisiones. A continuación, recurría a atenazar a quienes se mostraran obstinados con el garrote del patriotismo, señalando «la injusticia de permitir que algunos en casa se enriquezcan —y se aprovechen— mientras nuestros chicos están luchando y muriendo».[363] A menudo podía aplicar sanciones indirectas ineludibles, como cuando logró que la Compañía de Ferrocarriles negara los servicios de transporte, la Administración de Combustibles retuviera el combustible o la Junta de Comercio de Guerra cerrara el acceso al comercio internacional. Si todo esto fallaba, podía solicitar al Departamento de Guerra o a cualquier otra agencia autoriza-

362. Gracias en gran parte al deseo de Baruch de dejar constancia de sus propios servicios, la JIG está ampliamente documentada. Además del trabajo de referencia de Clarkson (*Industrial America in the World War*), véase también Richard H. Hippelheuser (ed.), *American industry in the war: a report of the War Industries Board*, Prentice-Hall, Nueva York, 1941, especialmente el organigrama en la p. 14. Para una interpretación contemporánea a esta obra, véanse Cuff, *The War Industries Board*, y Schwarz, *The Speculator*, pp. 50-108.

363. Baruch, *The public years*, p. 63.

da que requisara las instalaciones de la empresa infractora, una acción que estas autoridades no dudaban en emprender. (De hecho, las autoridades militares estaban tan ansiosas por requisar las plantas, que la JIG se esforzaba más en contener que en estimular el uso de esta última sanción. Sólo el Departamento de Guerra realizó 510 confiscaciones de bienes y emitió 996 órdenes de producción obligatoria.)[364]

«El instrumento de control más importante», afirmó Baruch, «era el poder de determinar la prioridad —el poder de determinar quién obtiene qué y cuándo». Dijo que la importancia de establecer prioridades se la había inculcado en 1916 un economista británico, sir Walter Layton. De nuevo la omnipresente «experiencia británica» entraba en juego. Establecer prioridades era «una tarea compleja y delicada»:

> ¿Las locomotoras deberían ir a Pershing para llevar al ejército al frente o deberían ir a Chile para transportar los nitratos necesarios para hacer municiones para las tropas de Pershing? ¿Debería darse prioridad a los destructores para luchar contra los submarinos o a los barcos mercantes que se veían diezmados por los submarinos alemanes? ¿Los nitratos deberían destinarse a municiones o a fertilizantes? ¿Quién debería quedarse los vagones cisterna que están reclamando, la Compañía de Ferrocarriles o la Administración de Combustibles?

364. Clarkson, *Industrial America in the World War*, p. 177 (también pp. 103-104); Baruch, *The public years*, p. 58.

Habiendo dejado más o menos de lado el sistema de precios, que normalmente concilia la multitud de demandas que compiten entre sí por los recursos, las autoridades se propusieron determinar lo que mejor promovería el bienestar social. Baruch admitió que «no fuimos siempre tan sabios como Salomón a la hora de decidir estas cuestiones».[365] A pesar de que las prioridades oficiales desplazaron a los precios a la hora de determinar la asignación de muchos recursos, los precios siguieron contando a la hora de determinar la distribución de los ingresos.

El comité de fijación de precios de la JIG, dirigido por Robert S. Brookings, un comerciante de madera jubilado, no tenía autoridad legal para fijar los precios unilateralmente. En cambio, sus *dollar-a-year men*[366] negociaban con determinados industriales —en su mayoría productores de metales, fabricantes de productos químicos, materiales de construcción, textiles y artículos de cuero— para llegar a acuerdos voluntarios. A menudo era difícil saber quién tenía la sartén por el mango, si el Estado o las empresas, y algunos historiadores han criticado a la junta por acabar convirtiéndose en un instrumento para crear y mantener cárteles *de facto*.[367]

365. Baruch, *The public years*, pp. 55-56.

366. Empresarios, banqueros y otros profesionales que respondieron al llamamiento del presidente Wilson y colaboraban desinteresadamente como ejecutivos en aquellos departamentos en los que su experiencia pudiera ser más valiosa; percibían una remuneración simbólica de un dólar al año más los gastos en los que pudieran incurrir. *(N. de la t.)*

367. Cuff, *War Industries Board*, pp. 220-240; Rothbard, «War Collectivism», pp. 73-82. Para una lista de los productos sujetos a un control formal de los precios, con fechas, véase Litman, *Prices and price*

Esta crítica no se fija en lo más importante. En ocasiones los empresarios utilizaban la JIG para llevarse una comisión sobre los contratos que concertaba, o fijaban precios favorables y se protegían de la competencia, pero el sistema de precios en gran medida ya era engañoso como factor determinante en la asignación de recursos. «En lugar de permitir que los precios determinaran lo que se producía y adónde iría», dijo Baruch, «*decidimos* [es decir, los altos funcionarios gubernamentales decidieron] [...] cómo se emplearían *nuestros* recursos [es decir, los de todos]».[368] Esta afirmación tan contundente debe ser matizada, puesto que el sistema de precios no dejó de funcionar por completo, pero es reveladora del poder que la JIG ejerció sobre la asignación de recursos en 1918. Descarta la idea de una «dictadura industrial» y aprecia la utilidad meramente política de la junta, vigorizada para acallar las críticas a la gestión wilsoniana de guerra, pero sin cometer el error de considerar a la JIG como algo meramente cosmético. A pesar de contar con unos cimientos legales muy inestables, la JIG era una agencia muy poderosa. Su fase de madurez sólo duró ocho meses, pero en ese tiempo dejó una huella profunda en la asignación de recursos. (Y veremos que pudo haber tenido un impacto aún mayor quince años después, cuando la gente recordaba y actuaba según las «lecciones» de la JIG sobre cómo afrontar una «emergencia económica».)

---

control, p. 323. Para una lista algo más extensa que incluye artículos sujetos a un control menos formal de los precios, véase Haney, «Price fixing, I», pp. 105-106.

368. Baruch, *The public years*, p. 54, énfasis añadido.

A pesar de que en 1917 y 1918 el Estado siguió interfiriendo en el sistema de mercado, la economía seguía siendo capitalista en el sentido de que los mercados de capital privado siguieron funcionando. Y no siempre funcionaron como deseaba el Gobierno precisamente. Algunas empresas que el Gobierno consideraba esenciales para su programa de movilización —en especial en el sector maderero, la minería de carbón, los servicios públicos y ciertas áreas de la industria manufacturera— se encontraron con que no podían vender sus bonos u obtener préstamos de instituciones financieras privadas. El problema, como en tantos otros casos, era en realidad obra del propio Gobierno. Los préstamos públicos masivos estaban desplazando a los préstamos privados.

Para resolver el problema, McAdoo, el secretario del Tesoro, recomendó la creación de una agencia pública de préstamo. La intención era que llenara el vacío provocado por la masiva absorción de fondos en préstamo por parte del Tesoro. El Congreso respondió con la ley del 5 de abril de 1918, que creó la Corporación Financiera de Guerra (CFG), y la dotó con un capital de 500 millones de dólares y la autoridad para pedir préstamos de hasta 3.000 millones de dólares mediante la emisión de bonos. Con McAdoo como presidente de oficio y Eugene Meyer, un rico inversor y socio de Baruch antes de la guerra como director general, la CFG comenzó a funcionar el 20 de mayo como «una misión de rescate para las industrias esenciales alteradas por la guerra». Concedió préstamos a instituciones financieras que hacían préstamos aprobados por el Gobierno y también directamente a empresas que fabricaban bienes básicos. En los seis meses que operó durante la guerra, esta corporación prestó unos 71 millones de dólares. También asumió la gran tarea de estabilizar el mercado de bonos del Estado, una labor que antes realizaba J. P. Morgan y Compañía.[369] Al final de la guerra, como veremos, la CFG se resistió a desaparecer; al menos no permanecería inactiva por mucho tiempo. Esta misión de rescate financiero polivalente presentaba tanta utilidad política que estaba destinada a revivir, aunque no siempre con el mismo nombre, una y otra vez.

La ley que creó la corporación también otorgó carácter oficial al Comité de Emisiones de Capital, que había funcionado desde principios de 1918 como una oficina de la Reserva Federal, y lo autorizó a decidir si las emisiones propuestas de valores privados superiores a 100.000 dólares contribuirían a lo que el Gobierno consideraba fines bélicos esenciales. Sin embargo, esta validación oficial no era determinante, porque el Congreso no había otorgado al comité la autoridad para prohibir las emisiones que desaprobaba. «Afortunadamente», dijo McAdoo, «la mayoría de las empresas observaron sus dictados como parte de sus obligaciones patrióticas [...] aunque hubo algunas excepciones bastante crueles».[370] Una vez más, la administración Wilson se apoyó en el patriotismo, un senti-

369. Ferrell, *Wilson and World War I*, p. 87; Leland y Mereness, *American official sources*, p. 423; McAdoo, *Crowded years*, pp. 441-442; Merlo J. Pusey, *Eugene Meyer*, Knopf, Nueva York, 1974, pp. 157-163 («una misión de rescate [...]» extraído de la p. 163).

370. Leland y Mereness, *American official sources*, p. 425; Anderson, *Economics and the public welfare*, p. 51; McAdoo, *Crowded years*, p. 443.

miento que animaba sin cesar, para decantar la distribución de recursos privados en la dirección que deseaba el Gobierno.

Problemas laborales y nacionalizacion del ferrocarril

El Gobierno Wilson favoreció más que cualquier otra administración federal anterior a los trabajadores organizados, y la afiliación sindical aumentó rápidamente durante la guerra. Cuando se organizó el Consejo de Defensa Nacional en otoño de 1916, Samuel Gompers, el venerable presidente de la Federación Americana del Trabajo (conocido como AFL, por sus siglas en inglés) fue nombrado miembro de su comisión asesora. Los trabajadores sindicados también obtuvieron representación en los organismos de guerra que se crearon más tarde, como el Sistema de Servicio Selectivo, la Administración de Alimentos, la Compañía de Ferrocarriles y la Junta de Industrias de Guerra.[371]

Al Gobierno lo empujaba algo más que la simpatía por los sindicalistas: los paros laborales representaban una seria amenaza para el programa de movilización para la guerra. En el año 1917 tuvieron lugar 4.450 huelgas, un récord histórico. A veces se podía intimidar a los trabajadores para que permanecieran en el trabajo: una vez el presiden-

371. Albert A. Blum y J. Douglas Smyth, «Who should serve: pre-World War II planning for selective service», *Journal of Economic History*, 30 (jun. de 1970), p. 391.

te amenazó con incluir en una lista negra a los maquinistas en huelga, negarles el acceso a trabajos relacionados con la guerra y prometió que «las juntas de reclutamiento serán instruidas para rechazar cualquier reclamo de exención basado en alegaciones de estar trabajando en industrias clave para la guerra», pero, por lo general, el Gobierno percibió correctamente que usar mano dura sólo resultaría contraproducente.[372]

La política predominante fue la de tipo más conciliador, la que apoyaba la organización en sindicatos y la negociación colectiva obligatoria, la jornada laboral de ocho horas y las regulaciones laborales de los sindicatos. Los empleadores podían ser indemnizados por los contratos de margen sobre el coste con los organismos de contratación pública. Para ayudar a resolver algunos de los conflictos laborales más importantes y problemáticos, Wilson creó en septiembre de 1917 la Comisión de Mediación del Presidente, cuyo secretario y asesor jurídico era Felix Frankfurter, un profesor de derecho de Harvard que acabaría ejerciendo una gran influencia en los asuntos públicos durante mucho tiempo.[373]

372. U.S. Bureau of the Census, *Historical statistics*, pp. 178-179; Wilson citado en Kennedy, *Over here*, p. 269. En mayo de 1918 el general Crowder emitió su famosa orden «a trabajar o a luchar», dando instrucciones a las juntas de reclutamiento para que priorizaran en el reclutamiento a desempleados y trabajadores de actividades consideradas no esenciales por el Gobierno.

373. Michael E. Parrish, *Felix Frankfurter and his times: the reform years*, Free Press, Nueva York, 1982, pp. 87-97. También Louis B. Wehle, «Labor problems in the United States during the war», *Quarterly Journal of Economics*, 32 (feb. de 1918), pp. 333-392; L. C. Marshall,

A medida que crecía la participación del Gobierno en las relaciones laborales, también se iba haciendo cada vez más confusa, por lo que fue necesaria una reorganización en enero de 1918 que incluyó la creación, por orden ejecutiva, de una Administración Laboral de Guerra dirigida por el secretario de Trabajo, William B. Wilson. El secretario nombró una Junta Nacional de Trabajo de Guerra, para que se encargara de la mediación y la conciliación en los conflictos laborales, y una Junta de Políticas Laborales de Guerra, encabezada por Frankfurter, para que considerara todos los aspectos de las relaciones laborales en tiempos de guerra. La Junta de Políticas Laborales de Guerra era básicamente un intermediario y sólo podía recomendar políticas a otros organismos públicos. «Nunca logró la completa armonía y cooperación que Frankfurter hubiera deseado entre las distintas agencias laborales.» Aunque se le ha descrito como «el zar laboral» de la Primera Guerra Mundial, Frankfurter logró muy pocas de sus ambiciones. Era un «progresista proguerra», que «tenía una fe exagerada en las posibilidades de reforma social a través de la movilización nacional que favorecía el estado de emergencia». Según un biógrafo, «en ocasiones confundió las exigencias de la movilización con las de la justicia y sacrificó los intereses inmediatos de los ciudadanos de a pie por la seductora visión de un mundo seguro para la democracia».[374]

«The War Labor Program and its administration», *Journal of Political Economy*, 26 (may. de 1918), pp. 425-460.

374. Parrish, *Frankfurter*, pp. 102-117 (citas de las pp. 110, 82). También Kennedy, *Over here*, pp. 258-270; Leland y Mereness, *American official sources*, pp. 227-228, 241-242, 245-246.

Los problemas laborales fueron particularmente descarnados en la industria ferroviaria. Cuando en el invierno de 1916-1917 los sindicatos amenazaron con una huelga nacional, se obligó al presidente y a un Congreso complaciente a presentar, y al Tribunal Supremo a sostener, la Ley Adamson. Pero el aumento salarial efectivo que resultó de la imposición legal de la jornada laboral de ocho horas no satisfizo a los sindicatos durante mucho tiempo. A finales de 1917 amenazaron de nuevo con una huelga nacional. De producirse, habría asestado un golpe mortal al programa de movilización de la guerra y era del todo inaceptable para la administración Wilson. Había que actuar para desterrar el fantasma que se avecinaba.

Las compañías ferroviarias no podían hacer nada para evitar la huelga; todavía tenían las manos atadas. Si aumentaban los salarios de forma sustancial sin aumentar las tarifas, incurrirían en pérdidas. Sin embargo, en los últimos años la Comisión de Comercio Interestatal (CCI), dominada por los transportistas, había rechazado repetidamente su petición de un aumento general de tarifas. Las compañías no podían cooperar para mejorar la eficiencia operativa de todo el sistema ferroviario sin exponerse a la amenaza de un juicio antimonopolio. En estas circunstancias, los inversores perdieron entusiasmo en el sector y difícilmente se podían atraer grandes cantidades de capital si no era con tasas de interés muy elevadas. Tras la entrada de Estados Unidos en la guerra, los préstamos masivos del Tesoro desplazaron todavía más los préstamos del ferrocarril, poniendo todavía más difícil a las compañías el poder comercializar su deuda. Al carecer de capital para mantener, ampliar y modernizar sus instalaciones, los ferrocarriles sufrieron un deterioro en la calidad de sus servicios. Cuando el *boom* de la guerra hizo resurgir los envíos, las compañías no estaban en una buena posición para manejar el nuevo negocio de forma expeditiva.

Los esfuerzos mal concebidos y mal coordinados de movilización no hicieron sino agravar los problemas del ferrocarril. El reclutamiento desvió a sus trabajadores cualificados y no cualificados, y los contratistas de guerra sedujeron a otros con salarios más altos. El Estado contrató la mayor parte del negocio de guerra con empresas del noreste, donde el tráfico ferroviario ya era más intenso, lo que derivó en la congestión de vías y terminales. El transporte marítimo a Europa siguió pasando por los puertos más utilizados del este. Las autoridades militares retiraron muchos buques de la costa atlántica, desviando aún más tráfico hacia los ferrocarriles. También formularon tantas prioridades de transporte y de forma tan irreflexiva, que para centrarse en acelerar el transporte de las mercancías más urgentes dejaron de prestar un verdadero servicio. Para empeorar una situación ya de por sí desesperada, el invierno de 1917-1918 fue el más severo que se recuerda, con fuertes nevadas y un frío intenso que dificultó todavía más las operaciones de los ferrocarriles. La escasez de vagones y los atascos de tráfico amenazaban con obstruir las arterias vitales del transporte y paralizar toda la economía, incluida la movilización del Gobierno para la guerra. A finales de 1917 Wilson estaba «más preocupado por la condición de los ferrocarriles que por cualquier otro problema de la Administración». Los mismos responsables públicos habían atado este nudo gordiano y sólo podían concebir una manera de cortarlo.[375]

La solución del Gobierno fue emplear la autoridad otorgada por la Ley de Asignaciones del Ejército de 1916 y hacerse cargo de los ferrocarriles, lo que el presidente proclamó el 26 de diciembre de 1917. «Ni el presidente ni nadie en la Administración quería hacerse cargo de ellos», escribió McAdoo. «Se hizo como una medida de guerra imperativa.»[376]

El secretario del Tesoro quizá no fue del todo sincero. Él mismo había instado a la toma de posesión del presidente (que era su suegro). McAdoo había sido la fuerza decisiva para la aprobación de la Ley de Transporte Marítimo y ahora no podía pretender oponerse a la intervención por motivos de principios. Además, sabía que si los ferrocarriles se nacionalizaban probablemente él sería puesto al frente, y sin duda se le abrió el apetito; nadie ignoraba el gusto por el poder del Príncipe de la Corona. En cualquier caso, pocos se opusieron enérgicamente a que se tomaran cartas en el asunto, dada la lamentable situación que se

375. K. Austin Kerr, *American railroad politics, 1914-1920: rates, wages, and efficiency*, University of Pittsburgh Press, Pittsburgh, 1968, pp. 36-63; Marshall, «War Labor Program», p. 427 (la mitad de todos los contratos, exceptuando los de la Junta de Navegación, se concedieron a empresas de Ohio, Pensilvania y Nueva York); Frank Haigh Dixon, «Federal operation of the railroads during the war», *Quarterly Journal of Economics*, 33 (ago. de 1919), p. 580; Soule, *Prosperity decade*, p. 33; McAdoo, *Crowded years*, pp. 448-458 (cita de la p. 458). Skowronek dice que «[e]l Gobierno era simplemente demasiado incoherente como para apoyar la solución privada» (*New American State*, p. 275).

376. McAdoo, *Crowded years*, p. 458.

había desencadenado. Como era de esperar, McAdoo fue nombrado director general de la Administración de Ferrocarriles Estadounidense, la agencia creada para gestionar las propiedades requisadas. Poseía, como él mismo describió modestamente, «una autoridad tan absoluta como ningún otro poder en América». La intervención de los ferrocarriles por parte del Gobierno fue descrita por David Kennedy, un destacado historiador de la Primera Guerra Mundial, como «sin duda la medida de movilización más drástica de la guerra. Cerrando el puño del Estado sobre la mayor y más esencial empresa del país, la acción de Wilson tuvo un enorme alcance económico. También tenía un gran potencial para promover un cambio institucional duradero».[377]

La Administración de Ferrocarriles se podía mover y actuar allí donde las compañías ferroviarias habían sido económicamente incapaces o se les había prohibido legalmente ir. Toda la industria empezó a operar como una unidad: «Se eliminó la competencia en todos sus aspectos». Muchos servicios fueron interrumpidos o reducidos en aras de la «eficiencia». (Nunca estuvo más claro que la asignación «eficiente» de los recursos depende totalmente de quién tiene los derechos de propiedad, es decir, el poder efectivo de decidir cómo se utilizarán los recursos.) Se redujo el servicio de pasajeros. El transporte de mercancías de carga se enviaba por la ruta más corta, sin tener en cuenta las preferencias de los transportistas por rutas

377. Ibídem, pp. 458-461 (cita de la p. 447); Kennedy, *Over here*, p. 253. También Kerr, *American railroad politics*, pp. 63-71.

más largas, pero más baratas. Se restringieron los envíos que no llegaban a una carga completa. Según un analista contemporáneo, estos y otros muchos cambios se llevaron a cabo a pesar de que «los pasajeros y los transportistas estuvieran insatisfechos».[378] Pero ahora era el Estado, y no el consumidor, el soberano en el mercado de los servicios ferroviarios.

También en el mercado laboral. Para calmar a los sindicatos, en mayo McAdoo ordenó un aumento sustancial de los salarios, retroactivo al 1 de enero de 1918. «Nunca he hecho nada en mi vida», afirmó más tarde, «que me diera tanta satisfacción». Los aumentos salariales no fueron uniformes, sino que proporcionaron incrementos proporcionalmente mayores a los trabajadores peor pagados, haciendo realidad la concepción que McAdoo tenía de la justicia distributiva, a expensas de los transportistas y los contribuyentes. McAdoo también estableció la jornada laboral de ocho horas con una remuneración de hora y media por las horas extraordinarias para algunos trabajadores ferroviarios que no disfrutaban ya de estas condiciones laborales.[379]

Para compensar las concesiones a los trabajadores, McAdoo aumentó las tarifas de carga un 28 por ciento de media, y las tarifas de pasajeros un 18 por ciento, a partir del 25 de junio. Aunque los aumentos despertaron un enorme resentimiento en su momento, eran insuficientes para

378. McAdoo, *Crowded years*, p. 482; Dixon, «Federal operation», p. 602.

379. McAdoo, *Crowded years*, pp. 489-490; Dixon, «Federal operation», pp. 602-606.

compensar el aumento de los costes laborales y por un factor que solía ignorarse en los argumentos de los transportistas, a saber, la rápida disminución del poder adquisitivo del dinero. Como reconoció Clark algunos años más tarde, «el transporte ferroviario se volvió relativamente barato, apoyado por los subsidios públicos», ya que su gestión de la industria creó un «déficit» que tuvo que ser cubierto con fondos del Tesoro.[380] El déficit ferroviario rápidamente se convirtió en el centro de una acalorada controversia.

En la Ley de Control Federal, aprobada por el Congreso el 21 de marzo de 1918, la administración prometió pagar a los propietarios de los ferrocarriles requisados una renta anual igual al promedio de los ingresos netos de cada compañía durante los tres años que terminaban el 30 de junio de 1917.[381] En ese momento, muchos consideraron el pago demasiado generoso. Sin embargo, debido a la inflación, el valor real del pago garantizado disminuyó constantemente: el índice de precios al consumo (IPC) aumentó un 56 por ciento entre 1917 y 1920, de manera que el trato no era bueno para los propietarios de los ferrocarriles. Aun así, bajo la gestión del Gobierno, los ingresos de los ferrocarriles no alcanzaban la renta debida a las compañías; de ahí el déficit.[382]

A los responsables públicos el déficit les importaba poco. «Nuestro primer deber», declaró McAdoo, «era man-

380. Clark, *Costs of the World War*, p. 237. También McAdoo, *Crowded years*, p. 494; Dixon, «Federal operation», pp. 606-607; Kerr, *American railroad politics*, pp. 111-119.

381. *United States Statutes at Large*, 40 Stat. 451, 21 de marzo de 1918, p. 452.

382. U.S. Bureau of the Census, *Historical statistics*, p. 211; Clark, *Costs of the World War*, pp. 153-154.

tener los trenes en marcha, independientemente de los costes o beneficios [...]. [H]abía que afrontar el déficit como parte del coste de la guerra». Clark estuvo de acuerdo con que el déficit formaba parte del coste de la guerra, pero explicó que «representa simplemente un traslado de una parte del coste de la explotación del ferrocarril a un grupo distinto de personas [...]. La gente pagó menos tarifas de flete pero en última instancia, debieron pagar más impuestos».[383]

El análisis de Clark es astuto hasta donde llega, pero no va lo suficientemente lejos desde la perspectiva de la economía política. El déficit trasladó los costes, sin duda, pero no «simplemente». De hecho, el desplazamiento fue bastante astuto. Al repartir el déficit ferroviario entre toda la población de contribuyentes y compradores de bonos de guerra, en lugar de obligar a los transportistas y pasajeros a pagar el coste total de los servicios ferroviarios en forma de tarifas más altas, el Gobierno redujo la probabilidad de oposición a sus políticas al hacer que sus costes totales fueran más difíciles de identificar. En las emotivas campañas de los Bonos de la Libertad, que proporcionaban al Gobierno la mayor parte de sus ingresos generales, se alentaba oficialmente a los participantes a pensar que sus contribuciones iban a armar a Johnny en las trincheras. Esa actitud predominante, aunque en gran medida inventada, permitió a la administración Wilson acumular los medios con los que aumentar los salarios reales de los trabajado-

383. McAdoo, *Crowded years*, p. 495; Clark, *Costs of the World War*, p. 242.

res del ferrocarril, subvencionar la prestación de servicios ferroviarios y evitar la reacción política hostil que habría generado una política que ajustara más honestamente los costes y los beneficios.

Al final de la guerra, McAdoo y otros, incluidos algunos intelectuales progresistas y algunos grupos agrícolas populistas, instaron a mantener el control público sobre los ferrocarriles. Además, los sindicatos ferroviarios, que antes de la guerra se oponían a la intervención, ahora veían «la conveniencia de una alianza perpetua con la Administración federal». Pero los propietarios de los ferrocarriles presionaron mucho para recuperar el control de sus propiedades, y la mayoría de los grupos de transportistas anhelaban reafirmar su influencia sobre la fijación de tarifas a través de la Comisión de Comercio Interestatal, que la Administración de Ferrocarriles en gran medida había dejado de lado tras la expropiación. El control de los ferrocarriles siguió en juego, mientras las batallas políticas se sucedían, hasta más de un año después del final de la guerra.

El Estado no devolvió los ferrocarriles a la gestión privada hasta 1920, y con condiciones. Como veremos, el margen de maniobra de los propietarios de los ferrocarriles para gestionar su propiedad ya no volvería a ser el mismo que antes de la guerra.[384] La Ley de Control Federal se había declarado expresamente como «legislación de emergencia promulgada para hacer frente a las condiciones de-

384. Dixon, «Federal operation», p. 618; Kerr, *American railroad politics*, pp. 128-203.

rivadas de la guerra», y añadía que «nada de lo aquí expuesto debe interpretarse como que expresa o prejuzga la futura política del Gobierno federal en relación con la propiedad, el control o la regulación de los transportistas».[385] Valientes palabras. Pero después de un experimento tan amplio, la vuelta al *statu quo* anterior era muy improbable.

Sentencias del Tribunal Supremo sobre las medidas de guerra

Muchas de las acciones que el Estado llevó a cabo durante la Primera Guerra Mundial no tenían precedentes y mucho menos una constitucionalidad establecida. Por este motivo fue inevitable que surgieran desafíos judiciales. La mayoría de los casos no fue resuelta por el Tribunal Supremo hasta después de la guerra, cuando, como dijo un distinguido jurista, los jueces «sólo pudieron apagar la luz después de que la Campana de la Libertad [hubiera sido] robada». No obstante, sus decisiones tuvieron una gran importancia, ya que establecieron precedentes para futuros procedimientos legales. Prácticamente en todos los casos, el tribunal defendió los poderes extraordinarios ejercidos por el Gobierno durante 1917-1918.[386]

385. *United States Statutes at Large*, 40 Stat. 451, p. 458.

386. Zechariah Chafee citado en Kennedy, *Over here*, p. 84. Según Rossiter, «el único caso importante en que un elemento del vasto cuerpo legal regulatorio promulgado durante la Primera Guerra Mundial fue declarado inconstitucional» fue *Estados Unidos contra Cohen Grocery Co.*, 255 U.S. 81 (1921), que se refería al poder del Gobierno bajo la

Un grupo de casos, quizá el más importante de todos, recibió una audiencia y una decisión rápidas: los casos de reclutamiento militar.[387] El Tribunal Supremo nunca se había pronunciado sobre la constitucionalidad del servicio militar obligatorio, a pesar de que ya durante la guerra civil se había reclutado. En 1918, la decisión unánime del tribunal de mantener el servicio militar obligatorio consideró que esta prerrogativa gubernamental estaba implícita en la concesión constitucional de poderes de guerra en combinación con la Cláusula de Necesidad y Permiso. Hablando en nombre del tribunal, su presidente, Edward White, dijo: «No se puede dudar que la concepción misma de un Estado justo y su deber para con el ciudadano incluye la obligación recíproca del ciudadano de prestar servicio militar en caso de necesidad y el derecho a obligar a ello». Así hablaba un antiguo soldado confederado. El presidente del Tribunal Supremo no podía tomar en serio la idea de que el reclutamiento era una servidumbre involuntaria y, por lo tanto, prohibida por la Decimotercera Enmienda. Declaró que el tribunal era «incapaz de concebir bajo qué teoría el requerimiento

---

Ley Lever para regular las tarifas y recargos de distribuidores de artículos de primera necesidad. Con todo, repárese que la sentencia se dictó el 28 de febrero de 1921, mucho después del fin de la guerra. Clinton Rossiter y Richard P. Longaker, *The Supreme Court and the Commander in Chief*, Cornell University Press, ed. expandida, Ithaca (Nueva York), 1976, pp. 96-97.

387. *Arver v. Estados Unidos*, 245 U.S. 366 (1918); *Goldman v. Estados Unidos*, 245 U.S. 474 (1918); *Ruthenberg v. Estados Unidos*, 245 U.S. 480 (1918). Las citas que siguen a continuación son de *Arver v. Estados Unidos*, el caso más relevante.

por parte del Estado al ciudadano a que contribuya a la defensa de los derechos y el honor de la nación, como resultado de una guerra declarada por el cuerpo que representa al pueblo, puede decirse que sea la imposición de una servidumbre involuntaria».

En las condiciones sociales imperantes en aquel momento, anegadas de histeria bélica, patriotismo exacerbado y ataques de los vigilantes a los «holgazanes», esta sentencia era inevitable. Al fin y al cabo, se encarcelaba simplemente a aquellos que cuestionaban la constitucionalidad del reclutamiento. (El fiscal general llegó a solicitar la ayuda de la Liga Protectora Americana, una organización privada de superpatriotas, para localizar a los que se resistían al reclutamiento. Los miembros de la liga llevaron a cabo numerosas «redadas de holgazanes», realizaron unas cuarenta mil detenciones de ciudadanos e investigaron a unos tres millones de presuntos subversivos.) Leon Friedman, una autoridad en derecho constitucional, ha argumentado que los procesos con base en la Ley de Reclutamiento «se basaban en argumentos superficiales, en el desconocimiento de pruebas históricas sustanciales y una deferencia indebida a las exigencias de la Primera Guerra Mundial; en resumen, que se decidieron de forma incorrecta». Sin embargo, pudo escribir en 1969 que «[e]stas decisiones nunca han sido seriamente cuestionadas, y han sido citadas repetidamente como la determinación de esa cuestión de una vez por todas». Es evidente que este legado institucional de la Primera Guerra Mundial proyecta una sombra muy alargada, ya que la opinión del tribunal de 1918 «ha sobrevivido sin ser cuestionada como parte de nuestra doctrina constitucional».[388]

Una serie de decisiones relacionadas con la libertad de expresión también confirmaron el alcance extraordinario de los poderes del ejecutivo en tiempos de guerra. La Ley de Espionaje, como se indicaba antes, había «encontrado un filón en una disposición destinada a obstruir deliberadamente el servicio de reclutamiento o alistamiento». Además, «esta sección se utilizó ampliamente para restringir las actividades de las personas que no simpatizaban con la dirección de la guerra».[389] En 1919 y 1920 el Tribunal Supremo falló contra personas que habían pronunciado discursos antibélicos, enviado panfletos contra el reclutamiento y cuestionado su constitucionalidad. En la famosa sentencia *Schenck*, el juez Oliver Wendell Holmes Jr. indignó a los leales partidarios de la Primera Enmienda al declarar: «Cuando una nación está en guerra, muchas cosas que podrían decirse en tiempos de paz son un obstáculo tal para su esfuerzo que su expresión no se tolerará mientras los hombres luchen, y ningún tribunal podría considerarlas protegidas por ningún derecho constitucio-

388. Leon Friedman, «Conscription and the Constitution: the original understanding», *Michigan Law Review*, 67 (may. de 1969), pp. 1493-1552, reeditado en Anderson (ed.), *The military draft*, pp. 233, 281. También Paul L. Murphy, *The Constitution in crisis times, 1918-1969*, Harper Torchbooks, Nueva York, 1972, pp. 12-13. Sobre la Liga Protectora Americana, véase Herbert McClosky y John Zaller, *The American* ethos*: public attitudes toward capitalism and democracy*, Harvard University Press, Cambridge (Massachusetts), 1984, p. 40.

389. Murphy, *Constitution*, p. 22. Véase también Kennedy, *Over here*, pp. 79-86.

nal».[390] Hablaba como veterano de la guerra civil que había combatido por la Unión.

Las decisiones de la posguerra en materia de libertad de expresión se consideran, desde la perspectiva actual, de lo más deplorable de la historia constitucional estadounidense. Sin embargo, a menudo se pasa por alto el hilo conductor que las une. Cada una de ellas se refería a discursos percibidos por las autoridades como una amenaza para el éxito del reclutamiento de la guerra por parte del Gobierno. Si de entrada el Gobierno de Wilson no hubiera recurrido al reclutamiento militar, no habría tenido que temer la libertad de expresión y, por tanto, habría tenido menos incentivos para suprimirla con medidas draconianas como la Ley de Espionaje y su notoria enmienda, la Ley de Sedición de 1918. En opinión de un historiador constitucional, los casos de libertad de expresión que surgieron de la oposición al reclutamiento «dejaron un residuo legal disponible para el uso gubernamental más inmediato y ominoso que en cualquiera de los otros ámbitos del poder de guerra».[391]

Al no encontrar ningún fallo en la supresión de los de-

390. Holmes citado en Murphy, *Constitution*, p. 24. También Kennedy, *Over here*, pp. 84-86. H. L. Mencken escribió que en las sentencias sobre casos relativos a la Ley de Espionaje redactadas por Holmes «se encuentra una clara afirmación de la doctrina según la cual, en tiempos de guerra, los derechos protegidos por la Primera Enmienda pierden toda sustancia y pueden dejarse sin efecto de forma sumaria por parte de cualquier jurado que hubiera sido suficientemente enardecido por un fiscal de distrito que ansiase un cargo mejor». Véase «Mr. Justice Holmes», en Alistair Cooke (comp.), *The vintage Mencken*, Knopf, Nueva York, 1955, p. 189.

391. Murphy, *Constitution*, p. 27. También Ferrell, *Wilson and World War I*, pp. 200-218.

rechos de la Primera Enmienda por parte del Gobierno, los jueces no tuvieron reparos en validar otras medidas extraordinarias de guerra. En varios casos decididos en 1919, el tribunal defendió la constitucionalidad de la intervención de los ferrocarriles, así como de las líneas telefónicas y telegráficas y los cables oceánicos. Todas las intervenciones fueron consideradas como ejercicios legítimos de los poderes de guerra del Congreso. «[E]l carácter completo e indivisible del poder de guerra de Estados Unidos», dijo el presidente del Tribunal Supremo en la decisión sobre los ferrocarriles, «no es discutible».[392]

Cualquiera que fuera la virtud de poner los poderes extraordinarios del Estado más allá de la impugnación legal efectiva durante la guerra, varios de esos mismos poderes persistieron hasta mucho después de que las armas dejaran de dispararse en Francia. En la primavera de 1921, el tribunal dictaminó que una ordenanza de control de alquileres que el Congreso había impuesto a finales de 1919 en el Distrito de Columbia —«sus disposiciones eran necesarias debido a las emergencias derivadas de la guerra»— «no era, en las circunstancias imperantes, una restricción inconstitucional del dominio y el derecho de contrato del propietario o una toma de su propiedad para un uso no público». La sentencia puso un gran énfasis en la temporalidad de los controles de alquiler en disputa pero a los disidentes les pareció que abría la puerta a todo tipo de restricciones públicas al derecho privado de contratación.

392. *Northern Pacific Railway Company et al. v. Dakota del Norte*, 250 U.S. 135 (1919), p. 149. También Murphy, *Constitution*, p. 21.

«Como poder público», escribió el juez McKenna, «si es que existe, es perenne y universal [...]. Si un contrato puede ser ignorado en el interés público, entonces todos los contratos pueden serlo [...]. [E]l Estado puede tener que afrontar otras exigencias que requieran otros recursos».[393]

Legados institucionales e ideológicos

«[N]o ha quedado nada sin tocar por la guerra», escribió J. M. Clark en 1931. «Todo lo que ha sucedido ha sucedido de forma diferente a causa de ella.»[394] Por supuesto, la inevitable revulsión de la posguerra contra la gran cruzada, sus sacrificios y sus tensiones emocionales produjeron un anhelo generalizado de lo que el candidato presidencial Warren Harding llamó «vuelta a la normalidad». Pero no

393. *Block v. Hirsh*, 256 U.S. 135 (1921), pp. 136, 168-169. También *Marcus Brown Holding Co. v. Feldman*, 256 U.S. 170 (1921). No fue hasta 1923 cuando el Tribunal Supremo decidió que la emergencia había pasado y rechazó validar una extensión de 1921 de la Ley de Control de Alquileres del Distrito de Columbia aprobada en 1919. Véase *Chastleton Corp. v. Sinclair*, 264 U.S. 543 (1924). Comentando esta sentencia, Edward S. Corwin escribió que «[e]l poder del Supremo para constatar una emergencia parece un arma de doble filo, pero el filo antigubernamental sólo se manifiesta una vez la emergencia ha finalizado» (*Total war and the Constitution*, Knopf, Nueva York, 1947, p. 83). Cincuenta años después de que el Supremo sentenciara sobre *Block* y *Marcus Brown*, estas decisiones se emplearon para establecer la constitucionalidad de una Ley de Control de Alquileres cuando el Ayuntamiento de Cambridge (Massachusetts) declaró una «emergencia habitacional» e impuso controles a los alquileres locales. Véase Peter Navarro, *The policy game: how special interests and ideologues are stealing America*, Wiley, Nueva York, 1984, pp. 14, 302.

394. Clark, *Costs of the World War*, p. 290.

era posible volver al *statu quo* previo a la guerra. La experiencia había entrado inextricablemente en la sociedad, con numerosas y variadas consecuencias.

La actividad fiscal del Gobierno federal adquirió dimensiones ampliadas de forma permanente. Aunque el Gobierno había ocultado muchos costes al contabilizar precios inferiores a los del mercado para muchos recursos, la guerra había sido una enorme empresa financiera. Antes de la guerra los ingresos federales en un solo año fiscal nunca habían superado los 762 millones de dólares; durante la década de 1920 nunca fueron inferiores a 3.640 millones. Antes de la guerra, los gastos federales nunca habían superado los 747 millones de dólares en un año fiscal; durante la década de 1920 nunca fueron inferiores a 2.800 millones. Parte del aumento reflejaba sólo el mayor nivel de precios de la posguerra, que era más de un 50 por ciento superior al nivel de antes de la guerra, pero la mayor parte fue real. La deuda pública, que antes de la guerra era de poco más de mil millones de dólares, al final de la contienda era de más de 25.000 millones, y seguía siendo de casi 17.000 millones de dólares en 1929.

Tras el armisticio, los más de cuatro millones de hombres que habían servido en el ejército se convirtieron en una fuerza política en lugar de militar. Una y otra vez, plantearon demandas al Tesoro, e insistían para que se les restituyera los costes que el Gobierno les había impuesto en 1917 y 1918. Aunque una guerra sea breve, sus veteranos sobreviven durante décadas y forman un potente grupo de interés político. La Legión Americana, fundada en 1919, haría oír su voz ya para siempre.

Durante la guerra habían aumentado enormemente los tipos del impuesto sobre la renta, en particular para los contribuyentes de rentas altas (véase la tabla 7.1). Como ha observado John F. Witte, «las reclamaciones sobre "la capacidad de pago" y "las ganancias de la guerra" ahogaron las súplicas contra la "legislación de clase"». En 1918 el Estado efectuó cobros sustanciales incluso a los contribuyentes de clase media. La ley de impuestos hasta 1928 seguía imponiendo cargas mucho mayores a las rentas altas de las que había durante 1913-1915. La guerra produjo un cambio permanente en las fuentes de ingresos federales, alejándose de los impuestos sobre el consumo (incluido el arancel) y basculando hacia impuestos sobre la renta, los beneficios y el patrimonio, que recaían de forma desproporcionada en las personas con un alto nivel de ingresos y riqueza. «Sin la crisis y las enormes demandas financieras que impuso al Estado», concluye Kennedy, «el cambio en la incidencia y en la aceptación de la legitimidad de un sistema fiscal tan progresivo se habría producido mucho más lentamente, si es que se hubiera llegado a producir en absoluto».[395]

Muchas otras innovaciones de la época de la guerra sobrevivieron en la década de 1920. La prohibición nacional de bebidas alcohólicas, autorizada por primera vez por la Ley Lever, alcanzó el máximo rango legal con su plasmación en la Constitución. Quizá con el tiempo los prohibi-

395. John F. Witte, *The politics and development of the federal income tax*, University of Wisconsin Press, Madison, 1985, pp. 79-87 (cita de la p. 86); U.S. Bureau of the Census, *Historical statistics*, p. 1104; Kennedy, *Over here*, p. 112.

Tabla 7.1. Impuesto federal sobre la renta, exenciones fiscales y tipos impositivos para el primer y el último tramo, 1913-1928

Exenciones personales			Tipos impositivos			
Año fiscal	Solteros	Casados, dos dependientes	Primer tramo		Tramo superior	
			Tipo (%)	Ingresos	Tipo (%)	Ingresos
1913-1915	3.000 $	4.000 $	1	20.000 $	7	500.000 $
1916	3.000 $	4.000 $	2	20.000 $	15	2.000.000 $
1917	1.000 $	2.400 $	2	2.000 $	67	2.000.000 $
1918	1.000 $	2.400 $	6	4.000 $	77	1.000.000 $
1919-1920	1.000 $	2.400 $	4	4.000 $	73	1.000.000 $
1921	1.000 $	3.300 $	4	4.000 $	73	1.000.000 $
1922	1.000 $	3.300 $	4	4.000 $	56	200.000 $
1923	1.000 $	3.300 $	3	4.000 $	56	200.000 $
1924	1.000 $	3.300 $	11/2	4.000 $	46	500.000 $
1925-1928	1.500 $	4.300 $	11/8	4.000 $	25	100.000 $

Fuente: Oficina del Censo de Estados Unidos, *Historial statistics*, p. 1095.

cionistas habrían obligado de todos modos a la sociedad a realizar este gran experimento, pero la guerra lo aceleró. El control del precio del alquiler, que había comenzado durante la guerra en muchas ciudades con el estímulo activo de las autoridades federales, dio origen a un grupo político y persistió durante años, con la consiguiente reducción del rendimiento esperado de la inversión en vivienda. De ahí que la construcción de nuevas viviendas, muy mermada ya por las severas restricciones a la edificación civil en tiempos de guerra, tuviera que esperar a ser reactivada por «la relajación o la desaparición del control de los alquileres en la posguerra, que se produjo finalmente por un proceso más lento».[396]

Aunque la mayoría de los organismos federales de emergencia, incluida la JIG, cerró poco después del armisticio, en cumplimiento de la política general del presidente de liquidarlos lo antes posible, algunos permanecieron activos durante meses o incluso años. La Administración de Alimentos no se clausuró hasta el 1 de junio de 1920. Mientras tanto, su Corporación de Granos continuó garantizando a los agricultores un precio de 2,20 dólares por fanega de trigo y comercializó la cosecha de 1919. La Administración de Combustibles se cerró oficialmente el 30 de junio de 1919 pero se reactivó en otoño de 1919 para fijar los precios de

396. Frederick Lewis Allen, *Only yesterday: an informal history of the nineteen twenties*, Blue Ribbon Books, Nueva York, 1931, p. 247 («la guerra concedió a los líderes prohibicionistas una gran oportunidad»); Edward L. Schaub, «The regulation of rentals during the war period», *Journal of Political Economy*, 28 (ene. de 1920), pp. 1-36; Rockoff, *Drastic measures*, pp. 63-64; citas extraídas de Clark, *Costs of the World War*, pp. 51, 58.

los combustibles y no terminó su actividad hasta el 13 de diciembre. La JIG, que había ejercido el control absoluto del comercio internacional durante la guerra, dejó de actuar como entidad independiente el 30 de junio de 1919 pero algunas de sus funciones y personal se trasladaron al Departamento de Estado. Hasta el 27 de mayo de 1921 no fue abolida por una ley del Congreso. Incluso entonces se mantuvo vigente una parte residual de sus controles, que administró durante un tiempo más el Departamento del Tesoro.[397]

La Compañía de Ferrocarriles continuó operando los ferrocarriles de la nación, perdiendo dinero siempre, hasta el 1 de marzo de 1920, cuando las propiedades fueron oficialmente restituidas a los propietarios bajo los términos de la Ley de Transporte de 1920. Esta ley, dice un historiador legal, «rozó la nacionalización». Dio a la Comisión de Comercio Interestatal el control total de las tarifas. Además, autorizó a la CCI a regular la emisión de valores ferroviarios y la gestión de los ingresos, así como la consolidación, construcción, uso y abandono de las instalaciones. Creó una Junta Laboral Ferroviaria para mediar en los conflictos. La cláusula de «reembolso» exigía que toda ganancia de la compañía que excediera una «rentabilidad justa» permitida debía ser derivada a las líneas férreas menos rentables.[398] Después de 1920, los derechos de propie-

397. Herbert Hoover, *The memoirs of Herbert Hoover: the cabinet and the presidency, 1920-1933*, Macmillan, Nueva York, 1952, p. 16; Ferrell, *Wilson and World War I*, p. 45; Leland y Mereness, *American official sources*, pp. 398-399, 411, 377.

398. Murphy, *Constitution*, pp. 6-7; Kerr, *American railroad politics*, pp. 204-227; Skowronek, *New American State*, p. 282.

dad privada en la industria ferroviaria tenían poca sustancia. A excepción de las acciones administrativas más rutinarias, casi todo lo que podían hacer los propietarios estaba sujeto a regulación o determinación federal. A partir de entonces, los titulares de acciones y bonos de los ferrocarriles apenas se diferenciaban de los titulares de valores del Gobierno de Estados Unidos, y los trabajadores del ferrocarril se parecían mucho a los funcionarios públicos.

La Junta de Navegación había sido creada como una agencia pública regular, así que, por supuesto, sobrevivió a la guerra. El mayor problema de la junta en la posguerra fue que su corporación de Flota de Emergencia había producido una gran cantidad de buques, la mayoría de los cuales no llegó al agua hasta mucho después de que terminara la guerra. La Ley de la Marina Mercante de 1920 autorizó la venta de estos buques a empresas americanas en condiciones favorables, incluyendo algunas exenciones fiscales, y preveía subvenciones a los operadores privados. También autorizó a una corporación de la Flota Mercante pública a operar líneas marítimas; de ahí que la corporación de Flota de Emergencia siguiera existiendo con un nuevo nombre. El negocio del transporte marítimo siguió deprimido durante la década de 1920, y las empresas públicas generaron pérdidas crónicas. En 1929, la Comisión Marítima había prescindido de casi dos tercios de su tonelaje. Del resto, gran parte estaba inactivo. El país se encontraba, según Clark, en «una situación bastante paradójica. El legado de la enorme flota construida con fines bélicos nos ha precipitado a una posición en la que ha sido inevitable dar un fuerte impulso económico con recursos públicos a nuestra Marina —toda vez que los acontecimientos nos dotaron con una—. Sin embargo, los buques de la época de la guerra son en gran medida inadecuados para esta demanda de la posguerra, y es necesario construir otros».[399]

La Junta de Industrias de Guerra fue difícil de cerrar después de la guerra. Su misión de ayudar a las industrias de guerra esenciales que no podían obtener préstamos a través de canales privados ya no era vigente. Sin embargo, su carácter de «misión de rescate» del mercado de capitales llevó a algunos a pensar —en particular a su astuto director general, Eugene Meyer— que se le debían asignar nuevas tareas. Una vez finalizados los préstamos gubernamentales a los Aliados tras el armisticio, los países europeos no podían financiar la importación continua y a gran escala de productos americanos. Los exportadores americanos vieron la situación con un pánico comprensible. Para evitar «la confusión y la desesperación a ambos lados del Atlántico», Meyer propuso utilizar la Corporación Financiera de Guerra para financiar las exportaciones americanas y, en marzo de 1919, hizo aprobar en el Congreso un proyecto de ley que autorizaba un gasto de 1.000 millones de dólares con este fin. Cuando la ley expiró en mayo de 1920, Meyer dimitió de la CFG.

Pero pronto regresó. Apoyado por banqueros, empresarios y periodistas preocupados por los problemas cada vez mayores de la economía agrícola, a finales de 1920 Me-

399. Murphy, *Constitution*, p. 7; Clark, *Costs of the World War*, pp. 55, 111, 250-252 (cita de la p. 251).

yer suplicó a los comités del Congreso que reactivaran la CFG. Sus esfuerzos no tardaron en dar fruto. El 13 de diciembre el Congreso, mediante una resolución conjunta, ordenó al secretario del Tesoro que reanudara la financiación de los préstamos para la financiación de las exportaciones. Wilson vetó la medida, pero el Congreso anuló el veto por un amplio margen. Después de que el Senado confirmara su nombramiento el 14 de marzo de 1921, Meyer volvió a la actividad como director general. Ese mismo año, la Ley de Créditos Agrícolas transformó oficialmente la CFG en «una misión de rescate para los agricultores en apuros de la nación». En esta fase la CFG prestó grandes sumas a las cooperativas agrícolas y a los bancos rurales. Su autoridad de préstamo se amplió tres veces.

Hasta enero de 1925, Meyer no liquidó la agencia. En sus vidas previas había prestado aproximadamente 300 millones de dólares para fines de guerra, 100 millones de dólares para financiar las exportaciones y 300 millones directa o indirectamente para ayudar a los agricultores.[400] La agencia había dejado una huella remarcable, especialmente para una oficina creada específicamente para la guerra pero, como veremos, todo lo que hizo la CFG antes de 1925 palidece en comparación con lo que iba a hacer tras su reactivación siete años después, ya bajo el nombre de Corporación Financiera de Reconstrucción (CFR).

400. Pusey, *Eugene Meyer*, pp. 164-183 («agricultores en apuros» extraído de la p. 178). Evidentemente, la mayor parte de los préstamos para «fines de guerra» tuvo lugar después del armisticio y de ahí la discrepancia con la cifra (71 millones de dólares) de los préstamos «durante la guerra» proporcionada en páginas anteriores.

Un legado difuso pero significativo de la guerra fue el «asociacionismo» que floreció durante la década de 1920. La guerra había llevado a miles de empresarios a ocupar responsabilidades públicas, muchos trabajando por una compensación simbólica de un dólar al año. En la mayoría de los organismos de emergencia, pero sobre todo en la Junta de Industrias de Guerra, los antiguos empresarios trataban y negociaban con empresarios en activo. Como es natural, les resultaba fácil hacer negocios y, con la misma naturalidad, los negocios que hacían a menudo eran una conspiración contra los competidores y los consumidores. (Adam Smith advirtió hace mucho tiempo de que «las personas de la misma profesión rara vez se reúnen [...] sino que la conversación acaba siendo una conspiración contra la población o alguna estratagema para subir los precios [...]. [L]a ley [...] no debería hacer nada para facilitar esas reuniones, y mucho menos para hacerlas necesarias».) Los negocios se habían movilizado a gran escala y pusieron a los empresarios en contacto con poderosos funcionarios y responsables gubernamentales, con quienes a menudo compartían afinidades. Todo ello reveló las posibilidades lucrativas de trabajar más estrechamente con el sector público y despertó en muchos empresarios un interés que no hubieran creído posible ni deseable antes de la guerra.

Para desarrollar y sistematizar esta «asociación» potencialmente fructífera, los empresarios crearon o ampliaron muchas asociaciones comerciales durante los años veinte. El Gobierno, especialmente el Departamento de Comercio durante el largo mandato de Hoover, aprobó, estimuló y fomentó este asociacionismo. Otros sectores siguieron el ejemplo de la enérgica actividad organizativa de los empresarios: grupos profesionales, agricultores, incluso trabajadores sociales. El resultado fue

> un cambio evidente hacia el corporativismo en los asuntos comerciales de la nación. Industrias enteras, incluso sectores económicos enteros como en el caso de la agricultura, se organizaron y disciplinaron como nunca antes, y entablaron una relación estrecha y regular con los comités del Congreso y los departamentos del gabinete y las agencias del Gobierno [...]. Los orígenes de la práctica moderna de la colusión informal masiva entre el Gobierno y las organizaciones empresariales pueden datarse en la guerra.[401]

Así pues, uno de los legados más significativos de la guerra fue una mayor politización de la vida económica de la nación. Los hitos de la evolución posterior incluyen la Ley de Comercio Aéreo y la Ley Laboral Ferroviaria, ambas aprobadas en 1926. La primera incorporó al Gobierno federal en la gestión de una industria que acababa de despegar, mientras que la segunda amplió un poco más la intromisión del Gobierno en un ámbito de las relaciones laborales que llevaba mucho tiempo siendo problemático.

401. Kennedy, *Over here*, p. 141. Para un estudio contemporáneo que destaca la tendencia asociacionista generalizada de la época, véase Ellis W. Hawley, *The Great War and the search for a modern order, a history of the American people and their institutions, 1917-1933*, St. Martin's Press, Nueva York, 1979.

El asociacionismo de los años veinte insinúa el legado más elocuente de todos los legados de la guerra: el cambio ideológico. El espíritu de los años veinte ha sido a menudo caracterizado por los historiadores como reaccionario, y por este motivo el cambio ideológico fundamental que se produjo se ha pasado por alto o empequeñecido. Pero existen testimonios de peso que atestiguan su realidad y su importancia. «[L]a experiencia de la planificación de la guerra», dijo Soule, «ejerció una influencia permanente en el pensamiento de los economistas e ingenieros que participaron en ella».[402]

Pero los economistas e ingenieros no fueron los únicos afectados; muchos otros cambiaron de punto de vista. En particular, muchos empresarios salieron de la guerra con una nueva perspectiva sobre la relación entre el Estado y las empresas. Según Clarkson, que fue muy activo en la comunidad empresarial, los hombres que habían servido como administradores de recursos durante la guerra «pensaban con algo de desprecio intelectual en la enorme confusión de aciertos y errores de la industria en tiempos de paz [...]. De sus reflexiones nacieron sueños de un mundo económico ordenado [...]. Anhelaban que todo el comercio mundial se calculara y registrara cuidadosamente en Washington, los requisitos controlados, los recursos estadounidenses a punto, los grifos abiertos o cerrados según las circunstancias».[403] Por supuesto, se veían a sí mismos manejando los grifos.

402. Soule, *Prosperity decade*, pp. 62-63.
403. Clarkson, *Industrial America in the World War*, p. 312.

Baruch abrazó esta visión con más intensidad y persistencia que nadie. En su vejez recordaba cómo «hombres como yo», integrados en el Gobierno por primera vez durante la Primera Guerra Mundial, habían revolucionado la actitud de la gente hacia el Estado:

> La experiencia de la JIG tuvo una gran influencia en el pensamiento de las empresas y el Estado. La JIG había demostrado la eficacia de la cooperación industrial y la ventaja de la planificación y dirección públicas. Ayudamos a enterrar los dogmas extremos del *laissez faire*, que durante tanto tiempo habían moldeado el pensamiento económico y político estadounidense. Nuestra experiencia mostró que la dirección pública de la economía no tiene por qué ser ineficaz o antidemocrática, y sugirió que en tiempos de peligro era imprescindible.[404]

Baruch era un cronista muy parcial, así que haremos bien en descontar algo de intensidad al supuesto entierro de las doctrinas liberales clásicas. El compromiso inarticulado de la mayor parte de la burguesía con estas creencias permaneció vigente, si bien indudablemente quebrado. Ciertamente, los americanos en general no sentían la urgencia de una reforma socioeconómica radical después de la guerra. Sería más exacto decir que la experiencia de los controles públicos en tiempos de guerra «ablandó» a las

404. Baruch, *The public years*, pp. 2-3, 74. Para un testimonio muy anterior de cómo «la gestión y el control de la industria por parte del Gobierno [...] [había] arrojado la última palada de tierra sobre la tumba de la difunta teoría de Gobierno del *laissez faire*» (Baker, *Government controls*, p. 5).

clases medias y las predispuso a reformas que aún estaban por llegar.

Los líderes de la izquierda, elocuentes y políticamente activos, aprendieron mucho de la guerra. Cuando terminó «esperaban preservar e incluso ampliar muchas de las prácticas colectivistas y gran parte de la autoridad estatal que había crecido durante la guerra». Incluso un demócrata más orientado al mercado como el secretario de la Marina, Josephus Daniels, proclamó el efecto beneficioso de la movilización bélica: «No tendremos miedo en la paz de hacer cosas revolucionarias que ayuden a la humanidad, ya que nos hemos acostumbrado a hacerlas en la guerra». Tenía el control gubernamental de las comunicaciones por radio, teléfono y telégrafo, los ferrocarriles y el transporte marítimo; también favoreció el control de precios en tiempos de paz «para proteger al público y evitar la especulación». Frankfurter, el antiguo Zar del Trabajo, anhelaba mayores controles públicos en tiempos de paz para reemplazar el «caos de la competencia desenfrenada» guiado por la mano de «científicos sociales y expertos formados profesionalmente como él mismo». Abogó, al igual que Baruch y Hoover, por la continuación de la «cooperación» entre los trabajadores y los empresarios que él había presidido poco antes en la economía de guerra «racionalizada».[405]

405. Kennedy, *Over here*, p. 246; Daniels y Frankfurter citados en Larry G. Gerber, *The limits of liberalism: Josephus Daniels, Henry Stimson, Bernard Baruch, Donald Richberg, Felix Frankfurter and the development of the modern American political economy*, New York University Press, Nueva York, 1983, pp. 172-173. Los progresistas y sus descendientes liberales «no olvidarían jamás las lecciones de 1917-1918 y desde en-

A pesar de la variedad de «lecciones» que la gente había aprendido de la experiencia bélica, una cosa estaba clara: aunque muchos consideraran que la movilización de la economía había establecido tanto la posibilidad como la necesidad de un mayor control público de la vida económica, casi nadie salió de la crisis con una mayor comprensión o apreciación del sistema de mercado, o una mayor comprensión de la imposición y ocultación de costes inherentes a una economía dirigida. Si bien muchos reclutas, consumidores, empresarios y otros tenían un ardiente deseo de escapar de las restricciones particulares de la guerra que les afectaban como individuos, esto no conllevaba la repulsa contra la economía dirigida como sistema. Clark habló sabiamente cuando dijo: «Hemos aprendido cosas, como debe ser tras cualquier gran experiencia; pero con demasiada frecuencia parece que hemos aprendido las cosas equivocadas».[406]

Conclusiones

Tras el estallido de la guerra en Europa, sus efectos en Estados Unidos crearon fuertes presiones políticas para que el Estado «hiciera algo». Esto no significaba que la mayoría de los estadounidenses estuviera a favor de ir a la guerra. De hecho, la preferencia abrumadoramente mayorita-

---

tonces buscarían constantemente el «equivalente moral de la guerra». Sobre esto, véase William A. Schambra, «Progressive liberalism and American "community"», *Public Interest* (verano de 1985), p. 36.

406. Clark, *Costs of the World War*, p. 290.

ria era la neutralidad. Dos años después del inicio de las hostilidades, Wilson se aseguró la reelección presentándose como el candidato que había «mantenido fuera de la guerra» a Estados Unidos. Sin embargo, algunos problemas relacionados con la contienda, como el de los costes del transporte marítimo y las repetidas interferencias o ataques a los estadounidenses en el mar, llevaron al Gobierno a entrar en el negocio naval en 1916, y a otorgar al presidente amplios poderes sobre la asignación de recursos en la economía nacional para facilitar la movilización bélica. Incluso en esta primera etapa, los ejemplos europeos de supresión de mercados y su sustitución por sistemas de ordeno y mando ejercieron una fuerte influencia en el pensamiento estadounidense.

A principios de 1917, cuando el Gobierno se comprometió a llevar a cabo una guerra a gran escala, resultaba evidente que aumentar los impuestos para cubrir los costes de los recursos que la administración proponía emplear para la guerra toparía con una fuerte resistencia.[407] Para poder seguir adelante con la movilización y el Gobier-

407. Ferrell cita una carta escrita por el senador de Utah, Reed Smoot, el 6 de abril de 1917: «Esta guerra es una guerra muy impopular. Creo que la mayoría de la gente se opone a ella. Todavía recibo muchas protestas de todas partes del país». El propio Ferrell señala: «Pagar todos los costes de la participación en la guerra a través de impuestos habría requerido una subida pronunciada del impuesto sobre la renta y la instauración de otros nuevos impuestos. En la primavera de 1917, forzar nuevos impuestos a través del Congreso era algo muy poco atractivo. El Gobierno también temía el efecto de los impuestos sobre los empresarios, a los que no podía desfavorecer sin incurrir en riesgos». Véase *Wilson and World War I*, pp. 8, 84.

no se mantuviera en el poder, los costes debían ser ocultados, al menos parcialmente. En esta senda, el Gobierno Wilson, con la cooperación del Congreso y el Tribunal Supremo, inició el reclutamiento de soldados; el establecimiento de prioridades para el uso del transporte, el combustible y las instalaciones manufactureras; la fijación de precios, e incluso la intervención de industrias enteras. Para desviar la atención de los costes reales de estas acciones, el Gobierno organizó una gran campaña de propaganda para suscitar emoción patriótica y animar a los ciudadanos a actuar como vigilantes y ejecutores para reprimir a los que se atrevieran a objetar o resistir. Dividir y vencer desde la base demostró ser una táctica eficaz para difuminar la resistencia y blindar a las más altas autoridades de la oposición pública: son testigo de ello los miles de juntas locales de reclutamiento, la legión de administradores de alimentos voluntarios y el extenso cuerpo de agentes de combustibles.

«En tiempos de guerra», escribió Clark a finales de 1917, «la urgencia y los movimientos requeridos son tantos que si se confiaran estos cambios al incentivo del aumento de precios y salarios, sólo se producirían con un incremento enorme de los rendimientos del trabajo y del capital». Justamente. Y el aumento de los rendimientos mediría exactamente los costes sociales de trasladar cantidades masivas de recursos a nuevos usos con una rapidez extraordinaria. Un ajuste más rápido es, de hecho, socialmente más costoso. Es una falacia económica fundamental suponer que obligar a la gente a actuar más rápido de lo que estaría dispuesta a actuar «ahorra tiempo» en el sentido de conservar un recurso real; simplemente traslada los costes de una reasignación más rápida. Pero Clark y otros contemporáneos suyos que racionalizaron las acciones del Gobierno no lo veían de esta manera. En cambio, razonaron: «En un dilema así, el patriotismo y la maquinaria de control público directo pueden acudir al rescate».[408] La pregunta que nunca plantearon fue: ¿Al rescate de *quién*?

El problema era, en definitiva, el de «exigir a todo el mundo lo que sólo unos pocos deseaban».[409] Las autoridades —el presidente Wilson, el secretario McAdoo, los congresistas Lever y Overman, el presidente del Tribunal Supremo, White, y sus compinches en el poder— querían que la gente tomara ciertas medidas pero preferían no poner en peligro sus propios poderes y posiciones revelando los costes de esas medidas y fijando abiertamente suficientes impuestos como para compensar plenamente a aquellos que soportaban los costes. Su primer recurso fue, como dirían los economistas, cambiar las preferencias de la gente mediante la propaganda. En caso de no conseguirlo se limita-

408. J. M. Clark, «The basis of war-time collectivism», *American Economic Review*, 7 (dic. de 1917), p. 786. Véase un análisis similar por parte de Harold G. Moulton, «Industrial conscription», *Journal of Political Economy*, 25 (nov. de 1917), pp. 917-945. Moulton distinguía dos métodos de movilización: «el método financiero» y «el reclutamiento de la industria». Como Clark, Moulton prefería el segundo (p. 939) porque «el sistema basado en la voluntariedad es irremediablemente lento e incierto, cuando la velocidad y la certeza son indispensables», sin nunca reconocer que una reasignación de recursos más rápida y una mayor asunción de riesgos son ambas más costosas socialmente pero pueden ser inducidas a través del mercado si se ofrece una compensación suficiente.

409. Kennedy, *Over here*, p. 143.

rían a organizar el uso de recursos, organizando su confiscación, ocultando el verdadero valor de los recursos tomados y disipando las reacciones hostiles que podrían darse.

La evidencia del control de precios en tiempos de guerra ofrece una sencilla prueba de los motivos del Estado. Los precios nunca se fijaron de forma generalizada, sino solamente para una selección importante de productos básicos: el trabajo de los soldados, el trigo, carbón, amoníaco, cemento Portland, suela de cuero, arpillera y otros. ¿Por qué éstos y no otros? Frank Taussig, eminente economista y miembro del comité de fijación de precios de la JIG, dio una respuesta clara:

> La explicación de esta gran variedad de artículos —el vínculo de unión entre ellos— se encuentra en la circunstancia de que todos eran necesarios para el Estado en grandes cantidades. La acción del comité [de fijación de precios] en todos los casos tuvo su origen en la circunstancia de que las compras públicas eran a gran escala y amenazaban con perturbar los precios de mercado.[410]

En otras palabras, el objetivo del Gobierno al fijar precios nunca fue contener los precios en general. Más bien

410. Taussig, «Price-fixing», p. 210. Para una corroboración de la explicación de Taussig, véase Haney, «Price fixing, III», pp. 434-437, 453; Litman, *Prices and price controls*, pp. 318-319. Rockoff (*Drastic measures*, p. 67) coincide en que «[l]as autoridades procuraron controlar [los precios de] [...] los productos básicos cruciales para el esfuerzo bélico y que por ello hacían frente a la demanda más alta y persistente [...]. Una vez que se impusieron los controles, los precios no afectados por éstos continuaron creciendo a un ritmo similar al de antes».

era reducir específicamente los costes aparentes de los bienes que el Gobierno necesitaba en abundancia para sus propios fines y que podía adquirir, a través de las prioridades que establecía o de la expropiación, incluso a precios inferiores a los del mercado. Como dijo Baruch, «nosotros decidíamos» qué y para quién producirían los estadounidenses durante la guerra.

Abundaron los legados del colectivismo de la guerra: el corporativismo de la colusión del Estado con los grupos organizados de intereses; la intervención *de facto* de las industrias del transporte marítimo y ferroviario; la creciente intromisión federal en el mercado laboral, de capital, de comunicaciones y agrícola, y cambios duraderos en la doctrina constitucional relativa al reclutamiento y a la supresión de la libertad de expresión.

El legado ideológico se cernió sobre todas las cosas. Los estadounidenses habían ganado la guerra, o al menos habían estado en el bando ganador, y *—post hoc, ergo própter hoc—* habían ganado gracias al colectivismo de la guerra. Al igual que Baruch, mucha gente había llegado a creer que, por muy objetable que fuera la dirección gubernamental de la economía en condiciones normales, «en tiempos de peligro era imprescindible». El futuro pronto revelaría que los tiempos de guerra no eran la única época de peligro.

Capítulo 8

La Gran Depresión: «Una emergencia más grave que la guerra»

> Toda revolución colectivista llega en el caballo de Troya de la «emergencia». Fue la táctica de Lenin, Hitler y Mussolini. En el barrido colectivista en más de una docena de países menores de Europa, fue el grito de los hombres que se esforzaban por subir a ese caballo. Y la «emergencia» fue la justificación de los pasos siguientes. El mayor logro que alcanzó la demagogia fue la técnica para crear esta emergencia. La invasión del colectivismo en el New Deal fue introducida por este mismo caballo de Troya.
>
> Herbert Hoover

La Gran Depresión, con razón de los cambios institucionales e ideológicos fundamentales que provocó o permitió, fue el episodio más significativo de la historia económica estadounidense del siglo xx. Las personas que la vivieron no volvieron a ser las mismas, porque las ansiedades y convicciones que suscitó enraizaron profundamente en sus actitudes y opiniones. De esta desgarradora experiencia emergió una política económica con núcleo alterado. Hay quien dice que Franklin D. Roosevelt (FDR) «salvó el capitalismo», mientras que otros hablan de su «revolución colectivista». En cualquier caso, nadie cabal niega que la política económica en 1939 difiere enormemente de la de 1929. Además, muchas de las innovaciones institucionales de la década de 1930 siguen arraigadas en el orden socioeconómico actual: la asignación de tierras, el apoyo a los precios en la agricultura y el control en su comercialización, la regulación detallada de los mercados de valores privados, una gran intromisión federal en las relaciones sindicales, los préstamos y seguros públicos, el salario mínimo, el seguro nacional de desempleo, las pensiones de la Seguridad Social y las ayudas sociales, la producción y venta de energía eléctrica por parte del Gobierno federal, el dinero fiduciario sin ningún respaldo; la lista es interminable. Todas estas instituciones político-económicas han seguido en funcionamiento de forma rutinaria desde la década de 1930.

Mi tesis es que la revolución institucional de los años treinta dependía de la existencia de una emergencia nacional, una condición que era en parte real y en parte inventada, pero explotada hasta el límite con fines políticos. Mi tarea es describir cómo se desarrollaron los principales acontecimientos en esta transformación histórica e identificar su legado institucional e ideológico.

Auge y caída de la economía, 1922-1933

El auge de la posguerra terminó a principios de 1920, y a continuación se produjo una breve pero grave recesión. El PNB cayó más de un 2 por ciento y el desempleo alcanzó al 12 por ciento de la población activa. El aspecto más notable de la contracción empresarial fue una precipitada deflación: el índice de precios al por mayor cayó más de un 35 por ciento en un solo año. Luego, casi tan rápido como había colapsado, la economía se recuperó. (La rapidez de la recuperación no fue casualidad. Tras una crisis monetaria o de otro tipo, una economía de mercado con precios y salarios flexibles y a la baja tiene una gran capacidad para alcanzar de nuevo el equilibrio con un alto nivel de empleo.) En 1923 se alcanzó un máximo histórico de producción real per cápita, y la tasa de desempleo había caído a sólo el 3 por ciento.

Durante el resto de la década, la economía funcionó bien según los estándares históricos —no de forma tan espectacular como en el mito de los locos años veinte, pero correctamente—. En 1929 el PNB real per cápita era más de un 20 por ciento superior al de 1919. Tras la deflación de 1920-1921, el nivel de precios se mantuvo prácticamente estable hasta 1930. Sea como fuere, los años veinte no fueron inflacionarios en el sentido que entendemos ahora (el de un aumento sostenido del nivel general de precios). A pesar de que hubiera algunas industrias en dificultades —textiles, minería del carbón, banca a pequeña escala, parte de la agricultura—, la mayoría de los sectores creció a buen ritmo, en particular el manufacturero, cuya producción casi se duplicó entre el mínimo de 1921 y el máximo de 1929. Las empresas productoras de automóviles, radios, frigoríficos y otros bienes de consumo innovadores florecieron, al igual que la industria de la construcción. Algunos se quejaron, como siempre ocurre en tiempos de prosperidad, de que los ricos se estaban haciendo más ricos, presumiblemente a expensas de los pobres, pero la prosperidad de la década de 1920 trajo beneficios sustanciales para la mayoría de los estadounidenses.[411]

En estas circunstancias tan favorables era un placer hacer negocios. No sólo se podían obtener grandes beneficios, sino que además se gozaba de aprobación social, y uno podía atribuirse todo el mérito de su buena fortuna. La gente empezó a hablar de una «Nueva Era». El Sistema de la Reserva Federal contrarrestaba cualquier desviación excesiva de la senda del crecimiento estable, y muchos expertos juzgaban obsoleto el ciclo económico del pasado. El Departamento de Comercio y la Comisión Federal de Comercio apoyaron activamente a los empresarios para acabar con el «despilfarro» y la «competencia despiadada» en sus sectores y empresas. Salvo esta actividad cripto *cartelizadora* —y los remanentes de la guerra mencionados anteriormente—, las políticas públicas se mantuvieron en gran medida dentro de sus límites tradicionales. H. L. Mencken dijo del presidente Calvin Coolidge, que dirigió esta época relativamente serena con la debida despreocupación: «No hubo emociones mientras él reinó, pero tampoco hubo grandes preocupaciones. No tenía ideas, y no era una molestia».[412] Con un liderazgo tan discreto y unas perspecti-

411. Jonathan Hughes, *American economic history*, Scott, Foresman, Glenview (Illinois), 1983, pp. 467-474; Gene Smiley, «Did incomes for most of the population fall from 1923 through 1929?», *Journal of Economic History*, 43 (mar. de 1983), pp. 209-216.

412. Alistair Cooke (comp.), *The vintage Mencken*, Knopf, Nueva York, 1955, p. 233. Mencken también dijo: «Dejando a un lado al don nadie de Harding, el doctor Coolidge fue precedido por un salvamundos y sucedido por otros dos».

vas tan favorables, los estadounidenses empezaron a dar por sentado el progreso. Pero como se suele decir, la soberbia precede a la caída.

Desde mediados de 1929, y sobre todo después del crac bursátil de octubre, la economía empezó a decrecer. Cada interludio de calma sólo presagiaba una tormenta más violenta. Cada vez que la gente pensaba que seguramente ya habría pasado lo peor, se producía un nuevo colapso. Durante casi cuatro años —que vinieron a coincidir con el desafortunado mandato de Herbert Hoover como presidente—, la producción, los precios y los beneficios descendieron, mientras que el parón de la capacidad industrial, el desempleo y la desesperación siguieron aumentando.

Decir que fue la peor depresión es decir la verdad, pero apenas da idea de lo terrible que fue la Gran Contracción.[413] Entre 1929 y 1933 el PNB real per cápita se redujo en más de un 30 por ciento y llegó alcanzar un nivel similar al de la depresión de 1908, un cuarto de siglo antes. Los precios al por mayor cayeron alrededor de un 30 por ciento, los precios al consumidor algo menos. (Si tomamos en cuenta que la tasa de deflación había sido mucho mayor en 1920-1921 comprenderemos mejor por qué este derrumbe

413. Informes económicos excelentes son los de Lester V. Chandler, *America's Greatest Depression, 1929-1941*, Harper & Row, Nueva York, 1970; y Milton Friedman y Anna Jacobson Schwartz, *A monetary history of the United States, 1867-1960*, Princeton University Press, Princeton (Nueva Jersey), 1963, pp. 229-419. Para retratos desgarradores de la cara humana de la tragedia, véase David A. Shannon (ed.), *The Great Depression*, Prentice-Hall, Englewood Cliffs (Nueva Jersey), 1960.

económico fue mucho más severo y prolongado en términos reales que la contracción anterior.) La producción de bienes de consumo duraderos cayó un 50 por ciento, los productores de bienes duraderos en un 67 por ciento, la construcción nueva en un 78 por ciento y la inversión interna privada bruta se redujo en casi un 90 por ciento. El desempleo alcanzó el 25 por ciento de la población activa, y quizá uno de cada tres de los que todavía tenían trabajo en 1933 trabajaba menos horas.[414] Si los 12.830.000 de parados se hubieran colocado en fila india, a un metro de distancia unos de otros, se podría haber llegado de Nueva York a Seattle, a Los Ángeles y de vuelta a Nueva York, y todavía habrían quedado más de 280.000 personas fuera de la fila.

Hubo una oleada de quiebras bancarias. Los bancos, además de debilitarse por los impagos de los prestatarios y la caída de los mercados de valores, vieron como los depositantes se arremolinaban para retirar el dinero, presas del pánico. De 1930 a 1933 se suspendieron más de nueve mil operaciones, generando pérdidas de 2.500 millones de dólares, de las que más de la mitad recayeron en los depositantes y el resto en otros acreedores y accionistas. Las instituciones financieras de las ciudades pequeñas y las zonas rurales sufrieron una alta mortalidad.[415] A medida que el sistema financiero se desintegraba, el resto de la economía

414. Hughes, *American economic history*, pp. 490-491; Chandler, *Greatest Depression*, pp. 6-7, 22; Friedman y Schwartz, *Monetary history*, p. 301.

415. Friedman y Schwartz, *Monetary history*, p. 351; Chandler, *Greatest Depression*, p. 62.

se marchitaba debido a la restricción del crédito y a la falta de liquidez involuntaria de consumidores y empresarios.

Mientras que los trabajadores encajaron mayores dificultades en el día a día, los empresarios experimentaron la caída en términos porcentuales. Los ingresos netos de las empresas no sólo desaparecieron, sino que fueron negativos. En 1931, 1932 y 1933 los beneficios después de impuestos de todas las empresas sumaban menos de cero. En 1932, el peor año para los accionistas, las empresas estadounidenses tuvieron pérdidas netas de 3.400 millones de dólares. La renta y los ingresos por patrimonio cayeron más de un 60 por ciento. El mercado de valores, en el que los especuladores habían hecho dinero fácil a espuertas a finales de la década de 1920, ahora tomó su venganza. El índice Standard Statistics de precios de las acciones comunes cayó más del 80 por ciento entre el pico de 1929 y el mínimo de 1932. A finales de los años veinte, los receptores de todas las formas de propiedad y de ingresos patrimoniales recibieron el 41 por ciento de la renta nacional; en 1933 sólo obtuvieron el 27 por ciento de una cantidad mucho menor.[416] No se trataba ni mucho menos de una depresión que afectara sólo a los pobres.

Los agricultores también sufrieron de manera desproporcionada. Aunque siguieron produciendo las mismas cantidades, los precios que recibían por sus productos se desplomaron en más de un 50 por ciento. Los costes que

416. Chandler, *Greatest Depression*, pp. 18, 26-27; U.S. Bureau of the Census, *Historical statistics of the United States, colonial times to 1970*, U.S. Government Printing Office, Washington D. C., 1975, pp. 235-236.

afrontaban no disminuyeron tanto. Algunos gastos, como los pagos de la hipoteca y los impuestos se fijaron en términos monetarios, lo que significaba que su carga real aumentó, puesto que la deflación hizo que cada dólar fuera más valioso. Amenazados con la pérdida de sus granjas y hogares, así como de sus medios de vida, los agricultores reaccionaron con hostilidad y, en más de una ocasión, con violencia. Reclamaron y obtuvieron legislación para retrasar las ejecuciones hipotecarias en veinticinco estados durante el período 1932-1934.[417] A pesar de estos paliativos, miles y miles de agricultores perdieron sus propiedades.

¿Qué hizo Hoover?

La respuesta tradicional es que Hoover no hizo nada. Si el ciudadano de a pie recuerda algo de Herbert Hoover es que su segundo nombre era *Laissez Faire* y que no hizo nada mientras la economía americana se hundía y arruinaba. Como siempre, los conocimientos del ciudadano de a pie dejan mucho que desear. El recuerdo popular de la indolencia de Hoover ante la depresión es un mito. El Gran Ingeniero tenía sus defectos, pero tocar el arpa mientras la economía ardía no se contaba entre ellos. «No hacer nada» nunca fue su lema; su segundo nombre era Clark.

417. Chandler, *Greatest Depression*, pp. 58-59, 64-65; Lee J. Alston, «Farm foreclosures in the United States during the interwar period», *Journal of Economic History*, 43 (dic. de 1983), pp. 885-903; *idem*, «Farm foreclosure moratorium legislation: a lesson from the past», *American Economic Review*, 74 (jun. de 1984), pp. 445-457.

Algunos miembros de la administración Hoover, encabezados por el secretario del Tesoro Andrew W. Mellon, eran partidarios de una política de no intervención. «Liquidar la mano de obra, liquidar las acciones, liquidar a los agricultores, liquidar los bienes raíces», declaró el anciano jefe del Tesoro. Un poco de depresión, pensaba, no debería considerarse mala del todo. Podría «purgar la podredumbre del sistema». Hoover insistió en que Mellon no era realmente un hombre de corazón duro y que la recomendación austera del capitalista se basaba en la creencia sincera de que minimizaría el sufrimiento a largo plazo.[418] Tal vez lo hiciera. En la época de Grover Cleveland se habría seguido ese consejo, pero los tiempos (ideológicos) habían cambiado.

El presidente Hoover rechazó completamente la escuela de pensamiento *liquidacionista*. Creía que el Gobierno federal podía y debía tomar acciones para amortiguar y revertir el declive económico. A medida que pasaba el tiempo y las políticas públicas no lograban detener la contracción, la administración Hoover intervino más activamente. Pero las políticas antidepresivas de Hoover suelen ser tachadas, en el mejor de los casos, de «insuficientes y tardías», seguramente porque se las compara con el New Deal posterior, que fue mucho más lejos. Sin embargo, ninguna administración anterior había hecho tanto para remediar una crisis económica.[419] (En la campaña presi-

418. Herbert Hoover, *The memoirs of Herbert Hoover: the Great Depression, 1929-1941*, Macmillan, Nueva York, 1952, pp. 30-31.

419. «Demasiado poco, demasiado tarde» es el veredicto de Chandler, *Greatest Depression*, p. 87. Chandler reconoce, sin embargo, que las

dencial de 1932, el candidato Roosevelt criticó a Hoover por no haber equilibrado el presupuesto.)

La primera acción de Hoover tras el desplome de la bolsa fue pronunciar discursos tranquilizadores, una práctica que continuó durante todo su deslucido mandato. Esto le pareció razonable; después de todo, si el presidente hubiera adoptado el papel de agorero, ¿qué habrían hecho entonces los ciudadanos? También se ajustaba a su teoría de la recuperación. Creía que la recuperación dependía de la reactivación del gasto en inversión privada, que necesitaba un clima optimista de «confianza empresarial». Manteniendo una perspectiva personalmente optimista, al menos en sus discursos públicos, Hoover esperaba animar las inversiones en nuevas fábricas y equipos. Siempre se le ha ridiculizado por sus manifestaciones tranquilizadoras, pero difícilmente causaron ningún daño.

A continuación, en noviembre de 1929, Hoover convocó una serie de reuniones con líderes de empresas, sindicatos y organizaciones agrícolas. Públicamente, las reuniones sólo resultaron en coros para cantar en armonía con la melodía de optimismo del presidente. (Parece que no lograron nada importante, pero inspiraron a J. K. Galbraith el ocurrente y perspicaz concepto de «reunión sin negocios».)[420]

---

acciones de Hoover «eran consideradas incluso como atrevidas por parte del propio presidente y de muchos de los que compartían sus ideas en cuanto al papel correcto del Gobierno». Para una amplia documentación de las políticas fiscales, de crédito y de ayudas directas de la administración Hoover, véase Ray Lyman Wilbur y Arthur Mastick Hyde, *The Hoover policies*, Charles Scribner's Sons, Nueva York, 1937, pp. 359-534.

420. John Kenneth Galbraith, *The Great Crash, 1929*, Houghton Mifflin, Boston, 1961, pp. 142-145.

Pero es posible —no se puede saber con seguridad— que las reuniones tuvieran un efecto importante, irónicamente un efecto perjudicial. El presidente arrancó a los empresarios que asistieron a sus conferencias el compromiso de no reducir los salarios más rápido que el coste de la vida. Creía que los recortes salariales reales, además de ser injustos y generar conflictos, reducirían el poder adquisitivo de los consumidores y, por tanto, agravarían la recesión. Ya fuera por fidelidad al presidente o por las razones que fuera, muchos empresarios no recortaron considerablemente los salarios hasta bien entrado 1931. Mientras tanto, la deflación avanzaba imparable. De manera que los trabajadores que no habían sufrido recortes salariales recibían un salario real cada vez más alto. Dada la disminución extrema de la demanda de trabajo —que resultaba ser mayor en los sectores que más prescindían de los recortes salariales—, un salario real más alto implicaba una reducción magnificada de la cantidad de mano de obra que a los empresarios les merecía la pena contratar; es decir, el aumento del salario real provocaba un gran número de desempleados. Lamentablemente, como ha observado Lester Chandler, el presidente «parece haber prestado poca atención a las tasas salariales como determinantes de los costes de producción».[421]

421. Chandler, *Greatest Depression*, pp. 33-34; Hoover, *Memoirs*, pp. 43-46; Murray N. Rothbard, «Herbert Hoover and the myth of *laissez faire*», en Ronald Radosh y Murray N. Rothbard (eds.), *A new history of Leviathan: essays on the rise of the American corporate State*, E. P. Dutton, Nueva York, 1972, pp. 128-131; Robert E. Lucas Jr. y Leonard A. Rapping, «Unemployment in the Great Depression: is there a full expla-

Hoover apoyó varias medidas para estimular el gasto federal y la ampliación del crédito gubernamental, como el aumento de las asignaciones para obras públicas y los Bancos Federales de Tierras, la creación de los Bancos de Crédito Agrícola y los Bancos de Préstamos para Viviendas, y la liberalización de la Reserva Federal mediante la Ley Glass-Steagall de 1932 y la aprobación de la Ley de Ayuda de Emergencia y Construcción de 1932, que permitió al Gobierno federal dar (oficialmente prestar) a los Gobiernos estatales fondos de ayuda a los desempleados. Hoover también utilizó su autoridad discrecional para reducir la inmigración: suponía que un inmigrante se convertiría en una carga pública o desplazaría a otra persona de un puesto de trabajo. Para acallar las inquietantes disputas internacionales sobre reparaciones y deudas de guerra, consiguió una moratoria en los pagos intergubernamentales.[422] Nada de esto sugiere una adhesión dogmática al *laissez faire*.

A Hoover no le gustaba el alarmismo pero, al buscar apoyos a sus políticas para contrarrestar la depresión económica, no se resistió del todo a apelar a la lógica de la emergencia o a las analogías bélicas. Al defender en persona sus propuestas fiscales ante el Senado, declaró que «se

---

nation?», *Journal of Political Economy*, 80 (ene.-feb. de 1972), pp. 186-191; Albert Rees, «Real wages and inflation: rejoinder», ibídem, p. 192.

422. Hoover, *Memoirs*, pp. 47-48, 88, 114, 143-144, 156, 162-163; Herbert Stein, *The fiscal revolution in America*, University of Chicago Press, Chicago, 1969, pp. 6-24. No debe confundirse la Ley Glass-Steagall de 1932 con la mejor recordada Ley Glass-Steagall de 1933. Esta última, también conocida como la Ley Bancaria de 1933, consagró entre otros asuntos la separación de la banca comercial y la banca de inversión y la creación de la Corporación Federal de Seguro de Depósitos.

ha producido una emergencia». Más adelante en su discurso habló de «la tensión de esta emergencia» dos veces en frases sucesivas. Terminó retando a los senadores a demostrar que «la democracia tiene la capacidad de actuar con la suficiente rapidez para salvarse en caso de emergencia». Para instar a apoyar la Ley Glass-Steagall, dijo a la prensa que era «en cierto sentido [...] una medida de defensa nacional».[423] Al caracterizar la situación como una emergencia y compararla con la guerra, Hoover trataba de conseguir una mayor y más insistente demanda pública a favor de sus propuestas y esperaba debilitar a su oposición política. (Veremos que este recurso retórico por parte de Hoover palidece al lado de su sucesor.)

La acción más importante de la administración para debilitar la depresión fue crear la Corporación Financiera de Reconstrucción (CFR). Este nuevo organismo se benefició claramente de la lógica de la emergencia y de la analogía con los tiempos de guerra. La Ley de la CFR, de 22 de enero de 1932, se tituló oficialmente «Ley para proporcionar facilidades de financiación de emergencia a las instituciones financieras, para ayudar a la financiación de la agricultura, el comercio y la industria, y para otros fines».[424] La CFR estaba claramente inspirada en la Corporación Financiera de Guerra (CFG). La sección 6 de la ley evidenciaba la reproducción de la manera más clara posible al

423. Hoover, *Memoirs*, pp. 140-141, 118 (también pp. 258-259). Sobre el uso de retórica marcial por parte de Hoover, véase Arthur A. Ekirch Jr., *Ideologies and utopias: the impact of the New Deal on American thought*, Quadrangle Books, Chicago, 1969, p. 50.

424. *United States Statutes at Large*, 47 Stat. 5, 22 de enero de 1932.

afirmar: «La sección 5202 de los Estatutos Revisados de Estados Unidos queda enmendada de la siguiente manera: eliminando las palabras "Ley de la Corporación Financiera de Guerra" e insertando en su lugar las palabras "Ley de la Corporación de Financiación de la Reconstrucción"». Muchos de los primeros empleados de la CFR habían trabajado anteriormente para la CFG.[425]

No es de extrañar que el principal proponente de la Ley CFR fuera Eugene Meyer, que ahora era gobernador de la Junta de la Reserva Federal. Durante algún tiempo había instado a reactivar la Corporación Financiera de Guerra. Tras la oleada de quiebras bancarias asociada a la restricción financiera que siguió a la salida de Gran Bretaña del patrón oro en otoño de 1931, Meyer convenció a Hoover para que declarara una emergencia económico-financiera y convocara una sesión especial del Congreso para tratarla. El presidente se resistió a la declaración y a la sesión especial, pero apoyó la reactivación de la CFG con un nuevo nombre, especialmente después de que resultara inútil su intento de reunir recursos financieros a través de una organización voluntaria de banqueros, la Asociación Nacional de Crédito. Meyer consiguió que algunos funcionarios de la Reserva Federal redactaran un proyecto de ley, lo enviaran al Congreso, y fueran los primeros en testificar a su favor. Una vez aprobada, fue el presidente de la junta directiva de la CFR, un puesto que debió resultarle tan familiar como un viejo sillón.

425. Ibídem, p. 8; Jesse H. Jones, *Fifty billion dollars: my thirteen years with the RFC*, Macmillan, Nueva York, 1951, pp. 514, 516.

La CFR recibió 500 millones de dólares de capital del Tesoro, se le permitió tomar prestados hasta 1.500 millones más, y se le autorizó a conceder préstamos debidamente garantizados a instituciones financieras y empresas ferroviarias. (La Ley de la CFR también preveía 50 millones de dólares para que el secretario de Agricultura prestara a los agricultores «en casos en que considere que existe una emergencia».) En julio, el Congreso aumentó la autoridad de préstamo de la CFR a 3.300 millones de dólares y le dio permiso para prestar a los Estados con fines de ayuda. Para cuando Hoover dejó el cargo, la corporación había prestado casi 1.500 millones de dólares, la mayor parte a intermediarios, una quinta parte a los ferrocarriles y una fracción menor a los gobiernos estatales. No cabe duda de que ayudó a frenar el colapso del sistema financiero en 1932. El biógrafo de Meyer concluye que «la CFR, al igual que la CFG, ambas creaciones fundamentalmente de Meyer, se mantendrán como un precedente histórico para la ayuda gubernamental, cuando el clima económico se vuelva demasiado tormentoso para que los bancos privados y otras instituciones esenciales sobrevivan con sus propios recursos». Y así ha sido. La CFR no sólo se mantuvo activa hasta los años cincuenta, también en tiempos de bonanza, sino que incluso a mediados de la década los años ochenta algunos reclamaban la creación de una nueva CFR.[426]

426. Merlo J. Pusey, *Eugene Meyer*, Knopf, Nueva York, 1974, pp. 216-226 (cita de la p. 226); Hoover, *Memoirs*, pp. 98, 107-111, 168-169; Chandler, *Greatest Depression*, pp. 88-90. Sobre la desafortunada Corporación Nacional de Crédito y su conexión con la política monetaria en 1931, véase Gerald Epstein y Thomas Ferguson, «Monetary policy,

En su momento, muchos congresistas y otras personas se opusieron a la CFR y a iniciativas similares de Hoover, objetando que las agencias canalizaban el dinero federal a través de grandes instituciones, en lugar de hacerlo llegar directamente a las manos de las masas que sufrían. La estrategia de Hoover tal y como la describieron algunos comentaristas poco amigables consistía en alimentar a los gorriones alimentando al caballo;[427] «goteo» es el epíteto que todavía sobrevive. Pero las políticas de Hoover estaban deliberadamente diseñadas para ajustarse a su compromiso con el individualismo y la tradición federal estadounidense. Ya en agosto de 1932 dijo:

> No es función del Estado eximir a los individuos de sus responsabilidades hacia sus vecinos, ni eximir a las institucio-

loan liquidation, and industrial conflict: the Federal Reserve and the open market operations of 1932», *Journal of Economic History*, 44 (dic. 1984), p. 966. Sobre propuestas más recientes para la recuperación de la CFR, véase Richard B. McKenzie, «A new Reconstruction Finance Corp.: no cure for U.S. economic ills», *Heritage Foundation Backgrounder*, 316 (20 de diciembre de 1983). Según Thomas J. DiLorenzo, en el momento de escribir estas líneas existen «alrededor de 30.000 millones de dólares en créditos directos [...] [y] más de 150 programas federales de garantía de crédito administrados por agencias federales que rigen la adjudicación de más de 100.000 millones de dólares anuales en créditos», todo «parte del legado de la CFR original». Véase «The political economy of national industrial policy», *Cato Journal*, 4 (otoño de 1984), p. 595, también pp. 597-600 para una evaluación de la CFR.

427. Fue John Kenneth Galbraith quien explicó la economía del «goteo» (*trickle-down economics*) con la siguiente imagen: «Si alimentas al caballo con avena suficiente, una parte pasará, acabará en el camino y alimentará a los gorriones». Véase «Recession economics», *New York Review of Books*, vol. 29, 1 (4 de febrero de 1982). *(N. de la t.)*

> nes privadas de sus responsabilidades hacia el público, ni a los Gobiernos locales hacia los Estados, ni a los Gobiernos estatales hacia el Gobierno federal [...]. Es vital que los programas públicos no compitan ni sustituyan a ninguno de ellos, sino que se sumen a su iniciativa y a su fuerza. Es vital que, mediante el uso en caso de emergencia de los ingresos y el crédito públicos, la nación se vea fortalecida y no debilitada [...]. Es sólo mediante esta autonomía en la iniciativa, esta insistencia en la responsabilidad individual, que se acumularán las grandes sumas de logros individuales que llevan a esta nación hacia delante.

Si Hoover hubiera sido un político más hábil (la presidencia fue el único cargo electivo que ocupó, y «detestaba la política y sus innumerables y absurdas indignidades»), habría sabido que el país no estaba de humor para un sermón sobre las virtudes de la responsabilidad individual. A medida que la crisis se agudizaba, se hacía más insistente el clamor para que un Gobierno visiblemente más solidario tomara el mando.[428]

Nada evidenció mejor la creciente sensación de emergencia, la aparente insensibilidad del Gobierno a la miseria de las masas y la inutilidad de la política de Hoover, como el episodio del «Ejército del Bono». Unos quince mil indigentes, en su mayoría veteranos de guerra y sus

428. Hoover citado en Broadus Mitchell, *Depression decade: from New Era through New Deal, 1929-1941*, Harper Torchbooks, Nueva York, 1969, pp. 87-88; «detestaba la política [...]» extraído de Richard Hofstadter, *The American political tradition, and the men who made it*, Vintage, Nueva York, 1974, p. 382.

familias, llegaron al Capitolio a finales de la primavera de 1932, exigiendo el pago inmediato de las cantidades adeudadas en sus «certificados de servicio ajustados», cuyo pago estaba previsto para 1945. (Antes, en 1931, el Congreso había autorizado por encima del veto de Hoover una amortización parcial anticipada patrocinada por la Legión Americana.) El presidente, que seguía insistiendo en que el restablecimiento de la confianza de las empresas requería equilibrar el presupuesto, se opuso al pago de esta enorme transferencia. Esta vez el Senado mantuvo su posición, y el Congreso levantó la sesión a finales de julio sin aprobar el proyecto de ley de bonificación. Sin embargo, unos cinco mil miembros de la llamada Fuerza Expedicionaria de Bonos permanecieron en Washington, acampados en un barrio de chabolas que habían levantado en Anacostia Flats.

A finales de julio, cuando la policía intentó despejar una zona en construcción bloqueada por los restos del Ejército de Bonificación, estalló un motín y dos veteranos fueron asesinados. Inquieto por la lamentable presencia de los manifestantes harapientos, Hoover ordenó al general Douglas MacArthur que utilizara tropas para dispersarlos. El general procedió quizá con demasiada fuerza. En el tumulto que siguió nadie resultó gravemente herido, pero el barrio de chabolas se incendió. La opinión pública, sin embargo, resultó muy afectada. Como expresó el *Washington News*: «Qué espectáculo tan lamentable es el del Gobierno americano, el más poderoso del mundo, persiguiendo a hombres, mujeres y niños desarmados con tanques del Ejército». En sus memorias Hoover citó una cantidad considerable de documentos en un intento de demostrar que el Ejército del Bono eran en gran parte comunistas, criminales y holgazanes.[429] No importaba. El trato que el presidente dispensó a ese trágico grupo había convencido a la opinión pública de que el Gran Humanitario era en realidad un ogro.

«Ningún presidente trabajó más duro en la Casa Blanca que Herbert Hoover», escribió William Leuchtenburg, «pero nunca fue capaz de convencer a la nación de que le importaba extremadamente el sufrimiento de la gente y que compartía con ellos las penas y el negro horizonte que la depresión había traído».[430] Nadie se sorprendió cuando Roosevelt derrotó a Hoover por un enorme margen en las elecciones de noviembre; cualquiera le habría vencido. Pero después de su estrepitosa derrota, Hoover aún tuvo cuatro meses de mandato antes de que el victorioso FDR tomara posesión. Los acontecimientos de ese desafortunado interludio iban a tener una tremenda influencia en lo que sucedería cuando el nuevo presidente tomara las riendas.

Interregno de desesperanza

El invierno de 1932-1933 fue la hora más oscura de la larga noche de la depresión.[431] Las condiciones económicas es-

429. *News*, citado en William E. Leuchtenburg, *Franklin D. Roosevelt and the New Deal, 1932-1940*, Harper Colophon Books, Nueva York, 1963, p. 15 (también pp. 14-16); Hoover, *Memoirs*, pp. 225-232.

430. Leuchtenburg, *Roosevelt and the New Deal*, p. 13.

431. La genialmente expresiva locución «interregno de desespe-

taban en su peor momento: el desempleo, el parón industrial y las ejecuciones hipotecarias de propiedades agrícolas alcanzaron sus máximos; los precios, la inversión y el comercio internacional se hundieron. Un gran pánico bancario asoló al sistema financiero. Las perspectivas de la gente nunca habían sido tan sombrías. «Desesperación» era la palabra más utilizada en aquella época para referirse al estado de ánimo imperante. La desesperación y la desesperanza embargaron a las masas y a las élites por igual. Daba la impresión de que las condiciones de vida seguirían deteriorándose hasta que la miseria, la ruina y el hambre se apoderaran de la nación. Unos pocos trataban de agitar la revolución y otros grupos, más numerosos, la temían; la mayoría de la gente simplemente aguantó, mostrando más apatía que rebeldía.

En Washington los políticos vacilaban. La sesión del Congreso que se reunió en diciembre de 1932 fue un fracaso porque, aunque se enfrentaba a la crisis más amenazadora de la historia de Estados Unidos en tiempos de paz, no produjo ninguna legislación importante. «Estamos dando tumbos», escribió el senador Hiram Johnson, «absolutamente incapaces de lograr nada de verdadera importancia». La ineficacia del Congreso fue tan notoria que los propios congresistas bromeaban sobre ello en sus discursos en la Cámara y el Senado. La confusión e improductividad del Congreso reflejaba la deriva del país. Los

---

ranza» es prestada de Jordan A. Schwarz, *The interregnum of despair: Hoover, Congress, and the Depression*, University of Illinois Press, Urbana, 1970.

legisladores, al igual que la población, ansiaban liderazgo y dirección.[432]

Obviamente, Hoover no era el líder inspirador que anhelaban. Si bien su personalidad desabrida ya era harto conocida, el presidente repudiado se fue tornando más brusco todavía. Aferrado a su realismo no formuló ninguna gran propuesta para animar la acción del Congreso. Al contrario, su desconfianza hacia los políticos profesionales seguía siendo tan fuerte como siempre y, en previsión de que los congresistas tomaran la iniciativa por sí solos, desempolvó su poder de veto y dijo a su secretario de prensa: «Prefiero que no hagan nada; cualquier cosa que hicieran sería una mala legislación desde nuestro punto de vista».[433]

Sin embargo, la crisis económica exigía su atención y el presidente no esperó quieto a que finalizara su mandato. En particular le preocupaba que el temor a que FDR abandonara el patrón oro desatara otra vez el pánico bancario y los especuladores nacionales y extranjeros exigieran oro o divisas en previsión de una potencial devaluación del dólar. Hoover pensó que restaurar la confianza de los empresarios, que seguía considerando la condición *sine qua non* de la recuperación económica, requería que el presidente entrante asegurara al mundo que iba a equilibrar el presupuesto. En un intercambio de cartas y reuniones personales, Hoover y Roosevelt bailaron durante

432. Johnson, citado en Leuchtenburg, *Roosevelt and the New Deal*, p. 28; Schwarz, *Interregnum*, pp. 205-229.

433. Citado en Schwarz, *Interregnum*, p. 206. También Barry D. Karl, *The uneasy State: the United States from 1915 to 1945*, University of Chicago Press, Chicago, 1983, p. 99.

meses en torno a estas y otras cuestiones internacionales. Hoover intentó que Roosevelt se comprometiera públicamente con la estabilidad monetaria y el equilibrio presupuestario, y Roosevelt se resistió a comprometer su mandato. FDR quería asumir el cargo sin parecer estar remotamente de acuerdo con las políticas del tan repudiado gobierno saliente.[434]

Estas discusiones vanas se volvieron frenéticas los días previos a la toma de posesión de FDR. El pánico financiero volvió a extenderse. El 3 de marzo la mitad de los Gobiernos estatales habían impuesto «vacaciones» bancarias, decretando restricciones a los pagos de los bancos a los ahorradores. Pero la gente manifestó su miedo retirando no sólo papel moneda, como había ya sucedido en los pánicos anteriores, sino también monedas y certificados de oro. El 4 de marzo se declaró el cierre de los bancos en veinticinco estados, incluyendo los principales estados bancarios de Nueva York, Illinois, Massachusetts, Nueva Jersey y Pensilvania. El día antes de la toma de posesión, Hoover intentó por última vez lograr la cooperación de FDR en una acción de emergencia para calmar la tormenta financiera. Propuso «poner en marcha una orden ejecutiva [legalmente cuestionable] que controle las retiradas y los intercambios [de fondos] si el Sr. Roosevelt lo aprobara». Pero Roosevelt no lo aprobó.[435] Este estancamiento

434. Hoover, *Memoirs*, pp. 176-216; Frank Freidel, *Franklin D. Roosevelt: launching the New Deal*, Little, Brown, Boston, 1973, pp. 18-45, 175-195; Edgar Eugene Robinson, *The Roosevelt leadership, 1933-1945*, Lippincott, Filadelfia, 1955, pp. 81-103.

435. Friedman y Schwartz, *Monetary history*, pp. 324-327, 331-

llevó a que el 4 de marzo, cuando FDR asumió el cargo, el sistema bancario de Estados Unidos estuviera prácticamente paralizado.

¡Emergencia! ¡Emergencia!

El día después de jurar como presidente de Estados Unidos, Franklin Delano Roosevelt anunció que convocaba al Congreso a una sesión especial que tendría lugar el 9 de marzo. Su primera acción sustantiva, el 6 de marzo, fue declarar el cierre de los bancos en todo el país, la misma medida que había negado a Hoover tan sólo tres días antes. El cierre se refería a la retirada de oro y a la especulación de divisas, que habían «creado una emergencia nacional». Se apeló a la cobertura legal de la Ley de Comercio con el Enemigo de 1917. «En vista de dicha emergencia nacional y en virtud de la autoridad que me confiere dicha Ley», Roosevelt ordenó que del 6 al 9 de marzo inclusive, «se suspendieran todas las transacciones bancarias».[436] El 9 de marzo, viendo que «dicha emergencia nacional aún continúa», extendió la suspensión bancaria «hasta una nueva declaración del presidente».[437] El Gobierno sólo aprobaba la reapertura de los bancos tras inspeccionarlos

---

332, 349-350; Hoover, *Memoirs*, p. 213; Freidel, *Launching the New Deal*, pp. 187-195; Benjamin M. Anderson, *Economics and the public welfare: a financial and economic history of the United States, 1914-46*, Liberty Press, Indianápolis, 1979, pp. 279-289.

436. *United States Statutes at Large*, 48 Stat. 1689, 6 de marzo de 1933.

437. Ibídem, 9 de marzo de 1933, p. 1691.

caso por caso, de manera que el procedimiento se prolongó durante meses.

Hoover y otros, incluyendo uno de los principales asesores de FDR, consideraron la fórmula del cierre de oficinas bancarias una manifestación deliberadamente diseñada de colapso y crisis económica. «Roosevelt no necesitaba cerrar los bancos», argumentó Hoover. Podría haber restringido simplemente sus operaciones en oro y divisas. «Pero cerrar los bancos emitía la señal de que el país estaba en la cuneta. Era el equivalente americano de la quema del Reichstag para crear "una emergencia".» Otros, más benevolentes con el nuevo presidente, adoptaron una visión algo más positiva. El biógrafo de Roosevelt, Frank Freidel, concluyó que durante este interregno FDR siguió «la política más fácil, si no la más sabia», y que el pánico bancario de marzo de 1933 tuvo poco que ver con su cooperación —o falta de cooperación— con Hoover. Pero Raymond Moley, en ese momento probablemente el asesor más cercano al presidente, observó más tarde que Roosevelt, «o bien no se dio cuenta de la gravedad de la situación, o [...] prefirió que las condiciones se deterioraran y ganar para sí todo el mérito de la operación de rescate». Fuera cual fuera el grado de intencionalidad con el que contribuyó a crear el pánico, no cabe duda de que Roosevelt aprovechó la oportunidad de recurrir a la etiqueta de emergencia. Al cerrar todos los bancos del país se aseguró de que nadie dejara de apreciar la gravedad de la situación. Un politólogo observó astutamente que «bien podría no haber habido crisis en 1933 si el presidente Roosevelt hubiera tenido que nombrar a otra persona para ejercer el despliegue excepcional de poder que en ese momento pareció tan necesario».[438]

Durante meses la torpeza de Hoover y la indecisión del Congreso habían alimentado el ansia por contar con un liderazgo fuerte. Hubo quienes se sintieron atraídos por la idea de conferir poderes dictatoriales al nuevo presidente, también algunos empresarios. *Barron's*, a pesar de admitir que «incluso las semidictaduras en tiempos de paz son bastante contrarias al espíritu de las instituciones estadounidenses», en febrero de 1933 opinaba que «una especie de dictadura suave nos ayudaría a superar las dificultades del camino». Mussolini, en aquellos tiempos estimado por haber logrado que los trenes fueran puntuales, tenía seguidores estadounidenses. Incluso un órgano tan progresista como *The Nation* publicó un artículo titulado «Se busca: Un Mussolini». Otros miraban al pasado con nostalgia admirando la autoridad casi dictatorial que había ejercido Woodrow Wilson para movilizar recursos durante la Primera Guerra Mundial. Las propuestas para resucitar los programas de emergencia autoritarios de 1917-1918 florecieron por doquier.[439]

438. Hoover, *Memoirs*, pp. 214-215 (incluye la cita de Moley); Freidel, *Launching the New Deal*, pp. 181, 195; Clinton Rossiter, *Constitutional dictatorship: crisis government in the modern democracies*, Princeton University Press, Princeton (Nueva Jersey), 1948, p. 299 (Rossiter atribuye la idea expresada al profesor Friedrich).

439. Leuchtenburg, *Roosevelt and the New Deal*, p. 30. Herbert McClosky y John Zaller informan que «[i]ncluso durante la Gran Depresión, el 91 por ciento de la población estadounidense se oponía a la dictadura como una solución a los problemas de la nación, mientras que sólo el 3 por ciento apoyaba la idea». Cita de *The American* ethos*: public*

La segunda semana de marzo de 1933 había prosperado una coyuntura extraordinaria: (1) una verdadera crisis económica, en particular con un desempleo masivo y con la producción y el consumo lamentablemente deprimidos; (2) una crisis económica artificial causada por el cierre de la banca en todo el país; (3) una sensación generalizada de crisis y el sentimiento de que sólo medidas extraordinarias podrían evitar una catástrofe todavía mayor, angustia que se manifestaba en numerosos y variados llamamientos a «hacer algo», incluso si eran necesarios poderes dictatoriales y, (4) una nueva administración que tomó posesión sin el peso de la responsabilidad del pasado y sin la oposición de un Congreso partidista deseando obstruir y avergonzar al presidente. «La crisis», ha escrito John Garraty, «justificaba el abandono de los precedentes, la movilización nacionalista de la sociedad y la eliminación de las restricciones tradicionales del poder del Estado, como en la guerra, y requería un liderazgo personal más enérgico que el necesario en tiempos normales».[440]

---

attitudes toward capitalism and democracy, Harvard University Press, Cambridge (Massachusetts), 1984, p. 74. Pero la evidencia citada proviene de una encuesta de Gallup realizada en 1937, cuando, cuatro años después de la recuperación, la opinión pública era muy diferente de la existente en 1932-1933.

440. John A. Garraty, «The New Deal, National Socialism, and the Great Depression», *American historical review*, 78 (oct. de 1973), p. 932. También Ellis W. Hawley, *The Great War and the search for a modern order, a history of the American people and their institutions, 1917-1933*, St. Martin's Press, Nueva York, 1979, p. 222. Otro historiador señaló que cualquier relato de los acontecimientos de 1933 «faltará a la verdad [...] si no transmite la sensación de emergencia, el sentimiento de desesperada necesidad, la determinación que la voluntad de vivir debía expresarse

El único ingrediente que faltaba era el líder fuerte, alguien que aprovechara y llevara a buen puerto el inmenso potencial del momento. Muchos esperaban que Roosevelt estuviera a la altura de las circunstancias, pero antes del 4 de marzo de 1933 apenas se había presentado como el hombre potencialmente apropiado para el papel. Había sido subsecretario de la Marina en la administración Wilson y gobernador de Nueva York entre 1929 y 1933. Se caracterizaba por su encanto personal, su inclinación a las maniobras políticas y la falta de sutileza intelectual. A ojos de Walter Lippmann, «era una especie de *boy scout* amable [...] un hombre agradable a quien, sin ninguna cualificación para el cargo, le gustaría mucho ser presidente».[441]

Lippmann, al igual que muchos otros que compartían su opinión, se equivocó absolutamente en cuanto a la capacidad de FDR para ser un líder fuerte y eficaz. Roosevelt demostró ser un político consumado. Y lo que es más importante, tenía un asombroso sentido de la oportunidad. Vio que la coyuntura existente en la primavera de 1933 no volvería a repetirse y que debía aprovechar la trascendental ocasión y su enorme potencial para sus propósitos.

El discurso de investidura de FDR no dejó lugar a dudas sobre su compromiso con la «acción y acción ahora». Recordado sobre todo por su declaración, jubilosa pero

---

sin cesar» (Robinson, *The Roosevelt leadership*, p. 114). Karl, por su parte, dice que «una sensación de crisis había ido aumentando como la presión del vapor en un calíope» (*Uneasy State*, p. 111).

441. Lippmann, citado en Ronald Steel, *Walter Lippmann and the American century*, Little, Brown, Boston, 1980, pp. 291-292. También Leuchtenburg, *Roosevelt and the New Deal*, pp. 10-11.

evidentemente falsa, de que «lo único que debemos temer es el propio miedo», el discurso enfatizaba el estado de emergencia existente y los poderes gubernamentales extraordinarios que debían ejercerse para afrontarla. Roosevelt no intentó suavizar los problemas del país: los precios hundidos, el sistema financiero paralizado, el desempleo masivo. «Sólo un optimista insensato puede negar la oscura realidad del momento.» (Mientras FDR hablaba, Hoover estaba sentado detrás de él, tan sombrío como siempre.) El nuevo presidente identificó y arremetió contra un enemigo público, los «cambiadores de dinero sin escrúpulos» que habían puesto a la nación en apuros, y proclamó que «hay que acabar con la conducta de la banca y de los negocios que, con demasiada frecuencia, se asemeja más a fechorías insensibles y egoístas que a la confianza sagrada [que deberían honrar]». Sin embargo, por muy terrible que fuera la situación del país, los estadounidenses podrían salir de ella «ocupándonos como nos ocuparíamos de la emergencia de una guerra». Una y otra vez, sonando como el viejo wilsoniano que era, FDR habló de las metáforas de la guerra santa:

> debemos movernos como un ejército entrenado y leal dispuesto a sacrificarse por el bien de una disciplina común [...]. [L]os propósitos más elevados nos unirán a todos como una obligación sagrada con una unidad del deber que hasta ahora sólo se evocaba en tiempos de lucha armada [...]. Asumo sin vacilar la dirección de este gran ejército de nuestro pueblo [...]. En caso de que el Congreso no actúe [...] y en caso de que la emergencia nacional siga siendo crítica [...]

> pediré al Congreso [...] un amplio poder ejecutivo para librar una guerra contra la emergencia, tan grande como el poder que se me daría si de hecho fuéramos invadidos por un enemigo extranjero.

Esta última promesa fue la más aplaudida. Sin duda, Roosevelt percibió correctamente que el pueblo estadounidense quería «una acción directa y vigorosa».[442]

Durante al menos dos años, los gritos de «emergencia» habían emanado de periodistas, congresistas, aspirantes a reformistas y aspirantes a revolucionarios, por no hablar de las legiones de pobres que luchaban por sobrevivir. El juez Brandeis, al disentir en el caso *New State Ice* había llamado a la depresión «una emergencia más grave que la guerra». Hoover, con algunas excepciones señaladas anteriormente, se había abstenido de describir la situación como una emergencia. De haberlo hecho, habría estado embarazosamente cerca de aceptar la responsabilidad de una calamidad. Roosevelt, sin la carga de ese acervo político, lo tenía todo por ganar describiendo la situación del país como sombría. Siguió pregonando la emergencia en cada ocasión. Según el recuento de Hoover, FDR justificó más de doscientas órdenes ejecutivas por motivos de emergencia y utilizó la palabra «emergencia» más de cuatrocientas veces en declaraciones públicas durante 1933-1934. Todos los que no habían subido ya al carro de la

442. Primer discurso inaugural de Roosevelt reproducido en Henry Steele Commager (ed.), *Documents of American history*, Appleton-Century-Crofts, 4.ª ed., Nueva York, 1948, II, pp. 420-422; Freidel, *Launching the New Deal*, p. 205.

emergencia se apresuraron a hacerlo. El Congreso puso la etiqueta de emergencia a casi todos los proyectos de ley que promulgó. En su prisa por legislar, a menudo se ajustaron a la caracterización de las leyes que aprobaban. Por ejemplo, la Ley Bancaria de Emergencia del 9 de marzo de 1933, que validó la declaración legalmente cuestionable del cierre bancario nacional, fue aprobada por unanimidad en la Cámara de Representantes tras sólo treinta y ocho minutos de debate, y a pesar de que ningún miembro de la Cámara tenía una copia del proyecto de ley. El presidente de la Cámara recordó los años 1917-1918, cuando los legisladores de ambos partidos habían aprobado con tanta facilidad las medidas de guerra. «Hoy en día», dijo, «estamos comprometidos en otra guerra, más grave incluso en su carácter y que presenta mayores peligros para la república».[443]

Explotando la lógica de la emergencia y la analogía con los tiempos de guerra, la administración Roosevelt y el 73.° Congreso vencieron las resistencias normales a cualquier acción política de gran envergadura. En marzo de 1933 poderosos grupos de interés estaban desesperados porque el Estado tomara medidas para mejorar su situación; es decir, la emergencia se había convertido en algo real para mucha gente. Además, el cierre de los bancos ordenado por FDR puso de manifiesto, como no podía ser de

443. *New State Ice Company v. Liebmann*, 285 U.S. 262 (1932), reproducido en Commager (ed.), *Documents*, p. 411; Hoover, *Memoirs*, p. 357; *United States Statutes at Large*, 48 Stat. 1, 9 de marzo de 1933; Leuchtenburg, *Roosevelt and the New Deal*, pp. 42-44; Jones, *Fifty billion dollars*, p. 22.

otra manera, lo extremo de la crisis, y magnificaba la ya de por sí extendida sensación de emergencia —es decir, quizá la sensación de crisis se acentuó de forma deliberada—. La inesperada fortaleza del liderazgo de Roosevelt proporcionó el ingrediente final para poner en marcha un proceso político sostenido y con suficiente impulso para superar la inercia normal del conflicto entre intereses políticos y gubernamentales contrapuestos. Los acontecimientos se desarrollaron como si los líderes de prácticamente todos los principales grupos de interés, tanto los de dentro como los de fuera de la administración, hubieran llegado simultáneamente a una conclusión idéntica, y como si cada uno se hubiera dirigido al unísono a todos los demás diciendo: Necesitamos ayuda; dadnos lo que necesitamos y no bloquearemos vuestra ayuda; la gente se lo tragará porque es una época desquiciada. Y para que nadie mire con demasiado recelo lo que estamos haciendo, no dejemos de repetir que esto es una emergencia, una urgencia, una emergencia más grave que la guerra.[444]

444. Hawley, *Great War*, pp. 222-226; Garraty, «The New Deal», pp. 914, 924-925; Robinson, *The Roosevelt leadership*, pp. 155-156; Murray Edelman, *The symbolic uses of politics*, University of Illinois Press, Urbana, 1964, pp. 78-83. Rossiter describió el Congreso de los Cien Días como «prácticamente un Parlamento en tiempos de guerra», y a Roosevelt como «la figura pública con la mente más capaz en tiempos de crisis de la historia de Estados Unidos, un hombre que se crece en situaciones de crisis, emergencia, peligro, riesgo y pánico [...]. El recurso a un poder extraordinario en circunstancias extraordinarias era instintivo para este hombre extraordinario. Y su carácter no debe ser pasado por alto en cualquier valoración del gobierno de crisis de 1933» (*Constitutional dictatorship*, pp. 256, 259-260).

Los primeros cien días: el germen del New Deal

La primera sesión del 73.° Congreso, los famosos «Cien Días del New Deal», fue el paradigma del «actuar, y actuar ya». Los funcionarios y los asesores de Roosevelt, en estrecha colaboración con los líderes de los grupos de intereses privados más influyentes, lanzaron un aluvión de propuestas legislativas al Congreso. Líderes demócratas como Joseph Robinson y Robert Wagner en el Senado, y Henry Rainey y Sam Rayburn en la Cámara de Representantes, empujaron las propuestas para lograr su promulgación en un tiempo récord. Al final de la sesión Roosevelt había convencido a aquellos que habían dudado de su capacidad de liderazgo. El senador Johnson, un político veterano, enalteció que en la Casa Blanca «ahora hay valor y audacia y acción real».[445] Aunque la depresión persistía, el estado de ánimo del país mejoró considerablemente.

Para comprender lo que supuso el estimulante estallido de acción política, debemos tomar en cuenta tres de sus aspectos más importantes: (1) la falta de coherencia ideológica; (2) hasta qué punto se revivieron medidas de los

445. Citado en Leuchtenburg, *Roosevelt and the New Deal*, p. 62. Freidel señala: «No puede haber la más mínima duda de que Roosevelt era muy consciente de que contaba con una oportunidad única. La nación no podía permanecer por mucho tiempo en tal grado de excitación emocional o creer que la desesperación de la emergencia justificaba las medidas de Roosevelt. Tan pronto como las condiciones mejoraran, la intensa presión para actuar amainaría. No podía esperar seguir contando por mucho tiempo con sólidas mayorías en ambas cámaras del Congreso para aprobar diligentemente ley tras ley». Cita extraída de *Launching the New Deal*, pp. 301-302.

tiempos de guerra, y (3) la suposición implícita de que determinados aumentos de precios, independientemente de cómo se generaran, inducirían —o al menos serían coherentes con— la recuperación económica general.

Es evidente que el New Deal, sobre todo en sus inicios, no respondía a ninguna ideología coherente. (Por supuesto, los New Dealers, al igual que los primeros progresistas, compartían el deseo de ampliar el alcance del sector público.) En sus filas había planificadores nacionales semisocialistas como Rexford Tugwell; miembros semifascistas del grupo proempresarial de Baruch, como el general Hugh Johnson; líderes sindicales como Sidney Hillman; partidarios de promover el consumo, como Leon Henderson; antimonopolistas convencidos como Felix Frankfurter; promotores de los cárteles como Donald Richberg; reformistas agrícolas de todo tipo; fanáticos del gasto pero también forofos del equilibrio presupuestario; toda clase de inflacionistas y monetaristas, y varios defensores de panaceas que iban desde la distribución del trabajo a la construcción de ciudades jardín. El propio presidente estaba sujeto a muy pocos principios, y podría decirse que era «flexible más que doctrinario, dispuesto a liderar y aprovechar aquellos movimientos en el Congreso con los que estaba de acuerdo, y a permitir que el Congreso contribuyera de forma significativa a la configuración de la legislación del New Deal».[446]

Según el senador James Byrnes, la crisis exigía que «tanto los principios como las políticas [...] se subordinen temporalmente a algunos experimentos necesarios para

446. Freidel, *Launching the New Deal*, p. 307.

preservar al propio Estado».[447] Las pruebas se sucedieron con gran intensidad. Se promulgaron muchas medidas tan sólo para «probar algo». Muchas propuestas eran contradictorias y cabía el riesgo de llegar a un bloqueo político, de manera que en la primavera de 1933 se tendió a probarlo todo a la vez. Sin importar si las medidas funcionaban con propósitos cruzados. Ya habría tiempo de ocuparse de eso más adelante. En aquellos momentos, lo importante era «hacer algo», dar el primer paso, establecer una posición para las maniobras sucesivas.

Muchos acuerdos institucionales de aquellos primeros cien días consistieron simplemente en reactivar programas y organismos a los que ya se había recurrido durante la Primera Guerra Mundial. En su magnífico ensayo «The New Deal and the analogue of war», William Leuchtenburg documentó en detalle la deuda del New Deal con los precedentes de la guerra. Estos antecedentes podían encontrarse en los controles de divisas, las leyes laborales, la Tennessee Valley Authority, el Cuerpo de Conservación Civil, la regulación del mercado de valores, los programas públicos de vivienda, varias de las agencias de crédito y la Ley de Transporte, así como en medidas más amplias y controvertidas, como la Ley de Ajuste Agrícola y la Ley de Reactivación Industrial Nacional. Leuchtenburg concluyó: «Apenas hubo una ley o agencia del New Deal que no debiera algo a la experiencia de la Primera Guerra Mundial». Además, los hombres seleccionados para coordinar

447. James F. Byrnes, *All in one lifetime*, Harper & Brothers, Nueva York, 1958, p. 70.

y encabezar estas instituciones a menudo eran los mismos que las habían liderado durante 1917-1918, en particular en la Junta de Industrias de Guerra y el Ejército.[448] Muchos creían que lo que había funcionado en la emergencia anterior (guerra), también funcionaría en la emergencia actual (depresión). Sólo se evidenció retrospectivamente la debilidad de esta analogía.

Más allá de reinstaurar mecanismos de control ya empleados durante la guerra, el denominador común de las principales estrategias del primer New Deal era aumentar los precios. En aquel momento, mucha gente —incluyendo prácticamente a todos los empresarios y agricultores— parecía haber tomado la causa por el efecto al pensar que la depresión era fruto de la caída de precios, en lugar de reconocer que los precios habían bajado precisamente a causa de la depresión. La solución obvia parecía ser subir los precios, y todo el mundo decía saber cómo hacerlo. Tanto los expertos en la teoría económica de Alfred Marshall como los dueños de la tienda de comestibles de la esquina sabían que cualquier precio se puede elevar reduciendo suficientemente la cantidad de bienes suministrados al mercado. De ahí surgió la original propuesta política, que sin embargo contaba con amplios apoyos, de solucionar la depresión recortando la producción —a pesar de que la depresión ya conllevaba en sí misma un declive catastrófico de la producción real y el empleo—. El argu-

448. William E. Leuchtenburg, «The New Deal and the analogue of war», en John Braeman, Robert H. Bremner y Everett Walters (eds.), *Change and continuity in twentieth-century America*, Ohio State University Press, Columbus, 1964, pp. 109, 122-123.

mento sugería que, tras inducir artificialmente la escasez y el consiguiente aumento de precios, habría un aumento coordinado de la producción. El esquema es tan desacertado, que hoy en día resulta difícil de comprender que se llegara a considerar seriamente una teoría general de la recuperación. (Tal vez nadie lo creyó; tal vez fue la coartada para que cada parte interesada pudiera aumentar los precios de sus propios productos.) En cualquier caso, en 1933 el Gobierno procedió como si este esquema guiara sus políticas.

Sin duda, la aplicación más absurda de la teoría tuvo lugar con el precio del oro. Incluso antes de su elección, el presidente había adoptado la idea —popularizada por George F. Warren, un profesor de Cornell— de que al aumentar el precio del oro aumentarían proporcionalmente los precios de los productos básicos. Siguiendo una serie de pasos, el Gobierno abandonó el patrón oro. Comenzando con la proclamación presidencial del 6 de marzo de 1933, pasando por un programa de compra masiva de oro implementado por la Corporación Financiera de Reconstrucción (CFR) y terminando con la aprobación de la Ley de la Reserva de Oro del 30 de enero de 1934. El Gobierno nacionalizó las reservas de oro monetario, prohibió la propiedad privada de oro (excepto para joyería, usos científicos o industriales y pagos al extranjero) y anuló todos los contratos —ya fueran públicos o privados, pasados o futuros— en los que se comprometiera el pago en oro. Este «acto de absoluta mala fe» del ejecutivo fue indigesto para muchos, incluso para algunos políticos. El senador Thomas P. Gore dijo a FDR: «Porque eso es simplemente robar,

¿no es así, señor Presidente?». Además de ser un robo, no funcionó. Aunque el precio del oro aumentó de 20,67 a 35 dólares por onza, no se logró el efecto deseado. La teoría de Warren fue contundentemente refutada. A pesar del aumento del 69 por ciento en el precio del oro en dólares, el nivel de precios nacionales sólo aumentó un 7 por ciento entre 1933 y 1934, y durante el resto de la década apenas cambió.[449] La devaluación y la salida del patrón oro de Estados Unidos provocaron represalias de otros países, que sofocaron todavía más la especialización y los intercambios internacionales y, en consecuencia, el nivel de vida de todo el mundo.

Los agricultores, cuyos precios habían caído desproporcionadamente durante la crisis, exigían ayuda urgente. Las cosechas de la primavera de 1933 prometían ser abundantes y, por lo tanto, en otoño los precios serían bajos. Los grupos de presión agrícolas, patrocinados oficialmente durante la guerra, habían seguido organizándose durante los años duros en la década de 1920, y presionaban desde la recesión de 1920-1921 para que el Gobierno los ayudara. Apoyaron la aprobación de la Ley de Comercialización Agrícola de 1929, que creó la Junta Agrícola Federal para fomentar y supervisar un plan de estabilización cooperati-

449. Freidel, *Launching the New Deal*, pp. 88, 320-339; Chandler, *Greatest Depression*, pp. 164-168; Friedman y Schwartz, *Monetary history*, pp. 462-483; Jones, *Fifty billion dollars*, pp. 245-254; U.S. Bureau of the Census, *Historical statistics*, p. 197; Anderson, *Economics and the public welfare*, pp. 314-318, 338-348 (citas de las pp. 316-317). Según Friedman y Schwartz (p. 466), «[e]l objetivo de la política del oro de subir los precios de los productos agrícolas y de las materias primas se había [...] alcanzado ampliamente».

va, y apoyaron la posterior creación de los Bancos de Crédito Agrícola durante el mandato de Hoover. Pero estas instituciones habían demostrado ser una frágil defensa contra la tormenta de 1929-1933. Los grupos agrícolas exigían ahora una ayuda más eficaz, sobre todo frente a precios extraordinariamente bajos y la amenaza de ejecuciones hipotecarias masivas.

El New Deal ofreció como respuesta la Ley de Ajuste Agrícola del 12 de mayo de 1933. Para asegurarse de que se percibiría como una medida extraordinaria y de emergencia, los legisladores reflejaron este carácter reiteradamente en el título oficial: «Una ley para aliviar la emergencia económica nacional existente mediante el aumento del poder adquisitivo agrícola, recaudar ingresos para los gastos extraordinarios incurridos a causa de dicha emergencia, proporcionar ayuda extraordinaria con respecto al endeudamiento agrícola, facilitar la liquidación sistematizada de los bancos especializados en financiación agrícola y para otros fines».[450] La primera sección de la ley declaraba una emergencia que describía como «la consecuencia de una severa y creciente disparidad entre los precios de los productos agrícolas y otros productos básicos». El hundimiento del sector había «afectado a las transacciones de productos agrícolas con un interés público nacional», afirmaba el preámbulo. Evidentemente, con esta afirmación se pretendía apuntalar la dudosa constitucionalidad de las disposiciones sustantivas de la ley.

La ley de ayuda a la agricultura era un caso clásico de

450. *United States Statutes at Large*, 48 Stat. 31, 12 de mayo de 1933.

compensación legislativa, de ofrecer algo a todo el mundo. (Es decir, a todos los que tuvieran influencia política. El tiempo revelaría que había poco o nada que ofrecer a los aparceros, entre otros; de hecho, les causó un daño considerable, porque el programa daba incentivos a algunos propietarios para desalojar a sus arrendatarios.) El presidente, que había orquestado los planes que condujeron a la ley, estaba «decidido a evitar una grave división entre los dirigentes agrícolas y estaba dispuesto, si era necesario, a experimentar con distintas medidas». Atendiendo a la desesperación de los agricultores, los congresistas se vieron empujados a presentar una ayuda legislativa inmediata y sustancial. En un contexto tan penoso, los líderes de los distintos grupos agrícolas estuvieron inusualmente dispuestos a dejar de lado sus diferencias. A mediados de marzo, los ayudantes de Roosevelt, representantes del Farm Bureau y Grange —los mayores *lobbies* agrícolas—, miembros del grupo de Baruch, algunos economistas agrícolas de alto nivel y algunos congresistas se reunieron para elaborar un proyecto de ley. Tras varios días de intenso tira y afloja, presentaron una propuesta para «legalizar cualquier cosa que se le ocurriera a quien fuera».[451]

La Cámara de Representantes aprobó el proyecto de ley tras sólo cuatro horas de debate, pero el Senado lo estuvo sopesando durante un par de meses. (La sensación de emergencia ya comenzaba a decaer un poco.) Los proinfla-

451. Freidel, *Launching the New Deal*, pp. 83-101, 299-319 (citas de las pp. 90, 311). Sobre los aparceros, véase Warren C. Whatley, «Labor for the picking: the New Deal in the South», *Journal of Economic History*, 43 (dic. de 1983), pp. 905-929.

cionistas del Senado, liderados por Burton Wheeler de Montana y Elmer Thomas de Oklahoma, trataron de incorporar medidas monetarias de ayuda a la agricultura. Thomas lo consiguió parcialmente. Tal como se promulgó finalmente, el proyecto de ley autorizaba algunos medios por los que el presidente podría ampliar discrecionalmente las reservas monetarias. Se llegó al compromiso de que la ley no le obligara a recurrir a ninguno de ellos. Para Lewis Douglas, el conservador director de presupuesto, la autorización para apreciar o devaluar la moneda significaba «el fin de la civilización occidental». Pero FDR consideró que aceptar la enmienda de Thomas era un precio razonable para conseguir la aprobación de la ley de ayuda agrícola.[452]

La Ley de Ajuste Agrícola autorizó al secretario de Agricultura a intervenir ampliamente en las operaciones y mercados agrícolas. Se preveía el control de la superficie agrícola y de la producción, los acuerdos de comercialización restrictivos y la concesión de licencias a los procesadores y distribuidores «para eliminar las prácticas desleales». (La disposición sobre la concesión de licencias recordaba a la antigua Administración de Alimentos.) El Título II de la ley se denominó Ley Extraordinaria de Hipotecas Agrícolas; facultaba a varias agencias gubernamentales, incluida la Corporación Financiera de Reconstrucción, a conceder préstamos directos o indirectos a los agricultores. A los agricultores que accedieran a reducir la

452. Leuchtenburg, *Roosevelt and the New Deal*, p. 50; *United States Statutes at Large*, 48 Stat. 31, pp. 51-54.

superficie o la producción, de acuerdo con un programa patrocinado por el Gobierno, se les subvencionaría el alquiler o recibirían prestaciones sociales. Para obtener los ingresos necesarios para realizar estos pagos, caracterizados como «gastos extraordinarios incurridos en razón de la emergencia económica nacional», se aplicó un impuesto a las empresas de transformación de productos agrícolas. Los acuerdos de comercialización quedaron explícitamente exentos de las leyes antimonopolio. El objetivo de la ley era aumentar el precio de los productos agrícolas en relación con los de productos no agrícolas, hasta que alcanzaran el nivel del período que iba de agosto de 1909 a julio de 1914, una época que a veces se considera la época dorada de la agricultura americana.

Para administrar la ley, Roosevelt creó la Administración de Ajuste Agrícola dentro del Departamento de Agricultura. Después de que Bernard Baruch rechazara la oferta de dirigir esta agencia, FDR nombró a George Peek, lugarteniente de Baruch y veterano de la JIG. Era ejecutivo en una empresa de equipamiento agrícola y un infatigable defensor de las ayudas públicas a este sector. La esposa de Peek escribió: «Para él, con su experiencia en la guerra, todo esto encaja y algunos de los mejores hombres del país están acudiendo a su llamada como lo hicieron en 1917, y con el mismo noble propósito». Con el tiempo, la nobleza del propósito provocaría un debate considerable. Tal vez debería perdonarse a los millones de personas que apenas podían alimentar y vestir a sus familias que dudaran de la nobleza de un programa diseñado para encarecer los alimentos básicos.

Pero era sólo una medida extraordinaria que los legisladores reconocían que se justificaba por circunstancias extraordinarias. Por este motivo estipularon que los controles agrícolas terminarían «cuando el presidente aprecie y proclame que la emergencia económica nacional en relación con la agricultura ha terminado». Ningún presidente llegó a hacer tal declaración, y la intervención federal masiva en la agricultura siguió y sigue en pie, llueva o truene, desde 1933. Según Broadus Mitchell, «aunque para superar las objeciones del Congreso, los autores de la ley la presentaron como una medida extraordinaria, hay abundantes pruebas de que siempre tuvieron la intención de que fuera la base de una política a largo plazo».[453]

A diferencia del título de la ley de auxilio agrícola, el título oficial de la Ley de Reactivación Industrial Nacional, promulgada el 16 de junio de 1933, no contenía la palabra «emergencia». Pero la primera frase de su preámbulo decía: «Se declara la existencia de una emergencia nacional que causa desempleo y desorden generalizado en la industria, que lastra el comercio interestatal e internacional, compromete el bienestar público y socava el nivel de vida del pueblo estadounidense». A diferencia de la Ley de Ajuste Agrícola, la Ley de Reactivación Industrial Nacional se diseñó para desaparecer al cabo de dos años «o antes si el presidente, mediante una proclamación, o el Con-

453. *United States Statutes at Large*, 48 Stat. 31, pp. 35, 39; Bernard Baruch, *Baruch: the public years*, Holt, Rinehart & Winston, Nueva York, 1960, pp. 250-251; Leuchtenburg, «The New Deal», pp. 112-113; Mitchell, *Depression decade*, p. 187; Chandler, *Greatest Depression*, pp. 215-219.

greso, mediante una resolución conjunta, declara que la emergencia [...] ha terminado».[454]

Al igual que la ley de auxilio agrícola, la ley de reactivación industrial fue fruto de un gran compromiso. Las partes implicadas eran: empresarios que pedían precios más altos y barreras a la competencia; sindicalistas que buscaban el patrocinio y la protección pública para sus actividades organizativas y la negociación colectiva; filántropos preocupados por las condiciones de trabajo en general y la explotación infantil en particular, y defensores del gasto público masivo para obras públicas. Se tomó a la antigua JIG como modelo para su diseño, pero en los debates también se consideraron las versiones modificadas de otras agencias de la época de la guerra, como por ejemplo la Junta de Industrias de la Paz propuesta por el senador William G. McAdoo, o el muy publicitado plan del empresario Gerard Swope para el autogobierno industrial por parte de las patronales empresariales. El único sentimiento que unía a todas las partes era la repugnancia por el sistema de mercado. Como declaró la Cámara de Comercio de Estados Unidos en 1931: «La libertad de acción que podía justificarse en la vida relativamente sencilla del último siglo no es tolerable hoy en día [...]. Hemos dejado atrás la época del individualismo extremo». En 1933, según recordó el senador Byrnes, los grandes empresarios estaban «clamando por una legislación que proporcionara controles públicos».[455]

454. *United States Statutes at Large*, 48 Stat. 195, 16 de junio de 1933, pp. 195-196.

455. Ellis W. Hawley, *The New Deal and the problem of monopoly: a study in economic ambivalence*, Princeton University Press, Princeton

Los antecedentes inmediatos de la Ley de Reactivación Industrial Nacional (LRIN) empiezan el 6 de abril de 1933, con una propuesta del senador Hugo Black de Alabama para establecer por ley la semana laboral de treinta horas. Roosevelt, pillado por sorpresa, pidió a la secretaria de Trabajo Frances Perkins que presentara una respuesta viable en respuesta a la de Black. Los esfuerzos de Perkins toparon con la hostilidad de los intereses empresariales, que comenzaron a preparar una alternativa a la alternativa. La Cámara de Comercio ofreció un plan. El general Hugh Johnson, antiguo administrador del reclutamiento, enlace del ejército con la JIG y antiguo compañero de Baruch, se unió al partido. Los intereses prolaborales se consolidaron en torno al senador Wagner que, junto con Donald Richberg —un destacado abogado laboralista—, representaba a los sindicatos. El subsecretario de Comercio John Dickinson, un veterano de la Junta de Comercio de Guerra, tenía su propio plan. El 10 de mayo representantes de los varios intereses en juego se reunieron con Roosevelt, que les propuso encerrarse en una habitación hasta que llegaran a un acuerdo. Así lo hicieron y, como no podía ser de otra manera, la propuesta final ofrecía algo a cada uno de ellos. FDR envió el proyecto de ley al Congreso el 17 de mayo y se promulgó un mes después.[456]

La LRIN facultó al presidente para aprobar «códigos de competencia leal» o, a falta de un código privado acep-

---

(Nueva Jersey), 1966, pp. 35-52; declaración de la Cámara de Comercio extraída de Hofstadter, *The American political tradition*, p. 431; Byrnes, *All in one lifetime*, p. 79.

456. Hawley, *Problem of monopoly*, pp. 21-31.

table, imponer uno para cada industria. Las leyes antimonopolio se dejaron explícitamente aparte. El presidente podía exigir licencias comerciales a las empresas o controlar las importaciones para lograr objetivos vagamente indicados en la ley. Todos los códigos debían contener disposiciones admisibles que establecieran salario mínimo, número máximo de horas y condiciones de trabajo decentes. En la sección 7(a), la disposición más importante para los sindicalistas, y a la larga la más importante para todo el mundo, la ley estipulaba lo siguiente:

> Todo código de competencia leal, acuerdo y licencia aprobado, prescrito o emitido bajo este título deberá contener las siguientes condiciones: (1) que los empleados tengan el derecho a organizarse y negociar colectivamente a través de representantes de su propia elección, y estén libres de la interferencia de los empleadores, o de sus agentes, en la designación de dichos representantes o en la autoorganización o en otras actividades concertadas con fines de negociación colectiva u otra ayuda o protección mutua; (2) que a ningún empleado ni a ninguna persona que busque trabajo se le exija como condición que se afilie a un sindicato de empresa, o que se abstenga de afiliarse, organizar o ayudar a una organización laboral de su propia elección, y (3) que los empleadores deberán cumplir con las horas máximas de trabajo, el salario mínimo y otras condiciones de empleo aprobadas o prescritas por el presidente.

Además, se autorizó al presidente a prohibir el transporte para el comercio interestatal y exterior de «petróleo caliente» —petróleo cuya producción excedía de la cantidad permitida por las juntas de control estatales reconocidas—. El Título II autorizaba al presidente a crear una Administración Federal de Obras Públicas y especificaba en detalle los tipos de proyectos que podía llevar a cabo y las reglas bajo las que debía operar. Por último, el Congreso asignó 3.300 millones de dólares para llevar a cabo los objetivos de la ley. En conjunto, la LRIN supuso una tremenda intrusión en la vida económica del país, sin precedentes en tiempos de paz. De hecho, fue mucho más allá de lo que había llegado su modelo, la JIB, durante la guerra. Cuando un congresista argumentó que esta ley había convertido a FDR en un dictador benigno, otro congresista respondió que «[t]ambién se podría hablar de un asesino pacífico».[457]

Para administrar la LRIN —excepto el programa de obras públicas, que fue asignado a la Administración de Obras Públicas, controlada por el secretario de Interior, Harold Ickes—, Roosevelt estableció la Administración Nacional de Reactivación y nombró al general Johnson para dirigirla. El extravagante Johnson se lanzó a ello con entusiasmo desmesurado. Recurrió a la experiencia acumulada en la movilización en tiempos de guerra y se esforzó por despertar emoción, entusiasmo e incluso histeria si llegaba el caso, para promover la regulación de la industria estadounidense y el cumplimiento universal de los códigos que se promulgaron.

457. *United States Statutes at Large*, 48 Stat. 195, pp. 198-199; Freidel, *Launching the New Deal*, p. 447.

Johnson supo apreciar mejor que nadie la importancia del simbolismo, e intentó revertir de la noche a la mañana muchos valores profundamente arraigados con respecto a la economía de mercado.

> La «competencia» se convirtió en «canibalismo económico», y los «rudos individualistas» se convirtieron en «piratas industriales». Se metió en el mismo saco a industriales conservadores, veteranos antimonopolistas y economistas clásicos y fueron tildados de «neandertales sociales», «viejos traficantes» y «plasmación del desastre». La práctica consagrada de reducir los precios para ganar una mayor cuota de mercado se convirtió en un «recorte de precios despiadado y monopolístico», y los que se dedicaban a esta ruin actividad se convirtieron en «cinceladores». Por el contrario, la confabulación monopolística, los acuerdos de precios y la cartelización se convirtieron en actividades «cooperativas» o «asociativas»; y los mecanismos para eliminar la competencia recibieron el eufemístico nombre de «códigos de competencia leal». Todo un conjunto de símbolos colectivistas favorables para describir lo que la ley americana y los tribunales habían considerado anteriormente, bajo otras denominaciones, perjudicial para la sociedad.[458]

A sugerencia de Baruch, Johnson adoptó un emblema, la famosa Águila Azul (Blue Eagle), que debían exhibir todas las empresas que se comprometieran a cumplir los códigos.

458. Hawley, *Problem of monopoly*, pp. 54-55.

La Administración Nacional de Reactivación (ANR) organizó muestras masivas de apoyo público, entre las que destacó una manifestación en Nueva York con 250.000 participantes. Vallas publicitarias, carteles, chapas y pegatinas exhibían los mensajes de la ANR. Voluntarios de la campaña hablaban públicamente en apoyo de la gran cruzada, como ya hicieran en tiempos de guerra los llamados Four Minute Men que repetían breves discursos propagandísticos a favor de los Bonos de la Libertad. Las emisoras de radio y los periódicos se alinearon o fueron empujados a hacerlo. Desde la guerra no se había visto un entusiasmo igual ni una campaña semejante a este despliegue. Pero igual que ya había sucedido con los espectáculos de la guerra, había un objetivo claro: «despertar sentimientos patrióticos y crear en la mente del pueblo la impresión de un apoyo tan amplio a las políticas del Gobierno como para que el desacuerdo parezca cercano a la sinrazón». De nuevo, se oyeron críticas a los «holgazanes» que no asimilaban la propaganda pública ni se comportaban de acuerdo con ella. Los «esfuerzos de persuasión de masas», según un destacado historiador, no tuvieron «parangón entre las democracias en tiempos de paz». Su única semejanza fueron las extravagancias chovinistas montadas por los nazis en Alemania.[459]

En conjunto, la ANR aprobó 557 códigos básicos y 189 complementarios que afectaban a un 95 por ciento de todos los trabajadores industriales. Los grandes empresarios

459. Garraty, «The New Deal», pp. 925-932 (citas de las pp. 930, 932); Hawley, *Problem of monopoly*, pp. 53-54. Para una revisión del aspecto fascistoide del New Deal, véase Ekirch, *Ideologies and utopias*, pp. 180, 183, 188-190.

controlaron la redacción y la aplicación de las normas. Aunque los códigos recogían infinidad de características específicas, tenían como objetivo general suprimir la competencia en cualquiera de sus formas. En la mayoría de ellos ocupaban un lugar preeminente: precios mínimos, programas de precios abiertos, estandarización de productos y servicios, notificación previa de la intención de cambiar los precios y otras medidas similares contra la competencia. Los magnates industriales, cuando hubieron conseguido el compromiso del Gobierno federal de calmar el torbellino de la competencia, aspiraban a un respiro y a disfrutar de la rentabilidad de las nuevas medidas.

Pero el entusiasmo inicial pronto se evaporó. Pequeños empresarios, sindicalistas, representantes de los consumidores, entre otros descubrieron que el plan no podía contentar a todo el mundo y ofrecerlo todo a todos. Incluso los grandes empresarios objetaron que la ANR se inmiscuía demasiado en sus asuntos, puesto que habían contado con que la LRIN simplemente delegara el poder del Estado para poder utilizarlo como consideraran oportuno, sin la intromisión de burócratas fisgones. Cuando a principios de 1935 el Tribunal Supremo invalidó todo el proyecto, la mayoría de sus antiguos partidarios ya habían dejado de apoyarlo incondicionalmente.[460] Sin embargo, como veremos, el legado de este experimento perduraría.

460. Hawley, *Problem of monopoly*; Chandler, *Greatest Depression*, pp. 223-236; Hoover, *Memoirs*, pp. 420-432 bajo el título «El fascismo entra en negocios con nefastas consecuencias».

Cultivar y podar el primer New Deal: el Tribunal Supremo

Por mucho que el 73.° Congreso legislara, se tenía que cumplir con el trámite de hacer pasar las leyes por los tribunales. Durante años el New Deal topó con un Poder Judicial poco entusiasta a la hora de aprobar medidas extraordinarias. A finales de 1936, los jueces federales habían emitido unas 1.600 órdenes judiciales para impedir que los funcionarios federales aplicaran las leyes del Congreso. Los tribunales federales también consideraron que muchas leyes estatales extraordinarias violaban la Constitución de Estados Unidos. Si iba a mantenerse la expansión de la autoridad oficial que había provocado la depresión, el Tribunal Supremo, del que se decía que «vacilaba entre dos mundos», debía abandonar su antiguo mundo y abrazar el nuevo.[461] Las ramas ejecutiva y la legislativa del Estado, tratando de preservar y ampliar sus poderes mediante la creación de programas extraordinarios sin precedentes, chocaron con un Poder Judicial lento, sin duda, la rama más apartada de las corrientes políticas agitadas por la crisis económica.

Sin embargo, estaba en juego mucho más que una lucha de poder entre los poderes del Estado. Fundamentalmente se estaba decidiendo el destino del capitalismo. Un sistema de mercado se apoya en el pilar del derecho a la

461. Robert H. Jackson, *The struggle for judicial supremacy: a study of a crisis in American power politics*, Knopf, Nueva York, 1941, pp. 75, 115.

propiedad privada. Este derecho garantiza que se cumplan de forma efectiva las expectativas de los ciudadanos en cuanto a: (1) poseer personalmente la propiedad, incluidos sus propios cuerpos y la fuerza de trabajo, sin que otros intervengan en la decisión de cómo usarla; (2) percibir ingresos y disfrutar de cualquier otro beneficio que se obtenga de la propiedad, y (3) transferir sus derechos libremente a otros, mediante acuerdos contractuales mutuamente satisfactorios. No cabe duda de que muchas leyes del New Deal y legislaciones estatales afines destruyeron o atenuaron el derecho a la propiedad privada.

Las cláusulas sobre contratos y garantías procesales de la Constitución de Estados Unidos, así como los límites que plantea a los poderes del Gobierno federal, alentaron a muchos demandantes que aspiraban a que muchas de las intervenciones legislativas extraordinarias fueran desechadas por los tribunales. Pero la resolución de estas demandas dependía de la interpretación que los jueces hicieran de la Constitución. A su vez, esto dependía de la tradición y los precedentes del tribunal, de las exigencias económicas, sociales y políticas de la época, y del carácter, coraje e ideología de los jueces. En resumen, no se tenía nunca la certeza de si la decisión judicial saldría cara o cruz.

Durante el primer mandato de Roosevelt, la incertidumbre que rodeó al Tribunal Supremo fue excepcionalmente alta. En esos años la composición del tribunal se mantuvo fija y los jueces tendieron a dividirse en tres grupos. Un grupo «progresista», inclinado a permitir que el Poder Legislativo experimentara bastante, y compuesto por Louis D. Brandeis, Harlan F. Stone y Benjamin N. Cardozo. Un grupo «conservador», por lo general firme en la defensa de los derechos de propiedad privada y hostil a la intrusión de los poderes públicos en la economía de mercado, que incluía a Willis Van Devanter, James C. McReynolds, George Sutherland y Pierce Butler; para sus muchos críticos eran los «Cuatro Jinetes». Ni los progresistas ni los conservadores eran mayoría. De ahí que el poder decisivo estuviera en manos de los dos jueces restantes, Owen J. Roberts y el presidente del Tribunal Supremo, Charles Evans Hughes. Este último se inclinaba más hacia la posición progresista, de manera que en esencia el «hombre oscilante» era Roberts. Según su opinión se inclinara en un sentido u otro, era probable que la decisión del tribunal acabara siendo en ese mismo sentido. Mi caracterización no describe con precisión la variedad de alineaciones de voto y las ideologías subyacentes de los jueces —los cinco no conservadores eran un grupo particularmente heterogéneo—. Y veremos que, a veces, espíritus tan dispares alcanzaron incluso la unanimidad. A semejanza del conjunto de la humanidad, los nueve ancianos se permitían de vez en cuando el lujo de la incoherencia. Sin embargo, las agrupaciones indicadas aquí sugieren las líneas generales de sus ideologías.

A principios de 1934 el tribunal emitió una importante decisión sobre los poderes extraordinarios del Gobierno y la protección que se debe otorgar o negar a los derechos de propiedad privada durante la crisis económica. El caso se refería a una moratoria legislativa —una de las veinticinco leyes estatales promulgadas durante 1932-1934 sobre las ejecuciones hipotecarias—.[462] Una ley aprobada por el Gobierno de Minnesota el 18 de abril de 1933, bajo amenazadoras presiones por parte de los agricultores endeudados, declaraba la emergencia económica y ampliaba temporalmente el período en el que los acreedores no podían ejecutar la hipoteca y vender los bienes inmuebles hipotecados. Los tribunales locales decidieron que los propietarios de bienes inmuebles embargados podrían disponer de hasta dos años para rescatar su propiedad. Durante ese período ampliado de rescate, el deudor hipotecario debía pagar al acreedor hipotecario el equivalente a un alquiler, pero el acreedor se veía privado del control de la propiedad. La asociación de constructores y prestamistas hipotecarios de Minneapolis impugnó la ley por considerar que incumplía la obligación contractual establecida por la Constitución. Un tribunal del condado confirmó su posición, pero el Tribunal Supremo de Minnesota la anuló y el caso llegó al Tribunal Supremo de Estados Unidos en apelación.[463]

La cuestión principal era si la situación de emergencia justificaba que el Gobierno del Estado ejerciera poderes

462. *Home Building and Loan Association v. Blaisdell et al.*, 290 U.S. 398 (1934). Para un análisis econométrico de las causas y los efectos de las moratorias, véase Alston, «*Farm foreclosure moratorium legislation*», pp. 445-457.

463. Archibald M. Woodruff Jr., *Farm mortgage loans of life insurance companies*, Yale University Press, New Haven (Connecticut), 1937, pp. 108-111; William L. Prosser, «The Minnesota mortgage moratorium», *Southern California Law Review*, 7 (1934), reeditado en Committee of the Association of American Law Schools (comp. y ed.), *Selected essays on constitutional law: Book 2. Limitations on governmental power*, Foundation Press, Chicago, 1938, pp. 359-371.

que de otro modo serían inconstitucionales. Los precedentes más convincentes para una respuesta afirmativa eran *Wilson v. New*, en el que el tribunal había defendido la Ley Adamson, y los casos de control de alquileres de 1921, en los que el tribunal había apoyado las leyes de control del alquiler en la posguerra en Nueva York y en el Distrito de Columbia, en razón de condiciones constitutivas o derivadas de la emergencia. Sin embargo, la fuerza de las decisiones sobre el control de los alquileres era incierta, ya que el propio juez Holmes había dicho anteriormente que «estaban al límite de la ley». El abogado del Estado de Minnesota admitió que «en tiempos y condiciones normales» la ley de moratoria del Estado sería inconstitucional. «Pero éstos», instó, «no son tiempos ni condiciones normales. Ha surgido una gran emergencia económica en la que el Estado se ha visto obligado a invocar al poder policial». Los jueces tendrían que decidir de nuevo si la emergencia alteraba las salvaguardias de la Constitución y, en caso afirmativo, qué era exactamente lo que se consideraba una emergencia. Su decisión podía tener grandes consecuencias, porque prácticamente todas las leyes federales importantes promulgadas durante los Cien Días habían apelado a condiciones de emergencia extraordinarias, evidentemente con la vista puesta en el Tribunal Supremo.[464]

464. Prosser, «Minnesota mortgage moratorium», p. 367; *Home Building and Loan Association v. Blaisdell et al.*, 290 U.S. 398 (1934), p. 409; El «al límite de la ley» de Holmes extraído de *Home Building and Loan Association v. Blaisdell*, 290 U.S. 398 (1934), p. 409. También Jane Perry Clark, «Emergencies and the law», *Political Science Quarter-*

Aunque el tribunal confirmó la ley de moratoria de Minnesota, no aclaró si una emergencia justificaba dejar de lado la protección constitucional del derecho a la propiedad privada. Quizá el aspecto más importante de la decisión fue que se validó la infracción estatal de las obligaciones contractuales. Sin embargo, paradójicamente, el tribunal negó que hubiera sostenido la ley de Minnesota a causa de la emergencia. «La emergencia no crea poder», dijo Hughes, el presidente del Tribunal Supremo, hablando en nombre de los cinco jueces que inclinaron la balanza. «La emergencia no aumenta el poder concedido ni elimina o disminuye las restricciones impuestas sobre el poder concedido o reservado.» No se podía decir de forma más clara. Sin embargo, refiriéndose a la resbaladiza doctrina enunciada en *Wilson v. New*, el mismo Hughes dijo que «[a]unque la emergencia no crea poder, la emergencia puede proporcionar la ocasión para el ejercicio del poder». La prohibición de la intervención pública garantizada por la cláusula de contratos, añadió, «no es absoluta y no debe leerse con la exactitud literal de una fórmula matemática [...]. Los intereses económicos del Estado pueden justificar el ejercicio de su poder protector a pesar de la interferencia con los contratos». Pensaba que cualquier duda sobre la capacidad de los poderes policiales del Gobierno estatal y la limitación de la protección de los dere-

---

ly, 49 (jun. de 1934), pp. 268-283. Para un estudio de la doctrina de los poderes extraordinarios en situaciones de emergencia, que es mucho más completo que lo que sugiere el título, véase Michal R. Belknap, «The New Deal and the emergency powers doctrine», *Texas Law Review*, 62 (1983), pp. 67-109.

chos contractuales debería haber sido eliminada por la decisión sobre el control de los alquileres, en la que «el alivio otorgado era temporal y condicional [...] sostenido por la emergencia». El presidente del Tribunal Supremo declaró que «la reserva del ejercicio razonable del poder de protección del Estado se lee en todos los contratos». En aparente contradicción con su anterior afirmación, concluyó que «[e]xistía una emergencia en Minnesota que propició la ocasión para el ejercicio del poder reservado al Estado para proteger los intereses vitales de la comunidad».[465]

La opinión de Hughes ha sido calificada como «una obra maestra tanto de realismo jurídico como de adaptación pragmática de la ley a la época». Sin embargo, el presidente del Tribunal Supremo parecía simplemente contradecirse a sí mismo. Por un lado, afirmaba claramente que la emergencia no creaba un poder gubernamental que no estuviera ya sancionado por la Constitución. Por el otro —aparte de que apoyó la ley en Minnesota y, por extensión, todas las leyes similares—, sostuvo que el Gobierno poseía «poderes reservados» a los que podía recurrir legítimamente para anular contratos privados (y, se supone, constitucionalmente protegidos) durante una emergencia. «La distinción», según un jurista, «aunque parece un malabarismo, no es baladí».[466]

465. *Home Building and Loan Association v. Blaisdell*, 290 U.S. 398 (1934), pp. 425, 426, 428, 437, 440-441, 444.

466. Paul L. Murphy, *The Constitution in crisis times, 1918-1969*, Harper Torchbooks, Nueva York, 1972, p. 110; Prosser, «Minnesota mortgage moratorium», p. 373.

Los Cuatro Jinetes disidentes no podían estar más en desacuerdo. «Simplemente cierra los ojos a las implicaciones de la decisión», dijo su portavoz, el juez Sutherland, «y no ve la potencialidad de que, en un futuro, se invada nuevamente y de forma gradual la santidad de los contratos públicos y privados». Pensaban que la doctrina correcta era la de *Ex parte Milligan* (1866), que declaraba que las garantías y restricciones constitucionales eran absolutamente invariables con respecto a las emergencias o cualquier otra condición social. Citando obras históricas, Sutherland estableció que los redactores habían pretendido que la cláusula de contratos se aplicara «*principal y especialmente*» durante las crisis económicas; de hecho, había sido una crisis similar a la actual depresión, la que había llevado a añadirla a la Constitución. Venían a señalar que «[l]a actual exigencia no es nada nuevo».[467] Las decisiones sobre el control de los alquileres se desestimaron por no estar suficientemente justificadas en su momento y por tratarse de un asunto demasiado alejado de las condiciones actuales como para sentar un precedente vinculante.

Los disidentes rechazaron la rebuscada distinción de Hughes entre auténticos poderes extraordinarios y poderes reservados puestos en juego por las condiciones de emergencia:

> la cuestión no es si una emergencia proporciona la ocasión para el ejercicio de ese poder estatal, sino si una emergencia

467. *Home Building and Loan Association v. Blaisdell*, 290 U.S. 398 (1934), pp. 448, 465, 471, énfasis en el original.

> ofrece la ocasión para la relajación de las restricciones impuestas al poder por la cláusula de contratos; y la dificultad estriba en que la cláusula de impedimento de contrato prohíbe la acción del Estado en cualquier circunstancia, si tiene el efecto de perjudicar la obligación de los contratos [...]. La ley de Minnesota o bien perjudica la obligación de los contratos, o no lo hace. Si no lo hace, la ocasión a la que se refiere es irrelevante, ya que entonces la aprobación de la ley es el ejercicio de un poder estatal normal, sin restricciones, y no requiere ninguna ocasión especial para hacerla efectiva. Si lo hace, la emergencia no ofrece una ocasión más adecuada para su ejercicio que si la emergencia no existiera. Y así, aunque la distinción sugerida parece hacernos avanzar en línea recta, en realidad simplemente nos lleva hacia atrás en un círculo, como viajeros desconcertados perdidos en un bosque.

La opinión disidente concluyó que «si las disposiciones de la Constitución no se mantienen tanto cuando pellizcan como cuando consuelan, bien pueden ser abandonadas».[468] El gran temor de los jueces conservadores era que el tribunal, para facilitar las medidas extraordinarias del Gobierno puestas en marcha a todos los niveles, hubiera tomado la senda de abandonar la Constitución.

Menos de dos meses después, el tribunal asestó otro golpe al derecho a la propiedad privada en el caso *Nebbia v. New York*.[469] El caso se refería a una ley de Nueva York, aprobada en un contexto de violencia y huelgas agrícolas,

468. Ibídem, pp. 473-474.
469. *Nebbia v. New York*, 291 U.S. 502 (1934).

que establecía una junta para regular la industria láctea y fijar (es decir, aumentar) el precio de venta al público de la leche. La decisión del tribunal iba a tener amplias repercusiones porque muchas leyes del New Deal, así como muchas leyes estatales, establecían medios de fijación de precios y límites a la competencia. La ley de Nueva York fue aprobada por 5 votos a favor y 4 en contra, de nuevo gracias a los dos *swing men* (los dos jueces que cuyo voto no estaba predeterminado), que en esta ocasión se alinearon con los jueces progresistas. Un comentarista describió la opinión de la mayoría como «la afirmación rotunda del imprescindible predominio del interés público general sobre el derecho privado de propiedad y contrato».[470] Por el contrario, otro jurista señaló que la ley de Nueva York «se inspiró en pasiones y presiones públicas inusuales y su forma final fue dictada por grupos de presión de los granjeros y grandes distribuidores de leche», lo que la convirtió precisamente en el tipo de legislación «que justifica la supervisión judicial que el Tribunal Supremo repudió en este caso».[471]

El juez Roberts, hablando en nombre de la mayoría, optó por no dictar sentencia sobre las condiciones de emergencia. En cambio, sí se refirió a la condición «desesperada» de las familias de los productores de leche y señaló que el Legislativo había promulgado la ley para corregir «males» que «no se podía esperar que se corrigieran por sí

470. Murphy, *Constitution*, p. 113.
471. Bernard H. Siegan, *Economic liberties and the Constitution*, University of Chicago Press, Chicago, 1980, p. 143.

mismos mediante el juego ordinario de las fuerzas de la oferta y la demanda». Su argumento, sin embargo, se basaba más en si la regulación, y en concreto la fijación de precios, era un ejercicio permisible de la autoridad pública. Admitió que «[e]n nuestra forma de gobierno el uso de la propiedad y la celebración de contratos son normalmente asuntos privados y no de interés público. La regla general es que ambos deben estar libres de la interferencia gubernamental». Pero insistió en que «ni el derecho a la propiedad ni el derecho contractual son absolutos». Señaló que prácticamente todo el mundo consideraba que los monopolios, los servicios y las empresas públicos estaban debidamente sujetos a la regulación de precios. Trazar una línea alrededor de este tipo de actividades, negando la conveniencia de la regulación de los precios fuera de estos límites, parecía constitucionalmente injustificado a la mayoría. Remontándose a la doctrina clásica de la decisión *Munn* (1877), Roberts declaró que «no hay ninguna clase o categoría de negocios cerrada afectada con un interés público». Además, «un Estado es libre de adoptar cualquier política económica que razonablemente considere que promueve el bienestar público [...]. El control de precios, como cualquier otra forma de regulación, sólo es inconstitucional si es arbitrario, discriminatorio o manifiestamente irrelevante para la política que el Poder Legislativo es libre de adoptar y, por tanto, una injerencia innecesaria e injustificada en la libertad individual».[472]

472. *Nebbia v. New York*, 291 U.S. 502 (1934), recogido en Commager (ed.), *Documents*, II, pp. 479-481.

La minoría disidente consideraba la ley de fijación de precios de Nueva York como una injerencia innecesaria e injustificada en la libertad individual y, por lo tanto, una privación del debido proceso sustantivo. La opinión de esta minoría, emitida por el juez McReynolds, negaba que la emergencia justificara la nueva legislación, porque «si aquí tenemos una emergencia suficiente para facultar a la legislatura a fijar precios de venta, entonces siempre que haya demasiado o muy poco de una cosa esencial —ya sea leche, o grano, o carne de cerdo, o carbón, o zapatos, o ropa—, las disposiciones constitucionales podrán ser declaradas inoperantes». Para los conservadores, que la mayoría hablara de promocionar legislativamente el bienestar público eran palabras vacías. Para ellos, la ley era un claro ejemplo de legislación redistributiva y la transferencia que realizaba no era en absoluto de los ricos a los pobres. (Consideremos a todos los padres pobres que tendrían que pagar más para obtener leche para sus hijos.) «El Poder Legislativo no puede destruir legalmente los derechos garantizados de un hombre con el propósito primordial de enriquecer a otro», afirmaron, «incluso si por el momento, esto puede parecer ventajoso para el pueblo».[473]

La victoria de la mayoría en *Nebbia* no destruyó para siempre la preciada doctrina de las garantías procesales debidas de los conservadores. Los partidarios de la doctrina se impusieron en junio de 1936, cuando Roberts viró

473. *Nebbia v. New York*, 291 U.S. 502 (1934), citado en Siegan, *Economic liberties*, pp. 140-141.

hacia la posición conservadora y el tribunal invalidó una ley de salario mínimo en Nueva York. Pero *Nebbia* fue claramente el principio del fin de las garantías procesales en lo que se refiere a las cuestiones económicas. La muerte de la doctrina puede situarse a partir de 1937 y la sentencia del tribunal en el caso *West Coast Hotel v. Parrish*, otro caso de salario mínimo, que estableció la opinión de *Nebbia* como norma permanente.[474]

Mientras tanto, los casos de la cláusula oro habían hecho peligrar la política monetaria del New Deal en general y su derogación de las cláusulas del oro de las obligaciones contractuales en particular.[475] A principios de 1935 el Tribunal Supremo, nuevamente por un margen de 5 a 4, confirmó las políticas del Gobierno. No puedo dejar de enfatizar la importancia histórica de estas decisiones. Al sancionar el abandono del patrón oro, liberaron al Gobierno federal de una poderosa limitación para expandir la masa monetaria. No fue casualidad que el medio siglo subsiguiente fuera una época de inflación.

La Resolución Conjunta del Congreso del 5 de junio de 1933 declaró: «la emergencia existente ha revelado» que las obligaciones contractuales de pagar cantidades fijas de

474. Murphy, *Constitution*, pp. 114-115; Siegan, *Economic liberties*, pp. 145-150; Norman Karlin, «Substantive due process: a doctrine for regulatory control», en Tibor R. Machan y M. Bruce Johnson (eds.), *Rights and regulation: ethical, political, and economic issues*, Ballinger, Cambridge (Massachusetts), 1983, pp. 43-70.

475. *Norman C. Norman v. Baltimore and Ohio Railroad Company* y *Estados Unidos v. Bankers Trust Company*, 294 U.S. 240 (1935); *F. Eugene Nortz v. Estados Unidos*, 294 U.S. 317 (1935); *John M. Perry v. Estados Unidos*, 294 U.S. 330 (1935).

oro «obstruyen el poder del Congreso para regular el valor del dinero» y, por lo tanto, «toda disposición [...] que pretenda dar al acreedor el derecho a exigir el pago en oro [...] se declara contraria al orden público». La prohibición se aplicaba a todos los contratos públicos o privados, pasados o futuros.[476] Dado que este tipo de disposiciones contractuales eran y habían sido comunes durante mucho tiempo, la resolución supuso un quebranto masivo de la obligación contractual. Como no podía ser de otra forma, fue impugnada en los tribunales.

El presidente del Tribunal Supremo, Hughes, en nombre de la mayoría, emitió una opinión que ha sido calificada como «una obra maestra de la prestidigitación judicial» y «para el profano [...] un rompecabezas chino».[477] En cierto modo tan sólo elevaba el poder constitucional del Congreso para regular el valor del dinero por encima de la garantía constitucional del debido proceso legal —que prohibiría el deterioro legislativo de la obligación de los contratos válidos—: «Si las cláusulas sobre el oro [...] interfieren con la política del Congreso en el ejercicio de esa autoridad [monetaria], no pueden mantenerse». Hughes no veía un conflicto dentro de la Constitución, simplemente daba por sentado que una delegación de poder constitucional al Congreso debía necesariamente anular la protección constitucional de los derechos individuales. Reconoció que «las disposiciones expresas

476. *United States Statutes at Large*, 48 Stat. 113, 5 de junio de 1933.
477. Murphy, *Constitution*, p. 137 (la expresión «obra maestra» pertenece a Arthur M. Schlesinger Jr.); Jackson, *Struggle*, p. 102 (de aquí la expresión «rompecabezas chino»).

para los pagos en oro constituyen una propiedad» y que «los impugnadores señalan que el Congreso no pretenda regular la moneda, sino regular los contratos y que, por lo tanto, ha ido más allá del poder que le ha sido conferido». Pero rechazó completamente el argumento, encontrándolo «a pesar de todo, contrario a otro principio establecido»:

> Los contratos no pueden ser grilletes a la autoridad constitucional del Congreso. Los contratos pueden crear derechos de propiedad, pero cuando tratan materias que están bajo el control del Congreso, tienen un defecto congénito. Las partes no pueden sustraer sus transacciones del alcance del poder constitucional dominante haciendo contratos sobre ellas [...]. No existe ningún motivo constitucional para negar al Congreso el poder de prohibir e invalidar contratos —aunque se haya hecho antes y fuera válido cuando se hizo— cuando interfieren con la ejecución de la política que es libre de adoptar.[478]

En el caso *Perry*, que impugnaba la derogación de las cláusulas oro específicamente en las obligaciones del Gobierno de Estados Unidos, la mayoría llegó a la curiosa conclusión de que, aunque «el Congreso no ha sido investido con la autoridad para alterar o destruir esas obligaciones», el demandante no había podido establecer que el incumplimiento del contrato por parte del Gobierno le hu-

478. *Norman v. Baltimore and Ohio Railroad Co.*, 294 U.S. 240 (1935), pp. 311, 307-310.

biera causado un daño real y, por tanto, que tuviera derecho a una reparación. «[E]l cambio de peso del dólar de oro no causó necesariamente una pérdida al demandante», dijo Hughes. Llegó a esta conclusión asumiendo que durante 1933-1934 el Estado podía negar y negó legítimamente a los estadounidenses el recurso a mercados extranjeros de oro y de divisas vinculadas al oro. En otras palabras, la abrogación (inconstitucional) del Gobierno de su obligación de pagar oro a los tenedores de bonos no les había causado ningún daño determinado porque el acceso a los mercados en los que se podría haber establecido el valor de los daños se había excluido por otras restricciones gubernamentales (constitucionales). «El demandante exige el "equivalente" al cambio de la moneda de oro prometida. Pero "equivalente" no puede significar más que la cantidad de dinero que la moneda de oro prometida para el tenedor de los bonos, para los fines para los que se puede utilizar legalmente.»[479] Este argumento puede tomarse como paradigma de argucia legal.

Los Cuatro Jinetes estaban más indignados que nunca. El juez McReynolds, cuando presentó oralmente la opinión disidente, se apartó repetidamente de su texto para criticar duramente la opinión de la mayoría y murmurar cosas como «la Constitución está acabada» o «esto es el apogeo de Nerón».[480] La política en materia de oro prometía «la confiscación de los derechos de propiedad y el rechazo de las obligaciones nacionales». Los jueces conserva-

479. *Perry v. Estados Unidos*, 294 U.S. 330 (1935), pp. 353-354, 355, 357.

480. Murphy, *Constitution*, pp. 137-138.

dores negaron que las acciones del Gobierno «estuvieran diseñadas para alcanzar un fin legítimo». La autoridad monetaria del Congreso «no puede ampliarse tanto como para autorizar una acción arbitraria, cuyo propósito inmediato y efecto necesario es la destrucción de los derechos individuales [...]. Estamos tratando aquí con un estándar degradado, adoptado con el propósito definitivo de destruir las obligaciones. Tal acción arbitraria y opresiva no está dentro de ningún poder del Congreso reconocido hasta ahora». En cuanto a la sentencia de la mayoría sobre las cláusulas oro del propio Gobierno, «esto equivale a una declaración de que el Gobierno puede dar con una mano y quitar con la otra. El impago resulta así fácil y seguro [...]. El Gobierno no puede eludir la obligación de compensar la pérdida acaecida prohibiendo la posesión de oro». En última instancia, las acciones del Gobierno, según la opinión de la mayoría, significaban el DESHONOR. «La pérdida de la reputación de un trato honorable nos traerá una interminable humillación; el inminente caos legal y moral es espantoso.»[481]

No todo lo que los Gobiernos estatales y federales intentaron hacer en 1933-1934 superó tan fácilmente el obstáculo judicial. A finales de 1934, el Tribunal Supremo escuchó los argumentos que desafiaban la autoridad del presidente bajo la provisión *hot-oil* de la LRIN (Ley de Reactivación Industrial Nacional). Con un solo voto en contra, los jueces dictaminaron que el Congreso había he-

481. *Perry v. Estados Unidos*, 294 U.S. 330 (1935), pp. 361, 369, 372, 377, 378, 381.

cho una delegación inconstitucional del Poder Legislativo, al no haber proporcionado ninguna norma o política para guiar el ejercicio de la autoridad del Ejecutivo. Roosevelt, «un realista político que no tenía en alta estima los tecnicismos legales», anticipó que tarde o temprano los controles del New Deal serían aceptados por el tribunal, cuando las normas hubieran sido reescritas en el «lenguaje correcto».[482] Pero el fallo sobre el *hot-oil* (petróleo *caliente* que se producía violando las cuotas y regulaciones federales), presagiaba una derrota mayor unos meses después.

El 27 de mayo de 1935, en el caso *Schechter*, el tribunal dictaminó por unanimidad que la LRIN era inconstitucional.[483] Esta vez Hughes, en contraste con su intervención en la decisión de la moratoria de Minnesota, al emitir su voto declaró que «[l]as condiciones extraordinarias no crean ni amplían el poder constitucional». La LRIN no había establecido normas o reglas de conducta, simplemente delegaba en el presidente una amplia autoridad para aprobar o imponer cualquier código que pensara que promovería los objetivos vagamente descritos en la ley. Pero el Congreso, dijo Hughes, «no puede delegar el Poder Legislativo en el presidente para que lo ejerza discrecionalmente sin límites para hacer cualquier ley que conside-

482. *Panama Refining Co. v. Ryan*, 293 U.S. 388 (1935); Murphy, *Constitution*, pp. 136-137. «Realista político» es la descripción de William O. Douglas, *Go east, young man: The early years. The autobiography of William O. Douglas*. Vintage, Nueva York, 1983, p. 401.

483. *Estados Unidos v. A. L. A. Schechter Poultry Corporation*, 295 U.S. 495 (1935).

re necesaria o aconsejable para la rehabilitación y expansión del comercio o la industria». Para el progresista juez Cardozo, que escribió una opinión coincidente, el procedimiento poco cuidado del Congreso para implementar la LRIN constituía una «delegación desbocada»; carecía de «normas, éticas o comerciales».

Además, los jueces concluyeron que las disposiciones sobre salarios y horas del código en cuestión (de la industria avícola) ampliaban injustificadamente la jurisdicción federal. El tribunal rechazó el argumento del Gobierno de que las acciones en los mercados laborales intraestatales tenían un efecto indirecto en el comercio interestatal y, por tanto, podían incluirse legítimamente en el ámbito de la regulación federal. La distinción entre el comercio intraestatal e interestatal debía ser preservada, dijo Hughes, porque «[de] lo contrario [...] no habría prácticamente ningún límite al poder federal y a todos los efectos tendríamos un Estado completamente centralizado».[484] Fueron palabras proféticas: para cuando el presidente del Tribunal Supremo se retiró, en 1941, el tribunal había adoptado una interpretación de la Constitución que de hecho permitía un Estado completamente centralizado en lo que se refiere a la regulación económica; y esta interpretación se ha mantenido desde entonces.

El 6 de enero de 1936, el otro gran plan del New Deal para el desplazamiento de los mercados libres, la Ley de Ajuste Agrícola, recibió un golpe del Tribunal Supremo. Por una votación de 6 a 3 —sólo los jueces progresistas

484. Ibídem, pp. 528, 537-538, 553, 548.

disintieron—, el tribunal invalidó la ley de ayuda a la agricultura porqué encontró constitucionalmente indefendible su impuesto a los procesadores de productos agropecuarios. Esta ley, según dijo el juez Roberts en nombre de la mayoría, «invade los derechos reservados a los estados. Es un plan jurídico para regular y controlar la producción agrícola, un asunto que va más allá de los poderes delegados al Gobierno federal. El impuesto, la apropiación de los fondos recaudados y las directrices para su desembolso no son más que partes del plan. Se trata de medios para lograr un fin inconstitucional». La mayoría también expresó el temor a que tales impuestos, cuya recaudación se destinaba exclusivamente al beneficio de una clase privilegiada, pudieran proliferar sin límite y acabaran dando lugar a «la regulación de toda la industria en Estados Unidos». Los disidentes sólo podían proclamarse contrarios a las temibles e hipotéticas repercusiones y a la «tortuosa interpretación de la Constitución» de la mayoría, afirmando que «todos los impuestos federales inevitablemente tienen alguna influencia en la economía interna de los estados».[485]

¿Qué podemos concluir sobre la relación del Poder Judicial con el auge de la intervención pública en la economía durante el abismo de la Gran Depresión? Se suele suponer que los tribunales anularon la mayoría de las medidas extraordinarias promulgadas por las legislaturas estatales y federales durante 1933-1934; y efectivamente,

485. *Estados Unidos v. William M. Butler et al., Receivers of Hoosac Mills Corporation*, 297 U.S. 1 (1936), pp. 68, 75, 87, 80.

el Poder Judicial puso muchos obstáculos en el camino de la legislación impulsada en aquellos años. Pero en absoluto se invalidaron todas las medidas. Algunas políticas estatales de gran importancia se apoyaron en las decisiones sobre la moratoria de Minnesota y *Nebbia*. Las sentencias sobre el patrón oro permitieron al Gobierno federal adoptar una política monetaria que alteró el curso de la historia. Sin duda, que el tribunal invalidara la Ley de Recuperación Industrial y la Ley de Ajuste Agrícola fue relevante, pero veremos que las sentencias *Schechter* y *Butler* no tuvieron la última palabra en cuanto a la idoneidad de tales esquemas anticompetitivos y redistributivos. En poco tiempo, la ley agrícola volvería formulada con el «lenguaje correcto» de la Constitución, y la de recuperación industrial también reaparecería —no en su totalidad, pero sí en varias de sus partes esenciales, en particular en la regulación de las relaciones laborales—. Una evaluación ecuánime del primer encontronazo del New Deal con el Poder Judicial concluirá que los New Dealers ganaron algunas batallas y perdieron otras. Les habría podido ir peor, pero montaron en cólera porque los tribunales les habían negado algunas cosas.

Legado institucional e ideológico

Resulta complejo abordar cuáles fueron los legados de la Gran Depresión, porque nada afectó tanto a la economía, el sistema político y la sociedad de Estados Unidos en el siglo xx. Pero esto es algo ya sabido. Yo aspiro a presentar una tesis más limitada. La depresión se alargó durante más de una década, pero el núcleo de la crisis y la verdadera emergencia nacional se pueden circunscribir a 1932-1933. Para sostener, como yo pretendo hacer, que los acontecimientos de este breve período dejaron un legado permanente, primero hay que demostrar que los cambios institucionales e ideológicos persistieron, o que el primer New Deal condujo inexorablemente a los cambios que trajo el segundo New Deal.

La distinción entre el primer New Deal (1933-1934) y el segundo New Deal (1935-1938) es ya un lugar común en los estudios y la investigación histórica. Durante el primer período, la administración Roosevelt reconoció y trabajó con una amplia coalición que incluía a los principales intereses empresariales —representados por la Cámara de Comercio y el grupo de Baruch—, los agricultores organizados y los sindicatos, entre otros. Los logros más importantes fueron las leyes de recuperación industrial y de ajuste agrícola; su objetivo principal era subir los precios mediante la cartelización y otros medios para suprimir la competencia en el mercado. Durante el segundo período, por el contrario, la administración se percibe más alejada de los empresarios, más volcada en ayudar a los más desfavorecidos y en construir el estado del bienestar. Las joyas de esta etapa fueron la Ley de Seguridad Social, la Ley Nacional de Relaciones Laborales y la Ley de Normas Laborales Justas, además de una serie de leyes fiscales y reguladoras que afectaban a la ahora odiada «realeza económica». Un conocido texto histórico describe el primer New Deal como el «experimento de un acuerdo» y el segundo como «la plenitud del progresismo de la justicia social».[486]

La distinción tiene sentido, pero cabe no otorgarle una importancia excesiva. William Leuchtenburg, un destacado historiador de la época, advirtió acerca del riesgo de «exagerar el alcance del cambio de 1933 a 1935». En particular, señala que «muchas de las fijaciones de la Administración Nacional de Reactivación persistieron». Larry Gerber llegó a la conclusión de que la interpretación tradicional impone una distinción más nítida de lo que en realidad justifican las diferencias entre actores, acontecimientos e ideologías de los dos períodos. También observó que la legislación más importante del segundo New Deal «tuvo su origen» en el primer New Deal.[487] Consideremos algunas de las conexiones directas entre las leyes, los organismos y los programas.

El legado institucional incluía alguno de los organismos y programas más importantes. La Corporación Financiera de Reconstrucción, que el New Deal había heredado de Hoover, recibió mayores recursos y una plétora de nuevos encargos. Durante toda la década de 1930 (y mucho después) fue la principal agencia de préstamo y gasto del Gobierno federal. La Autoridad del Valle del Tennes-

486. Arthur S. Link y William B. Catton, *American epoch: a history of the United States since 1900*, Knopf, 4.ª ed., Nueva York, 1973, II, pp. 124, 148.

487. Leuchtenburg, *Roosevelt and the New Deal*, p. 163; Larry G. Gerber, *The limits of liberalism: Josephus Daniels, Henry Stimson, Bernard Baruch, Donald Richberg, Felix Frankfurter and the development of the modern American political economy*, New York University Press, Nueva York, 1983, p. 306.

see, creada con prisas legislativas durante los Cien Días, se unió a los enormes proyectos hidroeléctricos del oeste que hicieron del Gobierno federal un importante productor y vendedor de electricidad —una posición a la que ya no renunciaría—. Los programas de empleo patrocinados por el Gobierno federal, empezando por la Administración Federal de Ayudas Extraordinarias, la Administración de Obras Civiles y otros en 1933, que se fusionaron con la Administración para el Progreso del Empleo (la emblemática Works Progress Administration) en 1935, sentaron el precedente para hacer del Gobierno federal el «empleador de última instancia». El compromiso fue reafirmado por la Ley de Empleo de 1946, y posteriormente por la Ley Humphrey-Hawkins de 1978. Multitud de planes de «formación» para el trabajo, de la década de 1960, y los puestos de trabajo apoyados por la Ley Integral de Empleo y Formación, de la década de 1970, dan testimonio de la importancia que mantuvo el apoyo del Gobierno federal al empleo, siguiendo el modelo que se había empezado a proporcionar en 1933.[488]

El programa de ayuda agrícola anulado por la decisión *Butler* revivió, esta vez sin el impuesto sobre los procesadores, igual que la Ley de Conservación del Suelo de 1936 y la Ley de Ajuste Agrícola de 1938. Estas leyes conservaron mecanismos como el control de la producción, el pago de ayudas a los agricultores, el apoyo a los precios a través de préstamos sin recurso y los acuerdos de comercializa-

488. Jesse H. Jones, *Fifty billion dollars*; U.S. Council of Economic Advisers, *Annual report, 1979*, U.S. Government Printing Office, Washington D. C., 1979, pp. 106-108.

ción —pilares de una agricultura dependiente de las subvenciones durante más de la mitad del siglo xx—. Como señaló Lester Chandler, «una vez que el Gobierno federal admitió tales responsabilidades y hubo tomado tantas medidas», como en el marco de la primera Ley de Ajuste Agrícola, «resultaba imposible volver a las políticas de *laissez faire* de los años veinte».[489]

La Ley de Recuperación Industrial Nacional todavía dio más frutos. La Ley Nacional de Relaciones Laborales de 1935 «surgió directamente de la experiencia de la Administración Nacional de Reactivación». Inmediatamente después de la decisión Schechter, el senador Wagner se movilizó para restablecer de forma aún más fuerte las disposiciones de negociación colectiva del artículo 7(a) de la LRIN. Del mismo modo, la Ley de Normas Laborales Justas de 1938 estipulaba salarios mínimos, horas máximas y condiciones de trabajo muy parecidas a las exigidas por los códigos de competencia leal de la Administración Nacional de reactivación (ANR). Con la Ley del Carbón Bituminoso de 1937, el Gobierno volvió a promulgar el código de la ANR para la industria del carbón, dejaba fuera sus disposiciones laborales, pero recogía su práctica de fijación de precios. El Gobierno federal sancionó y facilitó, a través de la acción estatal y con el apoyo de la Ley Connally de 1935 y las estimaciones de la demanda de gasolina preparadas por la Oficina de Minas, la cartelización efectiva de la industria petrolera. El cártel funcionó con éxito hasta la década de 1970, cuando cambiaron las condiciones del

489. Chandler, *Greatest Depression*, pp. 219-222 (cita de la p. 222).

mercado y un cártel más potente todavía (la Organización de Países Exportadores de Petróleo, OPEP) hizo tambalear sus privilegios. El programa federal de vivienda incluido en las disposiciones sobre obras públicas de la LRIN pasó a ser un programa permanente gracias a la ley de 1937 que creó la Agencia de Vivienda Pública de Estados Unidos. Otros legados fueron la Ley Robinson-Patman de 1936 y la Ley Miller-Tydings de 1937, que salvaron algunas disposiciones anticompetencia que ya habían beneficiado con anterioridad a los pequeños comerciantes a través de algunas provisiones de la ANR.[490]

Ellis Hawley concluyó que «[l]os programas del primer New Deal [...] generaron una nueva conciencia organizativa entre grupos que hasta entonces eran débiles y desorganizados [...]. La Administración Nacional de Reactivación y la Ley de Ajuste Agrícola les abrieron los ojos». Mucha gente vio que «si un grupo era capaz de desplegar la fuerza política suficiente y una justificación ideológica plausible [como la conservación de los recursos na-

490. Ibídem, pp. 236-237; Leuchtenburg, *Roosevelt and the New Deal*, pp. 161-163, 261-263; Mitchell, *Depression decade*, pp. 278, 332-333; Gary D. Libecap, «The political economy of the establishment of the interstate oil cartel, 1933-1940», en Robert Higgs (ed.), *Emergence of the modern political economy*, JAI Press, Greenwich (Connecticut), 1985. Más generalmente, Rossiter observó que «las prácticas extraordinarias motivadas por la emergencia del Año de Crisis comportaron alteraciones perdurables de la estructura constitucional», incluidas «importantes delegaciones permanentes de poder [...] una administración ampliamente expandida, una marcada ruptura del principio federal y un aumento generalizado del poder presidencial basado en el liderazgo del Ejecutivo en el proceso legislativo y en la delegación de poderes» (*Constitutional dictatorship*, p. 264).

turales o ayudar al débil], podía motivar una intervención pública» para suprimir la competencia, dejar de lado el sistema de precios u obtener subvenciones.[491]

El agrio enfrentamiento de Roosevelt con el Tribunal Supremo durante 1935-1936, cuando se invalidaron varios de los programas más importantes del primer New Deal, tuvo consecuencias profundas: condujo a una revolución constitucional. Animado por su aplastante reelección en 1936, FDR presentó su plan para cambiar los equilibrios en el tribunal (*court-packing plan*). Para su sorpresa, mucha gente lo consideró «una apuesta dictatorial». Líderes de su propio partido se declararon contrarios al plan, que salió mal, pero el presidente logró llevarlo adelante igualmente. Los jueces Roberts y Hughes, por razones que no se conocen —pero que bien podían responder a la indiscutible victoria electoral de Roosevelt—, pasaron al bando progresista para quedarse. En 1937 una serie de decisiones con las que el tribunal confirmó la constitucionalidad de la Ley Nacional de Relaciones Laborales, la Ley de Seguridad Social, una ley estatal de salario mínimo y varias leyes que intervenían en la economía de mercado, «lanzaron al tribunal en su nuevo curso afirmativo de aplicar y extender el poder económico federal positivo» y lo convirtieron en el «valedor de la regulación pública positiva de la economía». Los Cuatro Jinetes, envejecidos y apaleados, se reti-

491. Hawley, *Problem of monopoly*, p. 189 (pp. 149-280 para un amplio y excelente análisis de cuánto fue salvaguardado del experimento de la ANR después de la decisión *Schechter*). También Otis L. Graham Jr., *Toward a planned society: from Roosevelt to Nixon*, Oxford University Press, Nueva York, 1976, pp. 1-68.

raron del tribunal entre 1937 y 1941; el presidente los sustituyó por entusiastas New Dealers como Hugo Black, Stanley Reed, Felix Frankfurter y William O. Douglas. Atrás quedaron los días en que el debido proceso legal suponía la santidad del derecho a la propiedad privada y la libertad contractual. Como observó el distinguido constitucionalista Edward S. Corwin, «el cambio que experimentó la opinión de un sector dominante del pueblo americano sobre el propósito del Estado durante este período [1929-1937] fue poco menos que revolucionario, y fue acompañado por el correspondiente cambio de actitud hacia los valores constitucionales». Desde ese momento, casi cualquier regulación económica federal se vio libre de restricciones constitucionales.[492]

La Gran Depresión y la respuesta del Estado a la misma impresionaron profundamente a los intelectuales de la nación, que eran especialistas en la producción y distribución de ideologías. Antes y durante el primer New Deal, Roosevelt tenía un consejo de sabios. Durante el segundo New Deal, los «chicos» del profesor Frankfurter parecían estar en todas partes, redactando leyes y pilotándolas a través del Congreso y los tribunales. Los intelectuales nunca se habían involucrado tanto en las maquinaciones políticas

492. Anderson, *Economics and the public welfare*, p. 430 («una apuesta dictatorial»); Murphy, *Constitution*, pp. 156-169 (citas extraídas de las pp. 157, 166); Douglas, *Go east, young man*, pp. 318-327, 457-459; Robinson, *The Roosevelt leadership*, pp. 195-212; Siegan, *Economic liberties*, pp. 184-203; Karlin, «Substantive due process», pp. 62-63, 68; Michael Conant, *The Constitution and capitalism*, West Publishing Co., St. Paul (Minnesota), 1974, pp. 137-147; Edward S. Corwin, *Total war and the Constitution*, Knopf, Nueva York, 1947, p. 170.

y en los niveles más altos del Estado. La experiencia resultaba embriagadora. El respeto por el individualismo y el libre mercado que había imperado hasta 1929 quedó totalmente arrinconado. Los científicos sociales «descartaron viejos conceptos y maduraron otros nuevos para justificar una amplia expansión de la autoridad pública». Fuera cual fuera el problema social o económico, la causa parecía ser siempre la misma: el capitalismo sin restricciones. De ahí la cura universal: alguna forma de colectivismo. Los intelectuales debatieron animadamente la forma específica que debería adoptar el movimiento, pero sólo unos pocos dudaban de la necesidad de un giro a la izquierda. En aquellos días a los derechistas se les consideraba apologistas no regenerados de los intereses creados de los ricos y los malvados reaccionarios. Los intelectuales «conservadores» —que irónicamente ahora incluían a los defensores del liberalismo clásico— pronto se convirtieron en una especie casi en peligro de extinción. El individualismo «dio paso a un nuevo énfasis en la Seguridad Social y la acción colectiva».[493]

Según Herbert Stein, los años treinta enseñaron a los intelectuales varias lecciones que dominarían la elaboración de políticas durante las décadas sucesivas. Entre estas lecciones, destacan la creencia de que el desempleo es el

493. Link y Catton, *American epoch*, II, p. 183; Leuchtenburg, *Roosevelt and the New Deal*, p. 340; Freidel, *Launching the New Deal*, pp. 60-82; Michael E. Parrish, *Felix Frankfurter and his times: the reform years*, Free Press, Nueva York, 1982, pp. 238-251; Richard H. Pels, *Radical visions and American dreams: culture and social thought in the Depression years*, Harper & Row, Nueva York, 1973, esp. pp. 43-95; Ekirch, *Ideologies and utopias*, *passim*.

mayor problema económico; los controles públicos y las políticas fiscales pueden y deben utilizarse para redistribuir renta a grupos «que lo merecen»; la Constitución no pone límites al poder regulador federal, y que una «política activista por parte del presidente [...] será valorada por la población». Todas estas creencias siguen vigentes hoy en día. Como escribió Nathan Glazer, incluso la administración Reagan, que muchos tacharon de reaccionaria, «representó la aceptación completa del Estado de bienestar del New Deal».[494]

El cambio ideológico de los años 30 fue mucho más que una simple moda entre los intelectuales. Las masas también lo adoptaron. El antiguo régimen de libre mercado y límites al Estado quedó profunda y ampliamente desacreditado. «[L]a gente», observó Frank Knight en 1939, «ha perdido la fe que alguna vez tuvo en la validez moral de los valores del mercado», en particular en los mercados laborales. La crisis económica y las intervenciones públicas —con las que se respondió a la crisis— «disiparon la desconfianza en el Estado» heredada de los siglos XVIII

494. Herbert Stein, *Presidential economics: the making of economic policy from Roosevelt to Reagan and beyond*, Simon & Schuster, Nueva York, 1984, p. 63; Nathan Glazer, «The social policy of the Reagan administration: a review», *Public Interest* (primavera de 1984), p. 97. Para una extensa corroboración por parte de una figura destacada de la administración Reagan, véase David A. Stockman, *The triumph of politics: how the Reagan Revolution failed*, Harper & Row, Nueva York, 1986, *passim*: «una reducción drástica del Estado de bienestar no era la concepción que tenía el presidente Reagan de la Revolución Reagan» (p. 276); «[l]os "reaganistas" eran, en fin de cuentas, unos meros políticos del Estado de bienestar, como cualquier otro político» (p. 385).

y XIX. «Incluso los republicanos que protestaban porque las políticas de Roosevelt estaban apagando la libertad votaron abrumadoramente a favor de medidas coercitivas.» La gran mayoría de los estadounidenses, independientemente de su afiliación partidista, «aceptó y aprobó los nuevos ideales de la democracia del bienestar social».[495] La nación había superado su peor tormenta. Siempre susceptibles a causalidades falaces (*post hoc ergo própter hoc*), las masas concluyeron que Roosevelt y sus políticas habían salvado al país. No se arriesgarían a volver a un régimen de libertad económica que la mayoría de la gente creía que había provocado la catástrofe de la Gran Depresión.

Conclusiones

La crisis de 1929-1933 sumió a la nación en una grave emergencia nacional. El desempleo masivo, las enormes pérdidas empresariales, el fraude fiscal generalizado y las ejecuciones hipotecarias de casas y granjas, miles y miles

495. Frank H. Knight, *Freedom and reform: essays in economics and social philosophy*, Liberty Press, Indianápolis, 1982, p. 73; Leuchtenburg, *Roosevelt and the New Deal*, p. 333; Link y Catton, *American epoch*, II, p. 184. También Stein, *Presidential economics*, pp. 29, 32. Según Karlyn Keene, editora de la revista *Public Opinion*, numerosos estudios ponen de manifiesto que aquellos que alcanzaron su madurez política durante la década de 1930 «han mantenido durante toda su vida adulta posturas políticas diferentes a las de aquellos que los precedieron y que los sucedieron. Tienden a ser más proclives a la intervención del Gobierno en la economía». Véase «What we know of baby-boomer beliefs», *Wall Street Journal*, 3 de octubre de 1984.

de quiebras bancarias y la drástica caída de los ingresos personales llevaron la miseria y la penuria a decenas de millones de personas. Pocos escaparon de la calamidad y nadie pudo desterrar el miedo, puesto que el colapso económico afectó de forma generalizada tanto a las clases medias y altas —normalmente seguras— como a las masas de obreros y agricultores. Durante casi cuatro años la economía se hundió y alcanzó profundidades prácticamente inimaginables; el colapso amenazaba con destruir el sistema económico. La respuesta de la administración Hoover a la depresión, aunque mucho más audaz que las de cualquier administración anterior, no consiguió frenar el declive ni recuperar el ánimo de los sufridos ciudadanos. Mientras Hoover rezaba para que la economía se recuperara en cuanto hubiera tocado fondo, el pueblo estadounidense estaba cada vez más desesperado. Las calles y el Congreso ansiaban un liderazgo y una dirección fuertes. Mientras, la desesperación no hacía más que crecer.

Cuando Roosevelt tomó el mando en marzo de 1933, se daba una coyuntura única que incluía: una auténtica crisis económica; una crisis artificial y posiblemente provocada por el cierre completo de todos los bancos del país —una suerte de «quema del Reichstag» americana—; una sensación generalizada de crisis que se manifestó con las peticiones de «que se hiciera algo», incluso si esto requería la asunción de poderes dictatoriales, y la libertad y la habilidad del Gobierno entrante del New Deal —que controlaba la presidencia y las dos cámaras del Congreso— para actuar con rapidez y decisión. La insospechada audacia y astucia de FDR aportó el ingrediente final para superar los bloqueos e inercias habituales en los sistemas políticos y promover un estallido de acción legislativa y administrativa sin precedentes ni parangón, tampoco posterior.

Casi todo lo que se hizo durante los Cien Días se apoyó en la lógica de la emergencia y la analogía con los tiempos de guerra. Se volvieron a poner en marcha muchos programas empleados durante la guerra mundial. Como la CFR de Hoover, la política del oro del New Deal, la Autoridad del Valle del Tennessee, la Ley de Ajuste Agrícola, la Ley de Reactivación Industrial y muchos otros programas tenían precedentes claros en tiempos de guerra. Muchos de los administradores de los programas eran veteranos de la movilización en tiempos de guerra. La retórica y los símbolos se remontaban a esa gloriosa ocasión de extraordinaria solidaridad nacional. Roosevelt declaró que la nación podía vencer la depresión «afrontando la tarea como lo haríamos con la emergencia de una guerra». En ese mismo espíritu, el general Johnson lanzó su colosal bombardeo propagandístico con el objetivo de intimidar a los «holgazanes» y «tramposos» para que apoyaran los códigos de la Administración Nacional de Reactivación. Esta enorme campaña empleó un simbolismo colectivista de gran carga emotiva, desconocido hasta entonces fuera de las dictaduras europeas.

El Poder Judicial puso algunas trabas en el camino de los colectivistas del New Deal. Si bien apoyó algunas interferencias estatales importantes con el derecho a la propiedad privada, así como el abandono del patrón oro por parte del Gobierno federal, el Tribunal Supremo no pudo encajar la «delegación desbocada» del Congreso y la invasión de jurisdicciones que durante mucho tiempo habían estado reservadas a la acción estatal. Por este motivo los jueces anularon la LRIN y la Ley de Ajuste Agrícola. En la lucha judicial que siguió, Roosevelt encajó una paliza, pero acabó ganando porque la otra parte no estuvo a la altura. El resultado fue una revolución constitucional, puesto que la doctrina del debido proceso sustantivo desapareció de la doctrina constitucional y se dio rienda suelta a la regulación económica federal.

El legado institucional de esos años fatídicos es todavía patente: préstamos federales para multitud de propósitos; producción y venta federal de electricidad; intervención federal en la producción, precios y comercialización agrícolas; regulación federal de prácticamente todos los aspectos del mercado laboral; vasto sistema de seguridad social; amplio abanico de leyes antimonopolio e infinidad de subsidios federales, la lista sigue y es interminable.

Sin embargo, el legado más importante del New Deal es un determinado sistema de creencias, la ideología dominante de la economía mixta, que sostiene que el Estado es un medio muy útil para lograr las aspiraciones de cada cual, y que recurrir a esta reserva de beneficios potenciales es perfectamente legítimo. Tomar —directa o indirectamente— la propiedad de otras personas en beneficio propio pasó a considerarse moralmente impecable, siempre que esta apropiación se realice a través del Estado. Sólo una vaga incomodidad moral limita estas apropiaciones. La «regulación de toda la industria en todo Estados Unidos» que el juez Roberts temía en la decisión Butler se convirtió en una realidad hace ya mucho tiempo, e incluso personas que no habían buscado ni aprobado este desarrollo ajustaron sus acciones y su mentalidad en consonancia. El compromiso tanto de las masas como de las élites con el individualismo, el libre mercado y las limitaciones al Estado sufrió un golpe en la década de 1930, del que probablemente nunca se recuperará del todo. En lugar de las antiguas creencias, ahora prevaleció una mayor tolerancia, e incluso una demanda positiva, de esquemas colectivistas que prometan seguridad social, protección contra los rigores de la competencia del mercado y muy a menudo —para ser francos—, algo a cambio de nada. Aunque sus grandes promesas parecen no cumplirse nunca del todo, la ideología del New Deal tan arraigada por los acontecimientos de la década de 1930 sigue viva incluso después de más de medio siglo.

Capítulo 9

La política económica de la guerra, 1940-1945

> De todas las libertades anglosajonas consagradas, la libertad de contratación fue la que más sufrió en la guerra.
>
> CLINTON L. ROSSITER

Las acciones del Estado durante la Segunda Guerra Mundial se asemejaron en muchos aspectos a sus acciones durante la Primera Guerra Mundial. De nuevo con el Congreso allanando el camino y el beneplácito del Tribunal Supremo, la rama ejecutiva del Gobierno federal extendió su dominio sobre la economía. Reclutando, asignando materiales, fijando precios, construyendo y operando industrias enteras, las autoridades federales ejercieron el mismo tipo de poderes que habían ejercido durante 1917-1918. Pero esta vez casi todo fue mucho más allá. A la luz de las acciones emprendidas durante 1940-1945, la gestión económica del Gobierno durante la Primera Guerra Mundial se antoja limitada, poco sistemática e ineficaz. La Segunda Guerra Mundial fue testigo de la creación de una extraordinaria economía de guerra. (Para hacerse una idea del tremendo alcance de la gestión económica del Gobierno en esta guerra, véase la lista de agencias de guerra en el apéndice a este capítulo.) Si tomamos en serio las estadísticas de la contabilidad nacional —lo que resulta bastante arriesgado en ausencia de un sistema completo de precios de libre mercado—, observamos que unas cuatro décimas partes de la producción real total de la nación y una proporción mucho mayor de su producción industrial se destinó a la guerra en el momento álgido de los esfuerzos bélicos en 1943-1944.[496] El resto de la economía civil trabajaba sujeta a infinidad de cargas y restricciones por parte del sector público.

El Estado controló y participó directamente en la economía de forma más extensa durante 1940-1945 por varias razones. Una tenía que ver con la escala. La Segunda Guerra Mundial fue, como dicen los militares, *the Big One*, la guerra con mayúsculas. El Gobierno de Wilson había reunido fuerzas militares y navales con unos cuatro millones de hombres a finales de 1918. En 1945, Roosevelt y sus lugartenientes comandaban a más de doce millones. Estados Unidos había tomado parte activa en la Primera Guerra Mundial durante aproximadamente un año y medio y la mayor parte de ese tiempo se estuvo preparando para luchar. La Segunda Guerra Mundial duró casi cuatro años, involucró a las fuerzas americanas en

496. U.S. Council of Economic Advisers, *Annual report*, U.S. Government Printing Office, Washington D. C., 1984, pp. 220-221; War Records Section, U.S. Bureau of the Budget, *The United States at war: development and administration of the War Program by the Federal Government*, U.S. Government Printing Office, Washington D. C., 1946, p. 104.

una gran cantidad de combates y dio lugar a un gasto en dólares diez veces mayor.

Las diferentes condiciones de partida también dejaron sentir un efecto importante. Antes de entrar en el conflicto de 1917, hacía más de medio siglo que los estadounidenses no habían luchado en una guerra importante. En 1941, en cambio, los recuerdos de la guerra mundial precedente eran recientes, y muchos hombres que habían ejercido una notable autoridad o influencia durante el período (Roosevelt, Stimson, Baruch, Frankfurter) seguían ocupando puestos de autoridad o influencia. Tenían las ideas claras sobre lo que se debía hacer porque ya habían «pasado por esta misma situación» antes. Además, la burocracia federal había adquirido mucho poder y experiencia de gestión durante los años del New Deal, y los empresarios se habían acostumbrado a tratar con esa burocracia. De manera que el desarrollo de los controles económicos durante la Segunda Guerra Mundial pudo avanzar mucho más rápido que antes. De hecho, el Gobierno se arrogó muchos poderes, incluso la autoridad para reclutar hombres, antes de que el país entrara formalmente en la guerra. En ambas guerras mundiales la entrada de Estados Unidos en el conflicto se produjo tras más de dos años de neutralidad, pero la segunda entrada fue después de una prolongada depresión, mientras que la primera se había producido tras una época de producción y crecimiento económico con un nivel de empleo relativamente alto. El esfuerzo militar al principio de la Segunda Guerra Mundial pudo apoyarse en personas desempleadas mucho más que la movilización de 1917.

Las condiciones que llevaron a la declaración de guerra también difieren. Estados Unidos entró en la Primera Guerra Mundial cuando los alemanes presionaron a Wilson hasta el límite, mientras que la entrada formal en la Segunda Guerra Mundial fue evidentemente una reacción directa e inmediata al ataque sorpresa de Japón a Pearl Harbor. Esta atrocidad produjo una tremenda solidaridad del pueblo estadounidense. A diferencia del Congreso de 1917, en el que seis senadores y cincuenta representantes votaron contra la guerra, el Congreso en 1941 dio una aprobación prácticamente unánime a la beligerancia estadounidense. (Sólo un «no» fue emitido contra la guerra con Japón, ninguno contra la guerra con Alemania.) Durante un tiempo el sentimiento nacional de indignación facilitó la extensión de los poderes económicos del Estado, ya que la aprobación generalizada del fin —la destrucción de las máquinas de guerra japonesas y alemanas— justificaba sus medios. Un observador de la época dijo que, «resulta espectacular la cantidad de dificultades administrativas y las cuestiones imposibles que se resolvieron de la noche a la mañana el 7 de diciembre de 1941».[497]

Las diferencias de escala, las condiciones previas y las circunstancias en su conjunto llevaron a que la economía dirigida de la Segunda Guerra Mundial empequeñeciera la de la guerra anterior en alcance y penetración. De resultas, su legado también fue más profundo. Además, las diferen-

497. Luther Gulick, *Administrative reflections from World War II*, University of Alabama Press, University, 1948, p. 110. También Roland Young, *Congressional politics in the Second World War*, Columbia University Press, Nueva York, 1956, p. 11.

cias en las relaciones internacionales de posguerra agravaron varios acontecimientos que se habían puesto en marcha durante la guerra. Mientras que la Primera Guerra Mundial fue seguida por una relativa calma internacional para Estados Unidos, la Segunda Guerra Mundial mutó casi inmediatamente en la Guerra Fría —por no hablar de Corea, Vietnam y otras aventuras militares menores en todo el mundo durante las cuatro décadas posteriores a 1945—. La emergencia nacional permanente prolongó indefinidamente la vida del complejo militar industrial que había adquirido su forma moderna por primera vez durante la Segunda Guerra Mundial. Este legado justificaría por sí mismo la importancia de la experiencia estadounidense de 1940-1945 en la evolución de la economía mixta moderna. Sin embargo, como veremos, éste fue uno más entre otros muchos legados que también perduraron.

Suele decirse que la Segunda Guerra Mundial fue la más popular de todas las guerras estadounidenses. La afirmación es probablemente cierta. Sin embargo, su frecuente reiteración ha tenido un efecto soporífero en los estudiosos de este ámbito histórico. Mucha gente, incluidos algunos académicos, concluye apresuradamente que, como la Segunda Guerra Mundial fue una guerra relativamente popular, las acciones emprendidas por el Estado para llevarla a cabo gozaron de una aprobación y cooperación prácticamente universales. Tal caracterización no se aproxima remotamente a la realidad. De hecho, hubo varias «guerras» dentro de la guerra: granjeros contra no granjeros, pequeños empresarios contra grandes empresarios, sindicalistas contra empresarios y resto de la gente, etc. En resumen, los conflictos políticos y económicos habituales se mantuvieron. Además, la cuestión de los «cañones y la mantequilla» se inmiscuyó en todos ellos. Durante la Primera Guerra Mundial Wilson había declarado que «la política queda aplazada», y a su vez FDR insistió durante la Segunda Guerra Mundial en que el doctor Ganar-la-Guerra había sustituido al doctor New Deal y «la política queda fuera [de juego]»; pero todas estas proclamas sobre la muerte de la política eran equívocas. Los conflictos políticos habituales sólo se aplacaron en los momentos en que se plantearon cuestiones de seguridad nacional verdaderamente primordiales. Un aspecto relevante de los conflictos de la época fue que cada grupo intentó, de forma sostenida, trasladar los costes reales de la guerra a los demás. Y por encima de todos ellos, el propio Gobierno se esforzó en ocultar los costes verdaderos de su programa de guerra.

Neutralidad *de iure*, beligerancia *de facto*, 1939-1941

En cierto sentido, la Primera Guerra Mundial no terminó hasta 1945. Quizá algún día los historiadores verán las guerras mundiales como dos etapas de un único conflicto que se alargó en el tiempo. El Tratado de Versalles, con sus duras imposiciones a Alemania, fomentó el resentimiento y la venganza de los vencidos. Estas circunstancias propiciaron el ascenso de los nazis que, al llegar al Gobierno alemán en 1933, garantizaban que tarde o temprano se reanudaría el conflicto armado entre las potencias europeas. Las aventuras depredadoras de Hitler en Austria y en los Sudetes en 1938 indicaron que, a pesar del apaciguamiento francés y británico, Europa estaba al borde de la guerra. La gente informada sabía qué se avecinaba.

> En una pesadilla de tinieblas,
> todos los perros de Europa ladran
> y los países vivos
> esperan, secuestrados en sus odios;
>
> la vergüenza intelectual
> nos mira desde cada rostro humano
> y mares de piedad
> se hielan tras los ojos.[498]

Pero incluso sabiendo que la guerra era inevitable e inminente en Europa, faltaban por ver la naturaleza y el alcance de la participación de Estados Unidos en la misma.

La incógnita se agudizó tras la invasión alemana de Polonia y las consiguientes declaraciones de guerra entre las principales potencias de Europa occidental en septiembre de 1939. El presidente Roosevelt emitió inmediatamente una proclamación oficial de neutralidad estadounidense, pero no era sincera. «Esta nación seguirá siendo neutral», declaró en su programa de radio del 3 de septiembre, «pero no puedo pedir a los americanos que

498. W. H. Auden, «In memory of W. B. Yeats», *Another time*, Random House, New York, 1940. Versión en castellano de Álvaro García: W. H. Auden, *Otro tiempo*, Editorial Pre-textos, Valencia, 1995.

sean neutrales en su conciencia».[499] FDR detestaba a Hitler y simpatizaba con los británicos. Quería que Estados Unidos proporcionara más ayuda a los que plantaban cara al ataque nazi y trabajó astutamente para lograr este objetivo. En sus esfuerzos contó con el apoyo de su hábil gabinete, de la mayoría de los empresarios, de muchos intelectuales y de la opinión pública mayoritaria en el noreste y el sur. En cambio, en la región que abarcaba desde Ohio hasta las Rocosas, la gran mayoría era contraria a políticas que resultaran en la participación americana en el baño de sangre europeo. El presidente, con su oído político siempre atento, procedió de forma errática, asegurándose de no exponerse demasiado frente a la ciudadanía.

La derrota francesa de junio de 1940 provocó un cambio sustancial en la opinión pública estadounidense. En la encuesta de opinión pública del *Public Opinion Research Project*, los que consideraban «más importante ayudar a Inglaterra que mantenerse fuera de la guerra» pasaron del 35 por ciento a un 60 por ciento en la segunda mitad de 1940. La proporción de encuestados «[más] dispuestos a arriesgarse a una guerra con Japón que a dejar que [Japón] continuara con sus agresiones» también aumentó entre mediados de 1940 y finales de 1941. Sin embargo, sólo una pequeña fracción de las personas encuestadas —alrededor de una quinta parte, en octubre de 1941— pensaba que Estados Unidos debía entrar en la guerra, y

499. Roosevelt citado en Edgar Eugene Robinson, *The Roosevelt leadership, 1933-1945*, Lippincott, Filadelfia, 1955, p. 242.

una gran mayoría señaló que, si se celebraba un referéndum nacional, no votaría a favor de ir a la guerra contra Alemania.[500]

Con una opinión pública profundamente dividida, Roosevelt se movió cautelosamente pero de forma implacable para introducir a Estados Unidos en el conflicto; sus maniobras incluyeron «evasivas, confusión, promesas imposibles y, en ocasiones, el engaño sin más». Fue acercando el país a la guerra con un acuerdo sobre buques de guerra con los británicos en septiembre de 1940, acuerdos de préstamo y arrendamiento aprobados por ley en marzo de 1941 y una serie de provocadoras restricciones al comercio con los japoneses. En el fragor de la campaña presidencial de 1940, FDR prometió rotundamente a las «madres de América» que «sus hijos no van a ser enviados a ninguna guerra extranjera». Igual que el eslogan de Wilson en 1916 («Él nos mantuvo fuera de la guerra»), la promesa de Roosevelt mejoró sus perspectivas de reelección, esta vez para un tercer mandato sin precedentes.[501]

500. Arthur S. Link y William B. Catton, *American epoch: a history of the United States since 1900*, Knopf, 4.ª ed., Nueva York, 1973, p. 223.

501. Alonzo L. Hamby, *Liberalism and its challenges: FDR to Reagan*, Oxford University Press, Nueva York, 1985, pp. 37-43 (cita de la p. 40). También Link y Catton, *American epoch*, pp. 214-247; Barry D. Karl, *The uneasy State: the United States from 1915 to 1945*, University of Chicago Press, Chicago, 1983, pp. 182-204; James MacGregor Burns, *Roosevelt: the soldier of freedom*, Harcourt Brace Jovanovich, Nueva York, 1970, p. 6; Clinton L. Rossiter, *Constitutional dictatorship: crisis government in the modern democracies*, Princeton University Press, Princeton (Nueva Jersey), 1948, pp. 266-268. Tras señalar «el espectáculo poco edificante del presidente Roosevelt y [del candidato republicano] Wendell Willkie prometiendo al país [en la campaña

Los que quieren la guerra a menudo pretenden que otros la peleen, y 1940 no fue una excepción: el reclutamiento provocó una enorme batalla política. Casi nadie consideraba seriamente la posibilidad de aumentar las tropas ofreciendo a los reclutas una paga y unas prestaciones suficientes. El 30 de junio de 1940, las fuerzas armadas tenían sólo 458.000 personas en servicio activo. Para que Estados Unidos hiciera sentir su presencia en el conflicto bélico se precisaba una gran movilización. Los líderes de las fuerzas armadas, incluyendo al venerable Henry L. Stimson, a quien FDR había sacado de su retiro en julio de 1940 para dirigir el Departamento de Guerra (y para hacer frente a los críticos republicanos del presidente), llevaban mucho tiempo apoyando el reclutamiento para movilizar mano de obra para la guerra. La Legión Americana —nosotros cumplimos con nuestro deber, ahora nos aseguraremos de que ustedes cumplan con el suyo— apoyó activamente el reclutamiento. El presidente no apoyó públicamente un proyecto de ley de reclutamiento hasta agosto.[502]

---

electoral de 1940] que nuestros jóvenes no tendrían que luchar en tierras extranjeras», Benjamin M. Anderson se preguntaba disgustado: «¿Volveremos a tener alguna vez candidatos presidenciales que digan la verdad al pueblo?» (*Economics and the public welfare: a financial and economic history of the United States, 1914-46*, Liberty Press, Indianápolis, 1979, p. 505).

502. U.S. Bureau of the Census, *Historical statistics of the United States, colonial times to 1970*, U.S. Government Printing Office, Washington D. C., 1975, p. 1141; Henry L. Stimson y McGeorge Bundy, *On active service in peace and war*, Hutchinson, Londres, 1947, pp. 161-162; Albert A. Blum y J. Douglas Smyth, «Who should serve: pre-World War II plan-

Un reclutamiento nacional en tiempos de paz no tenía precedentes en la historia de Estados Unidos, y gente poderosa se opuso enérgicamente a romper con esa tradición. Significativamente, los opositores eran también aislacionistas. (Quien se opone a una política no tiene incentivos para ocultar sus costes; es más, se esfuerza en revelarlos todos.) En el Senado, Arthur Vandenberg describió el reclutamiento en tiempos de paz como «repugnante para el espíritu de la democracia y el alma de las instituciones republicanas», mientras que Henry F. Ashhurst se opuso a «remachar los grilletes del militarismo sobre el pueblo estadounidense», y a Walter F. George le preocupaba que el Congreso no pudiera conceder al presidente tal poder «y convencer al pueblo americano de que no estamos preparados y resignados y reconciliados con el último, inevitable y pequeño paso que es entrar de hecho en la guerra». Sin embargo, tras la capitulación francesa, disminuyó la oposición ciudadana y del Congreso al proyecto de ley. Sus partidarios consiguieron que se promulgara el 16 de septiembre de 1940, modulando un poco sus términos y en-

ning for selective service», *Journal of Economic History*, 30 (jun. de 1970), pp. 379-404. Una excepción notable: el senador Robert A. Taft defendió que «el ejército debería estar compuesto por voluntarios y no por reclutas. Si la paga de los soldados se incrementara hasta los 1.000 dólares anuales y se añadiera un complemento de 40 dólares mensuales para comida y ropa, el Ejército podría fácilmente atraer a 750.000 hombres [...]. A finales del aterrador verano de 1940, el Senado, con una proporción de 55 a 32, rechazó la enmienda de Taft que limitaba el ejército en tiempos de paz a 500.000 voluntarios y 1,5 millones de reservistas» (James T. Patterson, *Mr. Republican: a biography of Robert A. Taft*, Houghton Mifflin, Boston, 1972, p. 241).

fatizando fuertemente su carácter temporal y de emergencia.[503]

La Ley de Formación y Servicio Selectivo de 1940 declaraba que «en una sociedad *libre*, las obligaciones y los privilegios del servicio militar deben ser compartidos de manera general de acuerdo con un sistema justo y equitativo de formación y servicio militar *obligatorio* selectivo».[504] Esta ley identificó «nuestra política militar tradicional» con la Ley de Defensa Nacional de 1916 para justificar que se convocara a la Guardia Nacional al servicio nacional activo. Exigía que todo varón de veintiuno a treinta y cinco años se inscribiera en el reclutamiento y autorizaba al presidente, «estemos o no en guerra», a reclutar «el número de hombres que, a su juicio, fueran necesarios», hasta un máximo de 900.000, en entrenamiento o servicio activo en las fuerzas terrestres y con la única condición de que el Congreso asignara fondos suficientes. Los reclutas debían servir durante doce meses consecutivos, «excepto cuando el Congreso declare que el interés nacional está en peligro; entonces el presidente puede extender el período de doce meses el tiempo que sea necesario, en interés de la defensa nacional». La ley contenía la importante salvedad, incluida por la insistencia de los ais-

503. Vandenberg, citado en Richard Gillam, «The peacetime draft: voluntarism to coercion», en Martin Anderson (ed.), *The military draft: selected readings on conscription*, Hoover Institution Press, Stanford (California), 1982, p. 100 (también pp. 101-104); Ashhurst y George, citados en War Records Section, *United States at war*, p. 36 (también p. 37 acerca de los cambios en la opinión pública en relación con el reclutamiento de 1940).

504. *United States Statutes at Large*, 54 Stat. 885, 16 de septiembre de 1940, énfasis añadido.

lacionistas, de que los reclutas «no serán empleados más allá de los límites del hemisferio occidental», excepto en los territorios y posesiones estadounidenses. Se preveía la exención a los funcionarios públicos, los religiosos y, a discreción del presidente, los hombres con dependientes a su cargo y trabajadores en puestos y servicios esenciales. Se previó también que los objetores de conciencia se asignaran a servicios que no fueran de combate. Las juntas civiles locales administrarían la ley —no se olvidaba la sabiduría de la Primera Guerra Mundial—. El incumplimiento se castigaba con hasta cinco años de prisión o 10.000 dólares de multa.

Más allá del reclutamiento, la ley facultaba al presidente para realizar pedidos de productos y materiales que «tendrían prioridad sobre todos los demás pedidos y contratos». El no cumplimiento sería delito, castigado con hasta tres años de prisión o multas de 50.000 dólares. Además, se autorizaba al presidente a «tomar posesión inmediata de cualquier planta [que no cumpliera]» y a explotarla como considerara oportuno. Los propietarios recibirían una compensación «justa y equitativa» cuando el Estado requisara su propiedad.[505]

Tras la puesta en marcha del Sistema de Servicio Selectivo en otoño de 1940, las fuerzas armadas crecieron rápidamente. El 30 de junio de 1941 ya había alrededor de 1,8 millones de hombres en servicio activo.[506] Pero a medida que se acercaba el final del año de servicio de los reclutas, se vislumbraba que el recién formado ejército se desintegraría

505. Ibídem, p. 892.
506. U.S. Bureau of the Census, *Historical statistics*, p. 1141.

a menos que el Congreso autorizara la retención de los reclutas. Los líderes del Congreso dudaban de que se pudiera aprobar la ampliación del período de servicio obligatorio, incluso en el contexto de amenaza internacional que prevalecía en verano de 1941. La ley de 1940 contemplaba la ampliación del plazo de servicio si el Congreso declaraba que «el interés nacional está en peligro», pero pocos políticos querían asumir la responsabilidad de romper lo prometido a los reclutas. De nuevo Roosevelt dudaba antes de enviar al Congreso un contundente llamamiento a la prórroga.

En el Congreso la oposición plantó una fuerte resistencia y no había certeza de que se llegara a aprobar la ley de prórroga. El congresista Hamilton Fish, representante del distrito natal de FDR —quien le despreciaba—, calificó la propuesta de ampliar el reclutamiento como «parte de una gigantesca conspiración» para llevar a Estados Unidos a la guerra. El senador Burton K. Wheeler utilizó su privilegio de franqueo para mandar un millón de tarjetas postales contra la guerra, acción que el superpatriótico Stimson consideró una traición. La administración Roosevelt aceptó algunos compromisos, incluyendo la limitación de la prórroga a dieciocho meses, y el 14 de agosto el Congreso aprobó la Ley de Extensión. En la Cámara de Representantes la votación se resolvió por un solo voto de margen: 203 votos a favor y 202 en contra.[507]

Cuando Estados Unidos entró formalmente en la guerra, hubo enmiendas periódicas a las leyes de reclutamien-

507. Burns, *Roosevelt*, p. 120; Stimson y Bundy, *On active service*, pp. 184-186.

to. La edad de los reclutas se amplió de dieciocho a cuarenta y cinco años inclusive, y el período de servicio pasó a ser la duración de la guerra más seis meses. Las prórrogas siguieron siendo controvertidas, como también lo fue la exención general de los trabajadores agrícolas, que el bloque agrícola del Congreso se esforzó por mantener. Con todo, el sistema funcionó suficientemente bien como para complacer al Gobierno.

De los dieciséis millones que sirvieron en las fuerzas armadas durante la guerra, diez millones eran reclutas. (¿Una guerra popular?) Muchos voluntarios se presentaron sólo movidos por el reclutamiento, y algunos se alistaban en la Marina para evitar el peligroso servicio en la infantería. El secretario de Guerra Stimson, al igual que su predecesor en la Primera Guerra Mundial, consideró que la administración de la ley de reclutamiento por las juntas civiles locales fue «un triunfo de la descentralización». Antes de la aprobación de la ley de reclutamiento en 1940 sólo había un tenue goteo de voluntarios. En cambio, las juntas de reclutamiento no tuvieron dificultades para conseguir voluntarios para las fuerzas armadas. Más de 100.000 personas sirvieron en esa función sin remuneración.[508] Unos 6.000 objetores de conciencia fueron a la cárcel por no someterse al servicio militar ni aceptar los empleos alternativos prescritos por el Estado.[509]

508. U.S. Bureau of the Census, *Historical statistics*, p. 1140; Stimson y Bundy, *On active service*, p. 162; War Records Section, *United States at war*, pp. 38-41.

509. Arthur A. Ekirch Jr., *Ideologies and utopias: the impact of the New Deal on American thought*, Quadrangle Books, Chicago, 1969, p. 254.

Pocos investigadores han apreciado hasta qué punto la legitimidad de toda la economía de guerra se basaba en la existencia del servicio militar obligatorio. Un pasaje del influyente economista Wesley C. Mitchell, escrito en 1943, ilustra claramente la dependencia. Mitchell imaginaba místicamente que en tiempos de guerra «prácticamente todas las voluntades se convierten en una», y declaró que «[e]l objetivo primordial» de la victoria militar «garantiza la aprobación general a la movilización de recursos económicos bajo la dirección del Gobierno». Lo hace en particular cuando los soldados son reclutas:

> La prueba de que estamos dispuestos a pagar el precio que sea es la aprobación de una ley de reclutamiento que exija a los más aptos para el servicio militar que abandonen sus hogares y ocupaciones habituales, acepten un salario bajo y molestias físicas y arriesguen sus vidas en la horrible tarea de matar a otros. Después de consentir colectivamente a eso, los civiles estamos moralmente obligados a aceptar los sacrificios menores que la guerra les impone.

«Cuando las vidas mismas son tratadas como un medio [para el fin de la victoria militar]», dijo Mitchell, «también lo es la propiedad».[510] Si se aceptan estas premi-

---

Tras la aprobación de la enmienda de Tydings a la Ley de Servicio Selectivo, que otorgaba una prórroga general a prácticamente todos los trabajadores agrícolas, la agricultura se convirtió a principios de 1943 en «un refugio para los desertores». Véase Jacob J. Kaufman, «Farm labor during World War II», *Journal of Farm Economics*, 31 (feb. de 1949), pp. 134-137.

510. Wesley C. Mitchell, «Wartime "prosperity" and the future»,

sas, el argumento es realmente convincente, y nos lo encontraremos una y otra vez cuando consideremos el servicio universal, que acabó siendo tema político importante en el transcurso de la guerra, cuando consideremos las decisiones del Tribunal Supremo en tiempos de guerra, y en otros contextos.

La administración Roosevelt organizó las fuerzas armadas durante 1940-1941 con cautela. La planificación de la movilización económica previa a la guerra tampoco fue excesivamente resolutiva. Durante los tres años previos al ataque a Pearl Harbor la planificación fue, en palabras de un historiador económico, «mal gestionada, confusa y marcada por la conveniencia política». En 1939 FDR nombró una Junta de Recursos de Guerra, encabezada por Edward R. Stettinius de la empresa U.S. Steel, para estudiar la movilización económica. Muchos New Dealers consideraban esta junta de magnates básicamente como una panda de ladrones de guante blanco, muchos aislacionistas la veían como un grupo de belicistas, y todos se apresuraron a atacarla. Escarmentado por estas reacciones, el presidente disolvió la junta y destruyó su informe. A continuación se sucedieron una serie de comisiones y juntas improvisadas, encargadas de planificar y coordinar la movilización económica del Estado: la Comisión Asesora de Defensa Nacional (creada el 29 de mayo de 1940); la Oficina de Gestión de la Producción (7 de

---

National Bureau of Economic Research Occasional Paper, 9 (mar. de 1943), pp. 2-3. También Jordan A. Schwarz, *The Speculator: Bernard M. Baruch in Washington, 1917-1965*, University of North Carolina Press, Chapel Hill, 1981, pp. 332-333.

enero de 1941); la Oficina de la Defensa Nacional y la Oficina de la Seguridad; la Oficina de Administración de Precios y Suministros Civiles (11 de abril de 1941); la Junta de Prioridades y Asignaciones de Suministros (28 de agosto de 1941). Ninguna de ellas disponía de demasiado poder real, independencia administrativa o liderazgo efectivo. Todas fueron creadas por acción ejecutiva del presidente, que se abstuvo escrupulosamente de delegar muchas de sus propias prerrogativas en este ámbito políticamente sensible. Roosevelt desafió las leyes de la ciencia administrativa y dividió deliberadamente la autoridad de la Oficina de Gestión de la Producción entre el empresario William Knudsen y el sindicalista Sidney Hillman. En la Oficina de Administración de Precios y Suministros Civiles, Leon Henderson carecía de autoridad jurídica para controlar los precios, de manera que se esforzó —en vano— por mantener las subidas de precios mediante contratos con la administración. Lo último que quería el presidente era un «zar» o «dictador» económico como el que supuestamente había sido Bernard Baruch durante la Primera Guerra Mundial. «[M]i insistencia persistente en el control unipersonal del esfuerzo militar», recordaría Baruch más tarde, «molestó e incluso enfureció en ocasiones al presidente». Sólo después del ataque a Pearl Harbor, Roosevelt se movió en la dirección aconsejada por el viejo luchador.[511]

511. Sobre la Junta de Recursos de Guerra, véanse Albert A. Blum, «Birth and death of the M-Day Plan», en Harold Stein (ed.), *American civil-military decisions*, University of Alabama Press, Birmingham (Alabama), 1962, pp. 61-96; y R. Elberton Smith, *The army and economic*

A mediados de 1940, el Congreso promulgó una importante legislación que ampliaba los poderes de la Corporación Financiera de Reconstrucción (CFR), que seguía siendo coto del demócrata conservador y políticamente longevo Jesse Jones, para

> (l) Hacer préstamos a, o, cuando lo solicite el administrador federal de Préstamos con la aprobación del presidente, comprar el capital social de cualquier empresa (a) con el propósito de producir, adquirir y transportar materiales estratégicos y críticos, según los defina el presidente, y (b) para la construcción, ampliación y equipamiento de plantas productivas, y capital de trabajo, que será utilizado por la empresa en la fabricación de equipos y suministros necesarios para la defensa nacional, en los términos y condiciones, y con los vencimientos que la compañía pueda determinar; y
>
> (2) Cuando el administrador federal de Préstamos lo solicite, y con la aprobación del presidente, crear u organizar una empresa o empresas, con poder (a) para producir, adquirir y transportar materiales estratégicos y críticos según

---

mobilization, U.S. Army, Washington D. C., 1959, pp. 99-105. «Mal gestionada, confusa [...]», extraído de Robert Sobel, *The age of giant corporations: a microeconomic history of American business, 1914-1970*, Greenwood Press, Westport (Connecticut), 1972, p. 158; Richard Polenberg, *War and society: the United States, 1941-1945*, Lippincott, Nueva York, 1972, pp. 6-7; Bernard M. Baruch, *Baruch: the public years*, Holt, Rinehart & Winston, Nueva York, 1960, p. 284 (también pp. 264, 280-283); Schwarz, *The Speculator*, pp. 358-388. Para un análisis detallado del desarrollo del aparato administrativo del Gobierno antes del ataque sobre Pearl Harbor, véase War Records Section, *United States at war*, pp. 50-63, 73-89.

> lo defina el presidente, (b) comprar y alquilar terrenos; comprar, alquilar, construir y ampliar plantas productivas; y comprar y producir equipos, suministros y maquinaria, para la fabricación de armas, municiones y material de guerra, (c) alquilar dichas plantas a empresas privadas para que se dediquen a la citada fabricación, y (d) si el presidente lo considera necesario, que una agencia pública se dedique a dicha fabricación.[512]

Jones dijo que se trataba de «los más amplios poderes quizá jamás conferidos a una sola agencia gubernamental». Durante la guerra estos poderes se ejercieron a gran escala, y el Gobierno federal se convirtió en inversor, productor y comercial a través de numerosas filiales de la CFR: la Compañía de Reservas de Metales, la Corporación de Plantas de Defensa, la Corporación de Suministros de Defensa, la Corporación de Reservas de Petróleo, la Compañía de Reservas de Caucho, la Compañía Comercial de Estados Unidos, Oleoductos de Emergencia de Guerra y la Corporación de Seguros de Guerra, entre otras. (Véase el apéndice de este capítulo.) Aquí estaba el socialismo de guerra en el sentido estricto de propiedad estatal y (a veces) gestión de los medios de producción. Jesse Jones fue verdaderamente un zar económico.[513] (Hubo otros: Harry

512. *United States Statutes at Large*, 54 Stat. 573, 25 de junio de 1940.

513. Jesse H. Jones, *Fifty billion dollars: my thirteen years with the RFC*, Macmillan, Nueva York, 1951, pp. 315-484 (cita de la p. 9). A finales de 1941, Jones era considerado «el segundo hombre más poderoso del Gobierno». Véase «The war goes to Mr. Jesse Jones», *Fortune*, 24 (dic. de 1941), p. 91.

Hopkins a cargo de Lend-Lease [Ley de Préstamo y Arriendo], Donald M. Nelson en la Junta de Producción de Guerra, y en última instancia, por encima de todos los demás, James F. Byrnes en la Oficina de Movilización de Guerra. De ellos se habla más adelante en este capítulo.)

Cuando las bombas japonesas cayeron sobre Pearl Harbor, Estados Unidos no estaba totalmente desprevenido para la guerra ni el Gobierno carecía de autoridad para movilizar los recursos económicos de la nación. La ley de reclutamiento otorgaba al Gobierno el poder de acceder a recursos humanos y materiales a precios inferiores a los costes reales de mercado. Las varias juntas de control, dotadas de la facultad legal de establecer prioridades para el uso de materiales esenciales, contaban ya con experiencia en la coordinación de los componentes del programa de guerra. La CFR disponía de la autoridad para participar directamente en una amplia variedad de actividades económicas. Sin embargo, la nación no estaba todavía en una economía de guerra totalmente movilizada y coordinada. Las implicaciones de la participación en la guerra habían recorrido ya algún tramo, pero su alcance seguía siendo limitado. Para alcanzar la madurez, era necesario que el Gobierno dispusiera de autoridad adicional.

Más poderes y control de precios

El 9 de diciembre de 1941, en un discurso radiofónico a la nación, Roosevelt trató de animar al pueblo estadounidense para resistir los «repentinos ataques criminales» de los «poderosos y astutos gánsteres» que habían «violado a traición la larga paz». Las noticias, admitió, eran todas malas. Sin embargo, les gustara o no, «cada hombre, mujer y niño es un aliado en la más tremenda empresa de la historia americana». La guerra sería larga y dura, exigiendo grandes cantidades de dinero, material, trabajo... y vidas. Pero no había de qué preocuparse:

> No es un sacrificio para ningún hombre, viejo o joven, estar en el Ejército o la Marina de Estados Unidos. Más bien es un privilegio. No es un sacrificio para el industrial o el asalariado, el agricultor o el comerciante, el ferroviario o el médico, pagar más impuestos, comprar más bonos, renunciar a recursos adicionales, trabajar más tiempo o más duro en la tarea para la que está mejor preparado. Más bien es un privilegio. No es un sacrificio prescindir de muchas cosas a las que estamos acostumbrados si la defensa nacional exige prescindir de ellas.

El presidente expresó su confianza en que el pueblo estadounidense se sometería «entusiastamente» a elevados impuestos y a prescindir de «esas cosas materiales a las que se les pide que renuncien».[514]

Pero conocedor del precio que el Estado estaba dispuesto a pagar, anticipaba que el pueblo norteamericano

514. «President Roosevelt's broadcast on the war with Japan», en Henry Steele Commager (ed.), *Documents of American history*, Appleton-Century-Crofts, Nueva York, 1948, II, pp. 637-639. Es probable que los estudiosos de la retórica encuentren especialmente interesante la metáfora del «gánster» utilizada por Roosevelt.

proporcionaría voluntariamente poco de lo que el Gobierno requería de ellos. Tendrían que ser obligados, y la administración Roosevelt se apresuró a asumir los poderes legales necesarios para poder hacerlo. Estimulado por la alarma que había cundido en la opinión pública, y por la insistente demanda de que el Gobierno actuara de inmediato para proteger al país de los agresores extranjeros —que eran poderosos, decididos y astutos—, el Congreso rápidamente elaboró la legislación que concedía al Ejecutivo amplios poderes de guerra.

La primera Ley de Poderes de Guerra, aprobada el 18 de diciembre de 1941, autorizaba al presidente «en asuntos relacionados con la gestión de la presente guerra» a redistribuir funciones, deberes, poderes y personal entre las agencias ejecutivas ya existentes, según lo considerara oportuno. (Recordemos lo mucho que Woodrow Wilson tuvo que luchar para conseguir la Ley Overman, que le otorgaba estos mismos poderes. En 1941 en el Congreso se pudo argüir que la ley propuesta daba a FDR los mismos poderes que ya se le habían otorgado a Wilson en la guerra anterior.) Cierto es que la ley prohibía los contratos de coste-más-porcentaje-del-coste o cualquier violación de los límites legales existentes sobre los beneficios, pero a cambio concedía una gran libertad al Ejecutivo para negociar con proveedores privados. El presidente podía autorizar a «cualquier departamento o agencia del Gobierno para que actúe en pro del esfuerzo bélico [...] a celebrar contratos [...] y a realizar pagos [...], sin tener en cuenta las disposiciones de la ley relativas a la realización, ejecución, enmienda o modificación de contratos, siempre que tal acción facilite el seguimiento de la guerra». La ley modificó de muchas maneras la Ley de Comercio con el Enemigo de 1917, y otorgaba al presidente una autoridad de gran alcance para regular las transacciones financieras internacionales y el uso de los bienes de propiedad extranjera en Estados Unidos. También autorizó la censura de todas las comunicaciones entre Estados Unidos y cualquier país extranjero.[515]

La Segunda Ley de Poderes de Guerra, que se aprobó el 27 de marzo de 1942, era un conjunto de leyes varias. Con las cuatro primeras el Congreso delegaba poderes económicos significativos. El Título I ampliaba la autoridad de la Comisión de Comercio Interestatal para regular el transporte por carretera. La CCI podía exigir el uso conjunto de equipos, garajes y otras instalaciones, y podía alterar o suspender órdenes, licencias y reglamentos «en la medida que fuera necesario para facilitar la continuación de la guerra». El Título II ampliaba el poder de las agencias ejecutivas para adquirir, mediante compra o expropiación, cualquier propiedad real y personal asociada «que se considere necesaria para fines militares, navales o de otra índole» y para tomar posesión inmediata de esos bienes. El Título III autorizaba al secretario de la Armada a: contratar bienes y servicios estipulados «con o sin publicidad o licitación, si se determina que el precio es justo y razonable» (Josephus Daniels, el secretario de la Marina que había luchado por mantener la licitación pública en la Primera Guerra Mundial, seguramente derramó una lágrima);

515. Young, *Congressional politics*, pp. 29-30; *United States Statutes at Large*, 55 Stat. 838, 18 de diciembre de 1941, pp. 838-841.

establecer prioridades en la entrega de los bienes y servicios contratados; utilizar contratos de coste más cuota fija siempre que la cuota no superara el 7 por ciento del coste estimado. Además, esta parte de la ley otorgaba al presidente un poder ilimitado sobre la asignación de recursos: «Cuando el presidente esté convencido de que el cumplimiento de los requisitos para la defensa de Estados Unidos producirá escasez en el suministro de cualquier material o de instalaciones para la defensa, para el uso privado o para la exportación, el presidente puede asignar dicho material e instalaciones en la forma, las condiciones y en la medida *en que lo considere necesario o apropiado* para el interés público y para promover la defensa nacional». El Congreso nunca había delegado en el presidente un poder económico tan importante. Esta disposición fue la base legal sobre la que la Junta de Producción de Guerra ostentó el control generalizado de la economía los últimos tres años de la guerra. El Título IV de la ley liberalizó la autoridad del Sistema de la Reserva Federal para comprar valores públicos «sin tener en cuenta los vencimientos, ya sea en el mercado abierto *o directamente del*» Tesoro.[516] Esto permitió que el Tesoro utilizara *de facto* la Reserva Federal como una imprenta, y lo hizo a gran escala para ayudar a financiar los déficits del Estado, que eran grotescos.

Incluso con todos los poderes proporcionados por las dos leyes de poderes de guerra, el Gobierno no alcanzaba

516. *United States Statutes at Large*, 56 Stat. 176, 27 de marzo de 1942, pp. 176-180, énfasis añadido. También Edward S. Corwin, *Total war and the Constitution*, Knopf, Nueva York, 1947, pp. 41-43.

los recursos necesarios para llevar a cabo su ambicioso programa de guerra —Roosevelt pidió, sólo en 1942, 60.000 aviones, 45.000 tanques, 20.000 cañones antiaéreos y 8 millones de toneladas de barcos mercantes, entre otras cosas—. De manera que tuvo que recurrir a aumentar los precios de los productos y equipamientos militares hasta límites vergonzosos y políticamente arriesgados.[517] La administración y sobre todo el Congreso eran reticentes a subir los impuestos ordinarios o a vender más bonos en el mercado libre para financiar el programa de guerra, de manera que la tasa de inflación oculta tendría que soportar más carga. Pero este recurso también planteaba problemas. Acelerar rápidamente la inflación, que es un impuesto creciente sobre todos los activos nominales en unidades monetarias, se acaba percibiendo como un «robo»; se acaba pensando que enriquece al Estado o a los más privilegiados. (Al fin y al cabo, la gente que juega bien sus cartas sale beneficiada de la inflación; y el Estado, que debe grandes cantidades de dinero nominal al público, siempre juega a la inflación con una baraja a su favor.) El temor a la reacción política suele alentar al Gobierno a ocultar la tasa de inflación mediante el control de precios.

La administración Roosevelt comprendió estas dinámicas políticas incluso antes de que el país entrara formalmente en guerra. A medida que la movilización de preguerra fue tomando ímpetu, el nivel de precios empezó a subir ya en 1941 alrededor de un 1 por ciento men-

517. Objetivos de producción de material de guerra extraídos de War Records Section, *United States at war*, p. 103.

sual, que se antojaba una inflación enorme —recordemos que la década anterior el problema había sido primero la deflación y luego los precios bajos—. La Oficina de Administración de Precios y Suministros Civiles (que el 28 de agosto de 1941 pasó a ser la Oficina de Administración de Precios, la OAP) trató de mantener determinados precios bajos, pero con poco éxito porque no podía imponer sanciones legales efectivas. Para reforzar su posición, la administración preparó un proyecto de ley de control de precios que se iba a presentar en el Congreso a finales de julio. Según el sarcástico John Kenneth Galbraith, jefe adjunto de Henderson en la OAP, esta legislación fue «con diferencia, la más discutida y la más controvertida de la Segunda Guerra Mundial». El proyecto de ley que se había debatido vigorosamente en el Congreso el año anterior «afectaba *sólo* a la vida y la libertad del sujeto. El control de precios implicaba dinero y propiedades y, por lo tanto, debía tomarse más en serio». Después de más de tres meses de audiencias y debates, la Cámara aprobó un proyecto de ley de control de precios el 28 de noviembre. El Senado se demoró.[518]

Después del ataque a Pearl Harbor, los senadores sintieron más presión para aprobar el proyecto de ley pendiente, y finalmente lo hicieron en enero de 1942. El pre-

518. Ibídem, pp. 235-239; Hugh Rockoff, *Drastic measures: a history of wage and price controls in the United States*, Cambridge University Press, Nueva York, 1984, pp. 87-90; Chester Bowles, *Promises to keep: my years in public life, 1941-1969*, Harper & Row, Nueva York, 1971, pp. 49-50; John Kenneth Galbraith, *A life in our times: memoirs*, Ballantine Books, Nueva York, 1981, pp. 139-143 (cita de la p. 139).

sidente estaba descontento con las enmiendas que hizo el Congreso, a instancia de varios grupos de interés. Roosevelt presionó a los miembros del comité para que retrocedieran y su intervención logró algunos cambios en la legislación final, pero la ley que finalmente firmó, el 30 de enero de 1942, no satisfacía a la Administración. Las concesiones a los intereses agrícolas dificultaban especialmente el poder del Estado sobre los precios. El senador Alben Barkley llamó a la medida una ley de «alivio agrícola».[519]

La Ley de Control de Precios de Emergencia de 1942 incluía una larga lista de propósitos, como el de prevenir «aumentos especulativos, injustificados e inusuales de los precios y las rentas», la eliminación y prevención de «la especulación, el acaparamiento, la manipulación y otras prácticas perturbadoras», y la protección de «personas con ingresos relativamente estables y limitados». Quizá el propósito declarado más revelador fue «asegurar que las asignaciones de defensa no sean malgastadas en precios excesivos», es decir, asegurar que el Gobierno no tuviera que pagar los precios del mercado libre para obtener los recursos necesarios para su programa de guerra.[520]

La ley estableció la Oficina de Administración de Precios como una agencia independiente, con un administrador de Precios al mando, y delegó una amplia autori-

519. War Records Section, *United States at war*, pp. 239-248; Burns, *Roosevelt*, pp. 196-197.

520. *Public Law 421*, 77.° Congreso, 2.ª sesión, cap. 26, 30 de enero de 1942.

dad en ella para regular directamente los precios y las rentas o para conceder licencias a concesionarios. También autorizaba al administrador a negociar acuerdos y pagar subsidios, «según considere necesario para obtener la producción necesaria». La ley declaraba ilegal «independientemente de cualquier contrato, acuerdo, arrendamiento u otra obligación que se haya celebrado o que se celebre en el futuro» que nadie comprara o vendiera en violación de las normas del administrador —*adiós*, libertad de contratación—. Contemplaba penas de un año de prisión o multa de 5.000 dólares. Anticipándose a las disputas, la ley establecía un procedimiento para protestar contra las normas de la OAP y creaba un Tribunal de Apelación de Emergencia con jurisdicción exclusiva y sujeto a revisión sólo por parte del Tribunal Supremo.

Se excluyeron varios aspectos de la jurisdicción del administrador, entre ellos la remuneración de los empleados (una concesión a los sindicatos) y las tarifas de transportistas convencionales, servicios públicos, compañías de seguros, empresas de comunicaciones y proveedores de servicios profesionales. Las excepciones más importantes, sin embargo, se referían a la agricultura. La ley estipulaba que «ninguna de las facultades o funciones conferidas por ley al secretario de Agricultura se transferirá a la Oficina de Administración de Precios o al administrador». Además disponía que no se podía establecer precios máximos para productos agrícolas por debajo de los máximos siguientes: (1) 110 por ciento del precio de paridad; (2) el precio de mercado el 1 de octubre de 1941; (3) el precio de mercado del 15 de diciembre de 1941, o (4) el precio medio durante el período comprendido entre el 1 de julio de 1919 y el 30 de junio de 1929.[521] Esta compleja disposición de exclusión, ideada conjuntamente por la federación de grupos de presión agrícolas, el Departamento de Agricultura y el bloque agrícola del Congreso, dejaba un amplio margen para que los precios agrícolas subieran.

Tras unos meses de fijación de precios *ad hoc*, el 28 de abril de 1942 la OAP emitió el Reglamento General de Precios Máximos, que hizo del precio más alto cobrado en marzo de 1942 el máximo legalmente permitido en lo sucesivo para la mayoría de los bienes de consumo. Dieciocho órdenes más específicas, además de una norma que imponía controles de alquiler en 323 zonas residenciales, completaron el corpus de órdenes del administrador.[522] Al precio fijado por el Estado, las cantidades demandadas generalmente superaban a las suministradas, y se producían asignaciones sin precio por doquier —se vendían los productos disponibles a los amigos, a los blancos, a las chicas guapas, a los primeros de la fila—,

521. Explicación: la cláusula (1) era la más favorable para el trigo, el maíz, la avena, la cebada, los boniatos, la soja, los cacahuetes y la linaza; la cláusula (2) era la más favorable para la semilla de algodón y ciertos tipos de tabaco; la cláusula (3) era la más favorable para el arroz, los huevos, el ganado vacuno y la lana; la cláusula (4) era la más favorable para las patatas, las judías secas comestibles, el algodón, las gallinas y las ovejas. Véase War Records Section, *United States at war*, p. 247, nota 26. A uno le viene a la cabeza la caracterización del campesino estadounidense que realizó Mencken: «Realmente no existe un mamífero más avaricioso, egoísta y deshonesto de entre los descubiertos por los estudiosos de los antropoides», (H. L. Mencken, *Prejudices: a selection*, Vintage Books, Nueva York, 1955, pp. 159-160).

522. War Records Section, *United States at war*, p. 105.

con la consiguiente amenaza de que muchos productos no estuvieran disponibles para aquellos a quienes los vendedores no favorecieran.

Para evitar un resultado tan explosivo políticamente, el Gobierno recurrió a un programa oficial de racionamiento de «necesidades» como gasolina, neumáticos, café, alimentos enlatados, zapatos, carnes, azúcar y máquinas de escribir. En una página del libro del Servicio Selectivo vemos que la OAP estableció unos ocho mil consejos locales de racionamiento para administrar el programa. Como señaló Richard Polenberg, las juntas, formadas por sólidos ciudadanos «que gozaban de prestigio y cuyas decisiones eran difíciles de cuestionar [...], no siempre resistieron las presiones de la comunidad». Las discriminaciones sociales habituales marcaban las decisiones tomadas dentro de este imperio de pequeñas tiranías.[523]

Los cuadros superiores de la OAP —economistas, contables, abogados y oficinistas— se esforzaban con ahínco, pero en vano, por llevar al día el control de precios y de alquileres, el racionamiento y los cientos de protestas y solicitudes de ayuda que los inundaban. «El constante bombardeo de nuevos y complejos programas de racionamiento había desconcertado e irritado a casi todo el mundo», observó Chester Bowles, que dirigió la OAP durante los últimos años de la guerra, «y las regulaciones de precios y alquileres, muchas de las cuales eran por fuerza intrincadas, atraparon a muchos empresarios en un laberinto de burocracia».[524]

523. Ibídem, pp. 254-257; Polenberg, *War and society*, pp. 31-33 (cita de las pp. 32-33).

524. Bowles, *Promises to keep*, p. 62.

La sustitución del sistema de mercado por una oficina pública de control de precios abrió la puerta a un conjunto de conflictos políticos entre grupos de interés: «Las fuerzas rurales y urbanas se enfrentaron por los precios de los alimentos; facciones opuestas luchaban por el favor de las juntas locales de racionamiento; el Congreso se resentía de lo que consideraba el ejercicio arrogante de la autoridad por parte de los burócratas de la OAP, y las maquinarias políticas de los Estados en ocasiones luchaban para que la OAP no protegiera a los congresistas». Enormes pérdidas y beneficios estaban en juego, y los funcionarios manejaban las palancas de control del mecanismo. A los políticos, observó Fiorello La Guardia (que sabía algo de políticos),[525] «se les cae la baba pensando en las ganancias que obtendrán cuando pongan sus viscosas garras en la gestión de los precios».[526]

A finales de agosto de 1942 el programa de control de precios afrontaba una crisis cada vez más profunda. El cumplimiento de las normas distaba de ser universal, especialmente entre pequeños minoristas. Desde la implementación del «General Max» en mayo, los precios de los alimentos habían subido más de un 1 por ciento al mes, y los precios de los productos exentos, un 3,5 por ciento al

525. La Guardia fue alcalde de Nueva York entre 1934 y 1945. Se le recuerda como uno de los alcaldes más populares de la ciudad *(N. de la t.)*

526. La Guardia citado en Polenberg, *War and society*, p. 33. También Seymour E. Harris, *Price and related controls in the United States*, McGraw-Hill, Nueva York, 1945, p. 28. Bowles (*Promises to keep*, p. 42) observó que, después de las elecciones al Congreso de 1942, la OAP «se convirtió gradualmente en un asilo para políticos [demócratas] derrotados».

mes. Los trabajadores estaban cada vez menos dispuestos a contentarse con sus salarios, que garantizaban un poder adquisitivo cada vez menor. Pero si los costes de la mano de obra aumentaban sin control, los empresarios se verían atrapados en costes y precios de los que sólo podrían escapar quebrantando los controles de precios. Era necesario encajar más piezas para que el rompecabezas no se desintegrara.[527]

Finalmente, Roosevelt tomó cartas en el asunto. El 7 de septiembre, en un discurso que recordaba a su primer discurso inaugural, lanzó un ultimátum al Congreso. Quería una legislación que facilitara un control de precios más efectivo, incluyendo la restricción efectiva de los salarios y los precios de los productos agrícolas.

> Pido al Congreso que tome esta medida antes del 1 de octubre. La inacción por su parte para esa fecha me dejará con la responsabilidad ineludible ante la población de este país de garantizar que el esfuerzo de guerra no peligre por la amenaza de caos económico. Si el Congreso no actúa —y actúa adecuadamente— asumiré mi responsabilidad y actuaré yo.

Con las elecciones a dos meses vista, el Congreso era reacio a cumplir, pero la amenaza del presidente no podía ser ignorada. El 2 de octubre, un día después de la fecha límite de FDR, los legisladores aprobaron la Ley de Esta-

527. War Records Section, *United States at war*, pp. 259-26 7; Harris, *Price and related controls*, pp. 111-112, 130; Bowles, *Promises to keep*, p. 40.

bilización Económica de 1942, que modificaba la Ley de Control de Precios de Emergencia.[528]

El presidente obtuvo casi toda la autoridad adicional sobre los precios y los salarios que había buscado. Los precios agrícolas seguían gozando de una posición privilegiada: no se podía fijar un techo para sus precios por debajo del nivel de paridad o del nivel más alto que había prevalecido durante el período del 1 de enero al 15 de septiembre de 1942. Aunque se había eliminado la antigua disposición del 110 por ciento de la paridad, el secretario de Agricultura ahora debía incluir en su cálculo de la paridad los costes de la mano de obra agrícola, señal de que los agricultores habían cedido muy poco terreno. La nueva ley fijó un límite mínimo para los salarios al nivel más alto alcanzado entre el 1 de enero de 1942 y el 15 de septiembre de 1942. El presidente recibió carta blanca para ajustar precios y salarios «para contribuir a la continuidad efectiva de la guerra o para corregir graves desigualdades», es decir, para hacer prácticamente lo que quisiera.[529]

Al día siguiente de aprobar la Ley de Estabilización Económica, Roosevelt emitió una orden ejecutiva que instauraba la Oficina de Estabilización Económica. James

528. Burns, *Roosevelt*, pp. 260-262 (cita de la p. 261); War Records Section, *United States at war*, pp. 267-270. Corwin señaló que el ultimátum de Roosevelt del 7 de septiembre «sólo puede interpretarse como una reclamación de poder por parte del presidente para suspender la Constitución en una situación que en su opinión reclamaba tomar esa medida» (*Total war and the Constitution*, Knopf, Nueva York, 1947, p. 64).

529. *United States Statutes at Large*, 56 Stat. 765, 2 de octubre de 1942.

Byrnes, un veterano político y amigo de FDR, renunció a su asiento en el Tribunal Supremo para ejercer de director de Estabilización Económica, el coordinador y árbitro supremo de todas las agencias gubernamentales implicadas, directa o indirectamente, en el control de los precios. Byrnes se encargó de desarrollar «una política económica nacional integral para el control del poder adquisitivo civil, los precios, las rentas, los salarios, los beneficios, el racionamiento, los subsidios y todos los asuntos vinculados».

La orden de Roosevelt también solicitaba al administrador que fijara precios que impidieran beneficios «irrazonables o exorbitantes», lo que llevó a algunos congresistas y empresarios a lamentar que el Gobierno, bajo el pretexto de controlar los precios en tiempos de guerra, estaba intentando destruir el capitalismo.[530] La crítica era acertada. Aunque el Gobierno de Roosevelt, esencialmente oportunista y guiado por la conveniencia política, no tenía el propósito último de destruir el capitalismo, si en una economía los recursos se racionan y los precios los fijan directrices gubernamentales, no es capitalismo. A partir del 8 de abril de 1943, cuando el presidente emitió su orden de «aguantar el tipo», frenar los aumentos salariales y sujetar prácticamente todos los bienes de consumo al control de precios, el sistema de precios tuvo una importancia limitada para determinar qué, cómo y para quién produciría la economía. El sistema de libre mercado permaneció en estado latente durante la guerra. (La existen-

530. War Records Section, *United States at war*, pp. 271-272, 388.

cia de prósperos mercados negros matiza esta afirmación, pero es un matiz menor. Incluso la Unión Soviética tenía sus mercados negros, pero nadie suponía que por eso el sistema en general fuera capitalista.) Que nos refiramos a la política económica imperante en aquellos momentos como «socialismo de guerra», «fascismo de guerra» o cualquier otra cosa es hasta cierto punto cuestión de preferencias, pero lo que se puede afirmar es que, sin lugar a dudas, no era capitalismo.

La eficacia del control de precios y todas sus consecuencias siguen siendo temas controvertidos entre los economistas más de medio siglo después de la guerra.[531] Muchos de los economistas de la época trabajaban para la OAP y, en general, alabaron el programa. Sus descripciones y relatos, que no dejan en buen lugar la competencia teórica de los economistas de la década de 1940, revelan inintencionadamente mucha información sobre el ímpetu y la razón de ser del programa. Seymour E. Harris, que dejó Harvard para ser un alto funcionario de la OAP en 1942-1943, escribió una disculpa detallada en la que reproducía todos los errores e ideas equivocadas sobre el control de precios en tiempos de guerra. En tiempos de

531. Hugh Rockoff, «Indirect price increases and real wages during World War II», *Explorations in Economic History*, 15 (oct. de 1978), pp. 407-420; *idem*, «The response of the giant corporations to wage and price controls in World War II», *Journal of Economic History*, 41 (mar. de 1981), pp. 123-128; *idem*, «Price and wage controls in four wartime periods», *Journal of Economic History*, 41 (jun. de 1981), pp. 381-401; *idem*, *Drastic measures*, pp. 127-176; Paul Evans, «The effects of general price controls in the United States during World War II», *Journal of Political Economy*, 90 (oct. de 1982), pp. 944-966.

guerra, razonaba, el reclutamiento de mano de obra militar legitima los grandes sacrificios exigidos a los civiles. «No se debe permitir que nadie obtenga más que su parte justa», escribía, serenamente ajeno a las dificultades de atribuir un significado al concepto de parte justa. Consideraba que la inflación era obviamente injusta y, por tanto, justificaba el control de los precios. Además, la inflación «aumenta el coste de la guerra» y por ello debía ser suprimida. Un sistema de precios libres no funcionaría en tiempos de guerra porque «la respuesta al aumento de los precios es lenta e imprevisible». Peor aún, «los precios incontrolados pueden hacer que la mano de obra y el capital pasen a industrias prescindibles en tiempos de guerra». (*¿Quién* dice que se pueda prescindir de ellas?) La dependencia exclusiva de medidas fiscales y del sistema de precios para lograr la movilización deseada por el Estado en tiempos de guerra «requeriría un programa fiscal de proporciones fantásticas».[532] Exactamente. Los errores conceptuales que contienen estos puntos de vista ya han sido detalladamente expuestos. Es notable el estatismo que motivó el análisis de Harris y que inspiró prácticamente el resto de los análisis contemporáneos de la política económica del Gobierno durante la guerra. Estados Unidos, en guerra contra países en los que el estatismo se había desbocado violentamente, había adoptado gran parte de la coloración del enemigo.

532. Harris, *Price and related controls*, pp. 29-30, 58.

Las fuerzas armadas y la economía

Las fuerzas armadas alinearon recursos para la Segunda Guerra Mundial en un modo similar a 1917-1918, y el secretario de Guerra, Stimson, las describió como guardianas de «las funciones naturales y tradicionales del Ejército y la Marina». Sus vastos esfuerzos de adquisición inevitablemente condujeron a las autoridades militares a una variedad de conflictos con los guardianes de los intereses económicos civiles. La consiguiente «guerra dentro de la guerra», el escenario de «continuos conflictos, acritud y luchas burocráticas internas mientras las agencias civiles y militares se enfrentaban en la promoción de intereses opuestos», ofrece muchas lecciones para los estudiantes de administración y políticas públicas.[533] Centraré mi atención, sin embargo, en otro aspecto de esta experiencia. La gran movilización militar-industrial de 1940-1945 creó una nueva institución (o conjunto de instituciones conectadas), el complejo militar industrial, con implicaciones para el carácter de la política económica de la posguerra. Veamos los orígenes y naturaleza de ese complejo en la Segunda Guerra Mundial.

El complejo militar industrial comprende los acuerdos institucionalizados por los que las autoridades de ad-

533. Stimson y Bundy, *On active service*, p. 269; Samuel P. Huntington, *The soldier and the State: the theory and politics of civil-military relations*, Belknap Press, Cambridge (Massachusetts), 1957, p. 316; John W. Eley, «Management structures for industrial mobilization in the 1980s: lessons from World War II», en Hardy L. Merritt y Luther F. Carter (eds.), *Mobilization and the national defense*, National Defense University Press, Washington D. C., 1985, pp. 25-36; Smith, *Army and economic mobilization*, *passim*.

quisición militar, ciertas grandes corporaciones y ciertos funcionarios ejecutivos y legislativos del Gobierno federal cooperan en un enorme y continuo programa para desarrollar, producir y desplegar armas y productos relacionados. (Algunos autores incluyen a los sindicatos, las organizaciones de investigación, las universidades y otros agentes que participan en los programas.) Opera tanto en tiempos de paz como de guerra y no tiene antecedentes significativos antes de 1940, salvo los acuerdos transitorios y limitados de 1917-1918. Entre las dos guerras mundiales, al igual que durante todos los períodos de paz anteriores, las fuerzas armadas estadounidenses lucharon por sobrevivir. (El aumento de la fuerza naval en los inicios del siglo xx fue una pequeña excepción a la regla.) El Congreso normalmente autorizaba lo más estrictamente esencial en cuanto a equipamiento y suministros y un número mínimo de oficiales y hombres. La tradicional aprensión a un ejército permanente en tiempos de paz privaba de respeto y estatus social a la profesión militar, que era una vocación ingrata hasta que empezaban a sonar disparos.

Tras la capitulación de Francia en junio de 1940, estas condiciones cambiaron extraordinariamente. El Congreso abandonó su característica frugalidad en las asignaciones militares y aprobó el gasto de miles de millones, después de decenas de miles de millones y cientos de miles de millones de dólares; en total se gastaron más de 300.000 millones de dólares en bienes y servicios de guerra durante 1941-1945 —gran ejemplo de cómo resolver un problema «gastando dinero»—. Sin embargo, el programa de adquisiciones fue descrito como una «operación de perdigones». En cualquier caso, a pesar de haber malgastado gran parte del dinero, se gastó tanto que de todos modos se lograron grandes cosas.[534] Después de 1941, las agencias de adquisiciones militares operaron prácticamente sin limitaciones presupuestarias.

El Congreso, al renunciar en cierto modo a su poder de gasto, cedió el control efectivo sobre el Ejército al Poder Ejecutivo, donde todo dependía del ejercicio y la delegación de los poderes de guerra que hiciera el presidente, incluyendo sus decisiones como comandante en jefe. Roosevelt dio libertad a sus mandos militares para gestionar las adquisiciones militares pero tuvo que resolver los conflictos resultantes sobre el uso de recursos. En enero de 1942 se aceptó que la movilización económica total requeriría un zar, por lo que el presidente creó la Junta de Producción de Guerra y nombró a Donald M. Nelson, un antiguo ejecutivo de Sears, para que la dirigiera. Nelson recibió instrucciones para «ejercer la dirección general del programa de producción y adquisiciones de guerra» y para «determinar las políticas, planes, procedimientos y métodos de los diversos departamentos federales, establecimientos y agencias federales en cuanto a las adquisiciones y la producción de guerra».[535] Nelson, que era más un

534. Sobel, *Age of giant corporations*, pp. 166, 168; Burns, *Roosevelt*, p. 246. Un total de 303.700 millones de dólares según cálculos extraídos de U.S. Council of Economic Advisers, *Annual report*, p. 221. Esta cifra sería obviamente mucho más elevada si se expresara en dólares según el poder adquisitivo actual.

535. Burns, *Roosevelt*, p. 191; Huntington, *Soldier and the State*, p. 340.

hombre de comité que un líder, no tardó en ser atacado por todas partes.

Su mayor problema era que los agentes movilizadores, semiautónomos y descoordinados del Estado intentaban hacer más de lo que se podía hacer. En una «batalla campal», durante la primera mitad de 1942 los departamentos y agencias públicas realizaron contratos por valor de más de 100.000 millones de dólares, una demanda que superaba con creces la capacidad de respuesta de la economía. Siguió el caos:

> Los buques mercantes tomaron el acero de la Marina, y las lanchas de desembarco lo tomaron de ambos. La Marina tomó el aluminio de los aviones. El caucho tomó las válvulas de los buques destructores de escolta, del petróleo y de la Marina. Los oleoductos tomaron el acero de barcos, de las nuevas herramientas y de los ferrocarriles. Y a cada paso había demandas extranjeras y peticiones de nuevas instalaciones.

El sistema de asignación de prioridades colapsó como resultado de la «inflación de prioridades». Las reclamaciones de recursos oficialmente aprobadas superaban con creces la cantidad de recursos disponibles.[536]

A lo largo de 1942 y hasta 1943 las fuerzas contendientes lucharon, cada una con sus medios y soluciones preferida, para arreglar el desorden organizativo. Cómo consi-

536. War Records Section, *United States at war*, pp. 113-114. También Burns, *Roosevelt*, pp. 246-247; Smith, *Army and economic mobilization*, pp. 154-158.

guieron solventar los problemas organizativos es una historia larga y complicada, llena de ruido político y furia burocrática. En el camino se rompieron muchos hombres y aún más reglas. Nelson, asediado, sobrevivió milagrosamente en el cargo hasta verano de 1944, cuando el presidente finalmente lo despidió. En 1942, frente a demandas militares desmesuradas, la Junta de Producción de Guerra había dejado de actuar como árbitro y defendía las demandas de civiles sobre los limitados recursos de la economía. El Congreso apoyó más decididamente lo que habría de ser un ministerio civil de armamento, con autoridad sobre las adquisiciones, la producción, la mano de obra y los precios. Para evitar el desafío a su autoridad, Roosevelt creó un nuevo árbitro el 27 de mayo de 1943 al establecer la Oficina de Movilización de Guerra. Relevó a Byrnes de la Oficina de Estabilización Económica y lo puso al frente de la nueva oficina. Byrnes era hábil, respetado y conciliador y gozaba de la plena confianza y apoyo del presidente. Supo mantener la batalla del Potomac dentro de unos límites tolerables.[537, 538]

En el frente interno los departamentos militares ganaron la mayoría de las batallas. No sólo estaban «representados en cada punto de [la Junta de Producción de Gue-

537. Huntington, *Soldier and the State*, pp. 340-342; Polenberg, *War and society*, pp. 219-227; Paul A. C. Koistinen, «Mobilizing the World War II economy: labor and the industrial-military alliance», *Pacific Historical Review*, 42 (nov. de 1973), p. 454; Schwarz, *The Speculator*, pp. 427-441. Para una explicación detallada, véase War Records Section, *United States at war*, caps. 5, 10, 12, esp. pp. 129-131, 280-281.

538. El autor se refiere con ironía a una de las batallas más sangrientas de la guerra de Secesión, que tuvo lugar en 1862. *(N. de la t.)*

rra] [...] sino que estaban en posición de retrasar o recomendar acciones tanto en las decisiones políticas más importantes como en los detalles más pequeños, si la acción propuesta no se ajustaba a las necesidades del país, sus opiniones o deseos».[539] Cuando Roosevelt tenía que elegir entre calmar un dolor de cabeza militar o curar una carencia civil, solía elegir la medicina prescrita por el doctor Ganar-la-Guerra.

Para adquirir material militar, el Ejército y la Armada trataban principalmente con grandes empresas. Ante la insistencia de las autoridades militares, a las que FDR de nuevo hizo caso, los juicios antimonopolio se suspendieron mientras duró la guerra. Había más de dieciocho mil contratistas, pero un centenar de empresas obtuvieron dos tercios del negocio de guerra; sólo treinta y tres obtuvieron cerca de la mitad, y sólo General Motors obtuvo el 8 por ciento. El modelo no era fruto de ninguna gran conspiración. Las autoridades militares querían los productos, los querían rápido; el precio no les importaba demasiado, pero sí la calidad y la fiabilidad. Las grandes empresas tenían la experiencia técnica y de gestión, y las grandes instalaciones para dar respuesta a la enorme demanda militar. Además, era más fácil tratar con unos pocos contratistas que con muchos. Si se necesitaban los servicios de empresas más pequeñas, los contratistas principales siempre podían subcontratarlos.[540]

539. War Records Section, *United States at war*, p. 281. También Koistinen, «Mobilizing», p. 449.

540. Polenberg, *War and society*, pp. 218-219; Harris, *Price and related controls*, pp. 248-249, 259-264; Koistinen, «Mobilizing», p. 446;

Aunque la mayoría de los grandes contratistas —firmas como General Motors, Ford, Bethlehem, Chrysler, DuPont y General Electric— habían gozado durante mucho tiempo de preeminencia en la industria estadounidense, algunas empresas hasta entonces desconocidas pudieron subir también a la ola de la guerra y llegar a lo más alto de la industria. En particular los fabricantes de aviones pasaron de la hambruna al banquete. Había excelentes oportunidades para «los empresarios que estaban dispuestos a cooperar con el Estado y licitar por contratos o aliarse con los principales productores». Los constructores navales Andrew Jackson Higgins, en la costa del Golfo, y Henry J. Kaiser, en la costa oeste, amasaron fabulosas fortunas atendiendo a los señores de la guerra. A Kaiser le gustaba verse como un salvador del sistema de libre empresa pero, como ha señalado John Morton Blum, «el Estado proveyó capital y mercado y garantizó solvencia con la fórmula de coste incrementado, de manera que ahorró la necesidad de eficiencia de costes, recompensó la rapidez a cualquier

---

John Morton Blum, *V was for victory: politics and American culture during World War II*, Harcourt Brace Jovanovich, Nueva York, 1976, pp. 117-146; Louis Cain y George Neumann, «Planning for peace: the Surplus Property Act of 1944», *Journal of Economic History*, 41 (mar. 1981), pp. 129-135; Jones, *Fifty billion dollars*, pp. 338-339; Roger A. Beaumont, «Quantum increase: the MIC [military-industrial complex] in the Second World War», en Benjamin Franklin Cooling (ed.), *War, business, and American society: historical perspectives on the military-industrial complex*, Kennikat Press, Port Washington (Nueva York), 1977, pp. 127-128; Smaller War Plants Corporation, *Economic concentration and World War II*, U.S. Government Printing Office, Washington D. C., 1946, pp. 21-54; Smith, *Army and economic mobilization*, pp. 262-266 y *passim*.

precio y estuvo a punto incluso de garantizar sus beneficios».[541] Higgins, Kaiser y sus pares de otras grandes empresas proveedoras del ejército habían descubierto algo bueno (al menos para ellos), pero no era la libre empresa. A pesar de sus opiniones personales, era la negación de la economía de libre mercado.

Se llame como se llame, era la ola del futuro. Los empresarios, muchos de los cuales habían sido hostiles al New Deal desde 1935, se adaptaron después de 1940 a trabajar sin problemas con los funcionarios públicos. «La actitud de sospecha y de negociación lenta y meticulosa que caracterizaba la relación del Estado con las empresas al principio de la guerra dio paso a una actitud predominante de confianza mutua a medida que avanzaba la contienda.» La multitud de contactos frecuentes y amistades cimentadas entre militares y ejecutivos de las empresas durante la guerra auguraban la continuación de sus relaciones amistosas y mutuamente beneficiosas. Después de 1945, la Guerra Fría, el desarrollo de sistemas de armamento cada vez más sofisticados y la gran migración de oficiales militares retirados hacia empleos corporativos en las industrias de defensa prácticamente garantizaba que el complejo militar industrial no sólo sobreviviría, sino que prosperaría. De hecho, ha sido así durante las décadas subsiguientes y hasta extremos casi increíbles. Durante 1946-1985 las compras federales de bienes y servicios para la defensa nacional ascendieron a unos 3 billones de dóla-

541. Sobel, *Age of giant corporations*, p. 165; Blum, *V was for victory*, p. 115. Jones (*Fifty billion dollars*, p. 331) observó que Kaiser «estaba dispuesto a probar lo que fuera si el gobierno ponía el dinero».

res —es decir, la increíble suma de 3.000.000.000.000 de dólares—, lo que convierte al Pentágono en uno de sistemas de no mercado de asignación de recursos más grandes del mundo.[542]

Trabaja o lucha

Cuando Estados Unidos entró en la guerra tenía mucha mano de obra en reserva. Los hombres jóvenes se incorporaron a las fuerzas armadas y millones de adolescentes, mujeres y hombres mayores se presentaron para reemplazarlos en las líneas de producción. Durante los dos primeros años de guerra, el Estado no sintió la necesidad de la mano de obra civil, puesto que la mera disponibilidad de puestos de trabajo bien remunerados en la industria armamentística y otras industrias complementarias fue suficiente incentivo para atraer gente a los empleos que favorecía el Gobierno.

Sin embargo, los controladores de precios no tardaron en intervenir en los mercados laborales, ya que los aumentos salariales descontrolados amenazaban el mantenimien-

542. Anderson, *Economics and the public welfare*, p. 555; Beaumont, «Quantum increase», p. 132. La cifra de los 3 billones de dólares se obtiene a partir de datos publicados en U.S. Council of Economic Advisers, *Annual report*, p. 221; y U.S. Office of Management and Budget, *The United States budget in brief; fiscal year 1986* (1985), p. 65. Para una buena selección de información y opinión sobre el complejo militar industrial, véase James L. Clayton (ed.), *The economic impact of the Cold War: sources and readings*, Harcourt, Brace & World, Nueva York, 1970. También Jacques S. Gansler, *The defense industry*, MIT Press, Cambridge (Massachusetts), 1980.

to de los precios máximos de los bienes y servicios civiles por parte de la OAP. El Estado no consiguió un control firme de los salarios por hora hasta la aprobación de la Ley de Estabilización Económica, en octubre de 1942, y la orden directa de Roosevelt, en abril siguiente, de frenar los aumentos salariales. Los salarios semanales reales siguieron subiendo, impulsados por las horas extraordinarias y la mejora de las prestaciones complementarias. Entre finales de 1940 y finales de 1944, el salario medio por hora se incrementó en un 40 por ciento, mientras que los semanales aumentaron alrededor del 80 por ciento.[543] El Gobierno de Roosevelt, al no querer ofender a sus muchos amigos de los sindicatos, no se preocupó excesivamente por la laxitud de sus controles salariales.

Una preocupación mucho mayor fueron los paros laborales. Incluso antes de la guerra, durante el aumento de la defensa en 1941, las huelgas se habían prodigado con ocasión del programa de movilización del Gobierno. El 19 de marzo de 1941, Roosevelt nombró una Junta de Mediación de Defensa Nacional para ayudar a resolver las disputas entre los trabajadores y la patronal. La junta tuvo cierto éxito al principio, pero dejó de funcionar en noviembre, después de que dos miembros de la federación sindical Congreso de Organizaciones Industriales dimitieran por su desacuerdo con la decisión de no recomendar la creación de un sindicato en una disputa que involucraba al sindicato de mineros y a varias minas de carbón «cautivas», propiedad de empresas siderúrgicas. En 1941, en tres

543. War Records Section, *United States at war*, pp. 195-201.

ocasiones el presidente «resolvió» conflictos confiscando las instalaciones en huelga.[544]

Inmediatamente después de que Estados Unidos entrara formalmente en la guerra, Roosevelt obtuvo cierto control sobre las relaciones laborales. El 17 de diciembre de 1941 convocó a una docena de empresarios y a otra docena de sindicalistas en Washington. Prometieron que no recurrirían a cierres patronales ni a huelgas durante la guerra y que se someterían a la intervención del Estado en conflictos no resueltos. El 12 de enero de 1942, el presidente creó el Consejo Nacional de Relaciones Laborales de Guerra, inspirado en el Consejo de Relaciones Laborales de Guerra de la Primera Guerra Mundial, para resolver los conflictos por mediación o arbitraje. La junta estaba respaldada por los poderes de guerra del presidente y podía hacer cumplir sus decisiones mediante la intervención de plantas productivas, de acuerdo con la ley de 1940. Con el tiempo se ordenaron docenas de intervenciones, algunas de las cuales afectaban a industrias enteras (minería del carbón y ferrocarriles).[545]

544. Ibídem, pp. 190-191; Polenberg, *War and society*, pp. 155-156.

545. War Records Section, *United States at war*, pp. 192-194; Polenberg, *War and society*, pp. 156-158. Véase la prodigiosa e informativa compilación de expropiaciones adjunta al voto concurrente del juez Frankfurter en el caso *Youngstown Sheet & Tube Co. et al. v. Sawyer*, 343 U.S. 579 (1952), pp. 621-628. Según Rockoff, «The response of the giant corporations», p. 127, nota 15, citando a John L. Blackman, *Presidential seizure in labor disputes*: «Al menos un tercio de las 100 empresas más importantes sufrieron expropiaciones, ya sea en su totalidad o al menos alguna planta o dependencia». También Rockoff, *Drastic measures*, pp. 119-120.

El problema más espinoso del Consejo eran los acuerdos de seguridad sindical. Los empresarios generalmente se oponían a no poder abrir libremente la contratación de mano de obra por restricciones sindicales, mientras que los sindicatos deseaban un control lo más estricto posible de la oferta de mano de obra. Las huelgas a menudo no las motivaban los salarios, sino desacuerdos sobre si el sindicato o el empleador debían controlar la selección y la retención de los empleados. Como norma, la junta adoptó un compromiso, una forma modificada del principio sindical de «mantenimiento [obligatorio] de la afiliación». En los casos en los que existía un negocio sin representación sindical y el sindicato exigía la afiliación, el consejo estableció que, durante un «período libre» de quince días, cualquier trabajador podía renunciar al sindicato y conservar su puesto de trabajo. Tras el período libre los miembros del sindicato debían seguir afiliados y pagar las cuotas durante la vigencia del contrato, y el sindicato seguía siendo el único responsable en exclusiva de la negociación colectiva en el lugar de trabajo, sin importar cuántos trabajadores no sindicados estuvieran también empleados en él. A los empresarios esto no les gustaba, ya que consideraban que el compromiso no limitaba suficientemente el poder de los sindicatos. (Tenían razón: los sindicalistas necesitaban intimidar a los nuevos trabajadores para que se afiliaran al sindicato, o a los afiliados para evitar que lo abandonaran, durante sólo quince días; después, la afiliación al sindicato se convertía en una condición para el empleo, es decir, impuesta por el empresario.) Los sindicatos florecieron bajo este régimen. Durante los cuatro años de guerra, el número de afiliados aumentó en más de cuatro millones, es decir, un 40 por ciento.[546]

Los paros laborales continuaron a pesar del compromiso de no huelga de diciembre de 1941. El peor año fue 1943, testigo de una oleada de huelgas, algunas incluso en industrias de guerra esenciales. La más notable tuvo lugar en minas de carbón bituminoso, donde John L. Lewis, el flamante jefe del sindicato nacional de mineros (United Mine Workers), consideraba que la guerra era problema de Roosevelt, no suyo. Lewis sabía que ostentaba una posición de fuerza en la negociación y presionó con demandas de subidas salariales mucho mayores de lo que permitía la norma del Gobierno. Las tres breves huelgas de mineros que tuvieron lugar en mayo y junio provocaron a Roosevelt, quien asumió el control de las minas y amenazó con poner fin a los aplazamientos de reclutamiento de los mineros en huelga. Los mineros volvieron a trabajar y el Gobierno devolvió el control de las minas a sus propietarios. Lewis mantuvo su actitud desafiante y siguió sin cooperar. (FDR detestaba a Lewis y prometió frívolamente que renunciaría a la presidencia si éste se suicidaba.) La disputa persistió. A pesar de diversas amenazas, arrestos, intimidaciones y otra incautación pública de las minas en otoño, el sindicato minero tenía la sartén por el mango. El Estado necesitaba el carbón para lograr sus objetivos de guerra y sólo los mineros —que eran fieramente leales a su

546. War Records Section, *United States at war*, pp. 194-195; Polenberg, *War and society*, pp. 158-159; U.S. Bureau of the Census, *Historical statistics*, p. 178.

líder sindical— podían producirlo. El secretario del Interior, Harold Ickes, fue quien le señaló a Roosevelt que «un minero encarcelado no produce más carbón que un minero en huelga». Finalmente, los mineros consiguieron un gran aumento salarial, pero las relaciones laborales en la industria del carbón siguieron sin resolverse hasta 1944.[547] (Por otra parte, Lewis se negó a suicidarse y sobrevivió a Roosevelt un cuarto de siglo.)

El Congreso estaba dominado por republicanos y demócratas conservadores que no encontraron divertido el enfrentamiento de FDR y Lewis. En junio de 1943 los legisladores aprobaron, por amplia mayoría en ambas cámaras, la Ley Smith-Connally de Conflictos Laborales de Guerra. Además de otorgar al Consejo Nacional de Relaciones Laborales de Guerra una autoridad legal explícita, la ley ampliaba el poder del presidente para confiscar la producción; ilegalizar la interferencia en el funcionamiento de las instalaciones incautadas o ayudar a cualquiera que interfiriera en ellas. También establecía un «período de reflexión» de treinta días antes de las huelgas; exigía que los empleados tuvieran la oportunidad de votar sobre la aprobación de una huelga propuesta, y prohibía las contribuciones políticas de las organizaciones sindicales a los candidatos a cargos federales. Roosevelt no quería enemistarse con sus amigos de los sindicatos —o perder sus contribuciones en las campañas electorales— y por este motivo vetó el proyecto de ley, instando a que se le autori-

547. Polenberg, *War and society*, pp. 161-170; Burns, *Roosevelt*, pp. 335-337; James F. Byrnes, *All in one lifetime*, Harper & Brothers, Nueva York, 1958, p. 182.

zara a reclutar a los huelguistas de hasta sesenta y cinco años para el servicio militar no de combate. En pocas horas, el Congreso anuló el veto.[548]

La Ley de Conflictos Laborales de Guerra se convirtió rápidamente en un arma cargada para la intervención federal en el mercado laboral. En 1944 se produjo una disputa tragicómica; Montgomery Ward rechazó un acuerdo de mantenimiento de la afiliación y la ley fue el asidero para que el Estado confiscara este negocio de venta por correo. Pero Montgomery Ward no era un negocio relacionado con la guerra —no tenía contratos con la administración ni ninguna relación aparente con el programa de movilización del Gobierno—, y por lo tanto, no entraba propiamente en la jurisdicción definida por la Ley de Conflictos Laborales de Guerra. La confiscación —que la prensa conservadora explotó para demostrar la prepotencia de «ese hombre»— ilustró que se tiende a abusar del poder, y en este caso fue mediante el recurso de las autoridades a una medida de guerra para alcanzar fines políticos al margen de ella.[549]

A medida que la mano de obra empezó a escasear, el Gobierno veía su programa de producción de guerra cada vez más comprometido. La escasez puntual y la rápida rotación de trabajadores afectaba sobre todo a los centros de

548. *Public Law 89*, 78.° Congreso, 1.ª sesión, 25 de junio de 1943, cap. 144; Young, *Congressional politics*, pp. 63-65; Polenberg, *War and society*, pp. 166-169; Blum, *V was for victory*, p. 241.

549. Polenberg, *War and society*, pp. 170-175; Jones, *Fifty billion dollars*, pp. 478-481. Para los detalles legales, véase Corwin, *Total war and the Constitution*, pp. 66-70.

producción de la costa oeste, el noreste y los enjambres del medio oeste, como Detroit y Wichita. En el otoño de 1943 el suministro de mano de obra fue por primera vez una restricción vinculante. A principios de 1942, en previsión de que llegara este problema, Roosevelt había creado la Comisión de Mano de Obra de Guerra y nombró presidente a Paul V. McNutt, jefe de la Agencia Federal de Seguridad. Durante seis meses la comisión sirvió sólo como foro para la discusión de políticas. Luego, durante el otoño de 1942, el presidente la transformó, mediante órdenes ejecutivas, en una poderosa agencia. Le dio el control del Servicio de Empleo de Estados Unidos y del Sistema de Servicio Selectivo y le otorgó la autoridad para regular la contratación y el reclutamiento de trabajadores en áreas que designó como críticas. En paralelo, el 5 de diciembre finalizaron casi todos los alistamientos voluntarios en las fuerzas armadas; a partir de entonces, el servicio militar obligatorio proporcionaría personal a la Marina y a los marines, así como al Ejército. Aunque los empresarios privados mantuvieron sus prerrogativas para contratar y despedir (sujetas, por supuesto, a las restricciones impuestas por los convenios colectivos), la Comisión de Mano de Obra de Guerra podía ejercer una poderosa influencia en la asignación de la mano de obra.[550]

La comisión se movió en varios frentes. En enero de 1943 McNutt emitió la orden de «trabajo o lucha», que básicamente amenazaba con el reclutamiento a los hombres con trabajos «no esenciales». La directiva topó con la

550. War Records Section, *United States at war*, pp. 182-189.

resistencia de las juntas de reclutamiento locales, en gran medida autónomas, que preferían que la piedra de toque para las exenciones fuera el estatus familiar en lugar de la ocupación laboral. El Congreso también se esforzó por preservar las prórrogas para los trabajadores agrícolas y por excluir a los padres de familia del reclutamiento. A finales de 1943, se le arrebató a la comisión el control del Sistema de Servicio Selectivo. Derrotada en este frente, el organismo se dedicó a implementar un sistema para controlar la rotación y la asignación de la mano de obra. Para los mercados de trabajo de Seattle, Portland, San Francisco, Los Ángeles y San Diego, el Servicio de Empleo estableció las prioridades de mano de obra y remitió a los trabajadores a los empleos de alta prioridad que se habían designado. Los empresarios no podían contratar a nadie que no les fuera remitido por el Servicio de Empleo. A su vez, el Servicio Selectivo debía cooperar y otorgar prórrogas a los hombres empleados en trabajos esenciales de guerra. Este Plan de mano de obra de la costa oeste había surgido de un estudio promovido oficialmente y de las recomendaciones de Bernard Baruch y su socio John M. Hancock. Durante el invierno de 1943-1944 el plan se extendió gradualmente a otras zonas del país. Era menos obligatorio de lo que querían algunos funcionarios, especialmente las autoridades militares —no se sancionaba al empresario si no respetaba el reglamento—, y en la práctica no tuvo ningún efecto destacable en la rotación de la mano de obra. En el mejor de los casos, hizo que los funcionarios de los servicios selectivos, de la Junta de Producción de Guerra y de las agencias de adquisiciones militares fueran más conscientes de los aspectos relacionados con la oferta de mano de obra cuando tomaban decisiones sobre otras cosas.[551]

Desde el principio de la guerra, algunos quisieron tratar la mano de obra civil como el Estado trataba a la mano de obra militar, mediante el reclutamiento. Grenville Clark, un consultor de Stimson y defensor de la preparación desde antes de la Primera Guerra Mundial, organizó y dirigió un Comité de Ciudadanos para una Ley del Servicio de Guerra Nacional. En 1942 preparó varias versiones del proyecto. McNutt, aspirante a zar de la mano de obra, hizo una campaña activa a favor de un sistema de servicio nacional diseñado por él mismo en el otoño de 1942. Los departamentos militares y, por supuesto, la Legión Americana apoyaron la idea. Stimson, que estaba resentido por «la actitud en absoluto bélica de la nación», pensaba que el servicio nacional «extendería los principios de democracia y justicia más uniformemente a través de nuestra población [...]. Ciertamente, la nación no tiene menos derecho a exigir a un hombre que fabrique armas que a exigir a otro hombre luchar con esas armas». El presidente, consciente de la falta de consenso, se mantuvo «sistemáticamente ambivalente» y se negó a ofrecer apoyo público para el reclutamiento de la mano de obra civil.[552]

551. Polenberg, *War and society*, pp. 20-22; War Records Section, *United States at war*, pp. 429-447.

552. Polenberg, *War and society*, pp. 176-177; War Records Section, *United States at war*, pp. 188-189; Stimson y Bundy, *On active service*, pp. 261-263; Koistinen, «Mobilizing», pp. 456-457; Byrnes, *All in one lifetime*, pp. 206-207.

Desde principios de 1943 y hasta principios de 1945, el Congreso consideró varios proyectos de ley sobre el servicio nacional. El 11 de enero de 1944, Roosevelt sorprendió a la mayoría de sus asesores al mostrarse firmemente a favor de dicha ley «que, mientras dure la guerra, impedirá las huelgas y, con ciertas excepciones, pondrá a todos los adultos sanos de esta nación a disposición de la producción de guerra o para cualquier otro servicio esencial». El presidente insistió en que «no puede haber discriminación entre los hombres y mujeres que son asignados por el Estado a su defensa en el frente de batalla, y los hombres y mujeres asignados a producir los materiales vitales esenciales para el éxito de las operaciones militares». Pero FDR consideraba el servicio nacional como un mero componente del conjunto de medidas al que aspiraba y que incluía un gran aumento de los impuestos a las rentas altas. De manera que nunca acabó de apostar con todo su peso político por la propuesta del servicio nacional. En los testimonios ante los comités del Congreso, el principal apoyo vino de los representantes del Ejército, la Marina y la Comisión Marítima. Ahora, temerosos de perder terreno si se aplicaba un reclutamiento universal, los portavoces de la Comisión de Mano de Obra de Guerra se mostraron reacios. La oposición al proyecto unió insospechadamente a los conglomerados sindicales de la Federación Americana del Trabajo y del Congreso de Organizaciones Industriales, a la Asociación Nacional de Fabricantes y a la Cámara de Comercio. Stimson, disgustado por la «negativa nacional a librar una guerra total», observó que «tanto los trabajadores como los empresarios preferían la anarquía de un sistema voluntario a los peligros imaginados de la dirección gubernamental».[553]

En realidad, los opositores tenían preocupaciones más egoístas. Los sindicalistas, que maldecían el «trabajo esclavo» y la «servidumbre involuntaria», no se oponían al reclutamiento militar —seguramente una forma más reprobable de servidumbre involuntaria que la asignación a un trabajo civil seguro y bien remunerado—. Los líderes sindicales sabían que el servicio nacional pondría fin a la auténtica negociación colectiva y los haría personalmente superfluos. Philip Murray advirtió a la junta ejecutiva de la federación sindical Congreso de Organizaciones Industriales: destruid la negociación colectiva «y veréis lo eficaces que seréis para vuestra gente. Descubriréis lo rápido que os mandan al infierno». Los empresarios, por supuesto, querían mantener el control sobre la contratación y el despido. También intuían que el reclutamiento de mano de obra civil conllevaría demandas de «reclutamiento de beneficios» —es decir, impuestos confiscatorios— y a la toma de posesión de sus instalaciones de producción por parte del Estado.[554] Stimson y sus partidarios tenían poca consideración por la libertad individual en tiempos de guerra, pero al menos tenían la virtud de la coherencia moral (¿inmoral?). Los líderes de los sindicatos y los por-

553. War Records Section, *United States at war*, pp. 450-455; Polenberg, *War and society*, pp. 177-183; Stimson y Bundy, *On active service*, pp. 264-266; Koistinen, «Mobilizing», pp. 457-460; Corwin, *Total war and the Constitution*, pp. 88-91.

554. Polenberg, *War and society*, p. 25 (también pp. 179-181); Schwarz, *The Speculator*, p. 452.

tavoces de los intereses empresariales preferían la hipocresía de defender sus propios privilegios y derechos de propiedad, a la par que apoyaban el reclutamiento de hombres para el servicio en las fuerzas armadas. La coalición opositora ejerció suficiente presión para que el Congreso nunca aprobara una ley de servicio nacional.

El Tribunal Supremo también va a la guerra

Hacia el final de la guerra, Edward Corwin resumió las «restricciones que hoy existen sobre el derecho a la propiedad como consecuencia de nuestra participación en la Segunda Guerra Mundial»:

> El Estado tiene derecho a requisar la propiedad para sus propios usos en tiempos de guerra. Puede hacer pedidos obligatorios, y un fabricante debe hacer lo que se le ordena, sin tener en cuenta el hecho de que podría obtener más beneficios haciendo otra cosa. El Estado puede requisar cualquier planta privada que considere esencial para nuestro programa de guerra. En efecto, puede fijar los precios que debe pagar por los productos, y la autoridad de renegociación —por la que varios miles de millones fueron devueltos al Tesoro en primer y último lugar— es uno de los medios. El Estado absorbe el exceso de beneficios a través de los impuestos. El Estado controla el flujo de materias primas al fabricante, limitando así de nuevo lo que puede ganar con su capital. Mediante prioridades en el transporte, controla aún más el flujo de materias primas. Establece las horas de tra-

> bajo, fija las escalas salariales, obliga a pagar las horas extras y establece las condiciones de trabajo. Puede detener la mano de obra de una planta etiquetando su producto como no esencial. Domina el mercado de capitales al proporcionar en sus propias condiciones la mayor parte de la financiación de la industria de guerra. Por último, a través de la OAP, el Estado deja de lado la ley de la oferta y la demanda con sus propios mandatos, fija los precios máximos y las rentas.[555]

Corwin podría haber hecho una lista mucho más larga. La enumeración de los poderes económicos extraordinarios del Estado es también un catálogo de derechos económicos privados que han sido derogados o destruidos.

¿Dónde estaba el Tribunal Supremo mientras el Gobierno pasaba por encima de los derechos constitucionales individuales establecidos desde antaño? La respuesta es que los jueces, casi sin excepción, se habían convertido en *animadores* de las acciones legislativas y ejecutivas expansivas de los tiempos de la guerra. Ni una sola vez el ejercicio excepcional del poder por parte del Gobierno fue desaprobado por el Tribunal Supremo. (Hubo, como veremos, algunas argucias judiciales sobre cuestiones de procedimiento y no de fondo, pero incluso en ese caso la mayoría del tribunal nunca encontró nada que desautorizar.)[556] Quizá

555. Corwin, *Total war and the Constitution*, pp. 83-84.

556. Clinton Rossiter y Richard P. Longaker, *The Supreme Court and the Commander in Chief*, Cornell University Press, ed. expandida, Ithaca (Nueva York), 1976, p. 97. También Paul L. Murphy, *The Constitution in crisis times, 1918-1969*, Harper Torchbooks, Nueva York, 1972, pp. 222-224, 246.

la capitulación judicial no debería sorprendernos. Al fin y al cabo, durante la guerra, el tribunal estaba formado casi en su totalidad por jueces nombrados por Roosevelt. Excepto Owen J. Roberts, todos los jueces tenían en la máxima consideración al New Deal y la mayoría habían desempeñado un papel destacado en él. Veían con buenos ojos la delegación legislativa y el activismo ejecutivo. FDR había sido y seguía siendo su líder, y ninguno de ellos ansiaba morder la mano que los guiaba.

Formalmente, el tribunal se posicionó en una interpretación expansiva y sin matices de los poderes de guerra constitucionales. Como observó Clinton Rossiter, «al tribunal también le gusta ganar guerras». Corwin, expresándose con algo más de generosidad, señaló que «en la guerra total, el tribunal pierde necesariamente parte de su libertad normal de decisión y se asimila, como el resto de la sociedad, al mecanismo de la defensa nacional». Al principio, en un caso decidido el 16 de febrero de 1942, el tribunal reveló la posición que adoptaría mientras durara la guerra. «El Congreso puede reclutar hombres para el servicio de batalla», escribió el juez Hugo Black, y «[s]u poder para reclutar organizaciones empresariales que apoyen a los combatientes que arriesgan sus vidas no puede ser menor».[557]

En su mayor parte, la supresión de derechos individuales ni siquiera fue desafiada —o, si se impugnaba, el Tribunal Supremo la consideraba indigna de revisión—. La acción más drástica del Gobierno, el reclutamiento mi-

557. Rossiter y Longaker, *The Supreme Court and the commander in chief*, p. 91; Corwin, *Total war and the Constitution*, p. 177; *United States v. Bethlehem Steel Corporation*, 315 U.S. 289 (1942), p. 305.

litar, motivó muchos casos en los tribunales inferiores, pero el Tribunal Supremo se lavó las manos, denegando sin opinión una petición de *certiorari* para revisar la decisión de un tribunal inferior. En muchas de sus decisiones de los tiempos de la guerra, como la que acabamos de citar, el tribunal simplemente dio por sentada la constitucionalidad del reclutamiento militar.[558] De alguna manera, los jueces nunca encontraron la ocasión de pronunciarse sobre la constitucionalidad de los poderes del ejecutivo para asignar materiales e instalaciones, confiscar plantas en conflictos laborales o racionar los bienes de consumo.

El control de precios fue el único poder importante que recibió una amplia consideración por parte del Tribunal Supremo en tiempos de guerra. Pero nadie cuestionó la constitucionalidad del control de precios *per se*. Los casos se referían únicamente a la constitucionalidad de los procedimientos empleados por el Gobierno para aplicar los controles de precios. Aunque el procedimiento no era en absoluto una cuestión trivial, y se consideraron de pasada algunas cuestiones importantes, lo cierto es que no se llegó al fondo de la cuestión. El caso principal fue *Yakus v. United States*, decidido el 27 de marzo de 1944.[559] La opinión de la mayoría dio la razón al Gobierno en todos los puntos controvertidos: la Ley de Control de Precios de Emergencia no suponía una delegación injustificada del Poder Legislativo y el procedimiento que preveía para las apelaciones tampoco violaba el debido proceso.

558. Rossiter y Longaker, *The Supreme Court and the commander in chief*, p. 100.

559. *Albert Yakus v. Estados Unidos*, 321 U.S. 414 (1944).

El juez Roberts, el «hombre oscilante» del tribunal en los años treinta, ahora se pronunció contra el Gobierno, en una opinión disidente redactada en términos contundentes. En su opinión la ley delegaba inconstitucionalmente el Poder Legislativo al administrador de Precios, porque no establecía pautas ni baremos para guiar la discrecionalidad de las decisiones del administrador. «La reflexión demostrará», dijo Roberts, «que de hecho la ley no establece límites a la discreción o al juicio del administrador». El procedimiento de apelación tampoco permitía al demandante el debido proceso. El demandante «debe llevar una carga insostenible [...] [y] en verdad, la revisión judicial es una solemne farsa en la que el Tribunal de Apelaciones de este tribunal, en *certiorari*, debe pasar por una serie de mociones que parecen de revisión judicial pero que en realidad no son más que un catálogo de razones por las que, bajo el esquema de la ley, los tribunales no pueden decir que el administrador se ha excedido en la discreción que se le ha conferido». A Roberts no le sorprendió que el Tribunal de Apelación de Emergencia hubiera desestimado veintiocho de las treinta y una reclamaciones que había examinado contra el administrador. Le preocupaba que el Poder Legislativo en realidad se le hubiera «entregado a un autócrata cuyo "juicio" constituirá la ley».[560]

Los jueces Wiley B. Rutledge y Frank Murphy también disintieron, objetando que la ley negaba el debido proceso porque las disposiciones para la persecución y la defensa penal eran asimétricas. El Estado podía procesar a los in-

560. Ibídem, pp. 451, 458-460.

fractores en los tribunales federales y estatales ordinarios, pero a los acusados se les prohibía impugnar la validez de las normas en esos mismos tribunales. Quien protestara contra la normativa en el único foro permitido, el Tribunal de Apelación de Emergencia, tenía que presentar la queja en un plazo de sesenta días para recibir consideración legal. Rutledge y Murphy estimaron que dichas disposiciones eran del todo inadecuadas. «Ni siquiera la guerra», afirmaron, «suspende la protección que es inherente a nuestro proceso penal».[561]

El mismo día en que dictó la sentencia *Yakus*, el tribunal se pronunció sobre un caso de control de los alquileres residenciales por parte de la OAP, *Bowles v. Willingham*. De nuevo, la mayoría no vio ningún defecto constitucional en la legislación que lo autorizaba: «ninguna concesión de discreción administrativa desenfrenada como argumenta el apelado», ni falta de normas adecuadas, ni delegación excesiva, ni una confiscación inconstitucional. Hablando en nombre de la mayoría, el juez William O. Douglas justificó su argumento en el teorema fundamental de la economía de guerra, en cuanto «una nación que puede exigir la vida de sus hombres y mujeres para la guerra no tiene la necesidad constitucional de proporcionar un sistema de control de precios en el frente interno que asegure a cada propietario un "justo rendimiento" de su propiedad». Además, «cuando el Congreso ha facilitado la revisión judicial después de que las regulaciones u órdenes se hayan hecho efectivas, ha hecho todo lo que requiere el debido

561. Ibídem, p. 481.

proceso bajo la emergencia de la guerra». Douglas negó que el Estado debiera aplicar sus controles de alquiler de manera que afectaran uniformemente a los individuos implicados. Concedió de buen grado que «[un] miembro de la clase que se regula puede sufrir pérdidas económicas no compartidas por otros». Pero «eso nunca ha sido un obstáculo para el ejercicio del poder de policía».[562] La interpretación que el tribunal hacía de la Constitución, como fue habitual durante la emergencia nacional, simplemente elevó la estipulación constitucional de poderes gubernamentales por encima de la garantía constitucional de los derechos individuales.

De nuevo Roberts disintió y señaló que «[l]a evaluación sincera de las disposiciones de control de alquileres de la ley en cuestión revela que el Congreso ha delegado la elaboración de leyes en un funcionario administrativo». Las normas legales establecidas para guiar las decisiones del administrador le dejaban «tal margen para ignorar injusticias específicas y circunstancias particulares que ninguna persona viva podría demostrar un error en su conclusión [...]. Tal "norma" es una pretensión. Es un dispositivo para permitir que el administrador haga lo que crea conveniente sin rendir cuentas a nadie». La Ley de Control de Precios de Emergencia, concluyó Roberts, «crea el gobierno personal de un pequeño tirano en lugar de un gobierno por ley».[563] Roberts se equivocaba seguramente en un aspecto: el administrador de Precios, al po-

562. *Chester Bowles v. Kate C. Willingham y J. R. Hicks Jr.*, 321 U.S. 503 (1944), pp. 514-521.

563. Ibídem, pp. 529-541.

seer el control total de los precios de la mayoría de los bienes y servicios civiles de la economía estadounidense, no era un «pequeño» tirano.

En la Segunda Guerra Mundial se perfeccionó el uso de la sanción indirecta, que el Estado ya había utilizado por primera vez a gran escala durante la Primera Guerra Mundial. Consiste en la imposición de una sanción por parte de un agente público distinto del autorizado legalmente para sancionar la infracción de la ley o el reglamento que se haya cometido. Por ejemplo, alguien que hubiera infringido una norma de la OAP podía ser sancionado no por los medios legales previstos en la Ley de Control de Precios de Emergencia (requerimiento judicial o procedimiento penal), sino por los asignadores de precios de la OAP, que limitarían su provisión de materias primas. A lo largo de la guerra, el Consejo Nacional de Relaciones Laborales de Guerra, la Comisión de Mano de Obra de Guerra, la OAP y la Junta de Producción de Guerra, entre otros, hicieron un gran uso de las sanciones indirectas, que Baruch describió como «totalmente carentes de autoridad legal» y «nada menos que chantaje». La Junta de Producción de Guerra recurrió tan intensivamente a las sanciones indirectas para asegurar el cumplimiento de sus órdenes que, cuando un comité del Congreso sopesó suprimir su uso, la junta arguyó que «destruiría completamente nuestro control. Bien podríamos [en ese caso] cerrar la División de Cumplimiento».[564]

564. Corwin, *Total war and the Constitution*, pp. 56-61 (citas de las pp. 56, 59).

En 1944 el Tribunal Supremo consideró un desafío a este «secuestro administrativo». Pero la decisión en *Steuart v. Bowles*, un caso sobre uso de sanciones indirectas por parte de la OAP para castigar a un distribuidor de combustible que había violado las normas de racionamiento, no encontró ningún defecto constitucional en las acciones del Gobierno. «En tiempos de guerra», anunció el juez Douglas con impaciencia, «el interés nacional no puede atender preferentemente las reclamaciones individuales». Pero ¿qué tiene que ver la «preferencia por las reclamaciones individuales» con el tema en cuestión? Porque la cuestión era si la OAP podía castigar legalmente al infractor con la suspensión de su acceso al suministro de combustible, en lugar de hacerlo mediante los procedimientos legales estipulados en la Ley de Control de Precios de Emergencia. Douglas se esforzó en articular una disculpa para las órdenes de suspensión del Gobierno y elaboró una cadena de argumentos con los siguientes eslabones: (1) los poderes de guerra justifican los controles económicos para promover una conducta económica «eficiente» en el frente interno; (2) un comerciante de combustible sin escrúpulos es «un sumidero ineficiente y derrochador» en el sistema de distribución de la economía; por lo tanto, (3) para promover una mayor «eficiencia», el Estado puede disponer del combustible de un distribuidor que maneja un producto «básico escaso y vital [...] de manera ineficiente, desigual y derrochadora».[565] El argumen-

565. *L. P. Steuart & Bro., Inc. v. Chester Bowles*, 322 U.S. 398 (1944), pp. 405-406. «Secuestro administrativo» extraído de Corwin, *Total war and the Constitution*, p. 60.

to es tan absurdo en términos económicos y tan espurio en cuanto a la ley —tan deficiente incluso para los estándares abismalmente bajos del Tribunal Supremo— que, a menos que supongamos que Douglas era un completo idiota, debemos considerarlo falso. La explicación más plausible de la decisión es simplemente que el tribunal carecía de motivación o valor para impedir que el Estado usara un club administrativo, al que se recurría amplia y frecuentemente, para modelar la economía a su antojo. Sólo Roberts disintió.

Las sanciones indirectas, que se habían ido perfeccionando durante la guerra, en la posguerra quedaron insertidas en la administración pública. (El programa de directrices de precios y salarios de Jimmy Carter durante 1978-1980, por ejemplo, se fundamentaba absolutamente en las sanciones indirectas.) Poco después de acabar la guerra, Rossiter señaló que el tribunal había «consentido un ejercicio del poder de guerra presidencial que ofrecía infinitas y explosivas posibilidades».[566] Una de las posibilidades era el ejercicio del control público sobre las actividades económicas privadas, un control que se había expandido enormemente pero era virtualmente invisible y quedaba prácticamente fuera de la ley.

A principios de 1942 algunos congresistas mostraron

566. Rossiter y Longaker, *The Supreme Court and the commander in chief*, p. 99. Sobre las sanciones indirectas bajo el programa de Carter, véanse Robert Higgs, «Carter's wage-price guidelines: a review of the first year», *Policy Review*, 11 (invierno de 1980), pp. 97-113; e *idem*, «Wage-price guidelines: retreat and defeat», *Freeman*, 31 (nov. de 1981), pp. 643-652.

preocupación por la posibilidad de que el Gobierno estuviera apostando demasiado fuerte. Por este motivo se aprobó la Ley de Renegociación de 1942 y varias enmiendas durante la guerra. Esta legislación parecía más bien un dispositivo para permitir al Estado retirarse de contratos válidos, o incluso anular los términos de contratos válidos entre partes privadas (como podían ser contratistas principales y subcontratistas). Jesse Jones relató cómo había negociado con el jefe de Alcoa para fijar el precio del aluminio que se fabricaría en las plantas construidas por el Gobierno, y añadió reveladoramente a su relato que «[d]e hecho, debido a que los impuestos sobre los beneficios eran excesivos y a las renegociaciones *autorizadas más tarde* por el Congreso, no importaba demasiado el precio que acordáramos el señor Davis y yo».[567]

Naturalmente, hubo impugnaciones judiciales. Sin embargo, una vez más los demandantes no impugnaron las leyes en sí, sino su aplicación, especialmente ciertos supuestos abusos de discrecionalidad por parte de los administradores de las leyes. El Tribunal Supremo no se pronunció sobre estas cuestiones hasta 1948. Los demandantes perdieron en todos los puntos. El tribunal no pudo encontrar ninguna delegación inconstitucional por omisión de normas claras, ni embargo sin compensación de propiedad privada para uso público, ni privación del debido proceso legal. Llegó a estas conclusiones a pesar de que la Ley de Renegociación original no definía en absoluto los «beneficios excesivos» y una enmienda poste-

567. Jones, *Fifty billion dollars*, pp. 325-326, énfasis añadido.

rior los definía de forma tautológica como «cualquier cantidad del precio de un contrato o subcontrato que, como resultado de la renegociación, represente beneficios excesivos». Milagrosamente «no era necesaria una definición legal para hacer efectiva la intención del Congreso». De nuevo, el tribunal justificó su absurda abdicación de la función judicial con el consabido argumento: «En una guerra total es necesario que el civil sacrifique su propiedad y beneficios con al menos tanta determinación como el recluta sacrifica comodidad, seguridad y la vida misma».[568]

La muestra de sumisión más significativa del Tribunal Supremo a los poderes de guerra no tuvo que ver con los controles económicos del Estado. Fue el internamiento en campos de concentración de unos 110.000 hombres, mujeres y niños inocentes de ascendencia japonesa, dos tercios de los cuales eran ciudadanos americanos. Corwin lo llamó «la invasión más drástica de los derechos de los ciudadanos de Estados Unidos por su propio Estado [...] en la historia de nuestra nación». No obstante, el tribunal dictaminó que en las circunstancias de la época debía prevalecer el juicio de las autoridades militares y «no corresponde a ningún tribunal revisar la sabiduría de su acción o sustituir su juicio por el de ellos». Si las autoridades militares consideraban que la discriminación racial era aceptable, entonces tal discriminación «en la crisis de guerra [...] no está totalmente fuera de los límites de la

568. *Jacob Lichter v. Estados Unidos*, *A. V. Pownall v. Estados Unidos*, *Alexander Wool Combing Company v. Estados Unidos*, 334 U.S. 742 (1948), pp. 754, 776-777, 784.

Constitución».[569] Así fue como Estados Unidos, en guerra contra Hitler y su grupo de racistas fanáticos, demostró que el Estado sólo se diferenciaba del enemigo en cuestión de grado.

Hay acuerdo en que el internamiento de japoneses americanos fue el episodio más atroz de la historia de las libertades civiles de Estados Unidos en el siglo XX, pero los historiadores no lo suelen vincular con el servicio militar obligatorio y la imposición de controles económicos por parte del Estado durante la guerra. Al contrario, se suele aplaudir el servicio militar obligatorio y los controles económicos mientras se deplora el internamiento. En realidad, todo se forjó con el mismo metal: la supresión pública del derecho a la propiedad privada, incluido el derecho de personas inocentes a controlar el uso de su propio cuerpo. De ahí que nadie deba sorprenderse de que el Tribunal Supremo permitiera todas estas invasiones de los derechos individuales. Durante la guerra total, escribió Corwin, «las cláusulas restrictivas de la Constitución no [...] se suspenden automáticamente, pero el alcance de los derechos a los que se extienden se puede reducir ante las urgencias de la

569. *Gordon Kiyoshi Hirabayashi v. Estados Unidos*, 320 U.S. 81 (1943), pp. 93, 101. Otros casos relacionados fueron *Fred Toyosaburo Korematsu v. Estados Unidos*, 323 U.S. 214 (1944) y *Ex Parte Mitsuye Endo*, 323 U.S. 283 (1944). Para una explicación sucinta de los campos de concentración para estadounidenses de ascendencia japonesa, véanse Murphy, *Constitution*, pp. 232-242; o William Petersen, *Japanese Americans: oppression and success*, Random House, Nueva York, 1971, pp. 66-100. Para una explicación completa y profusa en detalles, véase Jacobus tenBroek, Edward N. Barnhart y Floyd W. Matson, *Prejudice, war and the Constitution*, University of California Press, Berkeley, 1954.

guerra, a veces incluso hasta el punto de desaparecer [...]. [E]l tribunal no impondrá su veto mientras la guerra sea flagrante». Como reconoció Rossiter, «el pueblo, con su resistencia manifiesta o silenciosa, y no el tribunal, con su poder de revisión judicial, establecerá los únicos límites prácticos a la arrogancia y al abuso».[570] El Tribunal Supremo es parte del Estado, y éste se había comprometido por encima de todo a la continuación de la guerra.

Legado institucional e ideológico

En 1945, al igual que en 1918, la mayoría anhelaba abandonar el lastre de la guerra. Y nuevamente el Estado renunció con celeridad a la mayoría de sus poderes de guerra. El 18 de agosto de 1945, el presidente Truman ordenó a sus subordinados «avanzar lo más rápidamente posible, sin poner en peligro la estabilidad de la economía, hacia la eliminación de los controles de precios, salarios, producción y otros, y hacia la restauración de la negociación colectiva y el libre mercado». A finales de año, gran parte de la maquinaria administrativa de la economía dirigida de los tiempos de guerra había sido desmantelada: los controles de la mano de obra de la Comisión [de Mano de Obra de la Guerra], todos los programas de racionamiento (menos el del azúcar) de la Oficina de Administración de Precios y muchos de sus controles de precios, la mayoría de las prioridades de

570. Corwin, *Total war and the Constitution*, p. 131; Rossiter y Longaker, *The Supreme Court and the commander in chief*, p. 100.

la Junta de Producción de Guerra y casi todas sus asignaciones de material, casi todas las restricciones de viaje de la Oficina de Transporte de Defensa, muchos de los controles que afectaban a las exportaciones y al transporte marítimo. A finales de 1945 varios organismos habían desaparecido, entre ellos la Comisión de Mano de Obra de Guerra, la Oficina de Estabilización Económica, la Administración de la Economía Exterior, la Junta de Producción de Guerra, la Corporación de Pequeñas Empresas de Guerra, el Consejo Nacional de Relaciones Laborales de Guerra y la Administración de Alimentos de Guerra.[571]

Pero no todas las actividades públicas de emergencia desaparecieron; algunas funciones pasaron de un organismo de emergencia a un departamento normal o a una agencia de nueva creación. Cuando se cerró la Junta de Producción de Guerra, se creó la Administración de Producción Civil, que absorbió algunas de sus competencias en materia de asignación de recursos. El Departamento de Trabajo se hizo cargo del Servicio de Empleo y de la Administración de Recolocación y Recualificación. El Departamento de Estado asumió la autoridad de la antigua Administración de la Economía Exterior. El Departamento de Comercio quedó al cargo de las funciones de la Corporación de Pequeñas Empresas de Guerra. La Oficina de Movilización de Guerra, ahora llamada Oficina de Movilización y Reconversión de Guerra, asumió la responsabilidad de supervisar los controles de precios restantes de la Ofici-

571. War Records Section, *United States at war*, pp. 491-492, 499-500 (cita de la p. 491); Polenberg, *War and society*, p. 235.

na de Estabilización Económica.[572] De manera que parte del desmantelamiento inmediato de la economía dirigida fue espurio, una mera consolidación y reubicación de poderes, algunos de los cuales se alojaron permanentemente en el Estado. El control de algunos de los precios siguió hasta finales de 1946; algunos subsidios «de guerra» se pagaron hasta el verano de 1947; el control de alquileres persistió incluso más tiempo.[573]

La guerra había enseñado muchas lecciones a los estadounidenses, algunas verdaderas, otras falsas. De estas últimas la ilusión keynesiana fue un ejemplo destacado. Se trataba de la creencia de que la gestión de la economía por parte del Gobierno federal, principalmente mediante políticas fiscales, podría evitar el declive de las empresas y estabilizar la economía a medida que crecía. Herbert Stein ha señalado que «[e]l gran peso del objetivo del pleno empleo en la posguerra se debe, sin duda, a la consecución del pleno empleo durante la guerra y en contraposición al contexto de diez años de depresión». Pero la noción de que el «pleno empleo» en tiempos de

572. War Records Section, *United States at war*, pp. 495, 500.

573. Robert J. Donovan, *Conflict and crisis: the presidency of Harry S. Truman, 1945-1948*, Norton, Nueva York, 1977, pp. 236-237, 239; Jones, *Fifty billion dollars*, p. 373; Rockoff, *Drastic measures*, pp. 98-108, 155; Bowles, *Promises to keep*, pp. 166-191; Rossiter, *Constitutional dictatorship*, p. 285. Tras la guerra el control de alquileres se trasladó a escala estatal y local, siendo Nueva York el caso más destacado, hasta el punto de decirse posteriormente que había vivido una «emergencia habitacional de 30 años» (Peter Navarro, *The policy game: how special interests and ideologues are stealing America*, Wiley, Nueva York, 1984, pp. 13, 25).

guerra había resultado de los enormes déficits federales era falsa. Simplemente, el desempleo se redujo mayormente por el aumento de las fuerzas armadas. Entre 1940 y 1945, el número de personas clasificadas como desempleadas se redujo en unos siete millones, mientras que el número de personas en las fuerzas armadas aumentó en más de once millones (véase la tabla 9.1). Cualquier administración que pueda dedicar millones a reclutar a los mejores trabajadores puede eliminar el desempleo; ésta es la lección cierta de 1940-1945.[574] El verdadero milagro económico se produjo en 1946, cuando nueve millones de militares volvieron a la vida civil, pero la tan temida depresión de posguerra no se produce. El período inmediato a la posguerra fue próspero no por la astuta gestión fiscal del Gobierno federal, sino porque los consumidores, hambrientos tras los años de la depresión y las restricciones a la producción de bienes durante de la guerra, con cuentas bancarias repletas y bonos acumulados durante la guerra, produjeron un mercado expansivo y fomentaron el auge de la inversión privada; un verdadero *boom*.

574. Herbert Stein, *The fiscal revolution in America*, University of Chicago Press, Chicago, 1969, p. 171. El planteamiento correcto es formulado sucintamente (con tan sólo la hipérbole habitual) por Jonathan R. T. Hughes, «Stagnation without 'flation: the 1930s again», en Barry N. Siegal (ed.), *Money in crisis: the Federal Reserve, the economy, and monetary reform*, Ballinger, Cambridge (Massachusetts), 1984, pp. 154-155: «Es simple solucionar el problema del desempleo si envías a los parados al servicio militar, reduces al mínimo la producción civil de bienes duraderos y creas una fuerza militar tan poderosa como para conquistar el mundo [...]. Es lo que hicimos entre 1942 y 1945».

Tabla 9.1. Personas desempleadas y en las Fuerzas Armadas, 1940-1948 (en millones)

Año	Personas desempleadas	Personas activas en las Fuerzas Armadas	Total
1940	8,1	0,5	8,6
1941	5,6	1,8	7,4
1942	2,7	3,9	6,6
1943	1,1	9,0	10,1
1944	0,7	11,5	12,2
1945	1,0	12,1	13,1
1946	2,3	3,0	5,3
1947	2,3	1,6	3,9
1948	2,3	1,4	3,7

Fuente: Oficina del Censo de Estados Unidos, Historical Statistics, pp. 135, 1141.

Mientras tanto, sin embargo, la fe nacida en la guerra en los poderes del Gobierno federal para gestionar la macroeconomía había llevado, el 20 de febrero de 1946, a la aprobación de la Ley de Empleo:

> Por la presente el Congreso declara que es política y responsabilidad continua del Gobierno federal utilizar todos los medios practicables que sean compatibles con sus necesidades y obligaciones y otras consideraciones esenciales de la política nacional, con la asistencia y cooperación de la industria, la agricultura, el trabajo y los gobiernos locales, para coordinar y utilizar todos sus planes, funciones y recursos con el fin de crear y mantener, de una manera calcu-

lada para fomentar y promover la libre empresa competitiva y el bienestar general, condiciones bajo las cuales se ofrezcan oportunidades de empleo útil, incluyendo el autoempleo, a aquellas personas que puedan, quieran y busquen trabajar, y promover el máximo empleo, producción y poder adquisitivo.[575]

Aunque la declaración es vaga y está cargada de vestigios ideológicos —la «cooperación de la industria» y la «empresa de libre competencia»— el significado de la ley se entendía bien en el momento de su promulgación, y ha seguido entendiéndose en el mismo sentido en las últimas cuatro décadas. Significaba, en pocas palabras, que se esperaba que el Gobierno federal se comprometiera a «hacer algo» para evitar depresiones, recesiones y otros problemas macroeconómicos. Nunca más una administración podría excusar su inacción con el argumento de que su intervención en el mercado «no es un asunto apropiado» para las autoridades federales. Como observó Calvin Hoover, «el reconocimiento de la legitimidad de este propósito [expresado en la Ley de Empleo] fue de la mayor importancia en el desarrollo de los poderes del Estado sobre la economía».[576]

Las políticas laborales federales también cambiaron para seguir la estela de las prácticas iniciadas durante la guerra. En 1946, las relaciones laborales se deterioraron drásticamente por la eliminación de los controles sala-

575. Ley de Empleo de 1946 reproducida en Commager (ed.), *Documents*, 9.ª ed., II, pp. 514-516.

576. Calvin B. Hoover, *The economy, liberty, and the State*, Twentieth Century Fund, Nueva York, 1959, p. 240.

riales y la desaparición de la Comisión de Mano de Obra de Guerra y el Consejo Nacional de Relaciones Laborales de Guerra. Huelgas y otros paros laborales asolaron la economía mientras directivos y trabajadores se esforzaban por reconvertir las instalaciones para la producción civil. Se perdieron unos 116 millones de días de trabajo, un récord histórico.[577] El Congreso conservador no podía encajar estas interrupciones. El 23 de junio de 1947, por encima del veto de Truman, se promulgó la Ley Taft-Hartley, que modificaba la Ley Nacional de Relaciones Laborales de 1935. La Ley Taft-Hartley, inspirada en parte en la Ley de Guerra de 1943, declaraba ilegales varias «prácticas laborales injustas» de los sindicatos. Prohibía el cierre de la empresa, exigía un preaviso de sesenta días antes de una huelga, legalizaba las demandas contra los sindicatos por incumplimiento de contrato y otras acciones ilegales, y prohibía las huelgas territoriales, los boicots secundarios, las huelgas de los empleados federales y las aportaciones de los sindicatos a los candidatos a cargos federales. La ley facultaba al fiscal general para obtener una orden judicial de ochenta días contra las huelgas que pusieran en peligro la salud o la seguridad nacional.[578] Los sindicatos ya no volverían a recibir el inmenso apoyo público del que habían gozado durante los años de su mayor expansión (1933-1946). Pero los privilegios legales y la fuerza política de los sindicatos, así como el peso del Gobierno federal en los asuntos laborales, ya no

577. U.S. Bureau of the Census, *Historical statistics*, p. 179.

578. Ley Taft-Hartley en *Public Law 101*, 80.° Congreso, parcialmente reproducida en Commager (ed.), *Documents*, 9.ª ed., II, pp. 537-541.

regresaron a su estado anterior al New Deal. En cierto modo, la Ley Taft-Hartley implicó todavía más al sector público en la regulación de los mercados laborales.

Con el fin de la guerra y la rápida desmovilización de las Fuerzas Armadas parecía que el reclutamiento militar iba a terminar pronto, pero el precedente de la guerra había calado demasiado hondo en la experiencia del pueblo estadounidense, y el servicio militar obligatorio persistió. Se sucedió una prórroga «temporal y de emergencia» tras otra. A principios de 1947, el presidente Truman expresó su «ferviente deseo de que nuestro Ejército y nuestra Armada contaran con una base de voluntarios lo antes posible», pero un año después, al aumentar las tensiones de la Guerra Fría solicitó al Congreso que renovara el reclutamiento y estableciera un «entrenamiento universal» para los soldados. El Congreso no respondió a la petición de ley de servicio nacional, pero sí aprobó la Ley del Servicio Selectivo de 1948, otro reclutamiento en tiempos de paz. «En una sociedad libre», declaró la ley, «las obligaciones y los privilegios de servir en las fuerzas armadas [...] deben ser generalmente compartidos, de acuerdo con un sistema de selección que sea justo y equitativo, y coherente con el mantenimiento de una economía nacional eficaz».

La ley no era lo que decía ser. Más bien, era un impuesto ineficiente sobre los servicios laborales y las vidas de los jóvenes menos afortunados, en absoluto seleccionados al azar, por la insistencia de los políticos y los ciudadanos de más edad que no estaban dispuestos a pagar el coste total de mantener las instalaciones militares que deseaban. El Congreso, como observó Richard Gillam, «siguió sin estar dispuesto a aumentar los salarios militares ni siquiera para alcanzar un nivel remotamente atractivo [...]. [S]e temía que el voluntarismo fuera simplemente demasiado caro». De hecho, el verdadero coste económico —contando con que ya no se podía conocer el valor de mercado de las alternativas más valoradas— habría sido menor en un sistema voluntario. Pero el coste lo habrían asumido otras personas. Las fuerzas políticas decisivas prefirieron trasladar el coste mediante la coacción. La lógica de la emergencia tan profundamente grabada en la psique estadounidense por cuatro años de guerra total se mantuvo. Como observó un congresista durante el debate de la ley de reclutamiento de 1948, «Lo que proponemos hacer hoy es, en condiciones normales, contrario a nuestras tradiciones [...] sin embargo [...]. No estamos viviendo en una época ordinaria [...]. Vivimos en un clima de miedo, caos, incertidumbre y, hasta cierto punto, desesperanza».[579] En un ambiente de crisis, las tradiciones americanas de libertad individual no podían sobrevivir el embate político.

Una fuerza armada voluntaria era una mala política, y más teniendo en cuenta que las generosas ayudas a los veteranos eran *de rigueur* para los congresistas. Los legisladores, con el impulso de la siempre fiel Legión Americana y los Veteranos de Guerras Extranjeras, aprobaron la ley Decla-

579. Ley del Servicio Selectivo de 1948 en *Public Law 759*, 80.° Congreso, 2.ª sesión, cap. 625, 24 de junio de 1948; Gillam, «The peacetime draft», pp. 105-110. Sobre los aspectos económicos del reclutamiento, véase Edgar K. Browning y Jacquelene M. Browning, *Public finance and the price system*, Macmillan, 2.ª ed., Nueva York, 1983, pp. 412-416.

ración de Derechos del Soldado, conocida popularmente como «GI Bill». La aprobaron sin un solo voto en contra y con tiempo suficiente para que los millones de votantes de las fuerzas armadas tuvieran conocimiento de la nueva ley antes de las elecciones de 1944. Proporcionaba terapia, subsidios de readaptación, orientación laboral, prestaciones educativas, avales para hipotecas y préstamos y la promesa de una atención médica completa. La GI Bill tuvo muchas consecuencias. Como señala Blum, «todas esas dietas, matrículas y libros que pagaba la Asociación de Veteranos engendraron una nueva y joven clase media». No sin coste, por supuesto. El gasto público en prestaciones para los veteranos de la Segunda Guerra Mundial se disparó a 1.500 millones de dólares en 1945, y alcanzó los 6.700 millones de dólares dos años después. En 1970 todavía eran 3.900 millones de dólares y prometían aumentar mucho más a medida que los veteranos envejecieran y requirieran más servicios médicos.[580] Se puede dudar de si las prestaciones a los

580. Young, *Congressional politics*, pp. 213-217; Polenberg, *War and society*, pp. 96-97; Blum, *V was for victory*, pp. 248-250, 337 (cita de la p. 337); U.S. Bureau of the Census, *Historical statistics*, pp. 1145-1146. Thomas Sowell señala que la GI Bill «tuvo un efecto casi revolucionario al facilitar el acceso de los negros a la universidad» (*Civil rights: rhetoric or reality?*, William Morrow, Nueva York, 1984, p. 86). Davis R. B. Ross concluye que las prestaciones a los veteranos «actuaron como un motor para continuar con el impulso del Estado de bienestar para la población general que estaba llevando a cabo el Gobierno federal. Así, cuando en 1945 la maquinaria del New Deal parecía haber perdido gas, las prestaciones de los veteranos de la Segunda Guerra Mundial no discapacitados proporcionaron, intencionada y casualmente, nuevas fuentes de energía para esa maquinaria» (*Preparing for Ulysses: politics and veterans during World War II*, Columbia University Press, Nueva York, 1969, p. 290).

veteranos compensaban adecuadamente a los reclutas de 1940-1945, sobre todo a los que no pudieron volver con vida de Salerno, Normandía, Guadalcanal y otros miles de lugares espantosos. Algo sí sabemos: la justicia aplazada es justicia negada. Las indemnizaciones tan *a posteriori* son un pobre sustituto de compensaciones justas.

Fue la maquinaria que se había construido durante la Segunda Guerra Mundial para generar ingresos la que garantizó que se pudieran financiar las prestaciones a los veteranos y una inmensa variedad de gastos de la posguerra. Los principales componentes de esta maquinaria fueron: (1) bajas exenciones personales, para que muchos receptores de ingresos pagaran impuestos; (2) tipos impositivos altos, para que pagaran mucho; (3) una estructura tarifaria vertiginosamente progresiva, para que el Estado obtuviera un rendimiento cada vez mayor del crecimiento económico real o de la inflación, y (4) retenciones en la nómina para que los contribuyentes tuvieran menos posibilidades de eludir el pago y fueran menos conscientes de la cantidad total que pagaban al Estado anualmente (véase la tabla 9.2). Sin la «necesidad» de ingresos de emergencia de la Segunda Guerra Mundial, esta maravillosa máquina recaudadora seguramente no hubiera estado disponible y a punto para financiar el crecimiento del estado del bienestar después de 1945. Antes de la guerra menos de quince millones de personas declaraban el impuesto sobre la renta; en 1945 lo hacían unos cincuenta millones. Y no sólo tenían que tributar la mayoría de los ingresos, sino que el tramo inferior había pasado del 4,4 por ciento en 1940 al 23 por ciento en 1945, por lo que se pagaron sumas consi-

Tabla 9.2. Impuesto federal sobre la renta, 1940-1946, 1950, 1960, 1970

Año	Exenciones personales, personas casadas con un dependiente	Tasa impositiva				Recaudación de impuestos (en millones) por retención en las nóminas	Declaraciones de impuestos sobre la renta individuales (en millones)
		Primer tramo		Último tramo			
		Tipo (%)	Renta	Tipo (%)	Renta		
1940	2.400$	4,4	4.000$	81,1	5.000.000 $	0	14,7
1941	1.900 $	10,0	2.000 $	81,0	5.000.000 $	0	25,9
1942	1.550 $	19,0	2.000 $	88,0	200.000 $	0	36,6
1943	1.550 $	19,0	2.000 $	88,0	200.000 $	0,7	43,7
1944	1.500 $	23,0	2.000 $	94,0	200.000 $	7,8	47,1
1945	1.500 $	23,0	2.000 $	94,0	200.000 $	10,3	49,9
1946	1.500 $	19,0	2.000 $	86,5	200.000 $	9,9	52,8
1950	1.800 $	17,4	2.000 $	84,4	200.000 $	9,9	53,1
1960	1.800 $	20,0	2.000 $	91,0	200.000 $	31,7	61,0
1970	1.875 $	14,0	500 $	71,8	100.000 $	77,4	74,3

Fuente: Oficina del Censo de Estados Unidos, *Historical statistics*, pp. 1091, 1095, 1110.

derables. En tiempos de guerra, el Estado empujó prácticamente a toda la mano de obra a las tolvas de su máquina de generar ingresos. En 1940 el Gobierno federal obtuvo el 30 por ciento de sus ingresos de los impuestos sobre la renta de las personas y de las empresas; en 1945 obtuvo el 69 por ciento. El futuro era esto. Veinticinco años después, la proporción del impuesto sobre la renta era todavía la misma aproximadamente, el 64 por ciento.[581]

Entre los usos novedosos de los ingresos de la posguerra había uno que se inspiraba directamente en un programa de la Segunda Guerra Mundial. El *lend-lease* fue un programa de nombre poco sincero: el Estado transfirió unos 50.000 millones de dólares en bienes y servicios a las naciones aliadas antes, durante e inmediatamente después de la guerra, y anticipó el Plan Marshall, por el que se transfirieron unos 12.500 millones de dólares a Estados europeos durante 1948-1951. A continuación, se impuso una política estable de ayuda exterior. Durante 1945-1970, las subvenciones y los créditos del Gobierno de Estados Unidos al extranjero alcanzaron la estupenda cifra acumulada de 133.800 millones de dólares.[582] Claramente el programa *lend-lease* había roto el hielo de forma clamorosa.

581. U.S. Bureau of the Census, *Historical statistics*, p. 1105. También Ben Baack y Edward John Ray, «The political economy of the origin and development of the federal income tax», en Robert Higgs (ed.), *Emergence of the modern political economy*, JAI Press, Greenwich (Connecticut), 1985, pp. 132-133; John F. Witte, *The politics and development of the federal income tax*, University of Wisconsin Press, Madison, 1985, pp. 110-130. Witte señala (p. 128) que «1944 y 1945 fueron los años con la fiscalidad más progresiva de la historia de Estados Unidos».

582. U.S. Bureau of the Census, *Historical statistics*, p. 872.

Tan pronto como los americanos dejaron de disparar a los alemanes y a los japoneses, apuntaron sus armas, silenciosas pero aún cargadas, hacia sus antiguos aliados, los soviéticos. Esta vez, a diferencia de todas las anteriores, no serviría desmovilizarse por completo tras el alto el fuego. Incluso a finales de la década de 1940, el Estado mantuvo una fuerza militar de alrededor de un millón y medio de hombres fuertemente armados.[583] Para abastecer a los «guerreros del frío» con un arsenal cada vez más sofisticado, muchos de los contratistas de la Segunda Guerra Mundial —en particular las compañías aéreas— siguieron haciendo negocio principalmente con el desarrollo y la fabricación de armas. Los aproximadamente 3 billones de dólares gastados en bienes y servicios de defensa desde 1945 les garantizaba un amplio «mercado». (Uno duda si llamar mercado a estas transacciones burocráticas que emplean el dinero de otros. En el mejor de los casos son un monopsonio; a menudo un monopolio bilateral; en el peor, y no pocas veces, una simple conspiración contra los contribuyentes. Ninguna de estas formas de negociación parece prometedora para conseguir una asignación de recursos socialmente óptima. Más bien su potencial global de despilfarro, fraude y abuso eclipsa el de todos los demás programas públicos combinados.) Como muestra la tabla 9.3, incluso décadas después de la Segunda Guerra Mundial algunas de las principales empresas de Estados Unidos dependían del Pentágono para la mayor parte de sus ventas.

583. Ibídem, p. 1141.

Tabla 9.3. Principales contratistas militares, 1960-1967

Empresa	Contratos (en millones $) en el período de siete años	Porcentaje de ventas totales
1. Lockheed Aircraft	10.619	88
2. General Dynamics	8.824	67
3. McDonnell Douglas	7.681	75
4. Boeing Co.	7.183	54
5. General Electric	7.066	19
6. North American-Rockwell	6.265	57
7. United Aircraft	5.311	57
8. AT&T	4.167	9
9. Martin-Marietta	3.682	62
10. Sperry-Rand	2.923	35
11. General Motors	2.818	2
12. Grumman Aircraft	2.492	67
13. General Tire	2.347	37
14. Raytheon	2.324	55
15. AVCO	2.295	75
16. Hughes	2 .200	NA
17. Westinghouse Electric	2.177	13
18. Ford (Philco)	2.064	3
19. RCA	2.019	16
20. Bendix	1.915	42
21. Textron	1.798	36
22. Ling-Temco-Vought	1.744	70
23. IT&T	1.650	19
24. IBM	1.583	7
25. Raymond International	1.568	NA

Fuente: Clayton (ed.), *Economic Impact of the Cold War*, p. 44 (tabla 12).

Muchas de estas empresas continuaron disfrutando del uso de plantas y equipos financiados por el Estado, al igual que habían hecho durante la guerra. Cerca del 80 por ciento de las instalaciones industriales financiadas con fondos públicos (construidas entre 1940 y 1945 y con un coste original de casi 18.000 millones de dólares), las utilizaban empresas privadas después de la guerra. Aquí vemos un legado sólido y tangible de la Segunda Guerra Mundial de especial importancia en industrias como el aluminio, el acero, el caucho sintético, la construcción naval y la fabricación de aviones. En ocasiones las empresas ocupaban en calidad de arrendatarias plantas de propiedad pública o simplemente como ocupantes, sin pagar alquiler; otras veces adquirían los títulos de propiedad a la administración. Thomas McCraw señaló que «los aspectos institucionales de cómo se dispuso de los excedentes de propiedad sugieren que el "complejo militar industrial" [...] guarda alguna relación con que los arrendatarios compraran tantas plantas de guerra». Louis Cain y George Neumann han demostrado que el mismo puñado de empresas que operaron las plantas construidas por el Gobierno durante 1940-1945, las adquirieron cuando la administración se deshizo de (algunas de) sus posesiones después de la guerra.[584]

Ya se han indicado algunos legados constitucionales significativos de la Segunda Guerra Mundial en páginas

584. Robert J. Gordon, «$45 billion of U.S. private investment has been mislaid», *American Economic Review*, 69 (jun. de 1969), pp. 221-238 (esp. la tabla de la p. 227); Cain y Neumann, «Planning for peace», pp. 129-135; Thomas K. McCraw, «Discussion», p. 137. También Gansler, *The defense industry*, pp. 54-57, 284, 288, 292.

precedentes, pero su gran importancia justifica que se haga hincapié de nuevo en ellos. Como observó Corwin, después de la guerra, por primera vez en la historia de Estados Unidos el país no volvió a una «Constitución para tiempos de paz». Las decisiones del Tribunal Supremo durante la guerra habían contribuido a engastar los cambios revolucionarios validados por primera vez a finales de la década de 1930 en el sistema de gobierno estadounidense. Corwin apuntó que los pronunciamientos del tribunal en tiempos de guerra pusieron de relieve lo siguiente:

> (1) la atribución al Congreso de un Poder Legislativo de alcance indefinido; (2) la atribución al presidente de la facultad y el deber de estimular constantemente el ejercicio positivo de este poder indefinido para conseguir objetivos sociales cada vez más amplios; (3) el derecho del Congreso a delegar sus poderes *ad libitum* al presidente para la consecución de dichos objetivos sociales ampliados [...]; (4) la atribución al presidente de una amplia prerrogativa en la atención de «emergencias» definidas por él mismo y en la creación de agencias ejecutivas para asistirlo, y (5) la sustitución progresiva del proceso judicial por el proceso administrativo en la aplicación de la ley, a veces incluso de la ley constitucional.[585]

Podemos concluir que la guerra dejó a Estados Unidos algo mucho más ominoso que un Estado robusto; dejó un

585. Corwin, *Total war and the Constitution*, p. 179 (también pp. 172, 174 y *passim*).

Estado intervencionista en el sentido de un Estado poderoso, altamente arbitrario y activista, prácticamente sin las limitaciones constitucionales de los controles y contrapesos que tradicionalmente habían restringido las intervenciones, cuando no las ambiciones, de los funcionarios públicos.

Más fundamental todavía que el legado constitucional —de hecho, la fuente última de ese cambio revolucionario— fue el cambio ideológico ocasionado o acelerado por la guerra. Como dijo Alan Milward, «los antiguos dogmas económicos se habían visto alterados por la experiencia de la guerra». Hubo «cambios importantes en las aspiraciones sociales y las opiniones políticas» y «se aceptaba más ampliamente la igualdad social como un fin deseable. El consumo menos ostentoso de los ricos, las limitaciones a la propiedad privada de los individuos, la antipatía general al racionamiento, la expectativa de que todo el mundo debía trabajar, todo tendía a influir en la mentalidad en esta dirección».[586] Se produjeron cambios especialmente importantes en la actitud de los principales empresarios, muchos de los cuales habían actuado como administradores gubernamentales no remunerados durante la guerra (los «hombres del dólar al año»). La experiencia, según Calvin Hoover, «les condicionó a aceptar un grado de intervención y control gubernamental al que se habían resistido intensamente antes de la guerra».

En sus memorias, publicadas en 1951, Jesse Jones dijo, tal vez sin apreciar toda su significación, que «entre los

586. Alan S. Milward, *War, economy and society, 1939-1945*, University of California Press, Berkeley, 1977, pp. 128, 244, 343.

antiguos miembros de la Corporación Financiera de Reconstrucción hay probablemente más de cien ejecutivos de grandes empresas, la industria, las finanzas y los ferrocarriles. Son hombres que ahora dirigen algunas de las instituciones más importantes de Estados Unidos».[587] La administración republicana proempresarial de 1953-1960 no hizo ningún esfuerzo real para alterar la economía mixta que se había forjado al final de la Segunda Guerra Mundial. Durante años, durante la guerra, se había experimentado con la economía dirigida y, en cambio, luego la mayoría de los estadounidenses temieron más el regreso a un régimen de libre mercado que la negación de los derechos individuales, reales y potenciales, bajo los acuerdos político-económicos existentes. Libertades que no se habían podido ejercer durante mucho tiempo perdieron su influencia y lugar en los corazones de la gente.

Conclusiones

Hace ya dos siglos, James Madison advirtió de que «una interferencia legislativa no es más que el primer eslabón de una larga cadena de repeticiones, cada interferencia subsiguiente se produce de forma natural por los efectos

587. Hoover, *Economy, liberty and the State*, p. 212; Jones, *Fifty billion dollars*, p. 546 (para una lista de nombres, véase el apéndice del libro de Jones titulado «Algunos antiguos miembros de la CFR que han tenido éxito» en las pp. 602-608). También Herbert Stein, *Presidential economics: the making of economic policy from Roosevelt to Reagan and beyond*, Simon & Schuster, Nueva York, 1984, pp. 65-67.

de la precedente».[588] La evolución del modo en que el Gobierno gestionó la economía durante la Segunda Guerra Mundial confirmó sin lugar a dudas la validez del dictamen de Madison. Incluso los historiadores oficiales de la movilización admitieron que «a lo largo del período de guerra, las regulaciones y restricciones gubernamentales invadieron un área de la vida económica tras otra y con una exigencia en constante aumento».

> La libertad para operar las plantas de producción y para utilizar materias primas y fabricar artículos estaba severamente restringida bajo las órdenes de la Junta de Producción de Guerra; la libertad para comprar estaba fuertemente restringida bajo las prioridades reguladas de la Junta de Producción de Guerra, las restricciones de racionamiento de la Oficina de Administración de Precios y sin olvidar las órdenes la Administración de Alimentos de Guerra. Gran parte de la libertad del comprador para demandar y la del vendedor para ofrecer un precio se desvaneció bajo los techos de precios y las regulaciones emitidas por la Oficina de Administración de Precios. La libertad de comercio con los países extranjeros se vio limitada por regulaciones relativas a todo. El uso civil del sistema de transporte estaba sujeto a la prioridad de las necesidades de viaje y transporte de los militares. Elegir ocupación y cambiar de trabajo se vieron limitados por la acción del Sistema de Servicio Selectivo y la Comisión de Recursos Humanos de Guerra. El Consejo Na-

588. James Madison, «The Federalist No. 44», en *The Federalist*, Modern Library, Nueva York, s/f, p. 291.

> cional de Relaciones Laborales de Guerra intervino en la libre negociación entre empleadores y empleados cada vez que surgían disputas o los aumentos salariales formaban parte de la negociación.[589]

Y había muchos muchos más controles y limitaciones además de éstos.

El reclutamiento de mano de obra militar era el eslabón más importante de la cadena madisoniana. El reclutamiento comenzó pronto, más de un año antes de la declaración de guerra. Con este mecanismo el Estado pudo construir unas fuerzas armadas gigantes a un coste pecuniario muy inferior a su verdadero coste de mercado. Estas enormes fuerzas militares y navales requerían grandes cantidades de equipos, suministros, mantenimiento y transporte. Los funcionarios de compras públicas, con los bolsillos llenos y un poder adquisitivo recién creado, pusieron en marcha una guerra de ofertas que habría podido hacer subir los precios a niveles espectaculares y revelar de esta manera el coste total del programa público, lo que seguramente habría despertado reacción y resistencia política. Para evitarlo, el Estado ocultó los costes mediante el control de precios (y el incumplimiento de los contratos mediante la «renegociación»). Pero el control de precios de bienes y servicios no resultaba eficaz si los salarios seguían creciendo. Por este motivo, se aplicaron controles a la remuneración del trabajo. La economía de mercado, un vasto y delicadamente interdependiente sistema de tran-

589. War Records Section, *United States at war*, pp. 462-463.

sacciones, siempre sorprendió y confundió a los administradores de los controles parciales. En respuesta, el Estado amplió y reforzó progresivamente el sistema de mando hasta que, durante los dos últimos años de la guerra se llegó a una economía de guerra en pleno funcionamiento. Fundamentalmente las autoridades, y no el mercado, determinaban qué, cómo y para quién produciría la economía bajo este régimen.

El servicio militar obligatorio constituyó el eslabón crucial de la cadena legislativa y administrativa con la que el Estado ciñó los derechos individuales durante la guerra, pero sirvió también para otro propósito aún más fundamental: dar legitimidad a la supresión de las libertades económicas. Prácticamente todos los que consideraron el asunto, desde economistas, burócratas y congresistas influyentes hasta jueces del Tribunal Supremo y el propio presidente, utilizaron y aceptaron la validez del argumento moral: si A es correcto, entonces X es indudablemente correcto; donde A era el reclutamiento militar y X era cualquier supresión de los derechos individuales por parte del Estado, especialmente cualquier negación al derecho a la propiedad privada. El argumento es convincente. Sin duda, en aquel momento persuadió a la gente, aunque la evidencia se refiere principalmente a los funcionarios y representantes públicos y se puede cuestionar hasta qué punto la población en general lo aceptó. Lo más sorprendente es la aceptación casi universal del argumento de que el reclutamiento militar, un ejemplo cristalino de servidumbre involuntaria, era moralmente intachable. Sin embargo, una vez sancionado el reclutamiento resultaba manifiestamente incoherente objetar moral y constitucionalmente cualquier otra medida de control gubernamental. (Por supuesto, muchos se las ingeniaron para contener tanto su conciencia como su preocupación por la coherencia lógica, resistiendo a ciertas intrusiones gubernamentales —en particular, el servicio nacional universal— mientras seguían defendiendo la conveniencia del reclutamiento.)

Cuando se empezó a vislumbrar la victoria, casi todo el mundo pedía el fin de la economía de guerra y se desmanteló el aparato burocrático de control con rapidez, aunque de forma incompleta. Una serie de legados subsistieron: las plantas y equipos financiados por el Estado y el complejo militar industrial para continuar operándolos; una importante legislación de posguerra inspirada en las prácticas de los tiempos de guerra, incluyendo la Ley de Empleo, la Ley Taft-Hartley y la Ley del Servicio Selectivo de 1948; la Declaración de Derechos del Soldado («GI Bill») y la nueva clase media que promovió; un voraz y eficaz sistema federal de impuestos sobre la renta; un programa masivo de ayuda exterior. Y lo que es más importante, la guerra dejó la estructura constitucional del país profundamente alterada en cuanto a abdicación judicial y autonomía del Ejecutivo; la nación ya no contaba con una «Constitución en tiempos de paz» a la que pudiera volver. Lo más significativo es que la guerra hizo que la ideología predominante se inclinara hacia la aceptación de una mayor presencia del Estado en la economía. Por fin, incluso la mayoría de los empresarios había llegado a aceptar, y a menudo a exigir, un Estado intervencionista.

Capítulo 10

Crisis y Leviatán: de la Segunda Guerra Mundial a los años ochenta

> Ésta es la canción que todos quisieran
> aprender: la canción
> que es irresistible:
> la canción que obliga a los hombres
> a saltar por la borda en escuadrones
> aunque puedan ver cráneos en la arena.[590]
>
> MARGARET ATWOOD

Al final de la Segunda Guerra Mundial, como escribió Jonathan Hughes, «el equilibrio del poder económico se había alterado para siempre, se había alejado del predominio de la toma de decisiones privadas y se aventuraba en el ámbito de lo público y de la política».[591] Tres décadas de crisis sucesivas habían dejado el sistema de libre mercado, que en su día había sido la institución nacional predominante para la fijación de precios y la asignación de recursos, limi-

590. Margaret Atwood, «Siren Song», *You are happy*, Harper & Row, New York (USA), 1974. Versión castellana de Daniela Birt, «Canción de Sirena», *Periódico de poesía*, 100 (2017), UNAM, México DF, 2017.

591. Jonathan Hughes, *American economic history*, Scott, Foresman, Glenview (Illinois), 1983, p. 450. También Otis L. Graham Jr., *Toward a planned society: from Roosevelt to Nixon*, Oxford University Press, Nueva York, 1976, esp. pp. 79-82.

tado y corrompido casi hasta el punto de ser irreconocible. Curiosamente, se siguieron escribiendo libros de texto de economía y mucha gente siguió hablando como si la economía estadounidense siguiera siendo esencialmente un sistema de libre mercado. Los radicales de izquierda siguieron castigando el «capitalismo» estadounidense, algo que en realidad no había existido desde la década de 1920, tal vez desde antes de la Primera Guerra Mundial.

Pero la historia no acababa con reconocer que el capitalismo ya no existía y que una especie de «economía mixta» había entrado en vigor. La gran transformación que se había completado a finales de la década de 1940 no sólo entrañaba que los funcionarios públicos intervendrían en muchas de las decisiones económicas que antes tomaban los ciudadanos autónomos. Implicaba también, y de forma más portentosa, que a partir de ese momento la dinámica de la economía real sería diferente. Bajo las nuevas reglas de juego, se jugaría de forma diferente y la secuencia de resultados también sería diferente. Lo más significativo es que el nuevo régimen no disponía de controles efectivos y duraderos sobre el continuo crecimiento del Estado. Derribadas las barreras fundamentales de una ideología restrictiva y de la antigua Constitución, las fuerzas políticas que empujaban persistentemente hacia un Estado intervencionista podían actuar prácticamente sin límites. Al crecimiento «normal» del Estado, que ahora acontecía sin control, se sumaron los efectos de las crisis recurrentes de la posguerra y, más fundamentalmente, las consecuencias de esa emergencia permanente conocida como la Guerra Fría. Primero en Corea y luego en Vietnam, las aventuras militares masivas impulsaron los poderes del Estado como venía siendo habitual. En paralelo a la guerra de Vietnam se desató el movimiento por los derechos civiles. Los disturbios a gran escala, incendios provocados y otros tumultos en ciudades de todo el país impulsaron nuevos programas públicos para hacer frente a la llamada crisis urbana. Partidarios de otras causas —ambientalistas, «consumistas», redistribucionistas y aquellos que se dedicaban a eliminar riesgos laborales para la vida y la salud— se organizaron para explotar el potencial que habían creado las fuerzas políticas más importantes que se oponían a la guerra o promovían los intereses de los negros y otros grupos étnicos minoritarios.

En la era posterior a la Segunda Guerra Mundial, en la guerra y en la paz, en las tormentas de los conflictos internacionales y en las pausas de la distensión, el complejo militar industrial consumió una parte variable pero siempre sustancial de los recursos de la nación. Lo componían una coalición enorme de militares, políticos, contratistas, sindicatos, universidades y organizaciones de investigación y estaba financiado a gran escala por ciudadanos cuyos miedos naturales se mantenían crónicamente excitados por la propaganda del Pentágono. Este enorme sistema de no mercado dirigió cientos y cientos de miles de millones de dólares a los bolsillos de sus privilegiados participantes.[592] Nunca tantos prosperaron tanto a expensas del miedo.

592. La literatura sobre el complejo militar industrial es voluminosa. Véanse, por ejemplo, James L. Clayton (ed.), *The economic impact of the Cold War: sources and readings*, Harcourt, Brace & World,

En una atmósfera de crisis interminable, el juego de la emergencia se convirtió en una de las tácticas más comunes de la política económica. Ninguna propuesta de los grupos de interés estaba completa sin la afirmación de que debía llevarse a cabo porque «existe una emergencia». Muchos se hartaron de oír esta falsedad tan a menudo, pero se seguía afirmando continuamente, por lo que cabe pensar que el juego de la emergencia seguía compensando. A veces, sobre todo en la década de 1970, con el control de precios y salarios y de la energía, la apuesta fue fuerte. Incluso bajo la administración conservadora de Ronald Reagan se siguió hablando de exigencias por emergencia, y se cumplieron. Los préstamos agrícolas especiales, las restricciones a los viajes internacionales y el control de las exportaciones son ejemplos de medidas de emergencia adoptadas por gobiernos «conservadores» estadounidenses.[593]

Nueva York, 1970; Steven Rosen (ed.), *Testing the theory of the military-industrial complex*, Lexington Books, Lexington (Massachusetts), 1973; Paul A. C. Koistinen, *The military-industrial complex: a historical perspective*, Praeger, Nueva York, 1980; Jacques S. Gansler, *The defense industry*, MIT Press, Cambridge (Massachusetts), 1980; J. William Fulbright, *The Pentagon propaganda machine*, Vintage Books, Nueva York, 1971. De acuerdo con estudios contemporáneos al presente texto, el Pentágono emplea a 1.066 agentes de relaciones públicas y gasta más de 25 millones de dólares anuales en relaciones públicas. Sobre esto, véanse Tom G. Palmer, «Uncle Sam's ever-expanding P. R. machine», *Wall Street Journal*, 10 de enero de 1985; Peter Navarro, *The policy game: how special interests and ideologues are stealing America*, Wiley, Nueva York, 1984, p. 254 (los servicios uniformados añaden otros 25 millones de dólares).

593. «La Administración de Crédito Agrícola concederá créditos de urgencia a agricultores en 1984», *The Express of Easton* [Pensilvania], 28 de diciembre de 1983; «Estados Unidos amplía el plazo para solicitar

La economía mixta: ¿marcha hacia el socialismo o el fascismo?

Joseph Schumpeter, uno de los científicos sociales más célebres del siglo xx, pronunció su último discurso público el 30 de diciembre de 1949, tan sólo nueve días antes de morir. Tituló la charla —sobre el probable futuro de la economía estadounidense— «La marcha hacia el socialismo». Schumpeter no pretendía tener un conocimiento absoluto del futuro y se limitó a analizar las tendencias del pasado y la lógica por la que se cabía razonablemente esperar que las tendencias se desarrollaran por sí mismas. Si bien su análisis de la dinámica político económica de los países occidentales apuntaba al socialismo como el «heredero probable», reconocía otras posibilidades, incluida una en la que la política económica llegaría a «un punto intermedio», sin llegar al socialismo pleno.[594]

El modelo schumpeteriano de dinámica político económica, que indica una probable transición del capitalismo

---

ayudas en apoyo a los precios»., *New York Times*, 19 de febrero de 1984; «Se restablece la prohibición de viajar a Cuba hasta que el Tribunal Supremo recabe más información», *Seattle Times*, 25 de junio de 1983; «Reagan prolonga la ley por la que la Agencia de Comercio retiene la autoridad sobre las exportaciones», *Wall Street Journal*, 2 de abril de 1984; «Los créditos agrícolas ayudan a los agricultores, pero se necesita más», *The Express of Easton* [Pensilvania], 26 de julio de 1985, que informa también de «una medida de urgencia de 1.000 millones de dólares firmada por Reagan». También Robert Higgs, «To deal with a crisis: governmental program or free market?», *Freeman*, 36 (sep. de 1986), pp. 331-335.

594. Joseph A. Schumpeter, *Capitalism, socialism, and democracy*, Harper & Row, 3.ª ed., Nueva York, 1950, pp. 415-417.

al socialismo, se basa en cuatro proposiciones centrales: (1) Las grandes empresas, gestionadas burocráticamente, y rutinariamente innovadoras, desplazan a los empresarios y propietarios gestores del capitalismo clásico, de manera que disminuyen la posición social y política de la clase empresarial, su tamaño y su función económica. (2) A medida que el capitalismo madura, la sociedad se vuelve cada vez más «racional», lo que hace que se pierda el respeto y la lealtad a instituciones extrarracionales como el derecho a la propiedad privada y la libertad contractual. (3) El capitalismo alimenta una clase intelectual creciente que, irónicamente, es inherentemente hostil al sistema que hace posible su existencia. (4) A medida que aumenta la oposición de los intelectuales, los sindicalistas y sus aliados, la burguesía pierde la fe en sus valores e ideales tradicionales; su defensa del sistema de libre mercado se debilita cada vez más, mientras se acomoda a un entorno político que da cada vez más prioridad a la seguridad social, la igualdad y la regulación y planificación gubernamentales. Aunque Schumpeter a finales de la década de 1940 todavía veía una vitalidad capitalista residual en el orden económico estadounidense, subrayaba que «de hecho nos hemos alejado mucho del capitalismo del *laissez faire*».[595]

A pesar de que admitía que crisis como la guerra o la depresión acelerarían tendencias seculares, negaba que «los meros "acontecimientos", incluso los de importancia como las "guerras totales", o las situaciones políticas creadas por ellas, o las actitudes o los sentimientos de los indi-

595. Ibídem, pp. 417-418.

viduos o los grupos sobre estas situaciones, dominen los contornos a largo plazo de la historia social: son una cuestión de fuerzas mucho más profundas». Los meros acontecimientos sólo podrían «quitar obstáculos del camino de las tendencias más fundamentales [...]. La evolución hacia el socialismo sería más lenta» en ausencia de crisis sociales «pero también más estable».[596] A largo plazo, concluyó Schumpeter, la inflación crónica desempeña un papel crucial en el proceso por el que se rompe el orden capitalista: la economía pasará por una sucesión de controles de precios y salarios hasta llegar al socialismo total.[597]

Las ideas de Schumpeter han sido evaluadas y reevaluadas al detalle. Aunque casi todo el mundo reconoce la lucidez de sus ideas sobre la dinámica político económica, los críticos por lo general han concluido que la visión de Schumpeter alberga problemas no resueltos y suposiciones poco justificadas y adolece de una considerable vaguedad en componentes críticos de su análisis. Para los fines actuales son pertinentes varias cuestiones, todas ellas relacionadas con las ideas que Schumpeter parece haber derivado del marxismo.[598]

596. Ibídem, pp. 420-421.

597. Ibídem, pp. 421-424. Para una extensión analítica actualizada de la argumentación de Schumpeter sobre el papel de la inflación, véase Robert Higgs, «Inflation and the destruction of the free market economy», *Intercollegiate Review*, 14 (primavera de 1979), pp. 67-76.

598. Seymour E. Harris (ed.), Schumpeter, social scientist, Harvard University Press, Cambridge (Massachusetts), 1951; Arnold Heertje (ed.), *Schumpeter's vision: capitalism, socialism and democracy after 40 years*, Praeger, Nueva York, 1981; John E. Elliott, «Marx and Schumpeter on capitalism's creative destruction: a comparative restatement», *Quar-*

En primer lugar, ¿el crecimiento del Estado que se ha producido en Estados Unidos desde que Schumpeter formuló su pronóstico final es realmente una marcha hacia el socialismo? Por supuesto muchos conservadores lo han caracterizado como «socialismo progresivo». Los científicos sociales suelen suponer que las extensiones del control público sobre la economía constituyen en efecto movimientos hacia el socialismo. Sin embargo, cabe preguntarse seriamente si esta caracterización es la más descriptiva y ajustada de la terminología de las ciencias sociales. Como señaló William Fellner, el análisis de Schumpeter «deja abierta la cuestión de por qué la descomposición de los sistemas de tipo occidental no podría conducir a una variedad no socialista de "fascismo"». El propio Schumpeter sólo insinuó esa posibilidad de pasada, como cuando señaló que es poco probable que el futuro traiga «el advenimiento de la civilización con la que sueñan los socialistas ortodoxos. Es mucho más probable que presente rasgos fascistas».[599]

Si por socialismo se entiende, como hizo Schumpeter en su célebre libro, un alto grado de propiedad pública absoluta y de gestión en manos de funcionarios de la industria, la agricultura y los servicios públicos, es evidente que Estados Unidos, desde 1945, no ha avanzado mucho hacia

---

terly Journal of Economics, 95 (ago. de 1980), pp. 45-68; Richard D. Coe y Charles K. Wilber (eds.), *Capitalism and democracy: Schumpeter revisited*, University of Notre Dame Press, Notre Dame (Indiana), 1985.

599. William Fellner, «March into socialism, or viable postwar stage of capitalism?», en Heertje (ed.), *Schumpeter's vision*, p. 52; Schumpeter, *Capitalism, socialism and democracy*, p. 375.

el socialismo.[600] A medida que la economía mixta estadounidense se desarrollaba, la tendencia fue destruir el fondo más que la forma de la propiedad privada. Los métodos más comunes de control público no fueron adquisiciones explícitas, sino impuestos y subsidios elevados (a menudo bajo formas ocultas) y, en particular, una amplia regulación de actividades supuestamente privadas. Aunque los críticos denunciaron la omnipresente intervención pública en la economía como «socialista», cierto es que no ha producido un orden económico que se pareciera a ninguna forma estándar de socialismo.

¿Ha producido, en cambio, «fascismo»? Desgraciadamente, los estadounidenses han utilizado el término de dos maneras distintas, ambas abusivas. Por un lado, «fascista» sirve simplemente como un insulto genérico con el que los izquierdistas radicales caracterizan todo lo que les desagrada de la política económica contemporánea. Por otro lado, y de forma más habitual, simplemente hace pensar en los regímenes de Hitler y Mussolini, que generalmente se considera que no tienen nada en común con la política económica de posguerra de Estados Unidos. De hecho, la mayoría de los estadounidenses encuentra la mera sugerencia de tales similitudes ofensiva y repelente —¿acaso los esta-

600. Douglas F. Greer, *Business, government, and society*, Macmillan, Nueva York, 1983, pp. 531-533; Edward S. Herman, *Corporate control, corporate power*, Cambridge University Press, Nueva York, 1981, pp. 164-172. La proporción de industria de propiedad estatal en Estados Unidos es inferior a la del resto de principales economías industriales. Y el peso de la industria de propiedad estatal no ha cambiado de forma sustancial en Estados Unidos desde la segunda guerra mundial.

dounidenses no derramaron su sangre para destruir los regímenes fascistas?— y se niega a considerar seriamente la posibilidad de que Estados Unidos sea fascista en algunos aspectos.

El término *fascismo*, sin embargo, tiene un significado definido y se puede emplear como un concepto analítico independiente de ejemplos históricos desagradables. Como ha demostrado Charlotte Twight, la esencia del fascismo es el colectivismo nacionalista, la afirmación de que el «interés nacional» debe tener prioridad sobre los derechos de los individuos. La presunción de la subordinación del individuo al Estado está tan arraigada en el pensamiento de los estadounidenses modernos que poca gente se ha dado cuenta —y sin duda muchos se sentirían ofendidos por la sugerencia— de que el fascismo ha influido en innumerables declaraciones de funcionarios públicos durante los últimos cincuenta años. Lamentablemente, como señaló Friedrich Hayek durante la Segunda Guerra Mundial, «muchos de los que se creen infinitamente superiores a las aberraciones del nazismo, y odian sinceramente todas sus manifestaciones, trabajan al mismo tiempo por ideales cuya ejecución conduciría directamente a la aborrecida tiranía».[601]

Por encima de todas las cosas, el servicio militar obligatorio en tiempos de paz señaló el triunfo del sentimiento fascista en la era posterior a la Segunda Guerra Mundial. «Existía», escribió Richard Gillam, «una sensación de

601. Charlotte Twight, *America's emerging fascist economy*, Arlington House, New Rochelle (Nueva York), 1975, cap. 1; Friedrich A. Hayek, *The road to serfdom*, University of Chicago Press, Chicago, 1944, p. 4.

apacible consenso en que Estados Unidos había entrado en un período de perpetua emergencia nacional que exigía y justificaba la creación de un *Estado cuartel* basado en el reclutamiento militar en tiempos de paz». Durante más de veinte años, las prórrogas periódicas de la ley de reclutamiento se produjeron sin apenas debate. Nadie en el Congreso se levantó a favor del voluntariado o de un derecho individual de propiedad sobre el propio cuerpo y la propia vida. «Había desaparecido la mera noción de que el reclutamiento mismo violaba ideales que en algún momento se habían considerado consustanciales» al *American way of life*.[602] Cuando, a principios de la década de 1970, Richard Nixon suprimió el servicio militar obligatorio, no actuó tanto para restaurar la libertad individual tradicional como por razones de conveniencia política, con la esperanza de reducir la molesta oposición de los estudiantes, entre otros, a la gestión de la guerra de Vietnam.[603] A mediados

602. Richard Gillam, «The peacetime draft: voluntarism to coercion», *Yale Review*, 57 (jun. de 1968), reeditado en Martin Anderson (ed.), *The military draft: selected readings on conscription*, Hoover Institution Press, Stanford (California), 1982, p. 113.

603. Alonzo L. Hamby, *Liberalism and its challenges: FDR to Reagan*, Oxford University Press, Nueva York, 1985, p. 307; Frank Freidel, *America in the twentieth century*, Knopf, 4.ª ed., Nueva York, 1976, pp. 381-392. Según Herbert Stein, «[l]os economistas liberales de la administración Nixon, y el propio presidente, consideraban el servicio militar obligatorio en tiempos de paz como una violación intolerable de la libertad individual y una carga extremadamente injusta» (*Presidential economics: the making of economic policy from Roosevelt to Reagan and beyond*, Simon & Schuster, Nueva York, 1984, p. 195). Richard M. Nixon, *RN: the memoirs of Richard Nixon*, Grosset & Dunlap, Nueva York, 1978, p. 522. Sostengo que Nixon puso fin al servicio militar obligatorio por conveniencia más que por convicción porque casi siempre actuó

de la década de 1980, la idea fascista de que el Estado tiene un derecho superior sobre la vida de ciudadanos inocentes, cuando los líderes políticos consideraran necesario el reclutamiento militar, seguía predominando en la mentalidad de las élites y las masas por igual. Todavía hoy los jóvenes son obligados por ley a inscribirse en el reclutamiento —y se les manda a una prisión federal en caso de incumplimiento flagrante—, a pesar de que actualmente no se autoriza el servicio militar obligatorio. El sistema militar voluntario sobrevive sólo por la ausencia de una emergencia que provoque un gran aumento del número de personas movilizadas.

El fascismo es el único de los sistemas colectivistas que preserva la propiedad privada, pero «el capitalismo se vuelve del revés en esta improbable unión». El fascismo reconoce el deseo de la gente de poseer propiedad privada y admira la fuerza del motivo de lucro, pero «utiliza estas características del capitalismo [sólo] *en la medida en que no entran en conflicto con el interés nacional formulado por las autoridades políticas del fascismo*». Cada parte de la vida económica es ideológica, constitucional y legalmente susceptible de verse sometida al control gubernamental. Por lo tanto, «el fascismo tolera la *forma* de propiedad privada a gusto del Estado, pero elimina cualquier *derecho* significativo de propiedad privada». Es «un capi-

---

como un animal político sin principios. En este caso los principios le salían muy baratos y de ahí que los sostuviera. Para pruebas, incluyendo el testimonio de sus asistentes, de que Nixon «carecía de ideales [...] pero actuaba según viabilidad y ventaja táctica», véase Graham, *Toward a planned society*, pp. 247-258 (cita de la p. 255).

talismo falso en realidad, una farsa de derechos económicos individuales que se anulan fácilmente cuando los líderes políticos lo consideran oportuno».[604]

Twight argumenta que esta descripción abstracta de la política económica fascista coincide exactamente no sólo con las acciones de los regímenes de Hitler y Mussolini sino también con la práctica del Gobierno de Estados Unidos desde la Segunda Guerra Mundial. Por supuesto, el culto fanático a los héroes, la supresión generalizada de los derechos civiles y políticos y los asesinatos en masa que marcaron el fascismo de Alemania e Italia no han caracterizado el caso estadounidense. Pero las similitudes de la política económica son sorprendentes. Todos los sistemas fascistas han impuesto los mismos controles exhaustivos sobre industrias «vitales» como la agricultura, la energía, el transporte, las comunicaciones y el armamento, siempre que las autoridades políticas lo han considerado apropiado; todos han regulado fuertemente los mercados laborales y las relaciones sindicales; todos han capturado los mecanismos financieros y de suministro de dinero y los han utilizado para promover objetivos «nacionales»; todos han recurrido, al menos de forma ocasional, al control de precios y salarios y a las asignaciones de recursos; todos han controlado ampliamente los viajes internacionales y los intercambios internacionales de bienes, capital financiero y divisas; todos han empleado un enorme cuerpo de funcionarios para supervisar las actividades privadas y formular y

604. Twight, *America's emerging fascist economy*, pp. 14-17, énfasis en el texto original.

hacer cumplir las directivas gubernamentales. En todos los casos ha surgido una coalición entre las grandes empresas y el Estado, ya que «la abrogación del mercado por parte del fascismo en favor del control político de la economía favorece intrínsecamente a las grandes empresas en detrimento del pequeño empresario». Es característico el «amplio intercambio de puestos entre altos funcionarios y ejecutivos de empresas» las puertas giratorias, frecuentes en los niveles más altos de la administración estadounidense y en especial, aunque no exclusivamente, entre el Pentágono y los principales contratistas de defensa.[605]

En reconocimiento a la evidente apertura del sistema político estadounidense y al «cuidado y atención [...] dedi-

605. Ibídem, pp. 17-29 (citas de las pp. 21-22). Para datos sobre las puertas giratorias entre el Pentágono y los contratistas, véase William Proxmire, «Retired high-ranking military officers», en Carroll W. Pursell Jr. (ed.), *The military-industrial complex*, Harper & Row, Nueva York, 1972, pp. 253-262. En 1969, por ejemplo, los 100 principales contratistas del ejército emplearon a 2.072 antiguos militares con rango de coronel, capitán de marina o superior. Un editorial del *New York Times* desveló que entre 1981 y 1983 «al menos 1.900 militares de alto rango se retiraron del ejército y ficharon por contratistas» («A war machine mired in sleaze», 31 de marzo de 1985). Véase también Navarro, *Policy game*, pp. 257-258. Para una amplia información sobre el nexo personal entre el gran empresariado y el Estado intervencionista, véanse Thomas R. Dye, *Who's running America?* Prentice-Hall, Englewood Cliffs (Nueva Jersey), 1983; y G. William Domhoff, *Who rules America now?*, Prentice-Hall, Englewood Cliffs (Nueva Jersey), 1983. Después de un estudio exhaustivo de los indicios, Domhoff (p. 143) concluye que «los niveles más altos del Poder Ejecutivo, especialmente en los departamentos de Estado, Defensa y Tesoro, se entrelazan constantemente con la comunidad empresarial a través de ejecutivos y abogados que entran y salen del Gobierno [...]. [E]xiste tal continuidad que la relación puede describirse como la de un "sistema de engranajes giratorios"».

cados a los adornos formales del debido proceso», Twight llama a la economía política de Estados Unidos «fascismo participativo». Hay una «inclusión notoria de todas las partes potencialmente disidentes en el proceso de toma de decisiones públicas». Esto «proporciona una apariencia de imparcialidad»; aplaca a los perdedores en las luchas políticas, que se conforman con que se tengan en cuenta sus opiniones. Así, «la brillante fachada del procedimiento justo ciega al público ante la supresión fundamental del sistema de libertades económicas individuales».[606] Ciertamente, Schumpeter no acertó: la economía política de Estados Unidos no se ha encaminado hacia el socialismo tal y como él lo entendía, sino hacia un acuerdo que podría describirse mejor como fascismo participativo.

Schumpeter fracasó en su visión del futuro de la economía política, en parte porque no consideró acertadamente el carácter de los grupos e individuos que se enfrentaban en ella y determinaban su forma. Adoptó un enfoque marxista modificado al analizar dos clases: consideraba que las principales partes contendientes eran, por un lado, la burguesía o «clase empresarial», los únicos defensores potenciales del capitalismo; y, por otro lado, los sindicalistas e intelectuales y burócratas, que pretendían derribar el capitalismo y sustituirlo por el socialismo o, al menos, por lo que él llamaba a veces «laborismo». Para alguien que siempre abogó por la visión a largo plazo, en retrospectiva Schumpeter parece haber estado demasiado impresionado por el ascenso de los trabajadores organizados y por el

606. Twight, *America's emerging fascist economy*, pp. 279-280.

desapego de las grandes empresas a la administración Roosevelt después de 1935. No supo apreciar hasta qué punto el abandono de las libertades económicas tradicionales a largo plazo no se debió a la aquiescencia o a la derrota de los empresarios, sino a su patrocinio entusiasta. Como ha señalado Douglass North, «los conflictos entre los grupos propietarios [...] desencadenaron el crecimiento de la regulación gubernamental». Los hombres de negocios tomaron parte activa en el fomento del Estado intervencionista desde sus inicios.[607] Consideremos la descripción que hizo William Simon de la relación entre las empresas y el Estado tal y como la vio durante su mandato como secretario del Tesoro en la década de 1970:

> Observé con incredulidad cómo los empresarios acudían al Estado en cada crisis, lloriqueando para obtener limosnas o protección contra la misma competencia que ha hecho que este sistema sea tan productivo. Vi a los ganaderos de Texas, golpeados por la sequía, exigiendo préstamos avalados por el Estado; a las gigantescas cooperativas lecheras presionando para obtener mayores ayudas a los precios; a las grandes aerolíneas luchando contra la desregulación para preservar su

607. Douglass C. North, «Structure and performance: the task of economic history», *Journal of Economic Literature*, 16 (sep. de 1978), p. 967 (las pp. 966-967 presentan una crítica sucinta y excelente del esquema de Schumpeter aplicado a la historia de Estados Unidos). También Thomas K. McCraw, *Prophets of regulation: Charles Francis Adams, Louis D. Brandeis, James M. Landis, Alfred E. Kahn*, Belknap Press, Cambridge (Massachusetts), 1984, p. 67: «La contienda política más destacada» de finales del siglo XIX «enfrentó a *un grupo de empresarios contra otro*» (énfasis en el original).

> estatus de monopolio; a empresas gigantes como Lockheed buscando ayuda federal que las rescatara de la pura ineficiencia; a banqueros, como David Rockefeller, exigiendo rescates del Estado para protegerlos de sus inversiones mal concebidas; a ejecutivos de las cadenas de televisión, como William Paley, de CBS, luchando para mantener restricciones regulatorias y bloquear la aparición de la televisión competitiva por cable y de pago. Y siempre, estos señores proclamaron su devoción por la libre empresa y su oposición a la intervención arbitraria del Estado en nuestra vida económica. Excepto, por supuesto, en su propio caso, que siempre fue único y que se justificaba por su inmensa preocupación por el interés público.[608]

Uno se pregunta si queda alguien —con la posible excepción de unos pocos ideólogos de derechas— que todavía apoye el sistema de libre mercado como un desiderátum inviolable; si alguien está dispuesto a asumir sus costes para preservar sus beneficios. Hablar es gratis y, en consecuencia, los empresarios suelen hablar como si estuvieran a favor del capitalismo. Pero la flagrante hipocresía de su retórica sugiere que, o bien se trata de un recurso político, empleado deliberadamente como parte de una estrategia de «relaciones públicas», o bien es un reflejo sin sentido heredado del pasado y que se abandona fácilmente cuando parece incompatible con el beneficio a corto plazo.

608. William E. Simon, *A time for truth*, Berkley Books, Nueva York, 1979, pp. 210-211.

Leland Yeager ha argumentado que los empresarios «como tales» no tienen un gran interés en limitar el activismo gubernamental. Los intereses empresariales suelen beneficiarse de las limitaciones de la economía de mercado. Las empresas suelen poder asumir la regulación, incluso cuando no resulta inmediatamente beneficiosa. De hecho, «[l]as perspectivas de los empresarios con capacidades dentro de lo común, en relación con las perspectivas de los empresarios más dinámicos, pueden ser incluso mejores en una economía altamente regulada que bajo un *laissez faire* sustancial». A pesar de la ideología de izquierdas, «los empresarios como tales, no simplemente como seres humanos, no son los principales beneficiados de una economía libre».[609] Lo saben y actúan en consecuencia.

Además de malinterpretar la relación de la clase empresarial con la preservación del capitalismo, Schumpeter subestimó persistentemente hasta qué punto las autoridades gubernamentales actuarían como parte interesada por derecho propio, especialmente durante las crisis, y no como un comité ejecutivo de la burguesía o de cualquier

609. Leland B. Yeager, «Is there a bias toward overregulation», en Tibor R. Machan y M. Bruce Johnson (eds.), *Rights and regulation: ethical, political, and economic issues,* Ballinger, Cambridge (Massachusetts), 1983, pp. 106-107. Herman (*Corporate control, corporate power,* cap. 5) subraya la ambigua relación mitad amo mitad siervo del gran empresariado hacia el Gobierno. Compárese con Warren J. Samuels, «A critique of *Capitalism, socialism, and democracy*», en Richard D. Coe y Charles K. Wilber (eds.), *Capitalism and democracy: Schumpeter revisited,* University of Notre Dame Press, Notre Dame (Indiana), 1985, esp. pp. 90-93, 107-108.

otro grupo. Al aceptar la formulación marxista clásica del cambio socioeconómico impulsado por «la» lucha de clases como punto de partida, no valoró la aparición de una «clase» separada, ni burguesa ni proletaria, que poseía suficiente autonomía para perseguir intereses exclusivamente propios, ya fueran materiales o ideológicos.

Por último, los fundamentos de inspiración marxista del pensamiento de Schumpeter no le sirvieron para evaluar las crisis. Como ya he argumentado con cierto detalle, lo que él llamaba «meros acontecimientos» desempeñaron un papel sumamente importante en el desmoronamiento histórico del régimen de libre mercado. Al insistir en la preponderancia de las llamadas tendencias más fundamentales, no tuvo en cuenta su propia observación de que «el propio concepto de secuencia histórica conlleva que se produzcan cambios irreversibles en la estructura económica que van a afectar a la ley de cualquier cantidad económica dada» —*a fortiori* la evolución de cualquier sistema político económico—.[610] Esta irreversibilidad, que otorga a los «meros acontecimientos» un significado magnificado y duradero, marcó también el desarrollo histórico estadounidense posterior a 1950.

Crisis y Leviatán: los episodios recientes

Poco después de que la administración Truman comprometiera a las Fuerzas Armadas de Estados Unidos a lu-

610. Schumpeter, *Capitalism, socialism and democracy,* p. 72.

char en Corea, el Estado amplió enormemente sus poderes sobre la economía estadounidense. Uno de los líderes a la hora de movilizar a la opinión pública a favor de los fuertes controles que se instauraron fue —*mirabile dictu*— Bernard Baruch, la eminencia gris que aún se mostraba en forma a los ochenta y un años en sus apariciones ante la prensa y los comités del Congreso. El 8 de septiembre de 1950, la Ley de Producción de Defensa inspirada por Baruch se aprobó y facultó al presidente para movilizar recursos para la guerra. Bajo la autoridad que le otorgaba esta ley, Harry Truman emitió la Orden Ejecutiva 10161, que delegaba sus poderes económicos de guerra en varios administradores y creaba organismos como la Autoridad Nacional de Producción, que estableció un sistema de prioridades, y la Agencia de Estabilización Económica, que organizó el control de precios y salarios.[611]

611. Jordan A. Schwarz, *The Speculator: Bernard M. Baruch in Washington, 1917-1965*, University of North Carolina Press, Chapel Hill, 1981, pp. 526-534; Benjamin H. Williams, *Emergency management of the national economy. Vol. 21. Reconversion and partial mobilization*, Industrial College of the Armed Forces, Washington D. C., 1956, pp. 61-62; Hugh Rockoff, *Drastic measures: a history of wage and price controls in the United States*, Cambridge University Press, Nueva York, 1984, pp. 177-178. La Ley de Producción de Defensa se formuló siguiendo el patrón del proyecto de «Ley de Poderes de Emergencia» elaborado por la Junta de Recursos de Seguridad Nacional, una agencia creada por la Ley de Seguridad Nacional de 1947. Véase Leon N. Karadbil y Roderick L. Vawter, «The Defense Production Act: crucial component of mobilization preparedness», en Hardy L. Merritt y Luther F. Carter (eds.), *Mobilization and the national defense*, National Defense University Press, Washington D. C., 1985, pp. 37-41.

El 16 de diciembre de 1950, en respuesta a «la creciente amenaza de las fuerzas de agresión comunista», Truman proclamó una emergencia nacional. Instó a los ciudadanos particulares a dejar de lado sus propios intereses en favor del «interés nacional», como él y sus amigos políticos lo habían definido, y convocó a

> todos los ciudadanos a hacer un esfuerzo conjunto por la seguridad y el bienestar de nuestro amado país y a poner sus necesidades en primer lugar en pensamiento y acción [...] a nuestros agricultores, a nuestros trabajadores en la industria y a nuestros empresarios a hacer un gran esfuerzo de producción [...] y a subordinar todos los intereses menores al bien común [...] a cada persona y a cada comunidad a hacer [...] los sacrificios que sean necesarios para el bienestar de la nación [...] a todos los líderes y funcionarios estatales y locales a cooperar plenamente con las agencias de defensa militar y civil de Estados Unidos en el programa de defensa nacional.[612]

El presidente estableció la Oficina de Movilización de la Defensa para coordinar el programa de guerra y la Agencia de Producción de la Defensa para supervisar los controles de producción. El 26 de enero de 1951, la Agencia de Estabilización Económica emitió normas para controlar los salarios y los precios. En julio de 1951 se puso en marcha un Plan de Materiales Controlados, que entró

612. *Proclamation Number 2914*, 15 Fed. Reg. 9029, 16 de diciembre de 1950.

en vigor tres meses después y se inspiraba en el utilizado en la Segunda Guerra Mundial. Se impusieron controles adicionales sobre el transporte, el crédito y la producción de bienes de consumo duraderos.[613]

A pesar de los numerosos controles que se establecieron, la movilización económica durante la guerra de Corea nunca alcanzó los extremos a los que se había llegado durante la Segunda Guerra Mundial. Se trató de una guerra mucho más pequeña, sólo un tercio (5,8 millones de personal militar), o una sexta parte (1,6 millones de reclutas) o una octava parte (54.000 muertes totales) de la anterior. Ajustado a los cambios en el índice de precios para las compras federales, el coste original de 54.000 millones de dólares de la guerra de Corea es aproximadamente una octava parte del gasto correspondiente a la Segunda Guerra Mundial.[614] Si bien los controles se impusieron más rápidamente que antes —«prueba de que el pueblo estadounidense se estaba acostumbrando al tipo de acción que debe llevarse a cabo en la movilización económica»—, la escala limitada de la guerra hizo que el Estado no necesitara desviar recursos de usos civiles a usos militares tan contundentemente como había hecho antes.[615] Los dispositivos fiscales y de mercado ordinarios podían servir en mayor medida a los propósitos del Go-

613. Williams, *Emergency management*, pp. 62-64; Rockoff, *Drastic measures*, pp. 179-184.

614. U.S. Bureau of the Census, *Historical statistics of the United States, colonial times to 1970*, U.S. Government Printing Office, Washington D. C., 1975, pp. 198, 1140.

615. Cita extraída de Williams, *Emergency management*, pp. 64-65.

bierno de forma satisfactoria. Al tener que asumir unos costes mucho más reducidos, el Estado tenía menos incentivos para adoptar métodos de ocultación de costes para captar recursos. Como describió un experto en economía de guerra, la movilización económica para la guerra de Corea estuvo «a medio camino entre los métodos de la libre empresa y el fuerte control y regulación gubernamental de la Segunda Guerra Mundial».[616]

Las limitaciones del programa público quedaron patentes en el episodio de la incautación de la siderurgia. Una disputa entre el sindicato y la patronal amenazaba con una huelga nacional y situó a Truman en una posición política incómoda. El presidente encargó al secretario de Comercio que confiscara y operara la industria siderúrgica en abril de 1952. Los propietarios consiguieron una orden judicial para impedir estos embargos. El Tribunal Supremo confirmó la orden judicial por 6 votos a 3 en el caso *Youngstown*, el 2 de junio de 1952. Aunque el tribunal denegó a Truman —en aquel momento un presidente muy impopular— la facultad que anteriormente habían ejercido libremente Wilson y FDR, la decisión no imponía una restricción a la facultad del Gobierno para expropiar propiedades privadas. Sólo limitaba una toma de posesión presidencial sin autorización legal específica. Como dijo el juez Hugo Black cuando anunció la opinión de la mayoría, «éste es un trabajo para los legisladores de la nación, no para sus autoridades militares». El juez Robert Jackson, en una opinión concurrente, subra-

616. Ibídem, p. 66.

yó «la facilidad, la rapidez y la seguridad con la que el Congreso puede conceder y ha concedido grandes poderes de emergencia». Ni la mayoría ni la minoría dieron importancia al derecho a la propiedad privada. Mientras que la mayoría sólo objetó la prepotencia presidencial de Truman, la minoría refunfuñó que «ese poder [presidencial] de incautación ha sido aceptado a lo largo de nuestra historia».[617]

En este caso, como en muchos otros, la Constitución se interpretó no como un baluarte contra la opresión de los ciudadanos privados, sino más bien como el marco institucional en el que los altos funcionarios de las distintas ramas del Estado llevaban a cabo sus luchas internas por el poder.

Tras el armisticio con Corea, siguió una década en la que se pudo frenar el aumento de la intervención del Estado sobre los asuntos económicos en Estados Unidos. Los controles salariales y de producción de los tiempos de guerra caducaron, aunque se mantuvo la autoridad para reinstaurar los controles a la producción. No se promulgó ninguna ampliación importante de los controles económicos del Gobierno. El Estado intervencionista no desapareció; prácticamente todos los controles creados antes de 1950 siguieron en vigor. Pero los empresarios, según Herbert Stein, «habían aprendido a vivir con la mayoría de las regulaciones y a aceptarlas». Sólo les molestaban las regulaciones nuevas y desconocidas, «consi-

617. *Youngstown Sheet & Tube Co. et al. v. Sawyer,* 343 U.S. 579 (1952), pp. 587, 653, 700. Véase Paul L. Murphy, *The Constitution in crisis times, 1918-1969,* Harper Torchbooks, Nueva York, 1972, pp. 288-290.

deran que las regulaciones a las que están acostumbrados son libertad».[618] Aumentó el gasto público, sobre todo en prestaciones de la Seguridad Social, pero en general las administraciones de Eisenhower y Kennedy fueron notablemente plácidas en comparación con las que les precedieron y sucedieron.

Bajo Lyndon B. Johnson (LBJ) y Nixon, la intromisión del Gobierno federal en la economía dio otro salto. Como muestra la tabla 10.1, durante 1964-1976 se promulgaron muchas leyes reguladoras importantes. El grueso de la legislación pertenece a cinco grandes áreas: (1) la protección de los consumidores frente a productos peligrosos, defectuosos o engañosos; (2) la protección de empleados y consumidores frente a la discriminación por motivos de raza, sexo, edad o discapacidad; (3) la protección del entorno natural frente a diversos tipos de contaminación; (4) la protección de los empleados frente a los riesgos de lesión o enfermedad en el lugar de trabajo, y (5) el control de precios y salarios y asignaciones físicas, ya sea en general o específicamente en los mercados energéticos. En conjunto, estas medidas reguladoras elevaron la intervención pública en la economía a un nivel considerablemente más alto; uno está casi tentado de compararlas con el New Deal. A pesar de que la comparación mostraría que el New Deal es el episodio más significativo, la oleada de nuevos programas reguladores entre 1964 y 1976 tuvo sin duda grandes consecuencias.

618. Stein, *Presidential economics*, p. 84. También Graham, *Toward a planned society*, pp. 99-101, 114-125; Hamby, *Liberalism*, pp. 121-123.

Tabla 10.1. Principal legislación federal, 1964-1976

1964	Ley de Derechos Civiles
1966	Ley de Seguridad Vial
	Enmiendas sobre la Seguridad en las Minas de Carbón
1967	Ley de Tejidos Inflamables
	Ley contra la discriminación por edad en el empleo
1968	Protección del Crédito al Consumo (Truth-in-Lending Act)
1969	Ley Nacional de Política Ambiental
1970	Ley de Estabilidad Económica
	Enmiendas a la Ley de Aire Limpio
	Ley de Seguridad y Salud en el Trabajo
1972	Ley de Seguridad de los Productos de Consumo
	Ley de control de la contaminación del agua
	Ley de Igualdad de Oportunidades en el Empleo
1973	Ley de Asignación de Petróleo de Emergencia
1974	Ley de Administración Federal de la Energía
	Ley de Seguridad de las Pensiones de Jubilación
1975	Ley de Política Energética y Conservación de la Energía
1976	Ley de Conservación y Producción de Energía
	Ley de Control de Sustancias Tóxicas

¿A qué se debió este arrebato intervencionista? Tal vez para responder se debe considerar cada uno de los nuevos programas regulatorios por separado. Existe una amplia literatura que adopta este enfoque fragmentario. De ella se desprende, como es lógico, que la explicación de por qué se creó el programa regulador *x* suele diferir en cierta medida de la explicación de por qué se creó el programa regulador *y*. No cabe duda de que la Ley de Seguridad de los Productos de Consumo y la Ley de Igualdad de Oportunidades en el Empleo tienen antecedentes muy diferentes.

No hay que desestimar estas diferencias ni desdeñar los esfuerzos de los estudiosos que las han esclarecido. Sin embargo, sólo a partir de esta bibliografía no resulta comprensible, salvo mediante investigaciones e inferencias adicionales, por qué aparecieron simultáneamente tantos programas reguladores distintos a finales de los años sesenta y principios de los setenta.

Algunos estudiosos han intentado encontrar un denominador común en las diversas medidas reguladoras. Stein, por ejemplo, sostiene que una importante influencia vino del desarrollo de lo que él denomina galbraithianismo, en honor a su principal inspirador: un conjunto de análisis y evaluaciones socioeconómicas hostiles al sistema de libre mercado y favorables a controles gubernamentales más amplios. «No había», dice Stein, «ninguna demanda de un sistema económico nuevo y diferente» en la visión galbraithiana. Más bien «[e]l argumento ideológico a favor del viejo sistema, el mercado libre del sistema capitalista, fue aguijoneado por la demostración de las excepciones a sus reglas y afirmaciones generales, y esto abrió el camino a intervenciones políticas específicas y a medidas de redistribución de la renta sin límites visibles». Los argumentos y las actitudes del galbraithianismo cobraron fuerza a partir de la convicción de que la economía estadounidense seguiría creciendo para siempre a un ritmo elevado, asegurando así que los nuevos y costosos programas gubernamentales podrían financiarse fácilmente con el conocido como dividendo del crecimiento.[619] La descripción que hizo Henry

619. Stein, *Presidential economics*, pp. 97-100 (cita de la p. 98).

Aaron del clima de opinión en los años sesenta coincide esencialmente con la de Stein. Aaron remonta las raíces del galbraithianismo a las crisis anteriores: «La fe en la acción del Estado, adoptada desde hace tiempo por los reformistas y extendida a la masa de la población por la depresión y la guerra, alcanzó su expresión política en los años sesenta. Esta fe se aplicó a los problemas sociales y económicos, cuyas percepciones estaban determinadas por actitudes populares simplistas e ingenuas y por crudos análisis de científicos sociales».[620] Como ilustran las observaciones del conservador Stein y del liberal Aaron, estudiosos con convicciones ideológicas distintas coinciden en que las actitudes predominantes entre las élites y las masas a mediados de los años sesenta favorecían una mayor intervención pública en la economía de mercado. Las posturas ideológicas engendradas por las crisis del pasado habían vuelto a cobrar importancia política.

Algunos estudiosos, especialmente los antiguos radicales y liberales ahora conocidos como neoconservadores, asocian las tendencias ideológicas de los años sesenta y setenta con el creciente ascenso de una supuesta «nueva clase». Según Irving Kristol, que popularizó la noción, esta

620. Henry J. Aaron, *Politics and the professors: the Great Society in perspective*, Brookings Institution, Washington D. C., 1978, p. 151. También Samuel P. Huntington, «The democratic distemper», en Nathan Glazer e Irving Kristol (eds.), *The American Commonwealth, 1976*, Basic Books, Nueva York, 1976, pp. 13-16. Para datos demoscópicos que corroboran la adhesión generalizada a la economía mixta, véase Herbert McClosky y John Zaller, *The American* ethos*: public attitudes toward capitalism and democracy*, Harvard University Press, Cambridge (Massachusetts), 1984, esp. pp. 148, 157, 271, 291, 300-301.

clase comprende a científicos, abogados y jueces, planificadores urbanos, trabajadores sociales, profesores, criminólogos, médicos de salud pública, periodistas, editores y comentaristas de los medios de comunicación, entre otros. Muchas de estas personas trabajan para el Estado o en el sector no lucrativo; son «idealistas» y denigran las actividades lucrativas. Ostensiblemente reformistas, albergan, en opinión de Kristol, una «agenda oculta: impulsar a la nación desde esa versión modificada del capitalismo que llamamos "el estado del bienestar" hacia un sistema económico tan estrictamente regulado al detalle como para cumplir muchas de las aspiraciones anticapitalistas tradicionales de la izquierda».[621] Se puede cuestionar si los individuos de los que hablaba Kristol constituyen una clase en el sentido en que los teóricos de la sociología emplean el concepto de clase, pero nadie puede negar que una multitud de intelectuales y cuasi intelectuales de izquierdas dieron un liderazgo y un apoyo prominentes al estallido regulador de 1964-1976.

Quedan preguntas sobre el momento concreto del estallido y sobre cómo la nueva clase y otros que compartían sus valores y aspiraciones consiguieron transformar sus ideales en medidas reguladoras concretas. Para responder

621. Irving Kristol, «On corporate capitalism in America», en Glazer y Kristol (eds.), *The American Commonwealth*, p. 134. También Seymour Martin Lipset, «The paradox of American politics», ibídem, pp. 161-163; Paul H. Weaver, «Regulation, social policy, and class conflict», *Public Interest* (invierno de 1978), pp. 56-62. Para una crítica de la teoría de la «nueva clase», véase Peter Steinfels, *The neoconservatives: the men who are changing America's politics*, Simon & Schuster, Nueva York, 1979, esp. pp. 285-290.

a las preguntas, hay que considerar algunos acontecimientos políticos más prosaicos.

Los cambios presidenciales y del Congreso a mediados de los años sesenta tienen una gran importancia en esta historia. El acceso de Lyndon B. Johnson a la vicepresidencia y su posterior elección, que fue por una victoria aplastante, colocó en el más alto cargo a un hombre movido por la ambición de dejar una marca indeleble en la historia por haber llevado adelante los programas políticos de su héroe y mentor, Franklin D. Roosevelt. LBJ, que había sido un poderoso senador, sabía muy bien cómo trabajar con el Congreso y contaba con la complacencia de algunos de sus miembros. Los demócratas contaban con mayorías enormes en ambas cámaras del Congreso —una ventaja que seguirían disfrutando hasta la década de 1980—, y además las elecciones de 1964 llevaron al poder a un grupo de legisladores extraordinariamente progresistas, ya que los demócratas tradicionalistas «conservadores», principalmente sureños, ya no dominaban el poder legislativo. Según Aaron, «ninguna administración desde la primera de Franklin Roosevelt había actuado con menos limitaciones políticas que la del presidente Johnson».[622] En unas

622. U.S. Bureau of the Census, *Statistical abstract*, U.S. Government Printing Office, 100.ª ed., Washington D. C., 1979, p. 507; Aaron, *Politics and the professors*, p. 3. También Stein, *Presidential economics*, pp. 114-115; Lawrence D. Brown, *New policies, new politics: government's response to government's growth*, Brookings Institution, Washington D. C., 1983, p. 1; Hamby, *Liberalism*, pp. 231-232, 248-260. Keith T. Poole y R. Steven Daniels, «Ideology, party, and voting in the U.S. Congress, 1959-1980», *American Political Science Review*, 79 (jun. de 1985). Poole y Daniels estiman (p. 383)

condiciones políticas tan favorables, los defensores de los programas colectivistas tenían un amplio margen de maniobra.

Pero ¿qué determinó las formas específicas que adoptaron los programas de regulación? ¿A qué sectores atendieron más los presidentes activistas (Johnson y Nixon) y el Congreso de tendencia izquierdista, durante la década posterior a 1963?

Al considerar estas cuestiones, hay que reconocer la proliferación sin precedentes de animales en la jungla política estadounidense durante la década de los 60. No desapareció ninguna de las antiguas facciones —las grandes empresas, los sindicatos, los grupos profesionales y comerciales de clase media, los agricultores y muchos otros grupos de interés de larga data siguieron bien arraigados—, pero surgió una plétora de nuevos grupos. El movimiento por los derechos civiles primero generó una serie de grupos políticamente organizados y activos que trataban de promover mejores condiciones económicas y sociales para los negros, y luego hizo surgir «por ósmosis y pensamiento analógico altamente contagioso» varios grupos para promover los objetivos políticos de otras «minorías oprimidas»: mujeres, indios, chicanos, grupos étnicos blancos, estudiantes, homosexuales, discapacitados, ancianos y muchos otros. Estos grupos no estaban, en buena medida, directamente representados como tales en la política estadounidense. Y con el impulso que adquirieron, estos nuevos gru-

que las elecciones de 1974 desembocaron en un Congreso incluso más progresista que el elegido en 1964.

pos exigieron al Gobierno federal que resolviera diversos problemas raciales, urbanos, de empleo y de consumo, reales e imaginarios. Del mismo modo, el movimiento antibélico se convirtió en «un interés creciente para una serie de "públicos generales" y "bienes públicos" supuestamente necesitados de la protección que aportaba la acción política organizada». La agitación en apoyo de las normativas medioambientales, de consumo y de riesgo cero alcanzó niveles sin precedentes. A principios de los años setenta «el universo de las organizaciones políticas estaba muy poblado por grupos que antes se consideraban imposibles de organizar».[623]

No era accidental que todos estos grupos se organizaran y comenzaran a ejercitar su músculo político precisamente en el momento en que lo hicieron: una vez más, la crisis social había ampliado sustancialmente el ámbito de la viabilidad política. La agitación de los años sesenta, con sus enconadas divisiones a una escala que no se había visto en Estados Unidos desde la época de la guerra civil, creó dos condiciones previas, críticas para que se diera una explosión de legislación reguladora. En primer lugar, atrajo la atención de muchas personas que en tiempos normales habrían permanecido al margen de la política. La promesa —o la amenaza— de cambios masivos en las relaciones raciales despertó a millones de ciudadanos políticamente inactivos. Las inquietantes cuestiones sobre los objetivos, métodos, riesgos y costes de las acciones militares esta-

623. Brown, *New policies, new politics*, pp. 40-42, 52 (citas de las pp. 41-42). También Huntington, «Democratic distemper», pp. 10, 28.

dounidenses en Vietnam atrajeron la atención de un número todavía mayor de personas; prácticamente nadie podía ignorar o mantenerse al margen de un conflicto que se cobró la vida de 58.000 militares estadounidenses, el 86 por ciento de ellos blancos, en un país lejano y de dudosa importancia estratégica. En segundo lugar, las cuestiones socialmente divisivas de las relaciones raciales y la guerra, ampliamente sentidas como cuestiones morales primordiales, provocaron una participación masiva en protestas, manifestaciones y actividades políticas más convencionales: es decir, las acciones motivadas por la ideología dejaron de lado el problema del gorrón.[624]

Una vez que se hubo motivado, activado y organizado políticamente a las masas y su solidaridad había aumentado —en muchos casos por encuentros hostiles con oponentes ideológicos o con la policía—, no tardaron en extender sus intereses y energías en direcciones que les parecían paralelas a sus objetivos y acciones originales. Muchos —sobre todo entre los estudiantes— llegaron a creer que un estamento político empresarial en el poder, que identificaban erróneamente con el capitalismo o el sistema de libre mercado, era responsable de las relaciones raciales injustas y de una guerra salvaje e inútil. «La disidencia relacionada con la guerra había sido el catalizador

624. Brown, *New policies, new politics*, p. 42; Huntington, «Democratic distemper», p. 35; David Ignatius, «Vietnam's legacy: a decade after war, U.S. leaders still feel effects of the defeat», *Walt Street Journal*, 14 de enero de 1985, p. 10. También James Q. Wilson, «The rise of the bureaucratic State», en Glazer y Kristol (eds.), *The American Commonwealth*, p. 97; Hamby, *Liberalism*, pp. 278-279.

de divisiones políticas inusualmente exacerbadas y había creado un gran cuadro de activistas políticos radicalizados, dispuestos a continuar su lucha contra otros aspectos del sistema una vez terminada la guerra.»[625]

El galbraithianismo y otras variedades de análisis socioeconómico crítico ayudaron a justificar el desplazamiento del entusiasmo antibélico y pro derechos civiles hacia una diversidad de causas antimercado. Percibiendo otros horizontes, los miembros de la nueva clase se esforzaron por alcanzar sus preciadas aspiraciones reguladoras, sacando partido del clima de opinión erróneamente anticapitalista y, no del todo por casualidad, haciendo el bien al mismo tiempo. Después de que Johnson fuera expulsado de la presidencia, la administración Nixon, sólo ligeramente reaccionaria, no se atrevió a resistirse demasiado a los izquierdistas, y la manía reguladora nacida a mediados de los sesenta se prolongó hasta los setenta, antes de que una reacción conservadora —y una severa recesión inflacionaria— comenzaran finalmente a frenarla.[626]

625. Hamby, *Liberalism*, p. 317.

626. Stein había sido uno de los asesores económicos más importantes de la administración Nixon y el capítulo que le dedicó lo subtituló «Hombres conservadores con ideas progresistas» (*Presidential economics*, p. 133). Daniel Patrick Moynihan, asesor de Nixon para las políticas sociales, advirtió al presidente: «Todos los activistas de la Gran Sociedad se encuentran al acecho, listos para ir a por usted si les ataca: los profesionales del Estado de bienestar, los urbanistas, las maestras de educación infantil, los trabajadores sociales, los responsables de los programas de vivienda pública. Francamente, me aterroriza pensar en recortar demasiado rápido». Véase A. James Reichley, *Conservatives in an age of change: the Nixon and Ford administrations*, Brookings Institution, Washington D. C., 1981, pp. 56-58, 382, y *passim*.

En el clima ideológico moderno casi cualquier tipo de crisis promueve una mayor intervención estatal, pero algunas lo hacen más que otras. Lawrence Brown ha propuesto la provocativa idea de una crisis «buena». En este caso, «las causas sencillas parecen ser evidentes para todos [...] las soluciones simplistas están al alcance de la mano y son objeto de consenso, y [...] las clases altas y medias de la población pueden identificarse con los esfuerzos para resolver los problemas de otros». En opinión de Brown, la crisis urbana de los años sesenta es un ejemplo de crisis buena: se consideraba que sus causas eran la pobreza y el racismo; una «guerra» contra la pobreza y la discriminación racial las eliminaría de una vez por todas; tanto a los legisladores como a los luchadores contra la pobreza les gustaba este tipo de guerra (según estos criterios, la Segunda Guerra Mundial fue una crisis aún «mejor»).[627] Tanto si se considera que las crisis gemelas de mediados de los sesenta son especialmente «buenas» como si no, es evidente que fueron fundamentales en la creación de las condiciones sociopolíticas favorables al estallido normativo que comenzó entonces.

Al igual que FDR, Richard Nixon tenía una mentalidad de crisis. En 1962, ya alejado de los cargos públicos, escri-

627. Brown, *New policies, new politics*, p. 68. También Aaron, *Politics and the Professors*, p. 150. Hace medio siglo Walter Lippmann distinguió entre crisis buenas y malas, siendo las buenas aquellas que generan la voluntad y la capacidad para gestar soluciones. Sorprendentemente él consideraba la Gran Depresión como una crisis buena, en sus palabras, «una pausa venturosa». Véase Arthur A. Ekirch Jr., *Ideologies and utopias: the impact of the New Deal on American thought*, Quadrangle Books, Chicago, 1969, p. 91.

bió un relato autobiográfico titulado *Seis crisis*. Pero mientras las crisis de Roosevelt eran reales, las de Nixon eran más bien producto de su sensación personal de asedio. Como presidente, Nixon declaró en dos ocasiones el estado de emergencia nacional, una vez el 23 de marzo de 1970, en respuesta a una huelga de los trabajadores de correos, y otra vez el 15 de agosto de 1971, cuando los problemas de la balanza de pagos le llevaron a imponer un recargo del 10 por ciento a las importaciones sujetas a derechos de aduana.[628] Si las declaraciones no hubieran hecho más que facilitar al presidente la gestión del problema en cuestión, no habrían sido especialmente trascendentales. Sin embargo, en aquel momento, las declaraciones de Nixon —junto con la de FDR de 1933 y la de Truman de 1950, que seguían en vigor— daban fuerza a 470 disposiciones de leyes federales que delegaban poderes extraordinarios en el presidente.

El informe de una comisión del Congreso señaló que los poderes extraordinarios conferían «suficiente autoridad para gobernar el país sin referencia a los procesos constitucionales normales».

> En virtud de los poderes delegados por estos estatutos, el presidente puede: incautar propiedades; organizar y controlar los medios de producción; incautar mercancías; asignar fuerzas militares en el extranjero; instituir la ley marcial; incautar y controlar todo el transporte y las comunicaciones;

628. *Proclamation Number 3972*, 23 de marzo de 1970; *Proclamation Number 4074*, 15 de agosto de 1971. Según Hamby, Nixon «concebía su vida como la de un hombre que pasaba de una situación extrema (de crisis) a otra» (*Liberalism*, p. 337).

regular el funcionamiento de la empresa privada; restringir los viajes; y, en una plétora de formas particulares, controlar la vida de todos los ciudadanos estadounidenses.[629]

Hasta la aprobación de la Ley de Emergencias Nacionales de 1976, el Congreso no dispuso la terminación de las emergencias nacionales declaradas existentes y la supervisión y terminación sistemática de futuras emergencias nacionales que se hubieran declarado. Sin embargo, la ley no llegó a retirar las delegaciones de poderes extraordinarios de emergencia por ley al presidente que se habían hecho en el pasado. En particular, se mantuvo la autoridad presidencial extraordinaria para controlar las transacciones financieras y de propiedad internacionales, autorizada por primera vez por la Ley de Comercio con el Enemigo de 1917. En 1977, el Congreso aclaró aún más esa autoridad, sin eliminarla, en la Ley de Poderes Económicos Internacionales de Emergencia.[630]

Nixon, como la mayoría de los políticos en activo, aprovechó con gusto las crisis para aumentar su poder, pero no

629. U.S. Senate, Special Committee on the Termination of the National Emergency, *Emergency Powers Statutes: Provisions of Federal Law Now in Effect Delegating to the Executive Extraordinary Authority in Time of National Emergency* [impreso para el uso de la comisión], sep. 1973, p. iii.

630. *National Emergencies Act*, 50 U.S.C. Sec. 1601-1651 (1976); *International Emergency Economic Powers Act*, 50 U.S.C. Sec. 1701-1706 (1977); Charlotte Twight, «U.S. regulation of international trade: a retrospective inquiry», en Robert Higgs (ed.), *Emergence of the modern political economy*, JAI Press, Greenwich (Connecticut), 1985, pp. 180-182; Robert Higgs y Charlotte Twight, «National emergency and the erosion of private property rights», *Cato Journal*, 6 (invierno de 1987).

se limitó a esperar a que surgiera una emergencia. El riesgo de no ser reelegido era para él una crisis suficiente. Según su asesor económico Stein, «tendía a preocuparse excesivamente por sus perspectivas de reelección y, por tanto, a sentirse empujado a tomar medidas extremas para asegurarla». Años antes de las elecciones de 1972, Nixon y sus ayudantes ya empezaron a planear cómo podían manipular la economía para maximizar la probabilidad de su reelección. Las políticas económicas que aplicaron son un ejemplo de las que generan los llamados ciclos políticos de negocios. (Si tales ciclos se han producido realmente es una cuestión distinta, más complicada y controvertida.)[631]

Nada ilustra mejor el oportunismo político de Nixon que su imposición de controles obligatorios de precios y salarios en agosto de 1971. El presidente, que había servido como funcionario de bajo nivel en la Oficina de Administración de Precios durante la Segunda Guerra Mundial, había expresado a menudo su aversión a los controles de precios. Tales controles, declaró durante la campaña de 1968, «nunca pueden administrarse de forma equitativa y no son compatibles con una economía libre». Sin embargo, como ha observado James Reichley, «no estaba dispuesto a asumir riesgos políticos extremos en aras de dogmas eco-

631. Stein, *Presidential economics*, p. 168; Edward R. Tufte, *Political control of the economy*, Princeton University Press, Princeton (Nueva Jersey), 1978, esp. pp. 29-54; Robert R. Keller y Ann Mari May, «The presidential political business cycle of 1972», *Journal of Economic History*, 44 (jun. de 1984), pp. 265-271; James E. Alt y K. Alec Chrystal, *Political economics*, University of California Press, Berkeley, 1983, pp. 103-125; Bruno S. Frey, *Modern political economy*, Martin Robertson, Oxford, 1978, pp. 125-142.

nómicos». Tras convencerse de que su derrota en 1960 se había debido a que la administración de Eisenhower no había logrado generar condiciones macroeconómicas favorables en vísperas de las elecciones, Nixon estaba decidido a no volver a caer por el mismo tipo de error. Sus temores latentes se despertaron en 1970-1971, cuando las políticas fiscales y monetarias restrictivas de la nueva administración surtieron un efecto más inmediato en el aumento del desempleo que en la reducción de la inflación.

Impacientes porque las políticas macroeconómicas del Gobierno parecían dar resultado con mucha lentitud, muchas personas políticamente importantes empezaron a pedir controles directos de los precios: líderes sindicales, grandes empresarios, miembros del Congreso, posibles candidatos presidenciales en las siguientes elecciones, economistas de alto rango del Departamento del Tesoro, incluso Arthur Burns, que ahora dirigía la Reserva Federal, todos ellos instaron al presidente a imponer una «política de ingresos» porque, como dijo Burns, «las reglas de la economía no están funcionando exactamente como solían hacerlo». El Congreso, como si desafiara a Nixon a hacer lo que insistía en que nunca haría, aprobó la Ley de Estabilización Económica, que autorizaba al presidente a controlar todos los precios, salarios y rentas. Nixon firmó la ley —que se adjuntó como una cláusula adicional a una ley que prorrogaba la Ley de Producción de Defensa de 1950— con evidente reticencia el 17 de agosto de 1970.

A finales de 1970, el nombramiento del extravagante John Connally como secretario del Tesoro y su posterior designación como principal portavoz económico de la administración inclinó la balanza hacia los controles. Connally tenía pocos escrúpulos económicos; estaba especializado en gestos políticos dramáticos, favoreciendo, según la metáfora futbolística de Nixon, la «gran jugada». Apoyó la imposición de controles porque pensaba que sería atractiva para la población como una jugada arrolladora del presidente.[632]

A Nixon le gustó este aspecto de los controles. Como escribió más tarde en sus memorias, la imposición de los controles «era políticamente necesaria e inmediatamente popular a corto plazo». En efecto, lo fue. Los mercados de valores se dispararon y los sondeos de opinión indicaban una gran aprobación a la acción del presidente —una respuesta que mostraba, en opinión de Stein, «lo superficial que era el apoyo general de partida a las características básicas de una economía de libre mercado»—. Nixon fue reelegido por abrumadora mayoría un año después, mientras los rigurosos controles seguían en vigor.[633]

Los economistas, con notables excepciones, pueden dar fe de que los controles de precios «no funcionan» y, en el sentido que los economistas consideran pertinente —reducir realmente la inflación, no sólo suprimir temporalmente sus manifestaciones—, su conclusión es válida. Pero

632. Reichley, *Conservatives*, pp. 205-231 (citas de las pp. 205, 206, 220); Nixon, *RN: the memoirs*, pp. 515-522 (citas de la p. 518); Stein, *Presidential economics*, pp. 133-187; George P. Shultz y Kenneth W. Dam, *Economic policy beyond the headlines*, Norton, Nueva York, 1977, pp. 65-85; Rockoff, *Drastic measures*, pp. 200-233.

633. Nixon, *RN: the memoirs*, p. 521; Stein, *Presidential economics*, p. 180.

desde el punto de vista de la política económica no aciertan. Los controles de precios funcionan: sí funcionan para ganar el apoyo político a quienes los imponen. El público nunca parece darse cuenta de que se trata de un producto político defectuoso. Como señala Stein, incluso después de todos los trastornos económicos, las escaseces artificiales y las injusticias del programa de control de precios de Nixon, que finalmente terminó el 30 de abril de 1974, «la experiencia no dejó al país fuertemente comprometido con el libre mercado, la forma monetaria de frenar la inflación. Se mantuvo la fascinación por la intervención directa». Apenas cuatro años más tarde, la administración Carter cedió a la tentación política e impuso otra política de ingresos, aunque a medias, que se apoyaba totalmente en sanciones indirectas.[634]

El legado más importante de los controles de precios y salarios de Nixon fueron los controles de precios y las asignaciones de energía, que persistieron hasta mucho después de que hubieran expirado los controles de precios globales. Cuando se produjo la crisis energética, la administración esperaba desprenderse de su política de ingresos, que ya no era útil. Pero dada la persistente presencia de controles de precios, el embargo petrolero árabe y las subidas de precios de la OPEP de finales de 1973 y principios de 1974 en muchas zonas provocaron rápidamente una escasez que se racionó principalmente con la espera

634. Stein, *Presidential economics*, p. 187; Robert Higgs, «Carter's wage-price guidelines: a review of the first year», *Policy Review*, 11 (invierno de 1980), pp. 97-113. Hamby reconoce el sentido en que la «nueva política económica» de Nixon tuvo éxito (*Liberalism*, p. 324).

de los clientes en las infames colas para comprar combustible. Las molestias y la incertidumbre fueron más de lo que el pueblo estadounidense podía soportar. Inmediatamente se desató, en palabras de William Simon, la «histeria colectiva [...]. El ardor político se dirigió tanto al Congreso como al Ejecutivo para que el problema se resolviera de la noche a la mañana».[635]

Para afrontar la crisis, el presidente creó, por orden ejecutiva, la Oficina Federal de Energía. El 4 de diciembre de 1973, nombró a Simon, entonces subsecretario del Tesoro, para dirigir esta Oficina, que por ley se convertiría en la Administración Federal de la Energía y más tarde en el Departamento de Energía. De la noche a la mañana, Simon se convirtió en el «zar de la energía» y en una de las personas más mediáticas de Estados Unidos. Nixon lo autorizó «a decidir todo y a decidirlo rápidamente». El presidente equiparó la crisis energética a una situación de guerra y comparó el trabajo de Simon con el de Albert Speer, el ministro de Armamento de Hitler durante la Segunda Guerra Mundial. Simon comprobó que los procedimientos de asignación de energía del Gobierno eran enmarañados e ineficaces, y él y sus ayudantes trabajaron frenéticamente durante meses para canalizar los suministros existentes a las zonas con mayor escasez. Aunque finalmente se hicie-

635. Simon, *A time for truth*, p. 54. También Stein, *Presidential economics*, pp. 190-194; Shultz y Dam, *Economic policy*, pp. 179-197; Reichley, *Conservatives*, pp. 358-381. Para un análisis exhaustivo de las crisis energéticas, véase David Glasner, *Politics, prices, and petroleum: the political economy of energy*, Ballinger, Cambridge (Massachusetts), 1985.

ron algunas mejoras y se acortaron las colas para comprar combustible —que empezaron a desaparecer en la primavera de 1974— todo el sistema seguía siendo fundamentalmente defectuoso: «No hay nada como convertirse en planificador económico para comprender todo lo que funciona desesperada y estúpidamente mal en este sistema».[636] El sistema no mejoró cuando el Congreso aprobó una legislación energética todavía más complicada a mediados de la década de 1970 (véase la tabla 10.1). Inevitablemente, se produjo otra crisis; a principios de 1979 reaparecieron las colas de la gasolina. Los erráticos esfuerzos del Departamento de Energía para solucionar el problema no hicieron más que agravarlo.[637] Sólo la elección de Ronald Reagan y la supresión de todos los controles de los precios del petróleo dejó margen para que el desorden se solucionara por sí solo mediante procesos de mercado. Sin embargo, incluso entonces, el complejo sistema de control de los precios del gas natural perduró hasta mediados de la década de 1980, un dragón político que era demasiado temible incluso para sir Ronald.

A pesar de las colas del combustible de 1979, los años de Carter fueron relativamente tranquilos: no hubo grandes guerras ni ciudades en llamas ni masas de manifestantes furiosos en las calles. La economía creció a buen ritmo, al menos hasta 1980. El problema económico más grave de la administración Carter fue, en gran medida, obra

636. Simon, *A time for truth*, pp. 50, 55.

637. Stephen Chapman, «The gas lines of '79», *Public Interest*, (verano de 1980), pp. 40-49; Glasner, *Politics, Prices, and Petroleum*, pp. 130-137.

suya: la aceleración de la inflación, que llegó a alcanzar tasas de dos dígitos, no vistas en Estados Unidos desde la supresión de los controles de precios tras la Segunda Guerra Mundial. La administración trató de desviar la responsabilidad y la atención del problema adoptando una política de ingresos débil a finales de 1978, las directrices de precios y salarios que algunas empresas consideraban obligatorias *de facto* aunque inexistentes *de iure*. Más significativamente, Carter nombró a Paul Volcker para dirigir la Reserva Federal en 1979, y a partir de entonces se llevó a cabo una política monetaria más restrictiva, aunque más errática. En definitiva, la administración Reagan heredó una economía que, a pesar de la molesta inflación y de otros problemas, estaba en una situación sólo moderadamente mala.

David Stockman, un congresista que más adelante sería director de Presupuesto con Reagan, tenía una visión más entusiasta de la economía. Después de las elecciones de 1980, Stockman, en colaboración con su colega del Congreso Jack Kemp, redactó un memorando titulado «Evitar un Dunkerque económico del Partido Republicano», que presentó al presidente electo y a sus principales asesores (y que se filtró a la prensa y a otros destinatarios estratégicos).[638] Después de catalogar los «múltiples desafíos y amenazas que nos acechan», incluyendo una inmi-

638. William Greider, *The education of David Stockman and other Americans*, E. P. Dutton, Nueva York, 1982, pp. 87-89. El texto completo del memorando aparece como apéndice en el libro de Greider (pp. 137-159). También Leonard Silk, *Economics in the Real World*, Simon & Schuster, Nueva York, 1984, pp. 173-176.

nente «crisis crediticia», una «doble recesión» y una «hemorragia presupuestaria y crediticia federal», Stockman propuso que la nueva administración actuara de forma rápida, decisiva y drástica para disipar los riesgos inminentes y volver a encarrilar la economía. Sus objetivos políticos específicos incluían recortes en el gasto y los impuestos federales, una mayor desregulación y el apoyo a una política monetaria de desinflación constante, nada revolucionario ni especialmente radical, ya que cada elemento tenía un claro precedente en la última fase de la administración Carter.

El aspecto más destacable del plan era la forma en que Stockman proponía que la nueva administración buscara los objetivos designados. En una sección de su memorando titulada «Programa de recuperación y estabilización económica de emergencia», proponía que el nuevo presidente declarara inmediatamente una emergencia económica nacional e informara al Congreso y a la nación de que las condiciones económicas eran mucho peores de lo que parecía. «Debería solicitar que el Congreso se organizara rápidamente y estuviera preparado para una *acción exclusiva* durante los próximos cien días siguiendo un *Programa de Estabilización y Recuperación Económica de Emergencia* que pronto anunciaría. La administración debería dedicar las dos o tres semanas siguientes a consultar febrilmente los detalles del paquete con los líderes del Congreso y las partes interesadas.»[639] Declaración de emer-

639. Greider, *Education of David Stockman*, pp. 150-151, énfasis en el original.

gencia nacional, consulta febril, cien días de legislación. Medio siglo después del New Deal de Roosevelt, se cerraba el círculo: ahora los conservadores tomarían el país por asalto.

Los espíritus más calmados prevalecieron. Después de todo, no era 1933 y había pocas posibilidades de que incluso el Gran Comunicador pudiera persuadir a la gente de que sí lo era. Aunque la esencia de la propuesta de Stockman influyó las iniciativas políticas de la administración en 1981, el presidente decidió no declarar la emergencia nacional. Los *reaganautas* consiguieron recortar los tipos del impuesto sobre la renta (pero el aumento de los tramos y de los impuestos de la Seguridad Social contrarrestaron gran parte del efecto de los recortes); llevaron a cabo alguna desregulación adicional en las industrias de las comunicaciones, el transporte y los servicios financieros, y apoyaron, sólo con críticas ocasionales, la política monetaria más restrictiva de la Reserva Federal, que redujo la tasa de inflación mucho más rápido de lo que nadie había creído posible, aunque provocó una grave recesión en el camino. Pero gran parte del grandioso plan de Stockman, en particular los amplios recortes del gasto federal y la extensa desregulación, nunca llegó a aplicarse, y en poco tiempo el joven director de presupuesto enfermó del corazón. «Tengo una nueva teoría», confesó a un periodista: «No hay verdaderos conservadores en el Congreso». De hecho, después de unos primeros meses frenéticos, cuando la administración tomó la iniciativa en el poder, la política de siempre volvió al primer plano. Las tropas en los distritos electorales ofendidos se alinearon y atrincheraron en la batalla o contraatacaron. Como siempre en política, hubo ganadores y perdedores, pero «lo que había cambiado, fundamentalmente, era la lista de ganadores, no la naturaleza del juego».[640]

Así fue como se desvaneció la anunciada Revolución Reagan.[641] En parte, fracasó porque, en primer lugar, la administración nunca se comprometió en firme con que hubiera cambios fundamentales. El apoyo incondicional a las transferencias masivas, que benefician principalmente

640. Ibídem, pp. 44, 59. Doug Bandow, que trabajó para Reagan como asesor especial del presidente para el desarrollo de políticas, escribió que «el equipo de Reagan pronto perdió el entusiasmo por reducir la regulación federal [...]. El presidente Reagan no hizo prácticamente nada para arrancar las raíces profundas que la regulación hundía en la normativa vigente. Lo poco que logró podía ser revertido con el mero trazo del bolígrafo de un nuevo presidente». Véase «The terrible ten: America's worst regulations», *Policy Review* (primavera de 1985), p. 42.

641. Para descripciones y evaluaciones diversas de las políticas económicas de la administración Reagan, véanse Stein, *Presidential economics*, pp. 263-314; John L. Palmer e Isabel V. Sawhill (eds.), *The Reagan experiment*, The Urban Institute, Washington D. C., 1982; *idem*, *The Reagan record*, Ballinger, Cambridge (Massachusetts), 1984; Milton Friedman y Rose Friedman, *Tyranny of the status quo*, Harcourt Brace Jovanovich, Nueva York, 1984, esp. pp. 29-34, 124-129; Robert D. Hershey Jr., «The Reagan economic legacy», *New York Times*, 28 de octubre de 1984; Leonard Silk, «Reagan's high risk growth game», *New York Times*, 10 de febrero de 1985; Paul Craig Roberts, *The supply-side revolution: an insider's account of policymaking in Washington*, Harvard University Press, Cambridge (Massachusetts), 1984; Paul Blustein, «Reagan's record: recent budget battles leave the basic tenets of welfare State intact; Paring rather than ending programs will let them flourish in another era; The social security blunder», *Wall Street Journal*, 21 de octubre de 1985; David A. Stockman, *The triumph of politics: how the Reagan Revolution failed*, Harper & Row, Nueva York, 1986.

a la clase media, en el marco del sistema de la Seguridad Social; los continuos subsidios, rescates y proteccionismo para los agricultores, las empresas madereras, los productores de automóviles, acero, textiles, calzado y ropa, las compañías navieras, los bancos comerciales y un sinnúmero de sectores; la omnipresente interferencia en el comercio internacional a través de cuotas y los llamados acuerdos de comercialización ordenada negociados con gobiernos extranjeros. Prácticamente toda la mezcolanza, descrita por Stockman como un «mosaico de costa a costa de dependencias, refugios, protecciones y redistribuciones que los políticos de la nación habían negociado durante décadas», permaneció intacta. La conveniencia política reinaba tan soberana como siempre. Pero incluso si los partidarios de Reagan hubieran deseado realmente volver a un régimen de libre mercado, sus métodos no auguraban un resultado semejante. No se centraron en el cambio institucional, sino en la modificación de las cifras presupuestarias, en la reducción de los tipos del impuesto sobre la renta —sobre todo en el tramo superior— y, con mucho menos entusiasmo, en la reducción del gasto público. Los malabares con los números no son material para una revolución. En última instancia, como ha observado Stein, la probabilidad de que se produzca una revolución conservadora era escasa porque «incluso los gobiernos conservadores, cuando están en el poder, no quieren limitar sus propios poderes».[642] Los políticos conservadores, en definitiva,

642. Stockman, *Triumph of politics*, pp. 8-14 y *passim* (cita de la p. 9); Stein, *Presidential economics*, pp. 312-313.

siguen siendo políticos. Y en un sistema político carente de restricciones constitucionales e ideológicas básicas sobre el alcance de la autoridad gubernamental, cualquier tipo de político puede actuar.[643]

Conclusiones

La economía mixta que ha prevalecido en Estados Unidos desde la Segunda Guerra Mundial, una forma exclusivamente estadounidense de fascismo participativo, ha propiciado una expansión sustancial del alcance de la intervención del Estado sobre la toma de decisiones económicas. El sistema ha adoptado el color del capitalismo por la forma del derecho a la propiedad privada, pero ha negado la sustancia de tal derecho cada vez que ha tenido la oportunidad de hacerlo. Ningún derecho económico individual, ni siquiera el derecho a la vida, ha sido inmune a la derogación o desautorización oficial; además de interferir en innumerables transacciones económicas, el Estado ha enviado a decenas de miles de hombres a la muerte atados a la servidumbre involuntaria como reclutas en las aventuras militares emprendidas por las élites gobernantes. El potencial de que el Estado dejara de lado los derechos privados ha estado vigente durante más de cuarenta años, aunque to-

643. F. A. Hayek, *The constitution of liberty*, University of Chicago Press, Chicago, 1960, pp. 397-411 bajo el título «Por qué no soy conservador». Hayek (p. 401) observó que «el conservador no pone objeciones a la coerción o al poder arbitrario siempre y cuando se use para lo que considera fines correctos».

davía no haya ejercido plenamente esa posibilidad. La administración Eisenhower, dominada por las empresas, se acomodó en gran medida a los legados del New Deal y del Estado cuartel. La mayor ola de nuevos poderes gubernamentales de la posguerra se produjo en la década de 1960, bajo los auspicios colectivistas de la Gran Sociedad de Johnson. Sin embargo, el Gobierno de Nixon —esos «hombres conservadores con ideas liberales»— apenas frenó la marea. Las crisis, reales y espurias, de la turbulenta década posterior a 1964 fomentaron una variedad sin precedentes de grupos de interés influyentes, muchos de los cuales presionaron con éxito para que se tomaran medidas gubernamentales novedosas en su favor. La «revolución conservadora» de Reagan apenas hizo mella en el enorme aparato de control gubernamental. (Quien dude de esta conclusión debería volver a consultar el apéndice del capítulo 2.)

Desde 1945, liberales y conservadores, demócratas y republicanos han ocupado y dejado el poder como en las oscilaciones de un péndulo, pero independientemente de las oscilaciones políticas, el punto fijo ha seguido siendo la revocación fundamental de derechos económicos de los individuos. Constantemente vulnerable frente a la inquietante intervención pública —ya fueran controles de los precios y los salarios, controles energéticos, controles del mercado laboral, controles medioambientales, controles del comercio internacional o cualquier otra serie de intromisiones en los asuntos económicos que antes eran privados—, la economía de la posguerra se tambaleó. Políticos de todas las tendencias han preferido los poderes que estaban a su alcance en una economía mixta a las alternativas que se hubieran podido dar. Sin las poderosas restricciones ideológicas y constitucionales que operaron durante más de un siglo después del nacimiento de Estados Unidos —y que fueron destruidas durante las emergencias nacionales de 1916-1945— las autoridades gubernamentales modernas pueden beber sin limitaciones de los embriagadores manantiales del poder político y el control social.

Capítulo 11

Retrospectiva y perspectiva

> Aquello que es ya ha sido; y lo que ha de ser, fue ya; y Dios restaura lo que pasó.
>
> ECLESIASTÉS 3:15

Durante el siglo pasado, sobre todo entre la Primera Guerra Mundial y mediados de la década de 1970, Estados Unidos desarrolló lo que en esta obra he venido en llamar un Estado intervencionista. La comprensión de por qué se desarrolló depende de cómo se conciba.

Si el intervencionismo del Estado es un dispositivo para enmendar los «fallos del mercado» asociados con el poder del monopolio, las externalidades y los bienes públicos, entonces su desarrollo refleja la «modernización» de la estructura técnica y socioeconómica de la sociedad, que abarca cambios como la urbanización, la industrialización y la concentración del mercado. Si el Estado es una «red de seguridad» para evitar que los más desfavorecidos mueran de hambre o caigan en la indigencia, entonces otros cambios económicos y sociales —quizá el aumento de la movilidad personal y el debilitamiento de la lealtad familiar— han dado lugar al intervencionismo. Los que conciben el Estado intervencionista como un redistribuidor coercitivo de la riqueza, que sólo responde a las facciones políticas más fuertes, ven su desarrollo de una manera, mientras que, si se concibe como un vehículo para realizar ideales ideológicos o responder a emergencias nacionales, se da otra interpretación a su historia. Ninguna de estas teorías cuenta toda la verdad y cada una de ellas ofrece una visión útil.

Sin embargo, ninguna por sí misma describe el *proceso* por el que Estados Unidos mutó en un Estado intervencionista. Ninguna explicación estándar puede explicar el momento en que se produce la extensión de la autoridad pública sobre la toma de decisiones económicas. (La hipótesis de la crisis, que es la que más se acerca a explicar el momento del crecimiento del Estado en el siglo XX, no logra explicar por qué la crisis no engendró el Estado intervencionista en el siglo XIX.) Evidentemente, se puede profundizar en la comprensión del proceso recurriendo simultáneamente a todas las explicaciones disponibles, aunque esto es más fácil de proponer que de realizar. Pero incluso si uno acepta un punto de vista multicausal, sigue faltando algo. El problema con las explicaciones estándar no es principalmente su lógica, aunque algunas son notablemente ingenuas en lo que se refiere al proceso político subyacente. El problema es un pecado de omisión. Ninguna de las teorías estándar reconoce hasta qué punto el desarrollo del Estado intervencionista fue una cuestión no de lógica, por complicada y multidimensional que sea, sino de historia.

Retrospectiva

Si contrastamos la evolución histórica de los hechos con los vínculos lógicos descritos por las teorías, no es para afirmar que una secuencia ilógica o irracional de acontecimientos haya generado el Estado intervencionista. Por el contrario, se trata de reconocer que la dinámica política y socioeconómica real es más «desordenada», más abierta a influencias o choques exógenos y menos determinada en sus resultados de lo que suponen los teóricos. Los acontecimientos críticos pueden depender del capricho de un presidente o la ideología de un único juez del Tribunal Supremo. En política, se dan «accidentes» importantes. Y las consecuencias imprevistas abundan. No hay forma de sustituir la teoría pura por el conocimiento de la historia. Hay que saber lo que ocurre, ya sea sistemático o accidental, porque lo que ocurre altera la probabilidad de los acontecimientos posteriores. El desarrollo histórico es un proceso dependiente de la trayectoria previa: el lugar al que puede llegar la política económica depende de dónde haya estado. Cada «experimento», como dijo Sumner, entra en la vida de la sociedad y ya nunca puede ser eliminado.

Aquellos que construyeron el Estado intervencionista trabajaron en un contexto institucional e ideológico en evolución. Lo que podían hacer —incluso lo que querían hacer— estaba condicionado por ese contexto. Grover Cleveland y sus socios gubernamentales no podrían haber creado una Administración Nacional de Reactivación (ANR) o una Administración de Ajuste Agrícola (AAA) ni tampoco habrían querido hacerlo. Pero Franklin Roosevelt y sus socios gubernamentales, con los programas de movilización de la época de la guerra como precedentes, establecieron fácilmente la ANR y la AAA. La facilidad con la que se impusieron los controles toma sentido cuando se aprecia lo que se había hecho de forma similar durante la Segunda Guerra Mundial.

Si el contexto institucional e ideológico, moldeado por el curso de los acontecimientos tal como se produjeron en la práctica, determinó cómo era más probable que se desarrollara el futuro, fue en parte porque las creencias importaban. Las ideologías —que contaban a sus adeptos lo que estaba ocurriendo, si era bueno o malo, lo que debía hacerse al respecto y cómo mantener la identidad mediante la acción solidaria con compañeros afines— ayudaban a determinar el tamaño y el tipo de acción política. No es que la gente dejara de buscar lo que era «de su interés», sino que las ideologías establecían cuál era el interés de cada uno y cómo podía buscarlo legítimamente. Los que podían provocar el cambio ideológico o, por el contrario, apuntalar el *statu quo* ideológico, operaban en el nivel sociopolítico más fundamental. En consecuencia, se realizaron grandes esfuerzos en el ataque y la defensa ideológica. Lo que estaba en juego era la agenda política: qué cuestiones podían decidirse; cómo se formularían las alternativas. Las élites que podían manipular la ideología dominante ya habían predeterminado gran parte del resultado del proceso político.

Pero esta manipulación, a pesar de los inmensos recursos dedicados a ella, no operó de forma aislada. También actuaron los propios acontecimientos y, por tanto, el aprendizaje de la experiencia. Está claro que los cambios ideológicos y los cambios político económicos interactuaron. Ningún esfuerzo concebible podría haber evitado que la Gran Depresión desacreditara profundamente las ideas que habían sostenido el *statu quo* anterior. Tal vez la depresión no hubiera tenido que desacreditar el «capitalismo» como tal —la culpa podría haber sido de la Reserva Federal o de otros organismos ineptos—, pero la aceptación generalizada de una interpretación procapitalista habría requerido más agudeza de las masas de lo que podemos esperar. Por poner otro ejemplo, consideremos que las guerras mundiales dejaron casi con toda seguridad como legado la validación ideológica de los dispositivos de mando y control utilizados en los programas de movilización. *Post hoc, ergo propter hoc*: ganamos; por lo tanto, las políticas de guerra colectivistas promovidas por el Gobierno debieron ser necesarias y adecuadas. ¿Cómo se podría haber evitado que esa interpretación fuera aceptada? Las emergencias nacionales, y la forma de afrontarlas, simplemente se prestaron a ciertos cambios ideológicos. Las guerras mundiales y la Gran Depresión, junto con las políticas gubernamentales adoptadas para afrontarlas, prácticamente condujeron al abandono acelerado de la ideología del libre mercado y a la correspondiente aceptación de las alternativas colectivistas.

Los acontecimientos en el extranjero reforzaron continuamente la dialéctica del cambio político económico e ideológico en Estados Unidos. Desde finales del siglo XIX hasta mediados del siglo XX —tanto si se considera el impuesto sobre la renta, el banco central, la jubilación y el seguro de salud públicos, la vivienda pública, el servicio militar obligatorio o cualquier otra medida estatista—, los países de Europa occidental, en particular Gran Bretaña, siempre estuvieron un paso o dos por delante de Estados Unidos, dando ejemplos que influyeron y atrajeron especialmente a los ideólogos más progresistas de Estados Unidos. Los estadounidenses serían «retrógrados», apenas civilizados, si se resistieran a la adopción de esos programas ilustrados. Durante la Primera Guerra Mundial, los expertos británicos tuvieron una responsabilidad considerable en la forma que adoptó el programa de movilización en Estados Unidos; la «experiencia británica» era la consigna. Durante y después de la Segunda Guerra Mundial, los británicos contribuyeron en gran medida a dar forma a los programas estadounidenses para las instituciones monetarias internacionales de la posguerra, lo que incluyó una fuerte participación en el Fondo Monetario Internacional y el Banco Mundial, así como en el Programa de Recuperación Europea financiado por Estados Unidos, precursor del posterior programa de ayuda exterior. Por supuesto, el keynesianismo, la principal influencia en la política macroeconómica estadounidense durante el cuarto de siglo posterior a 1945, seguramente fue la importación ideológica más poderosa de todas. En resumen, la dinámica político económica e ideológica que experimentó Estados Unidos no se produjo en un sistema cerrado. Tanto las ideas importadas como los acontecimientos en el extranjero influyeron mucho en la evolución interna, y la tendencia general de las influencias extranjeras fue la de empujar a los estadounidenses hacia el colectivismo.

Después de la transformación ideológica que tuvo lugar durante la Era Progresista, cada crisis genuina ha proporcionado la ocasión para empujar el efecto trinquete hacia un Estado más grande. El imperativo ideológico progresista de que el Estado debe «hacer algo», que debe asumir la responsabilidad de resolver cualquier crisis percibida, garantiza nuevas acciones. Las acciones tienen costes inevitables que los Estados tienen incentivos para ocultar, sustituyendo los dispositivos de mando y control coercitivos por cargas fiscales e intervención en el mercado para llevar a cabo las políticas elegidas. Confirman la hipótesis el reclutamiento militar; los controles de los precios y los salarios; la asignación de prioridades oficiales y la asignación física de determinados productos básicos; las innumerables regulaciones económicas y sociales; las cuotas de importación y los controles de la exportación. Sabiendo lo mucho que una crisis propicia el intervencionismo económico del Estado, los intereses especiales siempre aprovechan estas ocasiones favorables para buscar aquella ayuda pública que consideran que promoverá sus propios fines. Una vez iniciados, los programas públicos son difíciles de terminar. Los intereses se consolidan, las burocracias se atrincheran y los grupos de interés se solidifican. Es más, cada vez que el Estado amplía su autoridad efectiva sobre la toma de decisiones económicas pone en marcha una serie de ajustes económicos, industriales e ideológicos cuyo denominador común es la disminución de la resistencia al Estado intervencionista. Uno de los ajustes más significativos es la negativa sistemática del Tribunal Supremo a proteger los derechos individuales frente a la invasión de los funcionarios gubernamentales durante las emergencias nacionales. Los precedentes establecidos durante tiempos extraordinarios inclinan el equilibrio constitucional incluso durante los tiempos posteriores en los que ya rige la normalidad.

No cabe duda de que este trinquete ideológico institucional funcionó durante las guerras mundiales y la Gran Depresión. Resulta más discutible el legado permanente del episodio de la Gran Sociedad-Guerra de Vietnam. Quizá este episodio sea demasiado cercano al momento en el que concluye este análisis para evaluarlo con precisión. Ciertamente se ha actuado sobre algunos de sus excesos percibidos; algunos programas, como los controles de los precios del petróleo, han sido incluso abolidos. Y los elementos más significativos —Medicare, Medicaid, las regulaciones medioambientales y de seguridad laboral, las leyes de protección al consumidor y contra la discriminación, y las fuerzas políticas que sostienen todos estos programas— parecen sólidamente establecidos. La ideología que dominó a finales de los años sesenta y principios de los setenta está actualmente en retirada, pero está lejos de ser derrotada. Independientemente de lo que hiciera la llamada revolución Reagan, ciertamente no provocó una revolución ideológica.

Prospectiva

Al hablar del futuro debemos ser breves. Nadie conoce ni puede conocer el futuro. Todo el mundo sabe que la sociedad humana tal como existe ahora, y quizá la propia vida humana, podría desaparecer en el fuego de la destrucción nuclear y sus impensables consecuencias.

Pero suponiendo que nuestra suerte se mantenga y nuestra sociedad sobreviva, sabemos algo —al menos en abstracto— sobre el futuro. Sabemos que vendrán otras grandes crisis. Nadie puede predecir con seguridad si serán provocadas por guerras internacionales, por un colapso económico o por algún terrorismo desenfrenado. Sin embargo, de una u otra forma, las grandes crisis volverán a darse, como lo han ido haciendo a lo largo de toda la historia de la humanidad. Cuando lo hagan, es casi seguro que los Estados obtendrán nuevos poderes sobre los asuntos económicos y sociales. Todo lo que he argumentado y documentado en los capítulos anteriores apunta a esta conclusión. Para quienes aprecian la libertad individual y la sociedad libre, la perspectiva es profundamente descorazonadora.

¿Se puede evitar este efecto? Creo que no, pero espero estar equivocado. Los estadounidenses han llegado a sus desfavorables circunstancias actuales gracias, sobre todo, a los cambios en la ideología predominante. Si las ideologías no son una mera superestructura, si las ideas pueden ganar influencia a través de la consideración racional a la luz de la evidencia histórica y la persuasión moral, entonces queda una esperanza, por pequeña que sea, de que el pueblo de Estados Unidos pueda redescubrir el valor de los derechos individuales, de un Estado limitado y de una sociedad libre bajo el genuino imperio de la ley.

Agradecimientos

A la par que ejercía como profesor de economía a tiempo completo, durante los últimos seis años he estado ocupado con la investigación que requería este libro. El crecimiento del Estado estadounidense, propiamente concebido, es un tema inmenso. Para entenderlo hay que familiarizarse con los materiales y hallazgos pertinentes de varias disciplinas, que incluyen la historia, el derecho y varias de las ciencias sociales. No podría haber avanzado demasiado sin la ayuda de muchos académicos y de varias instituciones.

Por la lectura y los comentarios —a menudo muy extensos y detallados— de las versiones preliminares de uno o más de mis capítulos, doy las gracias a Lee Alston, Arthur Ekirch, Price Fishback, Paul Gottfried, John Hughes, Aileen Kraditor, Dwight Lee, Forrest McDonald, Douglass North, William Parker, Murray Rothbard, Andy Rutten, Charlotte Twight, John Wallis y Gary Walton. El crítico anónimo de Oxford University Press también me dio algún buen consejo de última hora en su revisión.

Por haberme facilitado copias de trabajos publicados y borradores de obras en curso, agradezco a Terry Anderson, Ben Baack, Edward Budd, Jon Elster, Max Hartwell, Michael Hechter, Albert Hirschman, Joseph Kalt, James Kau, Allen Kelley, Gary Libecap, Karl-Dieter Opp, E. C. Pasour, Edward Ray, Joseph Reid, Hugh Rockoff, Richard Rose, David Schap, Harry Scheiber y Richard Timberlake.

Tuve la suerte de contar con muchas oportunidades para presentar mis ideas a grupos de académicos. Cada ocasión me enseñó algo valioso, y estoy agradecido a los participantes en los seminarios y talleres de las universidades de Washington, Houston, Texas A & M, Duke, Pennsylvania, Georgia, Pennsylvania State, Lehigh, North Carolina State, Miami (Ohio), Arizona State, George Mason, y Rutgers; de las facultades de Lafayette, Gettysburg, Holy Cross y Montclair State, así como de las reuniones de la Asociación de Historia Económica, la Sociedad para la Elección Pública, la Asociación Económica del Sur, la Asociación de Educación de la Empresa Privada, el Instituto de verano sobre la teoría de la elección pública (patrocinado por el Consejo de Estudios Filosóficos) y el Noveno Congreso Internacional de Historia Económica. Por último, en el Seminario de historia económica del área metropolitana de Washington y en la Institución Hoover sobre la guerra, la revolución y la paz.

Las primeras versiones de pequeñas partes del libro aparecieron como artículos en *Pathfinder* (1982), *Freeman* (1983), *Continuity: A Journal of History* (1983), *In-*

tercollegiate Review (1984) y *Explorations in Economic History* (1985). Agradezco a los editores de estas revistas que me hayan dado la oportunidad de difundir mis ideas y darlas a conocer a la crítica.

El Instituto de Investigación de Políticas Públicas del Pacífico ha patrocinado el proyecto desde su inicio. Estoy agradecido a William Mellor, David Theroux, Bruce Johnson, Charles Baird y Gregory Christainsen por su amable acogida y su apoyo a pesar de los retrasos. Uno de los favores más importantes del Instituto de Investigación del Pacífico fue presentarme al Centro de Estudios Libertarios. Este Centro me concedió una beca Ludwig von Mises en Humanidades y Ciencias Sociales durante 1983-1984, que fue una importante contribución financiera al éxito de mi proyecto.

Inicié el proyecto en la Universidad de Washington y lo completé en el Lafayette College. En Washington aprendí mucho de estudiantes y colegas. Las conversaciones con Douglass North a lo largo de quince años estimularon mi interés por estudiar el crecimiento del Estado. Además, Doug me ayudó de tantas otras maneras que no podré saldar mi deuda de gratitud con él. Pero nunca olvidaré, ni dejaré de apreciar profundamente, todo lo que ha hecho por mí. En Lafayette, el presidente David Ellis y la preboste Sarah Blanshei apoyaron generosamente mi investigación. Jerry Heavey, director del Departamento de Economía, hizo un esfuerzo excepcional para mitigar las dificultades de mi traslado. Ron Robbins, Marie Ciofalo y otras personas de la Biblioteca Skillman me ayudaron siempre en la búsqueda de documentos escondidos, acelerando un pedido de libros o interrumpiendo sus rutinas para hacer copias para mí. Mandy Shane, mi asistente académica durante 1983-1984, me ayudó formidablemente. Mis secretarias, Carol Riffert y Elaine Molchan, aligeraron mi carga de trabajo de incontables maneras.

Después de que, con gran alivio, completara el borrador final y lo enviara al Instituto de Investigación del Pacífico para su publicación, Donald McCloskey lo leyó y me convenció de que no era lo suficientemente bueno, que debía revisarlo una vez más. ¿Por esta desgarradora intervención de última hora debo darle las gracias? En cualquier caso, el lector está en deuda con McCloskey: sus minuciosos consejos sobre cómo mejorar la explicación han dado como resultado un libro mejor.

Por último, Kathy y Matt, los amores de mi vida, han hecho que mis esfuerzos parezcan valer la pena. Han soportado mi obsesión, mi lectura de libros mientras desayunaba, mi trabajo hasta altas horas de la noche y durante los fines de semana, y mis constantes lloriqueos por «no avanzar nada». Matt me ayudó a lidiar con nuestro ordenador; también hizo que dibujara los gráficos de los capítulos 2 y 4. Al principio del proyecto, Kathy fue mi asistente de investigación. Más tarde, cuando otras cosas la ocuparon, no dejó de apoyarme y animarme y de ofrecer consejo. Ella sabe por qué el libro está dedicado a ella. Sin ella no se habría escrito.

Apéndice al capítulo 2

Agencias, programas y actividades del Gobierno federal de Estados Unidos, 1983 (por su acrónimo o abreviatura en lengua inglesa)

ABMC	American Battle Monuments Commission
ACDA	Arms Control Disarmament Agency
ACP	Agricultural Conservation Program
ACUS	Administrative Conference of the United States
ACYF	Administration for Children, Youth, and Families
ADAMHA	Alcohol, Drug Abuse, and Mental Health Administration
ADB	Asian Development Bank
ADD	Administration on Developmental Disabilities
AEDS	Atomic Energy Detection System
AFDC	Aid to Families with Dependent Children
AFIDA	Agricultural Foreign Investment Disclosure Act
AFIS	American Forces Information Service
AFPC	Armed Forces Policy Council
AFR	Air Force Reserve
AFRRI	Armed Forced Radiobiology Research Institute
AFSC	Armed Forces Staff College
AID	Agency for International Development
ALJ	Administrative Law Judge
AMS	Agricultural Marketing Service
Amtrak	National Railroad and Passenger Corporation
ANA	Administration for Native Americans
AOA	Administration on Aging
APHIS	Animal and Plant Health Inspection Service
ASCS	Agricultural Stabilization and Conservation Service
ATSDR	Agency for Toxic Substances and Disease Registry
BCP	Blended Credit Program
BEA	Bureau of Economic Analysis
BIA	Bureau of Indian Affairs
BIB	Board for International Broadcasting
BJS	Bureau of Justice Statistics

BLM	Bureau of Land Management
BLS	Bureau of Labor Statistics
BPA	Bonneville Power Administration
BSC	Business Service Centers
CAB	Civil Aeronautics Board
CALS	Current Awareness Literature Service
CBO	Congressional Budget Office
CCA	Crop Condition Assessment
CCC	Commodity Credit Corporation
CCEA	Cabinet Council on Economic Affairs
CCR	Commission on Civil Rights
CDBG	Community Development Block Grant
CDC	Centers for Disease Control
CEA	Council of Economic Advisers
CEQ	Council on Environmental Quality
CFA	Commission of Fine Arts
CFC	Cooperative Finance Corporation
CFTC	Commodity Futures Trading Commission
CHAMPVA	Civilian Health and Medical Program of the Veterans Administration
CIA	Central Intelligence Agency
CIC	Consumer Information Center
COGP	Commission on Government Procurement
Comcen's	Federal Communications Centers
Conrail	Consolidated Rail Corporation
CPSC	Consumer Product Safety Commission
CRS	Community Relations Service
CSA	Community Services Administration
CSRS	Cooperative State Research Service
DA	Department of the Army
DARPA	Defense Advanced Research Projects Agency
DAVA	Defense Audiovisual Agency
DCA	Defense Communications Agency
DCAA	Defense Contract Audit Agency
DCASR	Defense Contract Administration Services Regions
DCII	Defense Central Index of Investigations
DCS	Defense Communications System
DEA	Drug Enforcement Administration
DIA	Defense Intelligence Agency

DIPEC	Defense Industrial Plant Equipment Center
DIS	Defense Investigative Service
DISAM	Defense Institute of Security Assistance Management
DLA	Defense Logistics Agency
DLSA	Defense Legal Services Agency
DMA	Defense Mapping Agency
DMS	Defense Mapping School
DNA	Defense Nuclear Agency
DOD	Department of Defense
DODCI	Department of Defense Computer Institute
DODDS	Department of Defense Dependents Schools
DOE	Department of Energy
DOT	Department of Transportation
DSAA	Defense Security Assistance Agency
DSN	Deep Space Network
DVOP	Disabled Veterans' Outreach Program
EDA	Economic Development Administration
EEOC	Equal Employment Opportunity Commission
EIA	Energy Information Administration
EOUSA	Executive Office for United States Attorneys
EPA	Environmental Protection Agency
EPIC	Energy Conservation Program Guide for Industry and Commerce
ERA	Economic Regulatory Administration
ERISA	Employee Retirement Inspection Service Act
ESA	Employment Standards Administration
ESF	Economic Support Fund
ETA	Employment and Training Administration
Eximbank	Export-Import Bank of the United States
FAA	Federal Aviation Administration
FAIR	Fair Access to Insurance Requirements
FAR	Federal Acquisition Regulations
FAS	Foreign Agricultural Service
FBI	Federal Bureau of Investigation
FCA	Farm Credit Administration
FCC	Federal Communications Commission
FCIA	Foreign Credit Insurance Association
FCIC	Federal Crop Insurance Corporation
FCS	Foreign Commercial Service

FCU	Federal Credit Union
FDA	Food and Drug Administration
FDIC	Federal Deposit Insurance Corporation
FDPC	Federal Data Processing Centers
FEC	Federal Election Commission
FEMA	Federal Emergency Management Agency
FFB	Federal Financing Bank
FGP	Foster Grandparent Program
FGIS	Federal Grain Inspection Service
FHA	Federal Housing Administration
FHLBB	Federal Home Loan Bank Board
FHWA	Federal Highway Administration
FIA	Federal Insurance Administration
FIC	Federal Information Centers
FICC	Fixed Income Consumer Counseling
FIP	Forestry Incentive Program
FLETC	Federal Law Enforcement Training Center
FLRA	Federal Labor Relations Authority
FLITE	Federal Legal Information Through Electronics
FMC	Federal Maritime Commission
FMCS	Federal Mediation and Conciliation Service
FmHA	Farmers Home Administration
FNMA	Federal National Mortgage Association
FNS	Food and Nutrition Service
FOMC	Federal Open Market Committee
FPRS	Federal Property Resources Service
FRA	Federal Railroad Administration
FRS	Federal Reserve System
FSIS	Food Safety and Inspection Service
FSLIC	Federal Savings and Loan Insurance Corporation
FSS	Office of Federal Supply and Services
FSTS	Federal Secure Telephone Service
FTC	Federal Trade Commission
FTS	Federal Telecommunications System
FWS	Fish and Wildlife Service
GAO	General Accounting Office
GNMA	Government National Mortgage Association
GPO	Government Printing Office
GSA	General Services Administration

HCFA	Health Care Financing Administration
HDS	Office of Human Development Services
HHS	Department of Health and Human Services
HNIS	Human Nutrition Information Service
HRA	Health Resources Administration
HRSA	Health Resources and Services Administration
HUD	Department of Housing and Urban Development
IADB	Inter-American Defense Board; Inter-American Development Bank
IAEA	International Atomic Energy Agency
IAF	Inter-American Foundation
ICAF	Industrial College of the Armed Forces
ICAO	International Civil Aviation Organization
ICC	Interstate Commerce Commission
ICM	Intergovernmental Committee for Migration
IDA	International Development Association; Institute for Defense Analyses
IDCA	United States International Development Cooperation Agency
IFC	International Finance Corporation
IHS	Indian Health Service
IMF	International Monetary Fund
IMS	Institute of Museum Services
INS	Immigration and Naturalization Service
INTERPOL	International Criminal Police Organization
IRS	Internal Revenue Service
ITA	International Trade Administration
ITU	International Telecommunication Union
IYC	Individual Yield Coverage program
JAG	Judge Advocate General
JCS	Joint Chiefs of Staff
JFMIP	Joint Financial Management Improvement Program
JTPA	Job Training Partnership Act
LC	Library of Congress
LMRDA	Labor Management Reporting and Disclosure Act
LMSA	Labor-Management Services Administration
LSC	Legal Services Corporation
LVER	Local Veterans' Employment Representative
MA	Maritime Administration

MAC	Military Airlift Command
MBDA	Minority Business Development Agency
MDB's	Multilateral development banks
MEECN	Minimum Essential Emergency Communications Network
MILSATCOM	Military Satellite Communications Systems
MSB-COD	Minority Small Business-Capital Ownership Development program
MSC	Military Sealift Command
MSHA	Mine Safety and Health Administration
MSPB	Merit Systems Protection Board
MSSD	Model Secondary School for the Deaf
MTB	Materials Transportation Bureau
MTN	Multilateral trade negotiations
NARS	National Archives and Records Service
NASA	National Aeronautics and Space Administration
NATO	North Atlantic Treaty Organization
NBS	National Bureau of Standards
NCCB	National Consumer Cooperative Bank
NCDC	New Community Development Corporation
NCI	National Cancer Institute
NCIC	National Cartographic Information Center
NCJRS	National Criminal Justice Reference Service
NCPC	National Capital Planning Commission
NCSL	National Center for Service Learning
NCUA	National Credit Union Administration
NDU	National Defense University
NFIP	National Flood Insurance Program
NHTSA	National Highway Traffic Safety Administration
NIC	National Institute of Corrections
NIE	National Institute of Education
NIH	National Institutes of Health
NIJ	National Institute of Justice
NIS	Naval Investigative Service
NLM	National Library of Medicine
NLRB	National Labor Relations Board
NMB	National Mediation Board
NMCS	National Military Command System
NOAA	National Oceanic and Atmospheric Administration

NOS	National Ocean Survey
NRC	Nuclear Regulatory Commission
NSA	National Security Agency
NSC	National Security Council
NSF	National Science Foundation
NSTL	National Space Technology Laboratories
NTIA	National Telecommunications and Information Administration
NTID	National Technical Institute for the Deaf
NTIS	National Technical Information Service
NTS	Naval Telecommunications System
NTSB	National Transportation Safety Board
NWC	National War College
OA	Office of Administration
OAS	Organization of American States
OCA	Office of Consumer Advisor
OCCCA	Office of Congressional, Community and Consumer Affairs
OCS	Office of Community Services
OCSE	Office of Child Support Enforcement
OECD	Organization for Economic Cooperation and Development
OES	Office of Employment Security
OFCC	Office of Federal Contract Compliance
OFPP	Office of Federal Procurement Policy
OFR	Office of the Federal Register
OGPS	Office of Grants and Programs Systems
OICD	Office of International Cooperation and Development
OIRM	Office of Information Resources Management
OJARS	Office of Justice Assistance, Research and Statistics
OJJDP	Office of Juvenile Justice and Delinquency Prevention
OMB	Office of Management and Budget
OPD	Office of Policy Development
OPIC	Overseas Private Investment Corporation
OPM	Office of Personnel Management
ORM	Office of Regional Management
ORR	Office of Refugee Relief
OSCE	Office of Child Support Enforcement
OSHA	Occupational Safety and Health Administration

OSHRC	Occupational Safety and Health Review Commission
OSTP	Office of Science and Technology Policy
OT	Office of Transportation
OTA	Office of Technology Assessment
OTAA	Office of Trade Adjustment Assistance
OVRR	Office of Veterans' Reemployment Rights
OWBE	Office of Women's Business Enterprise
OWP	Office of Water Policy
PADC	Pennsylvania Avenue Development Corporation
PAHO	Pan American Health Organization
PBGC	Pension Benefit Guaranty Corporation
PBS	Public Buildings Service
PCC	Panama Canal Commission
PHA's	Public Housing Agencies
PHS	Public Health Service
PIK	Payment-In-Kind program
PRC	Postal Rate Commission
PTO	Patent and Trademark Office
RCWP	Rural Clean Water Program
REA	Rural Electrification Administration
RETRF	Rural Electrification and Telephone Revolving Fund
RFE	Radio Free Europe
RL	Radio Liberty
RRB	Railroad Retirement Board
RSA	Rehabilitation Services Administration
RSPA	Research and Special Programs Administration
RSVP	Retired Senior Volunteer Program
RTB	Rural Telephone Bank
SAC	Strategic Air Command
SAO	Smithsonian Astrophysical Observatory
SBA	Small Business Administration
SBIC's	Small Business Investment Companies
SCP	Senior Companion Program
SCS	Soil Conservation Service
SCSEP	Senior Community Service Employment Program
SEAN	Scientific Event Alert Network
SEC	Securities and Exchange Commission
SGLI	Servicemen's Group Life Insurance
SIL	Smithsonian Institution Libraries

SITES	Smithsonian Institution Traveling Exhibition Service
SLS	Saint Lawrence Seaway Development Corporation
SMIDA	Small Business Innovation Development Act
SPC	South Pacific Commission
SRIM	Standing order microfiche service
SRS	Statistical Reporting Service
SSA	Social Security Administration
SSI	Supplemental Security Income Program
SSS	Selective Service System
START	Strategic arms reduction talks
STDN	Spaceflight Tracking and Data Network
TAC	Tactical Air Command
TCE	Tax Counseling for the Elderly Program
TDP	Trade and Development Program
TRIMIS	Tri-Service Medical Information System
TRI-TAC	Joint Tactical Communications Program
TSC	Transportation Systems Center
TVA	Tennessee Valley Authority
UCPP	Urban Crime Prevention Program
UDAG	Urban Development Action Grant
UIS	Unemployment Insurance Service
UMTA	Urban Mass and Tourism Administration
UN	United Nations
UNESCO	United Nations Educational, Scientific and Cultural Organization
UNICEF	United Nations International Children's Emergency Fund (now United Nations Children's Fund)
UNICOR	Federal Prison Industries, Inc.
UPU	Universal Postal Union
USA	United States Army
USACE	United States Army Corps of Engineers
USAF	United States Air Force
USCG	United States Coast Guard
USCS	United States Commercial Service
USDA	United States Department of Agriculture
USES	United States Employment Service
USIA	United States Information Agency
USICA	United States International Communication Agency
USITC	United States International Trade Commission

USMC	United States Marine Corps
USN	United States Navy
USNCB	United States National Central Bureau
USPS	United States Postal Service
USRA	United States Railway Association
USTTA	United States Travel Transportation Administration
VA	Veterans Administration
VETS	Veterans' Employment and Training Service
VGLI	Veterans Group Life Insurance
VISTA	Volunteers in Service to America
VITA	Volunteer Income Tax Assistance Program
VMLI	Veterans Mortgage Life Insurance
VMSP	Volunteer Management Support Program
VOA	Voice of America
VVLP	Vietnam Veterans Leadership Program
WAPA	Western Area Power Administration
WBP	Water Bank Program
WHO	World Health Organization
WHS	Washington Headquarters Services
WIC	Special supplemental food program for Women, Infants, and Children
WIN	Work Incentive Program
WMO	World Meteorological Organization
WWMCCS	Worldwide Military Command and Control System
YCC	Youth Conservation Corps
YVA	Young Volunteers in ACTION

Fuente: Office of the Federal Register, *The United States Government manual, 1983/84*, U.S. Government Printing Office, Washington D. C., 1983, pp. 801-807.

Apéndice al capítulo 9

Agencias de guerra del Gobierno federal durante la Segunda Guerra Mundial

Advisory Board on Just Compensation (WSA)
Alaska War Council
American Commission for the Protection and Salvage of Artistic and Historic Monuments in War Areas
Anglo-American Caribbean Commission
Army Specialist Corps
Board of Economic Warfare
Board of War Communications
British-American Joint Patent Interchange Committee
Cargoes, Inc. (FEA)
Censorship Policy Board
Central Administrative Services (OEM)
Civil Air Patrol (OCD)
Civilian Production Administration
Coal Mines Administration (Interior)
Colonial Mica Corporation
Combined Chiefs of Staff — United States and Great Britain
Combined Food Board
Combined Production and Resources Board
Combined Raw Materials Board
Combined Shipping Adjustment Board
Committee for Congested Production Areas
Committee on Fair Employment Practice
Committee on Physical Fitness (FSA)
Committee on Records of War Administration
Coordinator of Government Films
Coordinator of Information
Copper Recovery Corporation (RFC Metals Reserve)
Defense Communications Board
Defense Homes Corporation (NHA)
Defense Housing Coordinator (NDAC)
Defense Plant Corporation (RFC)
Defense Resources Committee
Defense Supplies Corporation (RFC)
Division of Defense Aid Reports (OEM)
Division of Defense Housing Coordination (OEM)
Division of Information (OEM)
Food Distribution Administration (Agriculture)
Food Production Administration (Agriculture)
Foreign Broadcast Intelligence Service (FCC)

Foreign Economic Administration (OEM)
Foreign Funds Control (Treasury)
Government Information Service (Budget)
Institute of Inter-American Affairs (OIAA)
Institute of Inter-American Transportation (OIAA)
Inter-American Defense Board
Inter-American Educational Foundation,
Inc. (OIAA)
Inter-American Financial and Economic Advisory Committee
Inter-American Navigation Corporation (OIAA)
Interdepartmental Committee for Coordination of Foreign and Domestic Military Purchases
Interdepartmental Committee to Consider Cases of Subversive Activities on the Part of Federal Employees
Interdepartmental Committee for the Voluntary Pay-Roll Savings Plan for the Purchase of War Bonds
Interim International Information Service (State)
Interim Research and Intelligence Service (State)
Joint Aircraft Committee
Joint Brazil United States Defense Commission
Joint Chiefs of Staff
Joint Contract Termination Board
Joint Economic Committees — United States and Canada
Joint Mexican-United States Defense Commission
Joint War Production Committee — United States and Canada
Management Labor Policy Committee (Labor)
Material Coordinating Committee — United States and Canada
Medal for Merit Board
Metals Reserve Company (RFC)
Munitions Assignment Board
National Defense Advisory Commission
National Defense Mediation Board
National Housing Agency (OEM)
National Inventor's Council
National Munitions Control Board
National Patent Planning Commission (Commerce)
National Railway Labor Panel (National Mediation Board)
National Roster of Scientific and Specialized Personnel (Labor)
National Wage Stabilization Board (Labor)
National War Labor Board
Office for Coordination of National Defense Purchases (NDAC)
Office for Emergency Management
Office of Agricultural Defense Relations
Office of Alien Property Custodian (OEM)
Office of Army-Navy Liquidation Commissioner
Office of Censorship
Office of Civilian Defense (OEM)
Office of Community War Service (FSA)

Office of Contract Settlement (OWMR)
Office of Coordinator of Inter-American Affairs (OEM)
Office of Defense Health and Welfare Service
Office of Defense Transportation (OEM)
Office of Economic Stabilization
Office of Economic Warfare (OEM)
Office of Export Control
Office of Facts and Figures
Office of Fishery Coordination (Interior)
Office of Inter-American Affairs
Office of Lend-Lease Administration (OEM)
Office of Merchant Ship Control (Coast Guard)
Office of Petroleum Coordinator for National Defense
Office of Price Administration
Office of Price Administration and Civilian Supply (OEM)
Office of Production Management (OEM)
Office of Production Research and Development (WPB)
Office of Scientific Research and Development (OEM)
Office of Solid Fuels Coordinator for National Defense
Office of Stabilization Administration (OWMR)
Office of Strategic Services
Office of Surplus Property (Commerce)
Office of War Information (OEM)
Office of War Mobilization
Office of War Mobilization and Reconversion
Pacific War Council
Petroleum Administration for War
Petroleum Reserves Corporation (RFC)
Prencinradio, Inc. (OIAA)
President's Committee on Deferment of Federal Employees
President's Committee on War Relief Agencies
President's Soviet Protocol Committee
President's War Relief Control Board
Priorities Board (NDAC)
Publications Board (OWMR)
Reconstruction Finance Corporation
Retraining and Reemployment Administration (Labor)
Rubber Development Corporation
Rubber Reserve Company (RFC)
Salary Stabilization Unit (Treasury)
Selective Service System
Shipbuilding Stabilization Committee (Labor)
Smaller War Plants Corporation
Solid Fuels Administration for War (Interior)
Southwestern-Power Administration (Interior)
Steel Recovery Corporation (RFC-Metals Reserve)
Supply Priorities and Allocations Board (OEM)
Surplus Property Administration (OWMR)

Surplus Property Board (OWMR)
Surplus War Property Administration (OWM)
United States Commercial Company (RFC)
United States Emergency Court of Appeals
United States of America Typhus Commission
Wage Adjustment Board for the Construction Industry (Labor)
War Assets Corporation (RFC)
War Ballots Commission
War Contracts Price Adjustment Board
War Damage Corporation (RFC)
War Emergency Pipe Lines, Inc. (RFC)
War Food Administration (Agriculture)
War Forwarding Corporation (WSA)
War Hemp Industries, Inc. (Agriculture)
War Insurance Corporation (RFC)
War Manpower Commission (OEM)
War Materials, Inc. (RFC)
War Production Board (OEM)
War Refugee Board
War Relocation Authority (Interior)
War Resources Board (ANMB)
War Resources Council (Interior)
War Shipping Administration (OEM)

Fuente: U.S. Bureau of the Budget, *The United States at war: development and administration of the War Program by the Federal Government*, U.S. Government Printing Office, Washington D. C., 1946, pp. 521-535.

Bibliografía seleccionada

Las siguientes referencias indican algunas de las obras más importantes consultadas por el autor para la preparación de este libro. Pueden servir como guía para quienes deseen profundizar en los temas aquí planteados. La lista no comprende todas las fuentes citadas en las notas al pie. Más concretamente, no se encuentran listados los textos legales, las compilaciones estadísticas estándares y los manuales (excepto algunos especialmente útiles y pertinentes). Cualquiera que desee comprobar la evidencia señalada en el texto encontrará la referencia completa en la nota al pie correspondiente. Si bien las siguientes fuentes se distribuyen en secciones según su temática más pertinente, muchas podrían listarse en más de una categoría. Con todo, únicamente en unos pocos casos una misma obra se ha incluido en más de una sección.

Economía, política y Gobierno

Alt, James E., «The evolution of tax structures», *Public Choice*, 41 (1983).

Alt, James E. y K. Alec Chrystal, *Political economics*, University of California Press, Berkeley, 1983.

Auster, Richard D. y Morris Silver, *The State as a firm: economic factors in political development*, Nijhoff, Boston, 1979.

Barry, Brian, *Sociologists, economists and democracy*, University of Chicago Press, Chicago, 1978. Versión en castellano, *Los sociólogos, los economistas y la democracia*, Amorrortu Editores, Buenos aires, 1974.

Becker, Gary, «A theory of competition among pressure groups for political influence», *Quarterly Journal of Economics*, 98 (agosto de 1983).

Bowles, Samuel, «State structures and political practices: a reconsideration of the liberal democratic conception of politics and accountability», en Richard D. Coe y Charles K. Wilber (eds.), *Capitalism and democracy: Schumpeter revisited*, University of Notre Dame Press, Notre Dame (Indiana), 1985.

Break, George F., «The role of government: taxes, transfers, and spending», en Martin Feldstein (ed.), *The American economy in transition*, University of Chicago Press, Chicago, 1980.

Browning, Edgar K. y Jacquelene M. Browning, *Public finance and the price system*, Macmillan, 2.ª ed., Nueva York, 1983.

Buchanan, James M., *The limits of liberty: between anarchy and Leviathan*, University of Chicago Press, Chicago, 1975. Versión en castellano: *Los límites de la libertad: entre la anarquía y el Leviatán*, Katz Editores, Buenos Aires/Madrid, 2009.

Drew, Elizabeth, *Politics and money: the new road to corruption*, Macmillan, Nueva York, 1983.

Dye, Thomas, *Understanding public policy*, Prentice-Hall, 2.ª ed., Englewood Cliffs, 1975.

FREY, BRUNO S., *Modern political economy*, Martin Robertson, Oxford, 1978.

FRIEDMAN, MILTON y ROSE FRIEDMAN, *Tyranny of the* status quo, Harcourt Brace Jovanovich, Nueva York, 1984. Versión en castellano: *La tiranía del* statu quo, Barcelona, Ariel, 1984.

GALBRAITH, JOHN KENNETH, *American capitalism: the concept of countervailing power*, Houghton Mifflin, 2.ª ed., Boston, 1956. Existen varias versiones en castellano, una de las más citadas es la de J. Berenguer Amenós con prólogo de Fabian Estapé: *El capitalismo americano: El concepto del poder compensador*, Ariel, Barcelona, 1972.

—, *The anatomy of power*, Houghton Mifflin, Boston, 1983. Existen diversas versiones en castellano. La más reciente es: *La anatomía del poder*, Ariel, Barcelona, 2013.

GREER, DOUGLAS F., *Business, government, and society*, Macmillan, Nueva York, 1983.

HANSEN, JOHN MARK, «The political economy of group membership», *American Political Science Review*, 79 (marzo de 1985).

HARDIN, RUSSELL, *Collective action*, Johns Hopkins University Press, Baltimore, 1982.

HAYEK, FRIEDRICH A., *The road to serfdom*, University of Chicago Press, Chicago, 1944. Versión en castellano: *Camino de servidumbre*, Alianza Editorial, Madrid, 2011.

—, *The constitution of liberty*, University of Chicago Press, Chicago, 1960. Versión en castellano: *Los fundamentos de la libertad*, Unión Editorial, Madrid, 1982.

HECHTER, MICHAEL, «A theory of group solidarity», en Michael Hechter (ed.), *The micro-foundations of macrosociology*, Temple University Press, Filadelfia, 1983.

HEERTJE, ARNOLD (ED.), *Schumpeter's vision: capitalism, socialism and democracy after 40 years*, Praeger, Nueva York, 1981. Versión en castellano: *La visión de Schumpeter: capitalismo, socialismo y democracia después de 40 años*, Ediciones El Cronista Comercial, Buenos Aires, 1985.

HERMAN, EDWARD S., *Corporate control, corporate power*, Cambridge University Press, Nueva York, 1981.

HIGGS, ROBERT, «Inflation and the destruction of the free market economy», *Intercollegiate Review*, 14 (primavera de 1979).
—, «To deal with a crisis: governmental program or free market?», *Freeman*, 36 (sep. 1986).
HIRSCHMAN, ALBERT O., *Essays in trespassing: economics to politics and beyond*, Cambridge University Press, Nueva York, 1981. Versión en castellano: *De la economía a la política y más allá*, Fondo de Cultura Económica (FCE), México DF, 1984.
—, *Shifting involvements: private interest and public action*, Princeton University Press, Princeton (New Jersey), 1982. Versión en castellano: *Interés privado y acción pública*, FCE, México DF, 1986.
—, «Against parsimony: three ways of complicating some categories of economic discourse», *American Economic Review*, 74 (mayo de 1984).
HOOVER, CALVIN B., *The economy, liberty, and the State*, Twentieth Century Fund, Nueva York, 1959. Versión en castellano: *La economía, la libertad y el Estado*, Editorial Víctor Lerú, Buenos Aires, 1960.
KEELER, THEODORE E., «Theories of regulation and the deregulation movement», *Public Choice*, 44 (1984).
KNIGHT, FRANK H., *Freedom and reform: essays in economics and social philosophy*, Liberty Press, Indianápolis, 1982.
LELOUP, LANCE T., *Budgetary politics*, King's Court Communications, Brunswick (Ohio), 1980.
MCKENZIE, RICHARD B., *Bound to be free*, Hoover Institution Press, Stanford (California), 1982.
MARGOLIS, HOWARD, *Selfishness, altruism, and rationality: a theory of social choice*, University of Chicago Press, Chicago, 1982.
MCCRAW, THOMAS K., «Regulation in America: a review article», *Business History Review*, 49 (verano de 1975).
MITCHELL, ROBERT CAMERON, «National environmental lobbies and the apparent illogic of collective action», en Clifford S. Russell (ed.), *Collective decision making: applications from public choice theory*, Johns Hopkins University Press, Baltimore, 1979.

NISBET, ROBERT, *Twilight of authority*, Oxford University Press, Nueva York, 1975.

NORDLINGER, ERIC, *On the autonomy of the democratic State*, Harvard University Press, Cambridge (Massachusetts), 1981.

NUTTER, G. WARREN, *Political economy and freedom: a collection of essays*, Liberty Press, Indianápolis, 1983.

OATES, WALLACE E., «Searching for Leviathan: an empirical study», *American Economic Review*, 75 (septiembre de 1985).

OLSON, MANCUR, *The logic of collective action: public goods and the theory of groups*, Harvard University Press, Cambridge (Massachusetts), 1965.

—, *The rise and decline of nations: economic growth, stagflation, and social rigidities*, Yale University Press, New Haven (Connecticut), 1982. Versión en castellano con prólogo de Salvador Giner: *Auge y decadencia de las naciones: Crecimiento económico, estagflación y rigidez social*, Ariel, Barcelona, 1986.

OPP, KARL-DIETER, «Economics, sociology, and political protest», en Werner Raub (ed.), *Theoretical models and empirical analyses: contributions to the explanation of individual actions and collective phenomena*, E.S.-Publications, Utrecht, 1982.

PASOUR, E. C., Jr., «The free rider as a basis for government intervention», *Journal of Libertarian Studies*, 5 (otoño de 1981).

PELTZMAN, SAM, «Constituent interest and congressional voting», *Journal of Law and Economics*, 27 (abril de 1984).

—, «An economic interpretation of the history of congressional voting in the twentieth century», *American Economic Review*, 75 (septiembre de 1985).

REID, JOSEPH D., Jr., «Understanding political events in the new economic history», *Journal of Economic History*, 37 (junio de 1977).

REITER, STANLEY y JONATHAN HUGHES, «A preface on modeling the regulated United States economy», *Hofstra Law Review*, 9 (verano de 1981).

ROBERTS, RUSSELL D., «A taxonomy of public provision», *Public Choice*, 47 (1985).

ROURKE, FRANCIS E., *Bureaucracy, politics, and public policy*, Little Brown, 2.ª ed., Boston, 1976.

SAMUELS, WARREN J., «A critique of capitalism, socialism, and democracy», en Richard D. Coe y Charles K. Wilber (eds.), *Capitalism and democracy: Schumpeter revisited*, University of Notre Dame Press, Notre Dame (Indiana), 1985.

SAMUELS, WARREN J. y NICHOLAS MERCURO, «A Critique of Rent-Seeking Theory», en David C. Colander (ed.), *Neoclassical Political Economy*, Ballinger, Cambridge (Massachusetts), 1984.

SCHUMPETER, JOSEPH A., *Capitalism, socialism, and democracy*, Harper & Row, 3.ª ed., Nueva York, 1950. Versión en castellano en dos volúmenes de José Díaz García y Alejandro Limeres con prólogo de Joseph Sitglitz: *Capitalismo, socialismo y democracia*, Página Indómita, Barcelona, 2015.

SEN, AMARTYA K., «Rational fools: a critique of the behavioral foundations of economic theory», *Philosophy & Public Affairs*, 6 (verano de 1977).

SIEGEL, BARRY N. (ed.), *Money in crisis: the Federal Reserve, the economy, and monetary reform*, Ballinger, Cambridge (Massachusetts), 1984.

SOWELL, THOMAS, *Knowledge and decisions*, Basic Books, Nueva York, 1980.

STIGLER, GEORGE J., *The citizen and the State: essays on regulation*, University of Chicago Press, Chicago, 1975.

THALER, RICHARD H., «Illusions and mirages in public policy», *Public Interest* (otoño de 1983).

TUFTE, EDWARD, *Political control of the economy*, Princeton University Press, Princeton (Nueva Jersey), 1978.

TWIGHT, CHARLOTTE, «Government manipulation of constitutional-level transaction costs: an economic theory and its application to off-budget expenditure through the Federal Financing Bank», tesis doctoral, University of Washington, Seattle, 1983.

WALLACE, DONALD H., *Economic controls and defense*, Twentieth Century Fund, Nueva York, 1953.

WEIDENBAUM, MURRAY L., *Business, government, and the public*, Prentice-Hall, 2.ª ed., Englewood Cliffs (Nueva Jersey), 1981.

WEINGAST, BARRY R., «The congressional-bureaucratic system: a principal agent perspective (with applications to the SEC)», *Public Choice*, 44 (1984).

WILSON, GRAHAM K., *Interest groups in the United States*, Clarendon Press, Oxford, 1981.

WITTE, JOHN F., *The politics and development of the federal income tax*, University of Wisconsin Press, Madison, 1985.

YEAGER, LELAND B., «Is there a bias toward overregulation», en Tibor R. Machan y M. Bruce Johnson (eds.), *Rights and regulation: ethical, political, and economic issues*, Ballinger, Cambridge (Massachusetts), 1983.

Expansión del Estado

BENNETT, JAMES T. y MANUEL H. JOHNSON, *The political economy of federal government growth, 1959-1978*, Center for Education and Research in Free Enterprise, College Station (Texas), 1980.

BORCHERDING, THOMAS E., «The sources of growth of public expenditures in the United States, 1902-1970», en Thomas E. Borcherding (ed.), *Budgets and Bureaucrats: The Sources of Government Growth*, Duke University Press, Durham (Carolina del Norte), 1977.

BREAK, GEORGE F., «Issues in measuring the level of government activity», *American Economic Review*, 72 (mayo de 1982).

BROWN, LAWRENCE, *New policies, new politics: government's response to government's growth*, Brookings Institution, Washington D. C., 1983.

CRAIN, W. MARK, ROBERT D. TOLLISON, BRIAN GOFF y DICK CARLSON,

«Legislator specialization and the size of government», *Public Choice*, 46 (1985).

FABRICANT, SOLOMON, *The trend of government activity in the United States since 1900*, National Bureau of Economic Research, Nueva York, 1952.

HERBER, BERNARD P. y PAUL U. PAWLIK, «Measuring government's role in the mixed economy: a new approach», *National Tax Journal*, 36 (marzo de 1983).

HUGHES, JONATHAN R. T., *The governmental habit: economic controls from colonial times to the present*, Basic Books, Nueva York, 1977.

LOWERY, DAVID y WILLIAM D. BERRY, «The growth of government in the United States: an empirical assessment of competing explanations», *American Journal of Political Science*, 27 (noviembre de 1983).

MELTZER, ALLAN H. y SCOTT F. RICHARD, «Why government grows (and grows) in a democracy», *Public Interest*, (verano de 1978).

—, «A rational theory of the size of government», *Journal of Political Economy*, 89 (octubre de 1981).

—, «Tests of a rational theory of the size of government», *Public Choice*, 41 (1983).

NISKANEN, WILLIAM A., «The growth of government», *Cato Policy Report*, 7 (julio-agosto de 1985).

PATHIRANE, LEILA y DEREK W. BLADES, «Defining and measuring the public sector: some international comparisons», *Review of Income and Wealth*, 28 (septiembre de 1982).

PEACOCK, ALAN T. y JACK WISEMAN, *The growth of public expenditure in the United Kingdom*, Princeton University Press, Princeton (Nueva Jersey), 1961.

PELTZMAN, SAM, «The growth of government», *Journal of Law and Economics*, 23 (octubre de 1980).

PETERS, B. GUY y MARTIN O. HEISLER, «Thinking about public sector growth: conceptual, theoretical, and policy considerations», en Charles Lewis Taylor (ed.), *Why governments grow: measuring public sector size*, Sage, Beverly Hills (California), 1983.

PORTER, BRUCE D., «Parkinson's law revisited: war and the growth of American government», *Public Interest*, verano de 1980.

RASLER, KAREN A. y WILLIAM R. THOMPSON, «War making and State making: governmental expenditures, tax revenues, and global wars», *American Political Science Review*, 79 (jun. 1985).

ROSE, RICHARD, «Are laws a cause, a constraint, or irrelevant to the growth of government?», *Studies in public policy number 124*, Center for the Study of Public Policy, University of Strathclyde, Glasgow, 1984.

Ideología, identidad y retórica

BABAD, ELISHA, MAX BIRNBAUM y KENNETH D. BENNE, *The social self: group influences on personal identity*, Sage, Beverly Hills (California), 1983.

BELL, DAVID V. J., *Power, influence, and authority: an essay in political linguistics*, Oxford University Press, Nueva York, 1975.

BENNETT, W. LANCE, *Public opinion in American politics*, Harcourt Brace Jovanovich, Nueva York, 1980.

BERGER, PETER L. y THOMAS LUCKMANN, *The social construction of reality: a treatise in the sociology of knowledge*, Anchor Books, Garden City (Nueva York), 1967. Versión en castellano: *La construcción social de la realidad*, Amorrortu Editores, Buenos Aires, 2008.

EDELMAN, MURRAY, *The symbolic uses of politics*, University of Illinois Press, Urbana, 1964.

—, *Political language: words that succeed and policies that fail*, Academic Press, Nueva York, 1977.

ELSTER, JON, *Sour grapes: studies in the subversion of rationality*. Cambridge University Press, Cambridge (Reino Unido), 1983. Versión en castellano: *Uvas amargas: sobre la subversión de la racionalidad*, Edicions 62, Barcelona, 1988.

GEERTZ, CLIFFORD, «Ideology as a cultural system», en David E. Apter (ed.), *Ideology and discontent*, Free Press, Nueva York, 1964.

GOULDNER, ALVIN W., *The dialectic of ideology and technology: the origins, grammar, and future of ideology*, Oxford University Press, Nueva York, 1982. Versión en castellano: *La dialéctica de la ideología y la tecnología: los orígenes, la gramática y el futuro de la ideología*, Alianza Universidad, Madrid, 1978.

HIGGS, ROBERT, «Identity and cooperation: a comment on Sen's alternative program», *Journal of Law, Economics, and Organization*, 3 (primavera de 1987).

KALT, JOSEPH P., y M. A. ZUPAN, «Capture and ideology in the economic theory of politics», *American Economic Review*, 74 (junio de 1984).

KAU, JAMES B. y PAUL H. RUBIN, *Congressmen, constituents, and contributors: determinants of roll call voting in the House of Representatives*, Nijhoff, Boston, 1982.

MADDOX, WILLIAM S. y STUART A. LILIE, *Beyond liberal and conservative: reassessing the political spectrum*, Cato Institute, Washington D. C., 1984.

McCLOSKY, HERBERT y JOHN ZALLER, *The American* ethos*: public attitudes toward capitalism and democracy*, Harvard University Press, Cambridge (Massachusetts), 1984.

POOLE, KEITH T. y R. STEVEN DANIELS, «Ideology, party, and voting in the U.S. Congress, 1959-1980», *American Political Science Review*, 79 (junio de 1985).

SARTORI, GIOVANNI, «Politics, ideology, and belief systems», *American Political Science Review*, 63 (jun. de 1969).

SCHAMBRA, WILLIAM A., «Progressive liberalism and American "community"», *Public Interest* (verano de 1985).

SELIGER, MARTIN, *Ideology and politics*, Free Press, Nueva York, 1976.

—, *The marxist conception of ideology: a critical essay*, Cambridge University Press, Cambridge (Reino Unido), 1977.

SEN, AMARTYA, «Goals, commitments, and identity», *Journal of Law, Economics, and Organization*, 1 (otoño de 1985).

Finales del siglo XIX

BRYCE, JAMES, *The American Commonwealth*, Macmillan, 3.ª ed., Londres, 1895.

CHANDLER, ALFRED D., *The visible hand: the managerial revolution in American business*, Belknap Press, Cambridge (Massachusetts), 1977. Versión en castellano: *La mano visible: la revolución en la dirección de la empresa norteamericana*, M.º de trabajo y asuntos sociales, Madrid, 1988.

HIGGS, ROBERT, *The transformation of the American economy, 1865-1914: an essay in interpretation*. Wiley, Nueva York, 1971.

HOFFMAN, CHARLES, *The depression of the nineties: an economic history*, Greenwood, Westport (Connecticut), 1970.

KELLER, MORTON, *Affairs of State: public life in late nineteenth century America*, Belknap Press, Cambridge (Massachusetts), 1977.

KOLKO, GABRIEL, *Railroads and regulation, 1877-1916*, Princeton University Press, Princeton (Nueva Jersey), 1965.

KRADITOR, AILEEN S., *The radical persuasion, 1890-1917: aspects of the intellectual history and the historiography of three American radical organizations*, Louisiana State University Press, Baton Rouge, 1981.

LETWIN, WILLIAM, *Law and economic policy in America: the evolution of the Sherman Antitrust Act*, University of Chicago Press, Chicago, 1965.

MACAVOY, PAUL W., *The economic effects of regulation: the Trunk-Line Railroad cartels and the Interstate Commerce Commission*, MIT Press, Cambridge (Massachusetts), 1965.

MCGUIRE, ROBERT A., «Economic causes of late nineteenth-century agrarian unrest», *Journal of Economic History*, 41 (diciembre de 1981).

MEEKER, EDWARD, «The social rate of return on investment in public health, 1880-1910», *Journal of Economic History*, 34 (junio de 1974).

MILLER, GEORGE H., *Railroads and the Granger Laws*, University of Wisconsin Press, Madison, 1971.

NEVINS, ALLAN, *Grover Cleveland: a study in courage*, Dodd, Mead, Nueva York, 1932.

RESNECK, SAMUEL, «Unemployment, unrest, and relief in the United States during the Depression of 1893-97», *Journal of Political Economy*, 61 (agosto de 1953).

SKOWRONEK, STEPHEN, *Building a new American State: the expansion of national administrative capacities, 1877-1920*, Cambridge University Press, Nueva York, 1982.

TIPPLE, JOHN, *The capitalist revolution: a history of American social thought, 1890-1919*, Pegasus, Nueva York, 1970.

TUNNELL, GEORGE, «The legislative history of the second income-tax law», *Journal of Political Economy*, 3 (junio de 1895).

TURNER, JAMES, «Understanding the populists», *Journal of American History*, 67 (septiembre de 1980).

WALTMAN, JEROLD, «Origins of the federal income tax», *Mid-America*, 62 (octubre de 1980).

WHITE, GERALD T., *The United States and the problem of recovery after 1893*, University of Alabama Press, University (Alabama), 1982.

WIEBE, ROBERT H., *The search for order, 1877-1920*, Hill & Wang, Nueva York, 1967.

WILLIAMS, JEFFREY C., «Economics and politics: voting behavior in Kansas during the populist decade», *Explorations in Economic History*, 18 (julio de 1981).

WILLIAMS, R. HAL, *Years of decision: American politics in the 1890's*, Wiley, Nueva York, 1978.

La era progresista

ADAMS, GRAHAM, Jr., *Age of industrial violence, 1910-15: the activities and findings of the United States Commission on*

Industrial Relations, Columbia University Press, Nueva York, 1966.

BAACK, BENNETT D. y EDWARD JOHN RAY, «The political economy of the origin and development of the federal income tax», en Robert Higgs (ed.), *Emergence of the modern political economy*, JAI Press, Greenwich (Connecticut), 1985.

—, «Special interests and the adoption of the income tax in the United States», *Journal of Economic History*, 45 (septiembre de 1985).

EKIRCH, ARTHUR A., Jr., *Progressivism in America*, New Viewpoints, Nueva York, 1974.

FORCEY, CHARLES, *The crossroads of liberalism: Croly, Weyl, Lippmann, and the Progressive Era, 1900-1925*, Oxford University Press, Nueva York, 1961.

GILBERT, JAMES, *Designing the industrial State: the intellectual pursuit of collectivism in America, 1880-1940*, Quadrangle Books, Chicago, 1972.

KENNEDY, DAVID M. (ed.), *Progressivism: the critical issues*, Little, Brown, Boston, 1971.

KERR, K. AUSTIN, *American railroad politics, 1914-1920: rates, wages, and efficiency*, University of Pittsburgh Press, Pittsburgh, 1968.

KOLKO, GABRIEL, *The triumph of conservatism: a reinterpretation of American history, 1900-1916*, Quadrangle Books, Chicago, 1967.

LINK, ARTHUR S. y RICHARD L. MCCORMICK, *Progressivism*, Harland Davidson, Arlington Heights (Illinois), 1983.

MARTIN, ALBRO, *Enterprise denied: origins of the decline of American railroads, 1897-1917*, Columbia University Press, Nueva York, 1971.

MCCRAW, THOMAS K., «Rethinking the trust question», en Thomas K. McCraw (ed.), *Regulation in perspective: historical essays*, Harvard University Press, Cambridge (Massachusetts), 1981.

RODGERS, DANIEL T., «In search of progressivism», *Reviews in American History* (dic. de 1982).

SKOWRONEK, STEPHEN, *Building a new American State: the expansion of national administrative capacities, 1877-1920*, Cambridge University Press, Nueva York, 1982.

STEFFENS, LINCOLN, *The shame of the cities*, Hill & Wang, Nueva York, 1967 (publicado originalmente en 1904). Versión en castellano: *La vergüenza de las ciudades*, Universidad de León, León, 1993.

TARIEILO, FRANK, Jr., *The reconstruction of American political ideology, 1865-1917*, University of Virginia Press, Charlottesville, 1982.

TIPPLE, JOHN, *The capitalist revolution: a history of American social thought, 1890-1919*, Pegasus, Nueva York, 1970.

WALTMAN, JEROLD, «Origins of the federal income tax», *Mid-America*, 62 (octubre de 1980).

WIEBE, ROBERT H., *Businessmen and reform: a study of the progressive movement*, Quadrangle Books, Chicago, 1968.

—, *The search for order, 1877-1920*, Hill & Wang, Nueva York, 1967.

WILSON, WOODROW, *The new freedom*, Doubleday Page, 3.ª ed., Garden City (Nueva York), 1921. Existen varias ediciones antiguas en castellano de *La nueva libertad*. Entre ellas, la de Editorial Llorca, Madrid, 1922, y la de Ediciones Prometeo, Valencia, 1930.

Primera Guerra Mundial

BAKER, CHARLES WHITING, *Government control and operation of industry in Great Britain and the United States during the World War*, Oxford University Press, Nueva York, 1921.

BEAVER, DANIEL R., «The problem of American military supply, 1890-1920», en Benjamin Franklin Cooling (ed.), *War, business, and American society: historical perspectives on the military-industrial complex*, Kennikat Press, Port Washington (Nueva York), 1977.

Clark, John Maurice, «The basis of war-time collectivism», *American Economic Review*, 7 (diciembre de 1917).

—, *The costs of the World War to the American people*, Yale University Press, New Haven (Connecticut), 1931.

Clarkson, Grosvenor B., *Industrial America in the World War: the strategy behind the line, 1917-1918*, Houghton Mifflin, Boston, 1923.

Cuff, Robert D., *The War Industries Board: business-government relations during World War I*, Johns Hopkins University Press, Baltimore, 1973.

Day, Edmund E., «The American merchant fleet: a war achievement, a peace problem», *Quarterly Journal of Economics*, 34 (agosto de 1920).

Dixon, Frank Haigh, «Federal operation of the railroads during the war», *Quarterly Journal of Economics*, 33 (agosto de 1919).

Ferrell, Robert H., *Woodrow Wilson and World War I, 1917-1921*, Harper & Row, Nueva York, 1985.

Haney, Lewis H., «Price fixing in the United States during the war», *Political Science Quarterly*, 34 (1919).

Hawley, Ellis, W., *The Great War and the search for a modern order, a history of the American people and their institutions, 1917-1933*, St. Martin's Press, Nueva York, 1979.

Hippelheuser, Richard H. (ed.), *American industry in the war: a report of the War Industries Board*, Prentice-Hall, Nueva York, 1941.

Hitchcock, Curtice N., «The War Industries Board: its development, organization, and functions», *Journal of Political Economy*, 26 (junio de 1918).

Kennedy, David M., *Over here: the First World War and American society*, Oxford University Press, Nueva York, 1980.

Kerr, K. Austin, *American railroad politics, 1914-1920: rates, wages, and efficiency*, University of Pittsburgh Press, Pittsburgh, 1968.

Koistinen, Paul A. C., «The "industrial-military complex" in historical perspective: World War I», *Business History Review*, 41 (invierno de 1967).

LELAND, WALDO G. y NEWTON D. MERENESS, comps., *Introduction to the American official sources for the economic and social history of the World War*, Yale University Press, New Haven (Connecticut), 1926.

LITMAN, SIMON, *Prices and price control in Great Britain and the United States during the World War*, Oxford University Press, Nueva York, 1920.

LIVERMORE, SEWARD W., *Politics is adjourned: Woodrow Wilson and the War Congress, 1916-1918*, Wesleyan University Press, Middletown (Connecticut), 1966.

MARSHALL, L. C., «The War Labor Program and its administration», *Journal of Political Economy*, 26 (mayo de 1918).

METZER, JACOB, «How new was the new era? The public sector in the 1920's», *Journal of Economic History*, 45 (marzo de 1985).

MOULTON, HAROLD G., «Industrial conscription», *Journal of Political Economy*, 25 (noviembre de 1917).

PALMER, FREDERICK, *Newton D. Baker: America at war*, Dodd, Mead, Nueva York, 1931.

PAXSON, FREDERIC L., «The American war government, 1917-1918», *American Historical Review*, 26 (octubre de 1920).

ROTHBARD, MURRAY N., «War collectivism in World War I», en Ronald Radosh y Murray N. Rothbard (eds.), *A new history of Leviathan: essays on the rise of the American corporate State*, Dutton, Nueva York, 1972.

SCHAUB, EDWARD L., «The regulation of rentals during the war period», *Journal of Political Economy*, 28 (enero de 1920).

SOULE, GEORGE, *Prosperity decade: from war to depression, 1917-1929*, Holt, Rinehart & Winston, Nueva York, 1947.

TAUSSIG, F. W., «Price-fixing as seen by a price fixer», *Quarterly Journal of Economics*, 33 (febrero de 1919).

WEHLE, LOUIS B., «Labor problems in the United States during the war», *Quarterly Journal of Economics*, 32 (febrero de 1918).

La Gran Depresión

ALLEN, FREDERICK LEWIS, *Since yesterday: the nineteen-thirties in America*, Harper & Brothers, Nueva York, 1940. Versión en castellano: *Apenas ayer: historia informal de la década del 20,* Eudeba, Buenos Aires, 1964.

ALSTON, LEE J., «Farm foreclosures in the United States during the interwar period», *Journal of Economic History*, 43 (diciembre de 1983).

—, «Farm foreclosure moratorium legislation: a lesson from the past», *American Economic Review*, 74 (junio de 1984).

CHANDLER, LESTER V., *America's Greatest Depression, 1929-1941*, Harper & Row, Nueva York, 1970.

DARBY, MICHAEL R., «Three-and-a-half million U.S. employees have been mislaid: or, an explanation of unemployment, 1934-1941», *Journal of Political Economy*, 84 (febrero de 1976).

EKIRCH, ARTHUR A., Jr., *Ideologies and utopias: the impact of the New Deal on American thought*, Quadrangle Books, Chicago, 1969.

FREIDEL, FRANK, *Franklin D. Roosevelt: launching the New Deal*, Little, Brown, Boston, 1973.

GALBRAITH, JOHN KENNETH, *The Great Crash*, Houghton Mifflin, Boston, 1961. Versión en castellano: *El crash de 1929*, Ariel, Barcelona, 2008.

GARRATY, JOHN A., «The New Deal, National Socialism, and the Great Depression», *American Historical Review*, 78 (octubre de 1973).

HAWLEY, ELLIS W., *The New Deal and the problem of monopoly: a study in economic ambivalence*, Princeton University Press, Princeton (Nueva Jersey), 1966.

—, *The Great War and the search for a modern order, a history of the American people and their institutions, 1917-1933*, St. Martin's Press, Nueva York, 1979.

JONES, JESSE H., *Fifty billion dollars: my thirteen years with the RFC*, Macmillan, Nueva York, 1951.

Kesselman, J. R. y N. E. Savin, «Three-and-a-half million workers never were lost», *Economic Inquiry*, 16 (abril de 1978).
Leuchtenburg, William E., *Franklin D. Roosevelt and the New Deal, 1932-1940*, Harper Colophon Books, Nueva York, 1963.
—, «The New Deal and the analogue of war», en John Braeman, Robert H. Bremner y Everett Walters (eds.), *Change and continuity in twentieth-century America*, Ohio State University Press, Columbus, 1964.
Libecap, Gary D., «The political economy of the establishment of the interstate oil cartel, 1933-1940», en Robert Higgs (ed.), *Emergence of the modern political economy*, JAI Press, Greenwich (Connecticut), 1985.
Lucas, Robert E., Jr. y Leonard A. Rapping, «Unemployment in the Great Depression: is there a full explanation?», *Journal of Political Economy*, 80 (enero-febrero de 1972).
Mitchell, Broadus, *Depression decade: from New Era through New Deal, 1929-1941*, Harper Torchbooks, Nueva York, 1969.
Pels, Richard H., *Radical visions and American dreams: culture and social thought in the Depression years*, Harper & Row, Nueva York, 1973.
Robinson, Edgar Eugene, *The Roosevelt leadership, 1933-1945*, Lippincott, Filadelfia, 1955.
Rothbard, Murray N., «War collectivism in World War I», en Ronald Radosh y Murray N. Rothbard (eds.), *A new history of Leviathan: essays on the rise of the American corporate State*, Dutton, Nueva York, 1972.
Schwarz, Jordan A., *The interregnum of despair: Hoover, Congress, and the Depression*, University of Illinois Press, Urbana, 1970.
Shannon, David A. (ed.), *The Great Depression*, Prentice-Hall, Englewood Cliffs (Nueva Jersey), 1960.
Smiley, Gene, «Did incomes for most of the population fall from 1923 through 1929?», *Journal of Economic History*, 43 (marzo de 1983).
—, «Recent unemployment rate estimates for the 1920's and 1930's», *Journal of Economic History*, 43 (junio de 1983).

WALLIS, JOHN JOSEPH, «The birth of the old federalism: financing the New Deal, 1932-1940», *Journal of Economic History*, 44 (marzo de 1984).

—, «Why 1933? The origins and timing of national government growth», en Robert Higgs (ed.), *Emergence of the modern political economy*, JAI Press, Greenwich (Connecticut), 1985.

WALLIS, JOHN JOSEPH y DANIEL K. BENJAMIN, «Public relief and private employment in the Great Depression», *Journal of Economic History*, 41 (marzo de 1981).

WHATLEY, WARREN C., «Labor for the picking: the New Deal in the South», *Journal of Economic History*, 43 (diciembre de 1983).

WILBUR, RAY LAYMAN y ARTHUR MASTICK HYDE, *The Hoover policies*, Charles Scribner's Sons, Nueva York, 1937.

Segunda Guerra Mundial

BEAUMONT, ROGER A., «Quantum increase: the MIC [military-industrial complex] in the Second World War», en Benjamin Franklin Cooling (ed.), *War, business, and American society: historical perspectives on the military-industrial complex*, Kennikat Press, Port Washington (Nueva York), 1977.

BLUM, ALBERT A., «Birth and death of the M-Day Plan», en Harold Stein (ed.), *American civil-military decisions*, University of Alabama Press, Birmingham (Alabama), 1962.

BLUM, ALBERT A. y J. DOUGLAS SMYTH, «Who should serve: pre-World War II planning for selective service», *Journal of Economic History*, 30 (junio de 1970).

BLUM, JOHN MORTON, *V was for victory: politics and American culture during World War II*, Harcourt Brace Jovanovich, Nueva York, 1976.

BURNS, JAMES MCGREGOR, *Roosevelt: the soldier of freedom*, Harcourt Brace Jovanovich, Nueva York, 1970.

CAIN, LOUIS y GEORGE NEUMANN, «Planning for peace: the Surplus Property Act of 1944», *Journal of Economic History*, 41 (marzo de 1981).
DONOVAN, ROBERT J., *Conflict and crisis: the presidency of Harry S. Truman, 1945-1948*, Norton, Nueva York, 1977.
EVANS, PAUL, «The effects of general price controls in the United States during World War II», *Journal of Political Economy*, 90 (octubre de 1982).
GORDON, ROBERT J., «$45 billion of U.S. private investment has been mislaid», *American Economic Review*, 69 (junio de 1969).
HARRIS, SEYMOUR E., *Price and related controls in the United States*, McGraw-Hill, Nueva York, 1945.
HUNTINGTON, SAMUEL P., *The soldier and the State: the theory and politics of civil-military relations*, Belknap Press, Cambridge (Massachusetts), 1957. Versión en castellano: *El soldado y el Estado: teoría y política de las relaciones cívico-militares*, Grupo Editor Latinoamericano, Buenos Aires, 1995.
JONES, JESSE H., *Fifty billion dollars: my thirteen years with the RFC*, Macmillan, Nueva York, 1951.
KOISTINEN, PAUL A. C., «Mobilizing the World War II economy: labor and the industrial-military alliance», *Pacific Historical Review*, 42 (noviembre de 1973).
MILWARD, ALAN S., *War, economy and society, 1939-1945*, University of California Press, Berkeley, 1977.
MITCHELL, WESLEY C., «Wartime "prosperity" and the future», *National Bureau of Economic Research Occasional Paper*, 9 (marzo de 1943).
POLENBERG, RICHARD, *War and society: the United States, 1941-1945*, Lippincott, Nueva York, 1972.
ROBINSON, EDGAR EUGENE, *The Roosevelt leadership, 1933-1945*, Lippincott, Filadelfia, 1955.
ROCKOFF, HUGH, «Indirect price increases and real wages during World War II», *Explorations in Economic History*, 15 (octubre de 1978).
—, «The response of the giant corporations to wage and price

controls in World War II», *Journal of Economic History*, 41 (marzo de 1981).

ROCKOFF, HUGH, «Price and wage controls in four wartime periods», *Journal of Economic History*, 41 (junio de 1981).

ROSS, DAVIS R. B., *Preparing for Ulysses: politics and veterans during World War II*, Columbia University Press, Nueva York, 1969.

SMALLER WAR PLANTS CORPORATION, *Economic concentration and World War II*, U.S. Government Printing Office, Washington D. C., 1946.

SMITH, R. ELBERTON, *The army and economic mobilization*, U.S. Army, Washington D. C., 1959.

STIMSON, HENRY L. y MCGEORGE BUNDY, *On active service in peace and war*, Hutchinson, Londres, 1947.

War Records Section, U.S. Bureau of the Budget, *The United States at war: development and administration of the War Program by the Federal Government*, U.S. Government Printing Office, Washington D. C., 1946.

YOUNG, ROLAND, *Congressional politics in the Second World War*, Columbia University Press, Nueva York, 1956.

Desde la Segunda Guerra Mundial

AARON, HENRY J., *Politics and the Professors: the Great Society in perspective*, Brookings Institution, Washington D. C., 1978.

CHAPMAN, STEPHEN, «The gas lines of '79», *Public Interest*, verano 1980.

CLAYTON, JAMES L. (ed.), *The economic impact of the Cold War: sources and readings*, Harcourt, Brace & World, Nueva York, 1970.

DOMHOFF, WILLIAM, *Who rules America now?*, Prentice-Hall, Englewood Cliffs (Nueva Jersey), 1983.

DYE, THOMAS R., *Who's running America?* Prentice-Hall, Englewood Cliffs (Nueva Jersey), 1983.

FULBRIGHT, J. WILLIAM, *The Pentagon propaganda machine*, Vintage Books, Nueva York, 1971.

GALBRAITH, JOHN KENNETH, *The new industrial State*, Houghton Mifflin, Boston, 1967. Versión en castellano: *El nuevo Estado industrial*, Ariel, Barcelona, 1984.

GANSLER, JACQUES S., *The defense industry*, MIT Press, Cambridge (Massachusetts), 1980.

GLASNER, DAVID, *Politics, prices, and petroleum: the political economy of energy*, Ballinger, Cambridge (Massachusetts), 1985.

GLAZER, NATHAN, «The social policy of the Reagan administration: a review», *Public Interest* (primavera de 1984).

GLAZER, NATHAN e IRVING KRISTOL (EDS.), *The American Commonwealth, 1976*, Basic Books, Nueva York, 1976.

GREIDER, WILLIAM, *The education of David Stockman and other Americans*, E. P. Dutton, Nueva York, 1982.

HIGGS, ROBERT, «Carter's wage-price guidelines: a review of the first year», *Policy Review*, 11 (invierno de 1980).

—, «Wage-price guidelines: retreat and defeat», *Freeman*, 31 (noviembre de 1981).

KARADBIL, LEON N. y RODERICK L. VAWTER, «The Defense Production Act: crucial component of mobilization preparedness», en Hardy L. Merritt y Luther F. Carter (eds.), *Mobilization and the National Defense*, National Defense University Press, Washington D. C., 1985.

KELLER, ROBERT R. y ANN MARI MAY, «The presidential political business cycle of 1972», *Journal of Economic History*, 44 (junio de 1984).

KOISTINEN, PAUL A. C., *The military-industrial complex: a historical perspective*, Praeger, Nueva York, 1980.

LODGE, GEORGE C., *The new American ideology*, Knopf, Nueva York, 1976.

NAVARRO, PETER, *The policy game: how special interests and ideologues are stealing America*, Wiley, Nueva York, 1984.

PALMER, JOHN L. e ISABEL V. SAWHILL (eds.), *The Reagan experiment*, The Urban Institute, Washington D. C., 1982.

—, (eds.), *The Reagan record*, Ballinger, Cambridge (Massachusetts), 1984.

PHILLIPS, KEVIN P., *Post-conservative America: people, politics and ideology in a time of crisis*, Random House, Nueva York, 1982.

PURSELL, CARROLL W., Jr. (ed.), *The military-industrial complex*, Harper & Row, Nueva York, 1972.

REICHLEY, A. JAMES, *Conservatives in an age of change: the Nixon and Ford administrations*, Brookings Institution, Washington D. C., 1981.

ROBERTS, PAUL CRAIG, *The supply-side revolution: an insider's account of policymaking in Washington*, Harvard University Press, Cambridge (Massachusetts), 1984.

ROSEN, STEVEN (ed.), *Testing the theory of the military-industrial complex*, Lexington Books, Lexington (Massachusetts), 1973.

SHULTZ, GEORGE P. y KENNETH W. DAM, *Economic policy beyond the headlines*, Norton, Nueva York, 1977.

SILK, LEONARD, *Economics in the real world*, Simon & Schuster, Nueva York, 1984.

SIMON, WILLIAM E., *A time for truth*, Berkley Books, Nueva York, 1979. Versión en castellano: *La hora de la verdad*, Emecé Editores, Buenos Aires, 1980.

STOCKMAN, DAVID A., *The triumph of politics: how the Reagan Revolution failed*, Harper & Row, Nueva York, 1986. Versión en castellano: *El triunfo de la política: por qué fracasó la Revolución de Reagan*, Grijalbo, Barcelona, 1986.

TWIGHT, CHARLOTTE, *America's emerging fascist economy*, Arlington House, New Rochelle (Nueva York), 1975.

WEAVER, PAUL H., «Regulation, social policy, and class conflict», *Public Interest* (invierno de 1978).

WILLIAMS, BENJAMIN H., *Emergency management of the national economy. Vol. 21. Reconversion and partial mobilization*, Industrial College of the Armed Forces, Washington D. C., 1956.

Obras históricas y obras biográficas

ANDERSON, BENJAMIN M., *Economics and the public welfare: a financial and economic history of the United States, 1914-46*, Liberty Press, Indianápolis, 1979. Versión en castellano: *La economía y el bienestar público: historia financiera y económica de Estados Unidos (1914-1946)*, Unión Editorial, Madrid, 2020.

BARUCH, BERNARD, M., *Baruch: the public years*, Holt, Rinehart & Winston, Nueva York, 1960.

BOWLES, CHESTER, *Promises to keep: my years in public life, 1941-1969*, Harper & Row, Nueva York, 1971.

BYRNES, JAMES F., *All in one lifetime*, Harper & Brothers, Nueva York, 1958.

DOUGLAS, WILLIAM O., *Go east, young man: The early years. The autobiography of William O. Douglas*. Vintage, Nueva York, 1983.

EKIRCH, ARTHUR A., Jr., *The decline of American liberalism*. Atheneum, Nueva York, 1980.

FRIEDMAN, MILTON y ANNA JACOBSON SCHWARTZ, *A monetary history of the United States, 1867-1960*, Princeton University Press, Princeton (Nueva Jersey), 1963.

GALBRAITH, JOHN KENNETH, *A life in our times: memoirs*, Ballantine Books, Nueva York, 1981. Versión en castellano: *Memorias: una vida de nuestro tiempo*, Grijalbo, Barcelona, 1982.

GERBER, LARRY G., *The limits of liberalism: Josephus Daniels, Henry Stimson, Bernard Baruch, Donald Richberg, Felix Frankfurter and the development of the modern American political economy*, New York University Press, Nueva York, 1983.

GRAHAM, OTIS L., Jr., *Toward a planned society: from Roosevelt to Nixon*, Oxford University Press, Nueva York, 1976.

HAMBY, ALONZO L., *Liberalism and its challenges: FDR to Reagan*, Oxford University Press, Nueva York, 1985.

HIGGS, ROBERT (ed.), *Emergence of the modern political economy*, JAI Press, Greenwich (Connecticut), 1985.

HOFSTADTER, RICHARD, *The American political tradition, and the men who made it*, Vintage, Nueva York, 1974.

HOOVER, HERBERT, *The memoirs of Herbert Hoover: years of adventure, 1874-1920*, Macmillan, Nueva York, 1952.

—, *The memoirs of Herbert Hoover: the cabinet and the presidency, 1920-1933*, Macmillan, Nueva York, 1952.

—, *The memoirs of Herbert Hoover: the Great Depression, 1929-1941*, Macmillan, Nueva York, 1952.

HUGHES, JONATHAN, *American economic history*, Scott, Foresman, Glenview (Illinois), 1983.

KARL, BARRY D., *The uneasy State: the United States from 1915 to 1945*, University of Chicago Press, Chicago, 1983.

MCADOO, WILLIAM GIBBS, *Crowded years*, Houghton Mifflin, Boston, 1931.

MCCRAW, THOMAS K., *Prophets of regulation: Charles Francis Adams, Louis D. Brandeis, James M. Landis, Alfred E. Kahn*, Belknap Press, Cambridge (Massachusetts), 1984.

NIXON, RICHARD M., *RN: the memoirs of Richard Nixon*, Grosset & Dunlap, Nueva York, 1978.

NORTH, DOUGLASS C., *Structure and change in economic history*, Norton, Nueva York, 1981. Versión en castellano: *Estructura y cambio en la historia económica*, Alianza Universidad, 1984.

PARRISH, MICHAEL E., *Felix Frankfurter and his times: the reform years*, Free Press, Nueva York, 1982.

PUSEY, MERLO J., *Eugene Meyer*, Knopf, Nueva York, 1974.

ROCKOFF, HUGH, *Drastic measures: a history of wage and price controls in the United States*, Cambridge University Press, Nueva York, 1984.

SCHWARZ, JORDAN A., *The Speculator: Bernard M. Baruch in Washington, 1917-1965*, University of North Carolina Press, Chapel Hill, 1981.

SOBEL, ROBERT, *The age of giant corporations: a microeconomic history of American business, 1914-1970*, Greenwood Press, Westport (Connecticut), 1972.

STEEL, RONALD, *Walter Lippmann and the American century*, Little, Brown, Boston, 1980. Versión en castellano: *El pe-*

riodista y el poder: una biografía de Walter Lippmann, Langre, San Lorenzo de El Escorial, 2007.

STEIN, HERBERT, *The fiscal revolution in America*, University of Chicago Press, Chicago, 1969.

—, *Presidential economics: the making of economic policy from Roosevelt to Reagan and beyond*, Simon & Schuster, Nueva York, 1984.

TEMIN, PETER, «Government actions in times of crisis: lessons from the history of drug regulation», *Journal of Social History*, 18 (primavera de 1985).

TWIGHT, CHARLOTTE, «U.S. regulation of international trade: a retrospective inquiry», en Robert Higgs (ed.), *Emergence of the modern political economy*, JAI Press, Greenwich (Connecticut), 1985.

Asuntos legales y constitucionales

ANDERSON, MARTIN (ED.), *The military draft: selected readings on conscription*, Hoover Institution Press, Stanford (California), 1982.

BELKNAP, MICHAL R., «The New Deal and the emergency powers doctrine», *Texas Law Review*, 62 (1983).

BERDAHL, CLARENCE A., *War powers of the executive in the United States*, University of Illinois, Urbana, 1921.

BETH, LOREN P., *The development of the American Constitution, 1877-1917*, Harper Torchbooks, Nueva York, 1971.

CLARK, JANE PERRY, «Emergencies and the law», *Political Science Quarterly*, 49 (junio de 1934).

CONANT, MICHAEL, *The Constitution and capitalism*, West Publishing Co., St. Paul (Minnesota), 1974.

CORWIN, EDWARD S., *Total war and the Constitution*, Knopf, Nueva York, 1947.

FRIEDMAN, LAWRENCE M., *A history of American law*, Simon & Schuster, Nueva York, 1973.

FRIEDMAN, LEON, «Conscription and the Constitution: the original understanding», *Michigan Law Review*, 67 (mayo de 1969).

GILLAM, RICHARD, «The peacetime draft: voluntarism to coercion», *Yale Review*, 57 (junio de 1968).

HIGGS, ROBERT, y CHARLOTTE TWIGHT, «National emergency and the erosion of private property rights», *Cato Journal*, 6 (invierno de 1987).

HURST, JAMES WILLARD, *Law and the conditions of freedom in the nineteenth-century United States*, University of Wisconsin Press, Madison, 1956.

—, *Law and markets in United States history: different modes of bargaining among interests*, University of Wisconsin Press, Madison, 1982.

KARLIN, NORMAN, «Substantive due process: a doctrine for regulatory control», en Tibor R. Machan y M. Bruce Johnson (eds.), *Rights and regulation: ethical, political, and economic issues*, Ballinger, Cambridge (Massachusetts), 1983.

MURPHY, PAUL L., *The Constitution in crisis times, 1918-1969*, Harper Torchbooks, Nueva York, 1972.

PAUL, ARNOLD M., *Conservative crisis and the rule of law: attitudes of bar and bench, 1887-1895*, Harper Torchbooks, Nueva York, 1969.

PORTER, MARY CORNELIA, «That commerce shall be free: a new look at the old *Laissez faire* court», *Supreme Court Review*, 1976.

PROSSER, WILLIAM L., «The Minnesota mortgage moratorium», *Southern California Law Review*, 7 (1934).

ROSSITER, CLINTON L., *Constitutional dictatorship: crisis government in the modern democracies*, Princeton University Press, Princeton (Nueva Jersey), 1948.

ROSSITER, CLINTON y RICHARD P. LONGAKER, *The Supreme Court and the commander in chief*, Cornell University Press, ed. expandida, Ithaca (Nueva York), 1976.

SCHEIBER, HARRY N., «Public economic policy and the American legal system: historical perspectives», *Wisconsin Law Review*, 1980.

SIEGAN, BERNARD H., *Economic liberties and the Constitution*, University of Chicago Press, Chicago, 1980.
TENBROEK, JACOBUS, EDWARD N. BARNHART y FLOYD W. MATSON, *Prejudice, war and the Constitution*, University of California Press, Berkeley, 1954.
TWIGHT, CHARLOTTE, *America's emerging fascist economy*, Arlington House, New Rochelle (Nueva York), 1975.

Casos del Tribunal Supremo de Estados Unidos

ADAIR V. ESTADOS UNIDOS, 208 U.S. 161 (1908).
ARVER V. ESTADOS UNIDOS, 245 U.S. 366 (1918).
BLOCK V. HIRSH, 256 U.S. 135 (1921).
BOWLES V. WILLINGHAM, 321 U.S. 503 (1944).
CHASTLETON CORP. V. SINCLAIR, 264 U.S. 543 (1924).
COPPAGE V. KANSAS, 236 U.S. 1 (1915).
EX PARTE ENDO, 323 U.S. 283 (1944).
FLINT V. STONE TRACY CO., 220 U.S. 107 (1911).
GOLDMAN V. ESTADOS UNIDOS, 245 U.S. 474 (1918).
HIRABAYASHI V. ESTADOS UNIDOS, 320 U.S. 81 (1943).
HOME BUILDING AND LOAN ASSOCIATION V. BLAISDELL, 290 U.S. 398 (1934).
IN RE DEBS, 158 U.S. 564 (1895).
KOREMATSU V. ESTADOS UNIDOS, 323 U.S. 214 (1944).
LICHTER V. ESTADOS UNIDOS, 334 U.S. 742 (1948).
MARCUS BROWN HOLDING CO. V. FELDMAN, 256 U.S. 170 (1921).
NEBBIA V. NEW YORK, 291 U.S. 502 (1934).
NEW STATE ICE CO. V. LIEBMANN, 285 U.S. 262 (1932).
NORMAN V. BALTIMORE AND OHIO RAILROAD CO., 294 U.S. 240 (1935).
NORTHERN PACIFIC RAILWAY CO. V. DAKOTA DEL NORTE, 250 U.S. 135 (1919).
NORTZ V. ESTADOS UNIDOS, 294 U.S. 317 (1935).
PANAMA REFINING CO. V. RYAN, 293 U.S. 338 (1935).
PERRY V. ESTADOS UNIDOS, 294 U.S. 330 (1935).

Pollock v. Farmers' Loan and Trust Co., 157 U.S. 429 (1895).
Pollock v. Farmers' Loan and Trust Co. (revisión), 158 U.S. 601 (1895).
Ruthenberg v. Estados Unidos, 245 U.S. 480 (1918).
Steuart v. Bowles, 322 U.S. 398 (1944).
Estados Unidos v. Bankers Trust Co., 294 U.S. 240 (1935).
Estados Unidos v. Bethlehem Steel Corp., 315 U.S. 289 (1942).
Estados Unidos v. Butler, 297 U.S. 1 (1936).
Estados Unidos v. Cohen Grocery Co., 255 U.S. 81 (1921).
Estados Unidos v. Schechter Poultry Corp., 295 U.S. 495 (1935).
Wilson v. New, 243 U.S. 332 (1917).
Yakus v. Estados Unidos, 321 U.S. 414 (1944).
Youngstown Sheet & Tube Co. v. Sawyer, 343 U.S. 579 (1952).

Índice analítico